贵州大学行政管理国家一流专业建设系列教材

公共 管理学

主 编 张红春 任 敏

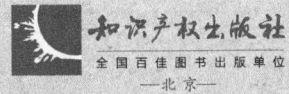
知识产权出版社
全国百佳图书出版单位
—北京—

图书在版编目（CIP）数据

公共管理学/张红春，任敏主编. —北京：知识产权出版社，2024.8. — ISBN 978-7-5130-9398-9

Ⅰ. D035

中国国家版本馆 CIP 数据核字第 2024P46P46 号

内容提要

本书全面系统地介绍了公共管理学的核心概念、整体框架和主要内容，共分 11 章，包括导论、公共管理理论范式发展、公共组织、政府作用、公共政策、公共预算、数字政府、公共部门人力资源管理、公共危机管理、公共部门绩效管理和公共管理伦理。

本书可作为高等学校公共管理类本科专业及公共管理硕士（MPA）的课程教材，也可作为公共管理一级学科下属各个二级学科研究生的参考读物。

责任编辑：刘晓庆　　　　　　　责任印制：孙婷婷

公共管理学
GONGGONG GUANLIXUE

张红春　任　敏　主编

出版发行：知识产权出版社有限责任公司		网　址：http：//www.ipph.cn	
电　话：010-82004826		http：//www.laichushu.com	
社　址：北京市海淀区气象路 50 号院		邮　编：100081	
责编电话：010-82000860 转 8073		责编邮箱：laichushu@cnipr.com	
发行电话：010-82000860 转 8101		发行传真：010-82000893	
印　刷：北京中献拓方科技发展有限公司		经　销：新华书店、各大网上书店及相关专业书店	
开　本：720mm×1000mm　1/16		印　张：27.25	
版　次：2024 年 8 月第 1 版		印　次：2024 年 8 月第 1 次印刷	
字　数：400 千字		定　价：88.00 元	
ISBN 978-7-5130-9398-9			

出版权专有　　侵权必究
如有印装质量问题，本社负责调换。

总 序

贵州大学行政管理专业具有悠久的历史底蕴，源于1983年开办的贵州大学干部培训部。1987年，贵州大学行政管理本科专业获批，1988年正式招收行政管理专业本科生，与中山大学、武汉大学等985高校同步较早开展行政管理专业人才培养。贵州大学行政管理专业是全国第三批次获批也是全国最早的12个行政管理本科专业之一，2000年获硕士授权点，2005年获公共管理专业硕士学位（MPA）授权点，2010年获得公共管理一级学科硕士授权点，2015年入选省级重点学科，2018年公共管理成为贵州省区域一流学科，2019年入选首批国家级一流本科专业。经过近四十年的专业传承与持续发展，贵州大学行政管理专业建设成果丰硕，在师资队伍、人才培养、学科建设、科学研究、社会服务方面取得显著成绩。40年来，贵州大学行政管理专业和公共管理学科培养了数以千计的毕业生，他们活跃在全国各地尤其是贵州省的各条战线，为全国尤其是贵州省推进地方治理能力现代化和经济社会发展作出了重要的人才贡献。

在培养高素质人才过程中，贵州大学行政管理专业高度重视教材建设。自一流专业立项以来，先后和贵州大学出版社、知识产权出版社合作，持续推出专业教师的教材成果。此次由知识产权出版社出版的"贵州大学行政管理国家一流专业建设系列教材"是专业教材建设的最新成果。我们期冀通过高质量的教材成果反哺专业人才培养,为国家特别是贵州地方治理人才培养做出更大贡献。

贵州大学公共管理学院
公共行政系

前　言

公共管理学在我国是一个新兴学科。在推进实现国家治理体系和治理能力现代化的总体目标当中，公共管理学科可以发挥重要的人才和智力支撑作用。作为一个蓬勃发展中的朝阳学科，《公共管理学》这样的导论性、入门性教材之于公共管理学科专业建设尤为重要，它可以帮助学科专业明晰概念范畴、研究途径、价值标准，建构学科的内容框架和知识体系。虽然市面上以《公共管理学》为名的同类教材已有先例，其中不乏权威和经典教材，但是有必要在新时期继续丰富和完善《公共管理学》的教材体系。尤其是近二十年来，公共管理的理论与实践发生了诸多深刻的变化，国内外公共管理学术界涌现了大量新的研究成果，国家治理和政府治理转型新背景也迫切需要与之匹配的教材新内容来回应这些变化。

本书是在新时期对公共管理的理论和实践进行深入探究和总结的产物，有以下突出特点。一是问题导向。本书把公共问题作为公共管理学知识体系构建的核心概念加以界定和全面应用，同时也着力于培养学生的问题解决能力。二是呈现经典。本书吸纳了公共管理学科中业已成熟的理论知识和观点，传承了公共管理学的经典理论，有利于读者尽快建立起公共管理学科的知识框架。

公共管理学

三是引入前沿，本书紧扣时代主题，并引入了"数字政府"等公共管理实践变革新进展与理论研究前沿成果，回应了公共管理的范式转型。四是全球视野。本书在编写过程中既立足于本土公共管理实践与理论成果的基石，也适当观照了国际国外公共管理实践与理论进展。

本书是贵州大学公共管理学院公共行政系行政管理专业骨干教师的集体研究成果，凝结了教师们多年的专业研究成果与教学心得。全书共分11章，撰写具体分工：第1章张红春，第2章向生丽，第3章罗凤鹏，第4章任敏，第5章马珍妙，第6章任敏，第7章罗凤鹏，第8章杨蕊，第9章杨蕊，第10章张红春，第11章马珍妙。张红春和任敏负责全书的内容策划和统稿工作。

本书受惠于国内外公共管理学界诸多学者的前期研究成果，作者在撰写过程中参考了大量同类教材并引用了大量国内外学者的研究成果。贵州大学公共管理学院领导为本教材的编写提供了大力支持。知识产权出版社刘晓庆女士、高源女士、梁玥滢女士为本教材的顺利出版给予大力帮助。在教材出版之际，我们谨向公共管理学术界的各位前辈、同仁和为教材编写提供帮助的各界人士表示衷心的感谢。当然，由于作者研究水平和时间限制，书中错漏和不足在所难免，恳请专家、读者批评指正。

编　者
2024年7月

目　录

第1章　导　论 //1

1.1　界定公共管理学的概念与范畴　//2

1.2　公共管理学科的产生与发展　//18

1.3　公共管理学的研究　//31

第2章　公共管理理论范式发展　//43

2.1　传统公共行政范式　//47

2.2　新公共行政范式　//55

2.3　新公共管理范式　//60

2.4　公共治理范式　//68

第3章　公共组织　//77

3.1　公共组织概述　//81

3.2　公共管理中的主要组织　//97

3.3　公共组织变革　//112

第 4 章　政府作用　// 121

4.1　市场经济中政府的作用　// 122
4.2　基于市场失灵的政府主要治理工具　// 131
4.3　政府失灵与矫正　// 141

第 5 章　公共政策　// 155

5.1　公共政策概述　// 156
5.2　公共政策理论模型　// 161
5.3　公共政策过程　// 188

第 6 章　公共预算　// 197

6.1　公共预算概述　// 198
6.2　公共预算的过程和模式　// 209
6.3　预算民主与我国的预算改革　// 219

第 7 章　数字政府　// 230

7.1　数字政府概述　// 233
7.2　数字政府的影响　// 242
7.3　数字时代的治理　// 252

第 8 章　公共部门人力资源管理　// 264

8.1　公共部门人力资源管理概述　// 265
8.2　国家公务员制度　// 283

8.3　公务员能力与公共领导力　//298

8.4　本章小结　//306

第9章　公共危机管理　//308

9.1　公共危机管理概述　//309

9.2　公共危机管理过程与模型　//321

9.3　公共危机管理体系——"一案三制"　//328

9.4　我国公共危机治理的演进脉络　//341

9.5　公共危机管理存在的问题与改进　//345

9.6　本章小结　//350

第10章　公共部门绩效管理　//352

10.1　公共部门工商管理工具的兴起　//354

10.2　公共部门绩效管理　//362

10.3　公共部门绩效评估　//377

第11章　公共管理伦理　//393

11.1　公共管理伦理的概述　//394

11.2　公共管理伦理的理论基础　//399

11.3　公共管理伦理的实践　//417

第1章 导 论

人民对美好生活的向往，就是我们的奋斗目标。

——习近平

引 子

中山大学政治与公共事务管理学院夏书章教授被誉为中国MPA之父、中国当代行政学的主要奠基人、行政学家。他出生于1919年，早年毕业于原国立中央大学（1949年改名为南京大学）法学院政治学系和美国哈佛大学肯尼迪政府学院，1947年起任教中山大学至今。

夏书章教授是改革开放之后，最早关注和研究行政学的学者之一。1982年，夏书章教授在《人民日报》发表了题为《把行政学的研究提上日程是时候了》一文。在该文中，他认为"行政"一般是指国家立法、司法以外的政务。实际上，任何公共或集体的办事机构都有行政工作，连立法、司法部门本身也不例外。他并不认为行政工作是一些事务性工作，是"万金油"式的工种，并没有什么学问，反而意识到行政工作本身的一系列问题是导致行政效率不高的原因。在文章中，他指出了行政管理在行政组织、人事管理、工作方法和机关管理等方面的问题和成因，指出系统科学研究这些行

政问题的必要性。他认为要搞好现代化建设事业，就需要社会主义的行政学和行政法学。所以，是时候把行政学的研究提上日程了。❶

相对于其他社会科学，公共管理学是一门年轻又富有生命力的新兴社会科学。公共管理学发源于行政学，它的产生回应了现代国家产生之后人们对于民主、科学和有序的公共生活与公共事务治理的现实需求，也服务了现代政府治理对公共管理科学知识与专门人才的需求。作为一门直接关于"公共"的学问，公共管理以公共领域中的公共问题和公共事务作为学科对象，关乎普罗大众的切身利益与福祉。本章着重介绍公共管理学的本质，回顾公共管理学的学科渊源，界定它的研究对象和路径，力图揭示公共管理学科的价值与前景。

重点问题

» 国内外公共管理学科的发展脉络

» 公共管理学的相关概念界定

» 公共管理学的知识生产途径

1.1　界定公共管理学的概念与范畴

1.1.1　公共管理学

1.1.1.1　公共管理

公共管理是一个复合术语，由公共和管理组成，其中管理是其概念的属性，公共是其概念的种差。界定公共管理有必要先分别回顾管理与公共的内涵。

---

❶ 夏书章. 把行政学的研究提上日程是时候了[N]. 人民日报, 1982-01-29.

学术意义上的"管理"一词起源于工商管理领域。关于管理的概念，管理学家斯蒂芬·罗宾斯认为，管理是一个协调工作活动的过程，以便能够有效率和有效果地同别人一起或通过别人实现组织目标。❶ 从本质上来讲，管理概念的关键要素如下：第一，管理的载体是组织，管理主要关注以组织为形态的集体行动；第二，管理以目标实现为追求，所有管理行为与活动都指向组织目标的实现；第三，管理是一个目标实现的过程，这一过程集中表现为计划、组织、指挥、协调和控制等管理职能及其活动；第四，管理离不开资源配置，管理的本质也是调用一切可用资源并将资源转化为目标的过程。综上所述，我们认为一般意义上的管理，是组织通过协调资源、履行管理职能活动并实现组织目标的过程。

学术上对公共的讨论主要源于政治学领域，公共性、公共领域和公共空间等是"公共"一词的主要指向。公共是与私人相对立的概念，但是很难准确界定它们之间的界限，这是因为无论是公共领域还是私人领域都是由人构建的。换言之，作为社会意义上的个人，同时具有公共属性和私人属性。根据人们行动的场域空间、目的动机、利益诉求和关系性质，公共领域和私人领域还是可以相对区分的。如陈振明老师所言，公共作为与私人相对的概念，表示国家、政府及其他公共组织的职能、活动范围；与多数人的利益相关，有较多的社会公众参与，表示一个众人的事务领域。❷ 相反，私人领域则指向私人个体、家庭、家族乃至企业等私人主体的专有行动空间，主要指向个体的、少数性和利己性的事务和活动。总体来说，公共意味着对大多数人来说是共同的、共享的、共有的和共担的。公共场域具有显著的共享性、公开性、参与性、利他性和互利性等公共性特质；而私人领域则意味着具有排他性的空间、场域和事务，具有典型的利己性、私密性的特点。

---

❶ 斯蒂芬·罗宾斯. 管理学（第7版）[M]. 北京：中国人民大学出版社，2003：7.
❷ 陈振明. 公共管理学（第2版）[M]. 北京：中国人民大学出版社，2017：5.

关于公共管理的概念界定，不同学者有着不同但相近的观点。例如，蔡立辉、王乐夫教授认为，公共管理是以政府行政组织为核心的多元主体，为了增加公共利益，运用市场化、社会化手段和方法进行公共事务管理和公共服务提供的各种活动的总称。❶薛澜教授认为，公共管理作为一种社会实践活动，是指政府制定公共政策，与其他公共组织一起处理公共事务、提供公共产品和服务的活动。❷从这些概念界定中，我们可以发现公共管理概念的关键性要素分别如下：在公共管理主体方面，它包括政府在内的多元化公共组织；在公共管理目标方面，它以公共事务的治理、公共产品的供给为对象，以公共利益目标为依归；在公共管理方式上，它需要公共管理主体采取政策、管理和治理的等手段与职能。由此，我们可以将公共管理界定为为了实现公共利益目标，以政府为核心的多元公共组织，对社会公共事务和公共产品供给进行有效管理的活动。简言之，公共管理就是公共管理主体对公共领域中公共事务的管理过程。

1.1.1.2 公共管理学

公共管理学是公共管理在科学与学术层面上的术语。科学研究的本质是对自然世界或者人类世界因果规律的探究活动。社会科学是探究人类社会运行规律的学问，公共管理学是在社会科学中产生的学问。

关于公共管理学的界定有两种不同但紧密相关的视角。一是学问说。例如，蔡立辉教授认为，公共管理学是研究以政府行政组织为核心的多元主体为进行公共事务管理和公共服务提供的活动及其规律的学问。❸也就是说，公共管理学是一门旨在总结公共事务管理规律、知识和原理的科学。二是学科说。例如，陈振明教授认为，公共管理学可以界定为一个研究公共组织，尤其是国

---

❶ 蔡立辉，王乐夫.公共管理学（第3版）[M].北京：中国人民大学出版社，2022：6.
❷ 薛澜，彭宗超，张强.公共管理与中国发展——公共管理学科发展的回顾与前瞻[J].管理世界，2002（2）：43-56, 153.
❸ 同❶.

家或政府如何与其他社会组织合作而有效地提供公共物品与公共服务的学科。学科是现代大学制度的产物,是在高等院校中专门研究、传播某一领域知识,并培养专业人才的学术共同体。因此,作为学科的公共管理学是指生产公共管理知识、培养公共管理人才的师生共同体。显然,作为学问和学科的公共管理学高度关联,探究公共管理背后的学问与规律是公共管理学科的根本目的,而公共管理学问的发现又依赖公共管理学科的生存与发展。

公共管理学具有独特的学问特点。从某种意义上而言,公共管理学与医学在学问上具有相似性。唐朝的医圣孙思邈在《千金要方》中指出,上医医国,中医医人,下医医病,国家治理和医学具有相通之处。总体来看,公共管理学的学问特点如下:第一,问题导向。正如医学以疾病为中心一样,公共管理学以公共问题作为学问探究和知识积累的出发点,发现公共问题、界定公共问题、解决公共问题始终是公共管理学的核心任务。第二,经验性。和医学一样,公共管理也是一门经验科学,一种公共管理制度设计、政策措施和方法技术是否有效,都需要通过实践成效的检验进而上升为公共管理知识乃至规律。第三,科学性。作为一门社会科学,公共管理学与其他社会科学有着相似的科学抱负,即通过科学研究揭示公共管理世界的规律,总结具有一定范围解释性和适用性的公共管理原理与理论。第四,艺术性。作为一门研究人类的人文社会科学,公共管理主体与对象在现实中具有相当的差异性、情景性和个性化的特点,这也意味着公共管理学没有放之四海而皆准、包治百病的公共管理真理,只有在特定情景与条件下适用的公共管理理论,不同国家、地区和组织的公共管理方式存在较大差异。

1.1.1.3 公共管理与私人管理的差异

公共管理概念的参照体指向了企业管理、工商管理和私人部门管理等术

---

❶ 陈振明. 国家治理转型的逻辑[M]. 厦门:厦门大学出版社,2016:2.

语，可以统称为私人管理。虽然公共管理与私人管理具有相似性，但它们是两种不同性质的管理活动，其在管理主体、作用领域和追求目标等方面均有所不同。

1. 管理场域不同

社会由公共领域和私人领域构成，它们分别构成公共管理和私人管理的作用场域。公共领域是由人们公共关系交互构成的公共空间，它由具有公共性的公共主体、公共关系和公共事务组成。而私人领域则是私人主体、私人事务与私人关系构建的私人空间。因此，公共管理和私人管理最大的区别就在于，它们是人类社会两个不同领域里的两种不同性质的管理活动。公共管理是公共管理者为维护公共利益对公共领域的公共事务的管理活动，而私人管理是私人管理者为实现私人利益最大化对私人领域的私人事务的管理活动。❶

2. 管理主体与方式不同

公共管理主体主要包括执政党、行政机关、立法机关、司法机关、事业单位和社会组织等公共组织，它们都具有公益性和非营利特征。由于公共管理行为与活动作用于公共空间，广泛影响到社会大众的利益，因此参与公共管理的主体及其行为必须具备公共权力或者获得公共权力的授权。在管理方式上，公共权力运用是公共管理的基本手段，权威性、法治化是公共管理手段典型特征。与公共管理不同的是，私人管理是企业、家庭和私人个体在其私人领域范围内的管理，管理的作用范围、权威性程度与公共管理不可比拟。

3. 管理追求不同

在管理目的上，公共管理以服务社会公众、实现公共利益为本质追求，而私人部门管理以追逐私人利益为直接目的。公共利益是社会共同体共有共享的利益，它通过公共产品和公共服务的供给实现，需要展现公平、正义、民主、参与、透明、法治和有效性等多元公共价值标准；而私人部门则主要是以经济人、自利人为人性基础，以追求私人利益和利润的最大化为目的，营利性和效

---

❶ 周树志. 公共管理与行政管理、私人管理[J]. 学术研究, 2007（1）: 56-62.

率性是其主要价值追求。由于两者在价值追求的显著差异，公共管理的伦理规范也显著不同于私人领域，追求公共精神、社会福祉、公共利益和公共价值是其鲜明的伦理特色。

4. 管理难度不同

总体而言，公共管理比私人管理更具复杂性和挑战性。主要原因如下：一是公共管理的环境复杂。公共管理受到政治、经济、社会和技术等多方面因素的共同交织影响，公共管理环境的多样性、复杂性、动态性和开放性加大了管理者适应环境、驾驭环境的难度。二是公共管理目标的复杂性。不同于私人部门单一的目标追求，公共管理面临多元的利益相关主体，并需要同时满足多元主体的不同需求。因此，公共管理有着多元公共价值诉求，公共价值冲突、平衡及其创造难度显著高于私人部门。三是公共管理的效果难以测量。私人部门的产出和收益很容易进行货币量化，而公共部门生产的大多数产品和服务不能按市场交易原则进行计价和收费，公共部门管理的效率性、经济性和有效性等绩效价值大多难以精准测量，导致对公共管理的有效控制难度增加。

总而言之，公共管理和私人管理在管理场域、管理主体和方式、管理目标和管理难度等方面存在明显的差异。公共管理关乎社会大众的共同福祉，高质量的公共管理是人们幸福生活的前提。重视公共管理、参与公共管理是每个公共管理主体与公民的共同责任。

1.1.2 公共产品

1.1.2.1 公共需求

公共需求是公共产品的前置性概念，也是公共管理的一项根本任务所在。金太军教授认为，公共需求（社会需求）是行政活动的逻辑起点。❶ 李军鹏教授也

---

❶ 金太军.行政学原理[M].北京：中国人民大学出版社，2012：1.

认为，公共需求与供给的关系发展史，就是一部公共行政发展史。❶这些观点都指出了公共需求对于公共管理的重要性。公共管理的根本目的就是满足社会大众的公共需求，公共需求的识别及其公共产品回应供给是公共管理的核心问题。

需求无论是对于个体还是对于国家治理而言，都是一个重要议题。人是一种有欲求的动物。人们需要各种有形和无形的生产及生活资料来维持自身的生存、成长和发展。个体层面的需求是个体理性行为生成的根本动机。而对国家治理而言，回应人民的合理需求也是一项基本任务。1981年召开的党的第十一届六中全会指出，在社会主义初级阶段，我国社会的主要矛盾是人民日益增长的物质文化需要同落后的社会生产之间的矛盾。2017年党的十九大报告中指出，中国特色社会主义进入新时代，我国社会的主要矛盾已经转化为人民日益增长的美好生活需要和不平衡不充分的发展之间的矛盾。虽然不同时期国家治理的主要矛盾及其需求侧重点不断变化，但国家治理的核心问题都是回应人民的合理需求。

按照需求特征及满足方式的不同，我们可以将个体需求划分为私人需求和公共需求。私人需求是由个体内在产生的，主要依赖个体或者私人主体、机制予以满足实现的需求。私人需求具有受益的排他性、利己性和独占性的特点，主要通过私人机制来予以满足。关于公共需求，金太军教授认为公共需求是社会公众的一种共同偏好与需求。❷从中可以看出，并不是个体的所有需求都是公共需求，只有那些普遍的、基本的、大多数人都有的需求才是公共需求。当然，公共需求也并没有脱离个体的需求而存在，正是独立个体偏好的汇总提炼才形成了公共需要。在需求的满足方式上，对应私人需要通过私人产品来满足，公共需要则通过公共财政提供公共产品来满足。❸

作为一种社会共同偏好，公共需求具有如下特点。第一，同质性。公共需

---

❶ 李军鹏.论公共需求与供给：公共行政研究的基本主题[J].天津行政学院学报，2001（1）：15-20.
❷ 金太军.行政学原理[M].北京：中国人民大学出版社，2012：4.
❸ 阿兰·J.奥尔巴克，马丁·费尔德斯坦.公共经济学手册[M].匡小平，黄毅，译.北京：经济科学出版社，2005：101.

求是不同公民所拥有的相同消费偏好,体现的是每一成员的相同利益。尤其是人们在基本需求上的相似性最为广泛,因此公共需求大多是社会公众在生产、生活中的基本需求。第二,社会性。私人需求的实现强调个人、私人部门的责任,也主要通过个体行为和市场机制来满足。而公共需求是大多数人都有的共有需求。公共需求的特征决定了竞争性的市场无法满足它,只有通过公共组织尤其是现代政府才能有效满足它。❶第三,发展性。随着社会经济发展和人民生活水平的不断提高,人们的需求日益增长,公共需求内容也发生了明显的变化,进而需要政府不断调适公共产品的内容与质量供给。能否满足人们日益增长的公共需求,是公共管理面临的长期挑战。

作为公共管理的逻辑起点,公共需求可以驱动构建一个完整的公共管理循环,如图 1-1 所示。当人们正当、合理的公共需求得不到满足的时候,就会产生公共问题或者社会问题,这促成了对公共部门实施公共管理的干预需求。而公共管理主要通过供给不同形态的公共产品和公共服务来产生实际公共利益,这样的利益最终反哺公众的共同需求。因此,公共管理的合法性就是回应社会公共需要及其变化。

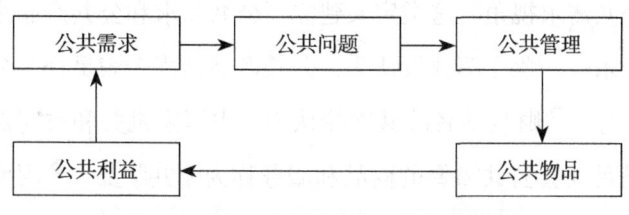

图 1-1 基于公共需求的公共管理循环

1.1.2.2 公共产品

1. 公共产品的概念

公共产品现象具有与国家一样久远的历史,如军队、国防、城市道路、法

---

❶ 詹建芬. 公共需求与政府经济职能的转变:以浙江为例 [J]. 中共中央党校学报, 2006(5): 59-64.

律和秩序维护等都是典型的公共产品。学术意义上的公共产品概念及其理论源远流长，可以追溯到古典经济学家和政治学家对政府职能和国家财政等有关"公共性"问题的讨论。现如今，公共产品的术语已被广泛用于公共管理学、政治学、公共经济学和财政学等不同学科领域。正是因为跨学科的共同关注，关于公共产品的理解也出现了不同的视角，比较代表性的有以下三种。

第一，特征视角。这一视角用公共产品的关键特征来描述公共产品。例如，经济学家斯蒂格利茨认为，公共物品是具有非竞争性和非排他性的物品，在增加一个人对它的分享时，并不导致它的成本的增长，而排除任何人对它的分享都要花费巨大成本。❶萨缪尔森认为，公共产品是指无论个人是否愿意购买，都能使整个社会每一成员获益的物品。❷这两个相近的概念界定都指出了公共产品不同于私人产品的特征。

第二，提供主体视角。公共选择理论的代表性人物布坎南认为，任何集团或社团因为任何原因通过集体组织提供的商品或服务，都被定义为公共物品。我国经济学家厉以宁教授认为，凡政府提供的产品就是公共产品。❸这些相近的概念界定都指出组织的公共性特征会决定其产品也具有公共性特征。

第三，公共需求视角。这类定义建立了公共需求和公共产品之间的因果关系。例如，王乐夫、蔡立辉教授认为，公共产品是用于满足社会公共需要的物品、劳务或服务。❹财政学者陈共教授认为，由国家机关和政府部门等公共部门提供用来满足社会公共需要的商品和服务称为公共物品。❺因而，公共产品是回应社会共同需要的产品或服务。

可以发现，对公共产品概念和内涵的理解具有多样性和差异性。基于对公共产品概念缘起的分析，我们侧重从公共需求视角下理解公共产品，并吸取既

---

❶ 斯蒂格利茨，沃尔什.经济学（第4版）[M].黄险峰，张帆，译.北京：中国人民大学出版社，2013.
❷ 保罗·萨缪尔森，威廉·诺德豪斯.经济学（第17版）[M].萧琛，译.北京：人民邮电出版社，2008：302.
❸ 厉以宁，秦宛顺.现代西方经济学概论[M].北京：北京大学出版社，2010：124.
❹ 王乐夫，蔡立辉.公共管理学（精编版）[M].北京：中国人民大学出版社，2012：7.
❺ 陈共.财政学[M].北京：中国人民大学出版社，2020：19.

有从特征视角和提供主体视角下公共产品定义的优点，将公共产品定义如下：公共产品是指用于满足社会公共需要，具有非竞争性、非排他性等公共性特征的物品或服务。

2. 公共产品的特征

公共性是公共产品的核心特征，而这种公共性可以从经济学、公共管理学等视角加以整合分析，具体特征如下。

一是非竞争性。所谓非竞争性是指某种物品在增加一个消费者时，边际成本为零。公共产品的非竞争性意味着一个人对公共产品的消费不会影响其他人的使用。例如，天气预报，甲收听天气预报并不妨碍乙收听。非竞争性也意味着公共物品的消费不存在拥挤效应，且边际生产成本递减或者为零，从而具有统一供给的规模优势。

二是非排他性。非排他性是指有主体提供了公共产品，不能排除其他人对该产品的消费和享用。公共物品具有的非排他性意味着不能排除其他人从公共物品中获得利益。公共物品的非排他性缘由主要是排他成本高昂、排他技术不可行或极其困难，以及公共价值方面的考虑。公共物品的非排他性容易产生"搭便车"及收费困难的问题，这都是需要政府介入公共产品供给的主要原因。

三是共享性。共享性是公共产品非排他性的必然结果，即公共产品无论是在享用机会上，还是在实际效用的占有和分配上，它都是由公民共享共用的，而不是为少数人所独享。党的十八届五中全会提出了共享的新发展理念，其实质就是由政府提供大量社会公用的公共产品，来实现发展成果由人民共享。

四是民生性。公共产品回应的是社会公众的共同需求而非个性化偏好，而这些需求大多集中在人们生产、生活的基础性和兜底性方面，表现在人们的吃、穿、住、行、医等难以依靠个体满足的社会性需求。因此，公共产品的供给事关社会大众的共同利益与福祉，是政府等公共组织的核心职能所系。

五是变化性。一种物品的公共性程度与特征并不是一成不变的,而是随着多方面影响因素的变化不断改变的。一方面,人们的需求在不断变化,导致据此提炼的公共需求也要因应变化;另一方面,公共物品的属性界定及其供给方式受到政治、经济、社会和文化等多因素的影响。换言之,一种物品的属性在不同的国家、区域、组织及时空下存在明显差异。

3. 公共产品的范畴与类型

事实上,严格满足非竞争性和非排他性特征的纯粹公共产品很少。为此,经济学家引入了集体物品和俱乐部物品的概念,丰富和拓展了公共产品的范围。布坎南在1965年发表的《俱乐部的经济理论》中对俱乐部物品进行系统研究,指出了俱乐部物品的现象:"有趣的是这样的物品和服务,它们的消费包含着某些'公共性'。在这里,适度的分享团体多于一个人或一家人,但小于一个无限数目的'公共'的范围。"❶也就是说,俱乐部物品的公共范围是有限和有明显边界的。一方面,俱乐部物品具有对外排他性和竞争性特点,俱乐部物品不对外部开放。另一方面,它对内具有非竞争性和非排他性特点,具有俱乐部成员资格意味着消费某种物品的权利。和公共产品、俱乐部物品相关联的另外一个概念是集体物品。根据奥尔森的定义,集体物品是这样一种物品,一旦集体中的任何一个个体为自己提供了集体物品,就不可能把集团中其他成员排除在对这种集体物品的享用之外。❷集体物品的概念使物品的属性和提供主体的组织边界相联系起来。相对于公共产品,集体物品范围更广,公私集体或者组织都有相应的集体物品。换言之,每个集体(组织)都有自己的公共物品,家庭、企业、城市乃至国家共同体,都有各自的公共物品。因此,公共物品的概念可以和提供主体、受益人群的边际紧密结合起来,反映了不同物品的公共性程度差异。公共物品本质上是具有不同公共性程度

---

❶ BUCHANAN, JAMES M. An Economic Theory of Clubs [J]. Economica, 1965:32(125):1-14.
❷ 曼瑟·奥尔森. 集体行动的逻辑:公共物品与集团理论 [M]. 陈郁,郭宇峰,李崇新,译. 上海:格致出版社,上海人民出版社,2018:23.

的物品，这里公共性可以从共同体规模，也是物品的非排他性范围和非竞争性范围加以衡量分析。

按照物品在公共性程度上的满足程度，我们可以将不同的物品划分为纯公共产品、准公共产品及私人产品，其背后反映的是物品公共性从强到弱的变化。一般而言，共同体规模大，物品的非排他性范围广、非竞争性特征强的物品是纯公共产品；反之，则是私人产品。而准公共产品指的是介于以上两类产品之间的、兼具部分公共产品和部分私人产品性质的混合特征产品，集体物品、俱乐部物品就是其典型案例。

按照提供主体与受益范围，公共产品又可以划分为全球公共产品、全国性公共产品和地方性公共产品。全球公共产品也称为国际公共产品或国际公共品。考尔等认为，全球公共产品可定义为受益可延伸至所有国家和人民的产品。❶ 因此，对全球公共产品较为宽泛的认识是，一种产品的受益者不局限于一国的一个群体，且不歧视任何一个人口群体或世代。❷ 最新的研究表明，全球公共产品具有公共性、合作性和可持续性特点。❸ 全球安全、气候和地球资源都是人类命运共同体可持续发展所需要的全球公共品，这些公共产品和资源需要国家之间或者超国家组织进行合作供给。全国性公共产品是指由全体国民受益的产品，如国防、外交就是典型的全国性公共产品。一般而言，全国性公共产品是中央政府和中央财政的职能范围。所谓的地方性公共产品，主要是指受益人群为特定地域、区域公众的公共产品。例如，城市道路、公园等都是典型的地方性公共产品，地方性公共产品主要由地方政府承担供给责任和财政责任。

---

❶ 英吉·考尔，等. 全球化之道：全球公共产品的提供与管理[M]. 张春波，高静，译. 北京：人民出版社，2006：19.

❷ KAUL, GRUNBERG, ISABELLE, MARC A. Global Public Goods: International Cooperation in the 21st Century [M]. New York: Oxford University Press, 1999: 334-349.

❸ 杨娜. 全球公共产品的属性探讨——兼论中国推动新冠疫苗成为全球公共产品的挑战及路径[J]. 国际政治研究，2022，43（4）：9-30，5.

按照物品表现形态可以将公共产品划分为物质公共产品、制度公共产品、精神文化公共产品，而制度、精神和文化类的公共产品又可称为无形的公共产品。随着人民物质生活水平的提高和满足，人们对精神文化的公共产品需求会更加迫切，需要政府转变公共产品的供给内容。

1.1.3 公共问题

1.1.3.1 公共问题的界定

公共管理学是以问题为导向的应用社会科学，而公共问题正是公共管理学的问题靶向，发现公共问题、解决公共问题是理论与实践领域的共同使命。探讨公共问题有利于增加对公共管理学认知论和本体论层面的理解。

公共问题和社会问题既有联系又有区别。社会问题是指社会的实际状态与社会期望之间的差距。❶ 社会问题泛指那些由于社会关系或环境失调，致使社会全体成员或部分成员的正常生活乃至社会进步发生障碍，从而引起人们关注并需要动用全社会的力量加以解决的问题。由于人们主观期望与客观现实的差距普遍而持续地存在着，社会问题因而具有广泛性和持久性的特征。❷ 总体而言，社会问题既包括私人问题也包括公共问题。在社会问题中，影响范围局限在个体，不对他人产生直接影响的问题称为私人问题。那些有着广泛影响，影响到社会整体利益的问题才是公共问题。当然，公共问题是和私人问题相对应的问题范畴，两者在一定条件下可以相互转换。综上所述，我们认为公共问题是指分布在公共领域中的，与社会大众共同利益密切相关且亟须解决的社会问题。

公共问题与公共事务是紧密相关的姊妹概念。公共管理是对公共事务的管理，而本质上对公共问题的治理就是公共事务。公共问题的解决主要依靠不

---

❶ 陈庆云. 公共政策分析[M]. 北京：中国经济学院出版社，1996：148.
❷ 张庆东. 公共问题：公共管理研究的逻辑起点[J]. 南京社会科学，2001（11）：42-46.

同形态的公共产品供给,因而公共事务本质也就是公共物品与服务的生产与供给。❶ 从公共问题的视角来看,公共管理的公共事务是通过制度设计破解人们在公共物品供给中的"公地悲剧""搭便车""囚徒困境"等集体行动困境,引导多元主体可持续性地管理和分配公共资源,有效供给公共产品。一方面,对那些业已存在的公共资源、自然资源等,要通过制度设计与科学管理公平、可持续地分配、使用和管理这些共同资源,以确保实现可持续的共同利益;另一方面,对那些让尚未生产出来而人们又需要的公共物品、公共服务,要通过有效的制度安排促使公共产品得到高效地提供和生产,并合理分配、可持续地利用。

按照不同的划分标准,公共问题可以有不同类型。根据公共问题的作用范围,可以从纵向上划分为全球性公共问题、全国性公共问题、地区性公共问题和社区性公共问题。全球性公共问题是全人类共同面临的、影响范围最为广泛的公共问题,它需要全球公共产品的供给加以解决。而在一个国家内部,根据公共问题的影响范围和作用层次,公共问题又存在全国性、地区性和社区性的层次划分。根据公共问题的发生领域,可以划分为环境问题、贫困问题、公共卫生问题等。不同领域的公共问题有不同的利益主体、问题表现和影响后果,也需要不同层次和类型的公共物品供给。

1.1.3.2 公共问题的特征

公共问题的问题性质及其治理方式都和私人问题显著不同,其独特性表现在以下五个方面。

第一,公共问题具有鲜明的公共性。公共性是公共问题与私人问题乃至社会问题相区别的最本质、最内在的特性。公共性意味和问题性质超越了"私域"的范畴,它并不是仅影响单个的个人或团体,而是对绝大多数人或团体产

---

❶ 王敏,王乐夫.公共事务的责任分担与利益共享——公共事务管理体制改革与开放的思考 [J]. 学术研究,2001(11):73-78.

生普遍的影响。此外，这种广泛影响贯穿在公共问题的全生命周期：其一，公共问题的产生是非特定大众共同造成的；其二，公共问题所带来的不利后果影响非特定社会大众的共同利益；其三，解决公共问题所带来的利益是公共的或者共享的。❶因此，公共问题与每一个个体的利益、价值及偏好等密切相关，它们使所有社会成员都潜在地共同受益或潜在地共同受其威胁，影响许多个体和团体的生活。

第二，公共问题具有跨界性。公共问题的存在形态具有不可分性、整体性的特点，其在主体分布、时空分布和地理分布上往往是泛在的、连贯的和不可分割的，呈现一种不规则状态。这和科层制组织的整齐的、统一的、分明的，甚至机械的分布设置是截然不同的。跨界性意味着问题的空间是多重的、交叉的和相互关联的，它超越了传统科层与权威设定的组织结构与边界，跨越不同组织，跨越不同政策领域，跨越政治与行政的边界，跨越不同的利益团体。❷公共问题的跨界性特点，使其不能够按照科层结构及主体边界进行机械式的问题分解；相反，应该增进跨主体、跨层次、跨部门的合作与协同，形成公共问题治理合力。

第二，公共问题具有动态性。从纵向的时间变化角度来看，公共问题的现实表现、生成原因、感知界定和解决治理总是处于不断变动的状态中。公共问题的整体状态是由不同维度、因素之间相互作用决定的，而这些维度及其影响因素总是随着时间的流逝而不断变化，而且任何一个维度和因素的变动都将使公共问题发生状态转移，不同维度间和因素间相互作用的参数范围和时间尺度决定状态转移的方式与方向。❸公共问题构成要素或系统之间存在非线性的相互作用，促使公共问题具有鲜明的动态演化性特征。

---

❶ 张红春. 棘手公共问题的合作治理：理论缘起与分析框架 [J]. 政府治理评论, 2018（1）：41-55.
❷ WEBER E P, KHADEMIAN A M. Wicked Problems, Knowledge Challenges, and Collaborative Capacity Builders in Network Settings [J]. Public Administration Review, 2008, 68（2）：334-349.
❸ 杨冠琼, 刘雯雯. 公共问题与治理体系——国家治理体系与能力现代化的问题基础 [J]. 中国行政管理, 2014（2）：15-23.

因此，对于公共问题的认知和治理不能采用静态的视角，而应采用动态的视角。

第四，公共问题具有非结构化特点。非结构化又被称为"结构不良性"。西蒙在《复杂性的宏观结构》中研究了"有机复杂性"系统的结构及其动态演化等方面的特征，提出了"结构不良的问题"的概念，并将公共行政作为"有机复杂性"或"结构不良性"系统的一个实例加以分析和说明。非结构化的公共问题具有对问题的认知不确定，问题解决方案与策略不确定，问题解决的制度设计不确定等多重特征。❶ 这也意味着公共问题的表现不存在确定形式，问题成因与影响难以界定，不存在详尽描述的统一解决方案。解决方案也没有对错之分，只有好坏之别且结果无法预知。为此，公共问题治理需要高度的信息知识聚合和治理能力集成。

第五，公共问题治理的合作性。公共问题的公共性、跨界性和复杂性等特征都意味着公共问题有着多元的利益相关者，并且这些利益相关者之间围绕公共问题的治理形成了高度相互影响和相互依赖关系。针对跨界、复杂的公共问题，仅仅依靠单一主体的独立行动是难以实现的。有研究将这种情况称为单个部门失灵（Single Sector Failure），即单一的一个部门尝试解决一个复杂公共问题是不管用的，治理棘手公共问题需要跨部门和跨主体的共同努力。❷ 因此，公共问题的治理需要跨界的协同治理，跨越的边界可以是组织界限、地理界限、文化边界和国家边界等。为此，治理公共问题需要多元合作，克服科层制组织的部门分工、主体分化带来的碎片化治理难题，整合多元主体的资源与能力，以达成治理共识与相向行动。

---

❶ VAN BUEREN E M, KLIJN E H, KOPPENJAN J F M. Dealing with Wicked Problems in Networks: Analyzing an Environmental Debate from a Network Perspective [J]. Journal of Public Administration Research and Theory, 2003, 13（2）: 193-212.

❷ BRYSON, JOHN M, BARBARA C. Crosby. The Design and Implementation of Cross-sector Collaborations: Propositions form the Literature [J]. Public Administration Review, 2006（66）: 44-55.

1.2 公共管理学科的产生与发展

无论是在中国，还是在西方国家，公共管理学科都由行政学、公共行政学发展而来。❶但是我国和西方国家公共管理学有着不同的发展路径，本节内容旨在对国内外公共管理学科的产生和发展历程进行系统回顾。

1.2.1 中国公共管理学科的产生与发展

在我国，公共管理学本质上是一门关于治国理政或国家治理的学问。中国公共管理学科的产生和发展，既受到西方行政学发展的启发，又立足于我国独特的国家治理历史、文化与制度背景，构建了富有中国特色的公共管理学科体系。

1.2.1.1 古代国家治理学

中国有着悠久的国家治理历史。无论是在夏、商、周、春秋和战国等先秦时期，还是自秦朝统一中国后的漫长封建社会，中华民族始终持续探索适合自身的国家治理制度，形成了独特的国家治理历史实践。特别是自秦以后，陆续涌现了诸多盛世治世时期，也造就了诸多杰出的古代公共领导者和管理者，代表了古代中华民族探索国家治理智慧与艺术的最高水平。

虽然古代中国尚没有完善的公共管理学研究与人才培养体系，但不乏大量学者和典籍对我国古代国家治理的经验和智慧进行总结。例如，儒家、道家和法家等贡献的《论语》《老子》《庄子》《荀子》《韩非子》《大学》《中庸》《孟

---

❶ 林尚立. 公共管理学：定位与使命 [J]. 公共管理学报，2006（2）：1-6，107.

子》等典籍中就蕴含着大量的国家治理观点和思想，《史记》《资治通鉴》等史学著作记录了古代国家治理的组织与行动历史，以《通典》《通志》《文献通考》为代表的"三通"集成了我国历代政治、经济、军事和文化等方面的国家治理典章制度，这些国家治理经典深刻反映了我国古代国家的治理经验与知识。中国古代行政学说源远流长，影响中华民族几千年的沿革与发展，有史可寻，有经典可读，更有大智可取。新时代公共管理知识体系的反思与重建，需要吸收我国本土成长起来的行政思想，以更智慧、更有成效地解决中国公共管理问题。❶

总体来看，我国古代国家治理学说在以下几个方面对我国当代公共管理学产生了有益启示。

一是完成了国家治理理想的初步建构。通过古代国家治理兴衰相伴的曲折实践和经验总结，国家统一、制度完备、政治清明和人民安居乐业的治理理想与目标深入人心，成为中华民族生生不息、持续发展的目标驱动力。今日，小康社会、中华民族伟大复兴等现代国家治理目标的提出均有历史参照。二是树立了国家治理的民本民生理念。民本思想源远流长，《尚书·夏书·五子之歌》写到"民惟邦本、本固邦宁"，《孟子》中也有"民为本，君为轻，社稷次之"的观点。这些生动反映了中华民族国家治理重民、贵民、安民、恤民和爱民的思想内核。今天，以人民为中心的治理理念选择也生动体现了这一思想。三是探索了行政人事制度的雏形。我国自秦朝开始设置郡县制的地方行政管理制度，郡长、县长实施由皇帝直接任免的流官任期制，开启了通过考察、考核任命管理官员的先河。在此之后，隋朝又创立科举制度，开启了通过考试选拔官员的制度，并建立了针对各级官员的任命、等级、薪酬和考核等管理制度，积累了政府组织与人事管理的历史经验。当然，我国古代国家治理学说也存在明显的局限性，它没有形成完善的理论体系、研究体系和人才培养体系，并且它主要服务于封建国家统治的需要，具有一定的历史局限性。

---

❶ 徐晓林.中国古代行政学说史书目举要[J].公共管理与政策评论，2021，10（4）：16-24.

在中国公共管理学本土化及增强国家治理制度自信和文化自信的背景下，有必要从历史角度系统梳理我国古代国家治理的历史与经验，系统开展我国公共管理学史学方面的研究，取其精华，弃其糟粕，传承优秀的国家治理价值与文化。

> **§ 知识链接**
>
> **习近平：善于从中华优秀传统文化中汲取治国理政的理念和思维**
>
> 2022年6月8日，中共中央总书记、国家主席、中央军委主席习近平在四川考察。眉山市中心城区，这里坐落着北宋著名文学家苏洵、苏轼、苏辙父子三人的故居三苏祠。习近平来到这里，了解三苏生平、主要文学成就和家训家风，以及三苏祠的历史沿革、东坡文化研究传承等。习近平总书记指出，中华民族有着五千多年的文明史，我们要敬仰中华优秀传统文化，坚定文化自信。要善于从中华优秀传统文化中汲取治国理政的理念和思维，广泛借鉴世界一切优秀文明成果，不能封闭僵化，更不能一切以外国的东西为圭臬，要坚定不移地走中国特色社会主义道路。

1.2.1.2 现代行政学的诞生

我国近现代科学意义上的公共行政学几乎与西方同步出现。对此，陈振明教授对这段学科历史进行了系统的回顾和梳理。❶在西方行政学诞生初期，行政学研究在我国也同步兴起，一些国内学者翻译出版了《行海要术》《行政学总论》《行政法撮要》等西方行政学及行政法著作。1935年，张金鉴出版《行政学的理论与实践》教材，次年江康黎出版《行政学原理》，作为我国行政学诞生的象征性标志。同时，北京大学、南京大学和厦门大学等也先后在政治（学）科系中开设了行政学课程。可见，在20世纪上半叶，我国学者几乎与西方学者同步关注到了行政学这一新兴学科领域。

中华人民共和国成立以后，行政学在中国曾一度中断，但随着改革开放的

---

❶ 陈振明. 中国公共管理学40年——创建一个中国特色世界一流的公共管理学科[J]. 国家行政学院学报，2018（4）：47-54，148.

春风又再度复兴。1977年7月，邓小平同志着重抓了教育、科研战线的拨乱反正。1979年3月30日，他在党的理论工作务虚会上谈道："我并不认为政治方面已经没有问题需要研究，政治学、法学和社会学及世界政治的研究，我们过去多年忽视了，现在也需要赶快补课。"❶ 正是在党中央的正确领导下，我国人文社会科学迎来了发展的春天，行政学也乘着这股东风迎来了恢复发展的良好时机。

20世纪80年代，我国开始恢复和重建了中断的政治学、行政学或行政管理学。1982年，华东纺织工学院（今东华大学）周世逑教授发表题为《一门"被遗忘了"的学科——行政管理学》的文章，最早提出建设一门具有中国特色的行政管理学。同年，中山大学夏书章教授在《人民日报》发表题为《把行政学的研究提上日程是时候了》的文章，指出行政效率问题及其理论研究的方向。随着夏书章、周世逑、张友渔和邱晓等老一辈政治学与行政学家为学科恢复重建奔走呼号，恢复行政学也逐渐提上了议事日程，学界与政界在20世纪80年代为行政学恢复重建展开一系列学科活动。

一方面，学术共同体得以加快形成，促进行政学研究专门化。1982年，中国政治学会委托复旦大学开办行政管理学讲习班，培训了本学科的第一批师资。1984年8月，国务院办公厅、劳动人事部在吉林省吉林市召开全国行政科学研讨会，对行政科学研究与发展的相关问题进行讨论，提出要建立有中国特点的行政管理学，并提出创立中国行政管理学会和筹建国家行政学院的建议。1985年7月，《中国行政管理》期刊正式发行，这是成立后最早创办的专业期刊。1986年9月，中国人民大学行政管理研究所成立，是国内较早的行政学专门研究机构。1987年，全国行政管理教育研究会成立。1988年，中国行政管理学会成立，标志着我国行政学学术共同体的正式形成。

---

❶ 邓小平.邓小平文选（第二卷）[M].北京：人民出版社，1994：184-181.

公共管理学

另一方面，行政学的教学与人才培养也拉开帷幕。20世纪80年代初期，一些院校率先开展行政管理的专科教育或者干部培训教育。为了满足行政管理人才培养的需要，首批行政学教材也相继诞生。1984年10月，周世述教授编著的改革开放后首部行政学教材《行政管理》由人民出版社出版；次年3月，夏书章教授主编的《行政管理学》教科书由山西人民出版社出版。20世纪80年代中期，国家首次批准了行政管理专业的本科人才培养，武汉大学、郑州大学、兰州大学等率先开设行政管理本科专业。随后，中国人民大学、北京大学、南京大学、中山大学、厦门大学和贵州大学等高校也在国内较早开始了行政管理本科办学，开启行政学人才培养的新篇章。此时，行政学被视为政治学的附属学科，而政治学又隶属于法律学科范畴。1986年，作为政治学一级学科中的一个二级学科，行政学正式进入我国研究生培养的专业目录之中，中国人民大学、厦门大学等高等院校也较早开始了行政学的研究生人才培养工作。

> § 知识链接
>
> **当代中国行政学主要奠基人之一——周世述教授简介**
>
> 周世述原籍浙江吴兴（今属湖州），1913年生于上海，1936年毕业于清华大学政治学系，后赴美深造，于1939年获哈佛大学公共行政学院（肯尼迪政府学院前身）公共行政博士学位。1940年回国任教于西南联大，1954年7月被调至华东纺织工学院任教，1982年，他发表《一门"被遗忘了"的学科——行政管理学》一文，同年担任全国首期政治学讲习班行政管理课程主讲教师，培训了新中国首批行政学教学科研骨干，1984年编著我国改革开放以来首部行政学著作《行政管理》。

1.2.1.3　从行政学转向公共管理学

世纪之交，我国社会主义现代化建设进入新阶段，对政府管理现代化要求也日益提高，行政学相对狭窄的研究范围既不符合我国广义政府的制度背景，也不适应持续涌现的学科新问题、新对象和新理论，这驱使我国公共行政学开始向公共管理学转轨。其标志性的事件是国务院学位委员会在其于1997年公布的研究生专业目录中,新增管理学门类,并在下面新设置公共管理一级学科,行政学(行政管理)专业也从原来的政治学范畴转而进入新成立的公共管理学科之下,行政管理、社会保障、教育经济与管理、社会医学与卫生事业管理、土地资源管理5个二级学科或专业共同组成了公共管理学的学科专业体系,这标志着公共管理学科的成立及其学科地位的确立。❶这一次学科目录调整对21世纪以来我国公共管理学科的发展产生了深远影响,主要意义如下:一是增强了学科的相对独立性,公共管理学成为一门独立的一级学科获得政府和学界的承认;二是拓展了学科的发展空间,促使学科从狭义的行政研究转向更为广阔的公共事务和公共问题探究;三是拓展了学科的办学空间,公共管理学在高等院校学科专业之林开始受到重视,相关专业、师资、学生开始以公共管理学科为平台进行聚集式的发展。

进入21世纪以来,在党和国家的重视下,公共管理学科的发展步入快车道。学科建制、学术共同体建设、学术成果和人才培养都持续快速发展,具有特色的中国公共管理学科体系逐渐形成。21世纪以来,我国公共管理学科的发展成效表现在以下四个方面。

第一,学科专业体系设计日渐完善丰富。国务院学位委员会先后于2011年、2018年、2022年修订研究生专业目录,而公共管理学一级学科下的专业目录呈丰富态势。2023年5月28日,国务院学位委员会公共管理学科评议组,发布新的公共管理学一级学科下属二级学科指导性目录,下设行政管理、公共政策、卫生政策与管理、教育政策与管理、社会保障、土地资源管理、应急管理、社会组织管理、数字公共治理、城乡公共治理和全球治理11个二级学科,公共管理学的学科内涵与外延得以极大拓展。同样,公共管理本科生专业范围也大大拓展。1998年,教育部公布的《普通高等学校本科专业目录》在管理学学科门类之下增设公共管理类本科专业类目,下设行政管理、公共事业管理、劳动与社会保障、土地资源管理4个本科专业;在2012版本科专业目录中增设了城市管理、海关管理、交通管理、海事管理和公共关系学等相关专业;在

---

❶ 陈振明.中国公共管理学40年——创建一个中国特色世界一流的公共管理学科[J].国家行政学院学报,2018(4):47-54,148.

2020版本科专业目录下增设健康服务与管理、海警后勤管理、医疗产品管理、医疗保险和养老服务管理等专业；在2023版本科专业目录下增设海关检验检疫安全、海外安全管理、自然资源登记与管理、慈善管理、航空安防管理、无障碍管理等专业。目前，公共管理类的本科专业达20个。

第二，公共管理院系专业在高等院校中纷纷成立，人才培养规模持续增长。21世纪以来，一批国内一流大学整合学科专业资源，纷纷成立了公共管理院系，其中又以成立公共管理学院、政府管理学院或者公共事务学院居多。在人才培养方面，公共管理类的相关本科专业在高等院校大量开设。目前，全国高校设立了1000余个公共管理类的本科专业，其中最主要的行政管理专业500多个，公共事业管理专业400多个。❶近20年来，公共管理博士和硕士学位授权点也大量增设。目前，公共管理一级学科硕士学位授权点约300家，博士学位授权点约50家。在公共管理院校专业的持续扩展下，公共管理学科培养的专业人才规模也持续增长，人才培养规范化和质量水平也持续提高。

第三，公共管理硕士专业学位教育蓬勃发展。进入21世纪之后，为了满足公共管理实践者的能力素质提升和继续教育需求，国务院学位办于1998年启动MPA专业学位论证，并于2001年正式批准开办MPA教育。2001年，首批24所重点高校开设MPA专业，此后又于2003年（23家）、2005年（37家）、2007年（18家）、2010年（46家）、2014年（75家）、2018年（8家）和2021年（54家）陆续批准相关高校开展MPA教育。截至2023年，我国MPA办学单位已达到301所。❷此外，北京大学、清华大学等院校还专门开设了国际MPA项目，为其他发展中国家的学生提供公共管理教育。根据全国公共管理专业硕士教学指导委员会的数据资料，截至2017年8月，全国共计录取172172名MPA学生，已有114190人获得MPA学位，近年来每年授予MPA

---

❶ 陈振明. 中国公共管理学40年——创建一个中国特色世界一流的公共管理学科[J]. 国家行政学院学报, 2018（4）：47-54.

❷ 全国公共管理专业学位研究生教育指导委员会：MPA培养单位名单[EB/OL]. [2024-04-01]. http://mpajzw.ruc.edu.cn/colleges-list.

学位都超过 1 万人。❶ 我国 MPA 教育为培养高素质的干部和公务员队伍作出了重要的人才贡献。

第四，公共管理学的科学研究走向科学化和规范化阶段，学术成果丰硕。21 世纪以来，公共管理学的研究队伍不断壮大，研究者数量持续增多，专门性的研究机构逐渐增多，公共管理知识生成主体力量和知识产出空前增强。公共管理领域的学术论文、教材、专著和资政建言等科研成果数量和质量显著增加，为我国公共管理学科的快速发展提供良好的知识储备、智力支撑、人才储备。21 世纪以来，《公共管理学报》《行政论坛》《公共行政评论》《电子政务》《公共管理与政策评论》《公共管理评论》等本学科专门性期刊得以创刊。在学术共同体的集体耕耘下，这些期刊已经迈入权威刊物的行列，成为刊载我国公共管理学前沿研究成果的主要载体。同时，学界所关注的公共管理研究对象愈加丰富，研究方法日益繁多且规范化。

总体来看，我国公共管理学科已成为人文社会科学中发展最快的学科之一，对国家治理现代化的知识支撑、人才支撑作用越发重要，具有光明的学科专业发展前景。党的十八届三中全会提出，全面深化改革的总目标就是完善和发展中国特色社会主义制度、推进国家治理体系和治理能力现代化。党的二十大报告指出，到 2035 年基本实现国家治理体系和治理能力现代化。公共管理学科肩负着实现国家治理尤其是政府治理现代化的重要使命，可以为国家治理和社会进步作出更大贡献。

1.2.2 西方公共管理学科的产生与发展

1.2.2.1 行政学的产生

西方国家的现代行政学起源于 19 世纪末 20 世纪初，这一学科形成有着深

---

❶ 陈振明. 中国公共管理学 40 年——创建一个中国特色世界一流的公共管理学科 [J]. 国家行政学院学报，2018（4）：47-54，148.

刻的历史与制度背景。西方国家在完成资产阶级民主革命之后，纷纷建立了现代国家，国家治理的重心也从政治革命转向了政府建设。这一时期，西方国家工业化、城市化进程加速，社会问题与公共事务逐渐增多，政府职能范围不断扩展，人们迫切需要一个高效率的政府。与此同时，西方国家经历了"政党分肥"制的低效、混乱的行政模式之后建立了现代文官制度。文官制度促使在政府中出现了大量以行政为终身职业的行政人员，他们和政治家相区分并构成相对独立、稳定的行政主体，如何对文官或公务员进行有效的管理也是行政科学产生的现实需求。

一般认为，现代行政学以美国学者威尔逊于1887年在《政治学季刊》上所发表的《行政学研究》论文为标志。《行政学研究》虽然只是一篇论文，但是这篇论文蕴含着丰富的"政治—行政"二分法思想，促成了行政学从政治学中分离出来。在这篇论文中，威尔逊提出了行政学的科学化诉求，强调行政管理要根植在稳定的原则和规律之上；划定了行政学的独特研究范围，强调以行政机关及其执行活动为研究对象；指出要对公共行政进行独立研究，探究行政的规律，以高质量的行政知识助力现代文官制度的完善，提高政府行政效率和声誉。总的来说，这篇论文是行政学独立的一篇檄文，对西方公共行政学而言具有学科开创意义。

在威尔逊的研究引领之下，一些学者在19世纪末和20世纪上半叶开始密切关注政府和行政主题，并形成了一些代表性学术成果，奠定了行政学古典时期的知识基础。这一时期的代表性成果有以下几点：① 1900年，古德诺出版《政策与行政》一书，进一步发扬阐释"政治—行政"二分的观点，分析两者的不同作用和功能。❶ ② 1919年，威洛比出版《现代国家之政府》一书，讨论了现代政府的结构与职能等问题，认为应将政策制定与政策执行的活动区分开来。③ 1926年，怀特撰写了美国第一本公共行政学教科书《行政学导论》。❷

---

❶ GOODNOW F. Policy and Administration [J]. New York, 1900.
❷ LEONARD D W. Introduction to the Study of Public Administration [J]. Macmillan, 1948: 96.

该书集中阐释了行政科学与效率原则的重要性，并提出了将行政组织、人事行政、财务行政和行政法规作为行政学的基本主题，形成了公共行政学的基本框架。怀特的这本书促使公共行政学成为一个单独的研究领域，形成了较为完整知识框架，标志着行政科学的基本形成。④ 1927 年，威洛比出版行政学教材《公共行政原理》，该书界定了公共行政的主要职能，讨论公共管理中的财政与预算、物资管理等方面的问题。❶ ⑤ 1937 年，古利克和厄威克编辑出版《行政科学论文集》，集成了早期公共行政领域代表性学者论文，古利克在书中将公共行政学的基本职能概括为著名的"POSDCORB"，即计划、组织、人事、指挥、协调、报告和预算，对于行政职能的系统化具有重要意义。

在行政学研究持续涌现的同时，行政学的科研与教学机构也陆续成立，人才培养也逐渐兴起。1907 年，纽约市政管理研究局成立，1911 年为了培训自己的公职人员建立了"公共服务培训学校"，这是美国公共行政教育培训的雏形。1914 年，密执安大学开办了第一个市政管理的硕士项目。1924 年，雪城大学成立麦斯威尔公民与公共事务学院，启动了美国第一个 MPA 项目，标志着现代高等院校公共管理人才培养与教育的开端。此后，美国其他著名大学也陆续开展了公共行政院校专业建设和人才培养。1929 年，南加州大学成立公共行政学院。哈佛大学于 1936 年成立政府学院。截至 1950 年，美国已有 50 所大学开设公共行政专业或课程。❷ 与此同时，英国也同步开展公共行政教育和研究。1922 年，英国公共行政研究院成立（之后改名为皇家公共行政研究院），旨在推动英国公共行政培训和专业的研究。1929 年，英国伦敦大学首次开展公共行政的学位教育。❸

这一时期，公共行政的学术共同体逐步形成，学科专业出版物得以初

---

❶ WILLOUGHBY W F. Principles of Public Administration [J]. Johns Hopkins Press，1927：37-51. WILLOUGHBY W F. Principles of Public Administration [J]. The Brookings Institution，1927：2.

❷ 全国公共管理硕士（MPA）专业学位教育指导委员会. 中国 MPA 教育发展报告（1999—2009 年）[R]. 北京：中国人民大学出版社，2009.

❸ FARRELL C，HATCHER W，DIAMOND J. Reflecting on Over 100 Years of Public Administration Education [J]. Public Administration，2022，100（1）：116-128.

创。1922年，英国皇家公共行政研究院创办了全球首本公共管理领域的专业期刊《公共行政》，这本国际权威期刊距今已有100余年的历史。1927年，《国际行政科学评论》创刊，是关注比较公共行政的最早刊物。1930年，国际行政科学学会在欧洲成立，是第一个引领公共行政科学发展的国际学术组织，至今仍在活跃。1939年12月，美国公共行政学会成立，是全球首个公共行政领域的学术共同体组织。1940年，美国公共行政学会创立会刊《公共行政评论》。在美国和英国的示范影响下，其他西方国家也纷纷跟进公共行政的学术共同体和专业期刊建设。例如，澳大利亚在这一时期成立了澳大利亚公共行政研究院，并于1937年创办了学术刊物《澳大利亚公共行政评论》。法国也于1945年成立法国国家行政学院，开启本国公共行政研究和教育事业。

通过这一段时期的发展，行政学初步形成了较为稳定的研究队伍和学术组织，在大学开启了公共管理人才培养的先河，创办了本学科的学术刊物，并且通过学术研究初步完成公共行政学的研究范围、内容、目标和方法等学科奠基任务。

1.2.2.2 从行政学转向公共管理学

20世纪下半叶，西方行政学科开始转型发展，一门现代的、包容性的公共管理学得以最终形成。西方国家从传统行政学转向现代公共管理学的趋势特点如下：一是突出学科的公共特质。经过政策科学运动、新公共行政、新公共管理改革和新公共服务等理论实践范式迭代，西方行政学学科的研究对象、研究范围大大拓展，已从对狭义的行政问题研究转向了广义的公共问题、社会问题的探究。二是学科的管理视角更加明晰。无论是政策科学对管理思想的汲取和转化，还是新公共管理对管理主义的全面复兴，管理途径都成为"二战"之后

---

❶ 1990年中国行政管理学会作为国家分会加入该组织，我国秘书处设在中国人事科学研究院。

西方公共管理学的主流途径。这一时期，西方公共管理学在转型中快速发展，在学科建制、人才培养和成果发表方面取得了突出成就。

在学科建制上，美国等国家的高等院校创立了一批以公共政策或公共事务为名的研究生学院。其中，公共事务学院的代表性院校有普林斯顿大学、约翰·霍普金斯大学、塔夫特大学等。这些院校对公共管理学的教学和研究更加注重宽泛的公共一面，关注贫困、公共服务、贸易、就业、战争和平等广泛的公共问题。❶而公共政策学院代表性的学院有卡耐基·梅隆大学的公共政策与管理学院，加州大学伯克利分校的公共政策学院等。这些院校的研究和教育更偏向政策途径和政策分析方法，促使公共政策学成为公共管理一个崭新的研究和专业领域。

在人才培养方面，西方国家公共管理人才培养类型更加多元化，人才培养规模持续扩大，人才培养的规范化程度也在不断提高。随着美国各级政府对公务员职业培训的需求日益增大，大学公共管理学历与课程教学在"二战"后迅速发展。"二战"后，美国的公共管理教育类型更加多元化，主要包括公共行政（事务）硕士（Master of Public Affairs/Administration，MPA）、公共政策硕士（Master of Public Policies，MPP）和公共管理硕士（Master of Public Management，MPM）等。而且除了硕士研究生教育，公共行政的本科和博士教育项目也在美国大学同步开始大面积推广。到1973年，美国设有MPA课程的院校达101所，到1983年开办MPA教育的院校已经发展到186所，到1995年这个数字又上升到232所，2006年开设MPA课程的院校达到了253所。❷目前，美国有300多个广义的公共管理硕士项目。❸在公共管理教育规模扩展的同时，美国还通过全美公共事务与公共管理院校联合会开展MPA教育质量评价和认证，通过完善的专业评估体系来保障MPA教育质量的持续提高。在美国之外，公

---

❶ 张梦中.美国公共行政（管理）历史渊源与重要价值取向——麦克斯韦尔学院副院长梅戈特博士访谈录[J].中国行政管理，2000（11）：44-47.

❷ 蓝志勇.美国公共管理学科的发展轨迹及其对中国的启迪[J].中国行政管理，2006（4）：82-87.

❸ 张梦中.美国公共行政学百年回顾（上）[J].中国行政管理，2000（5）：37-43.

共管理教育也开始向其他发达国家扩散。例如，1955—1970年，西欧的意大利、芬兰、比利时等都纷纷成立独立的公共管理教育项目；20世纪80年代，荷兰、爱尔兰、葡萄牙等西欧国家开始了公共管理教育项目；而中欧和东欧国家则在20世纪90年代陆续开始了公共管理教育。❶时至今日，公共管理教育在西方国家已经呈普遍和普及的状态。

在学术共同体方面，西方国家公共管理的研究队伍规模持续扩大，学术组织持续增长，公共管理学术共同体得以形成。1967年，美国国家行政学院成立，作为一个研究政府管理的非营利组织，它是美国政府所倚重的高层次智囊机构。1970年，全美公共事务与行政学院联合会成立，该机构旨在促进公共管理研究与学科发展。1979年，美国15所政策学院和研究机构发起成立政策分析与管理协会，作为一个非营利的专业团体，旨在推进政策领域的研究和培训。在美国之外的其他地区，公共管理的学术组织也在快速发展。1975年，欧洲公共行政组织成立，如今已是欧洲地区非常有影响力的公共管理学术组织。2005年，国际公共管理研究会成立，其主办的年度学术会议已经成为公共管理的国际学术盛会。❷1991年，公共管理研究协会成立，成为公共管理学者集聚的国际学术平台，其年度会议也颇具影响力，其会刊《公共行政研究与理论》也颇具影响力。❸1994年，中东欧公共行政院校网络成立，标志着中东欧国家公共行政学术共同体的形成。这些学术组织通过举办学术会议、举办专业刊物等途径，大大促进了所在地区的公共行政学科发展。

在专业期刊建设方面，公共管理类的专业刊物如雨后春笋般兴起，反映了公共管理研究成果数量和质量的成熟度。一是产生了一批公共政策途径的专业刊物。《政策科学》于1970年创刊，是公共政策领域的第一本专门性刊物。1980

---

❶ VERHEIJEN T, CONNAUGHTON B. Public Administration Education and Europeanization: Prospects for the Emancipation of a Discipline? [J]. Public Administration, 2003, 81（4）: 833-851.

❷ The International Research Society for Public Management（IRSPM）: Conferences [EB/OL]. [2024-04-01]. https://www.irspm.org/conferences.

❸ The Public Management Research Association（PMRA）: About [EB/OL]. [2024-04-01]. http://pmranet.org/about-2/.

年,另外一本政策专业刊物《政策研究》创刊。1981年,政策分析与管理协会将旗下两大杂志《政策分析》和《公共政策》合并为《政策分析与管理学报》。如今,这些刊物都是公共政策研究领域的权威刊物。二是受新公共管理浪潮的影响,产生了一批管理途径的专业刊物。1988年《国际公共部门管理学报》创刊,这是一本较早使用管理术语的期刊;另一本是《公共管理》,其创刊于1999年并于2001年更名为《公共管理评论》。三是除了英美,其他国家的公共行政类刊物也在"二战"后纷纷创立。例如,1958年,加拿大公共行政创刊。

总体来看,西方国家的公共行政学诞生于工业化、城市化时期,提倡公共事务管理的专业化、职业化和科学化,注重行政效率。公共管理学科发展与西方国家的现代化转型同步,公共行政学科的产生和发展为这些国家的现代化转轨作出了重要的知识和人才贡献。

1.3 公共管理学的研究

1.3.1 公共管理学的研究边界

1.3.1.1 公共管理学的研究对象

公共管理学之所以构成一个相对独立的学科,在于其有相对独特的研究对象。总体来看,公共管理学主要以人类公共世界中的公共生活和公共事务作为自己的研究范围。就其研究的目标而言,公共管理学主要探究如何应用人类所创造的各种科学知识及方法来解决公共事务的管理问题,以促进政府及其他公共组织更有效地提供公共物品。❶

自行政学诞生以来,公共管理学的研究对象呈现逐渐扩展的态势。尤其是经过政策科学、新公共行政学、新公共管理学和新公共治理学等学科理论范式

---

❶ 陈振明. 公共管理学(第2版)[M]. 北京:中国人民大学出版社,2017:18.

的迭代变迁，公共管理学的研究范围和学科边界得以大幅度扩展。公共管理学不再像传统公共行政学那样，将自己主要局限于行政机关的研究上，而是把研究对象扩大到了广义政府、非营利组织甚至私人主体的公共方面。公共管理学的研究焦点也从传统公共行政学的组织"内部取向"转变为组织"外部取向"或者"内外部结合取向"，形成了诸多跨学科、交叉性的研究对象、主题与议题，研究对象的丰富性和系统性逐渐提高。

按照公共管理学研究的关键管理问题，可以建构以公共管理主体、对象、方法和目标等为研究对象的分类框架。从管理角度来看，公共管理研究必须回答谁来管理、管理什么、如何管理、管理目标等关键问题，并分别形成公共管理主体、对象、方法和目标的研究框架。公共管理主体维度的研究主要探究政府及非政府公共组织的结构与功能、体制和机制等问题，包括公共组织、行政组织、非营利组织、事业单位和公共领导等主体单元；公共管理对象主要探究公共管理的客体，包括政府内部和外部的诸多管理对象、资源与问题，指向政府职能、政府作用、政府角色、公共预算管理、信息资源管理、公共危机管理、环境治理和社会治理等主题；公共管理方法主要探究公共管理主体在作用客体与实现目标时的工具选择与应用，工商管理技术、市场化工具、治理工具和信息技术工具等，都是公共管理方法的重要内容；公共管理目标主要探究公共管理的规范性目标追求，公共伦理、公共价值、公共利益和公共责任等是公共管理目标方面的重要研究内容。

按照公共管理学的研究对象在政府内部和外部的场域存在边界，又可以把公共管理的研究对象划分为政府行政和公共治理两大范畴。其中，政府行政主要指向政府自身的内部管理问题，而公共治理主要指向政府调动多元主体治理公共问题的过程。行政问题是公共管理学一以贯之的重要主题。虽然公共管理效果受到多方面主体、因素的共同影响，但是政府的行政质量是公共管理效果最重要的决定性因素。换言之，政府自身运作的科学性、效率性和有效性会深刻影响社会运行的质量，这是因为政府行政在国家治理中发挥着领导、示范和引导等重要功能。因此，政府行政是公共管理学的研究内核、学科特色与身份标识，公共管理学就是要研究与政治相对的政府行政问题。为此，古典公共行政学所确立的诸多行政主题与议题长期以来都是公共管理学的重大问题，它主要包括行政组织、决策、人事、公务员、领导、预算、协调、制度和环境等研究主题。除了研究广义政府的自身内部管理问题，多元主体如何有效管理社会公共事务、如何有效提供公共产品，也是公共管理不可偏废的外部公共治理问题。公共治理指向对公共领域中的公共事务的有效管理，如生态环境治理、城市管理、社会治理和公共服务等。由于这些公共问题大多具有跨界性和复杂性的特点，所以公共治理研究都主张抛却政府单一主体的统治模式，转而依赖政府和非政府的多元主体合作治理。

1.3.1.2 公共管理学的研究特点

作为一门社会科学，公共管理学的学科与学科特色主要表现在以下五个方面。

1. 包容性

在社会科学当中，公共管理学的研究范围较广，是一个具有包容性的宏大学科系统。从一般意义上讲，公共管理学以公共领域和公共事务为研究对象，这是一个非常广博的领域。公共管理学经历了多次理论范式的持续变革，逐渐把研究对象扩展到具有公共性的主体、对象、事务和目标上来，甚至私人部门乃至公民个体的公共方面。很多具有公共性、社会性的主体、对象与问题，都可以从公共管理学的视角进行分析。

2. 交叉性

公共管理学具有典型跨学科的特征，以广泛的学科知识作为基础。公共管理学的交叉性特点有三个方面的原因：一是其研究范围的广泛性，使研究对象

---

❶ 杨立华. 公共管理学学科边界的层次、类型和一个新学科发展纲领[J]. 中国行政管理，2020（4）：70-80.

容易与其他人文社会科学交叉；二是公共管理学是晚近产生的社会科学，其知识生产借鉴了其他古典社会科学的理论和方法；三是公共管理学所探究的公共问题多具有复杂性特征，很难用单一学科的理论知识加以解决。为此，在现代公共管理学的知识体系建构中，大量学科为公共管理学的知识研究提供了科学理论和方法指导，尤其是政治学、社会学、管理学、经济学和法学等不同学科的理论知识与公共管理学日益融合。除此之外，公共管理学还善于和当代科学技术融合，生成文理交融的技术治理知识。

3. 实践性

公共管理学是一门源于实践、面向实践、服务实践的应用性科学。一方面，公共管理学的研究根源于实践，公共管理学研究的问题来自实践中的现实问题，以公共管理理论与原理发现也依赖实践的验证。另一方面，公共管理学的目的是以实践为导向的，即通过高质量的公共管理理论来指导公共管理实践改进，解决现实的公共管理问题。为此，公共管理研究要立足人类公共管理实践活动，其知识发现与理论建构要建立在当代公共部门管理的实践，尤其是政府改革的实践经验上。

4. 本土性

作为一门实践性学科，公共管理学不可避免地具有地方性和本土化的特点。这是因为不同国家、区域的公共管理实践面临不同的政治、经济、社会、文化和地理等背景，也有不同的公共管理制度设计和方法选择。我国公共管理实践不仅有悠久的历史传统，也有独特的政治背景与制度，因此我国公共管理学不能简单移植西方的理论，而是要进行本土化建构。中国共产党领导的中国特色社会主义治国理政道路是我国公共管理实践的显著背景。因此，中国公共管理学的研究主题确定、问题提出、理论建构都应该体现鲜明的中国特色，构建具有中国特色的公共管理学是学科的使命。

5. 政治性

公共管理学的学科渊源与历史起点在政治学，回应政治是公共管理的一大使命。根据政治和行政二分理论，政治与行政相对独立，但是政治决定行政，决策决定执行。这种血缘关系决定了公共管理学的理论和现实使命上与政治具有内在的一致性。总体而言，政府治理的目标选择、组织设计和方法路径等都受到政治因素的直接影响。尤其是对我国而言，中国共产党的使命原则、治国方略和战略设计，都是我国公共管理学要重点关注和回应的内容。

1.3.2 公共管理学的研究途径

1.3.2.1 什么是公共管理学的研究途径

公共管理学的研究以公共管理规律、原理和理论的知识生成目标，而以什么样的方式来获取这些知识就涉及研究途径的问题。所谓的研究途径，就是公共管理知识生成的路径，是关于研究问题、研究对象、研究视角、研究假设、研究方法和研究目的等本体论、知识论和方法论的系统设计。在公共管理学漫长的研究历程中，不同学者从不同途径探究和生产公共管理知识，形成了多元研究途径及公共管理学的跨学科特质。

公共管理学的多元研究途径形成主要受到两方面因素的影响。一方面，公共管理学的学科基础具有多元性。由于公共管理学本质上是一门关乎公共生活、公共领域和公共事务的公共学，而公共学并不是公共管理学的专有研究范畴，法学、政治学等其他社会科学的研究主题与问题大多也具有公共性。晚近产生的公共管理学广泛吸收了政治学、管理学、经济学、社会学和法学等学科的知识基础，逐渐演化为一门应用多元学科知识探究公共事务的综合性、包容性的学问。另一方面，公共管理学自身的理论范式变迁也塑造了多元研究途径。从一般意义上来讲，科学范式并不是一成不变的，其受到理论和实践变革的驱动而发生科学范式的变迁。对于公共管理学而言也是如此，无论是公共管理实践的变化，还是公共管理知识本身从萌芽、产生、发展和成熟的演化规律，都在驱动公共管理学的研究范式的长期调试，这也使公共管理学的研究途径既有传承沿袭的一面，也有变革和创新的一面。

关于公共管理学的多元研究途径，不同学者从不同视角均有总结。美国学者波齐曼认为公共管理学有两种研究途径：公共政策途径和企业管理途径。❶罗森布鲁姆认为公共行政学的研究主要有三种研究途径，即管理途径（包括传统的管理途径和新公共管理途径）、政治途径和法律途径。❷陈振明教授认为，较有影响的研究途径有管理学途径、政治学途径、法学途径和经济学途径。❸时至今日，公共管理学的研究途径日趋多样化，新的研究对象、研究方法等在不断涌现，一些新的研究途径也正在形成。

1.3.2.2 公共管理的主流研究途径

基于研究途径的成熟性、关键性和前瞻性的角度，我们认为国内外尤其是我国公共管理的主流研究途径包括管理途径、政策途径、政治途径、经济途径和技术途径。

1. 管理途径

管理途径又称为 B 途径（The Business Approach），是公共管理学一以贯之的主流研究途径。管理途径发轫于传统公共行政学，又在新公共管理管理范式中得到发扬光大。因此，管理途径又分为传统管理途径和新公共管理途径，传统管理途径的逻辑建立在政治行政二分法的观点上，新公共管理途径的核心观点是采取企业化、市场化的行政模式。虽然两者在时代背景、研究主题和研究问题等方面存在差异，但两者都是管理主义哲学的一脉相承，在研究哲学上存在延续性。

---

❶ BOZEMAN BARRY. Introduction: Two Concepts of Public Management [J]. Public Management: The State of the Art, 1993（3）：1-5.

❷ 戴维·罗森布鲁姆，罗伯特·克拉夫丘克. 公共行政学：管理、政治和法律的途径 [M]. 北京：北京大学出版社，2006：14.

❸ 陈振明. 公共管理学（第 2 版）[M]. 北京：中国人民大学出版社，2017：20.

管理途径具有如下典型特征：①在研究假定上，管理途径主张管理科学的普适性和通用性，强调公共部门与私人部门相似的一面，主张效法企业并以企业管理理念、工具、方法和技术提升公共部门的效率与服务质量。②在知识基础上，主张将工商管理的理论加以适应性改造运用在公共管理中，强调管理理论在提高效率、生产力中的关键作用。③在价值取向上，管理途径看重效率、经济、效能、绩效、顾客满意和物有所值等目标，注重目标导向、结果导向，强调以效率原则作为最高标准。④在研究对象上，管理途径尤其关注公共部门的管理职能，重点研究公共部门的决策、组织、领导、激励和控制等管理活动的优化问题，公共部门的目标管理、绩效管理、全面质量管理、流程再造和战略管理等是其核心议题。⑤在研究方法上，传统公共行政学刚从政治学中分离出来，因此主要是延续制度或法理的规范研究方法；而在新公共管理时期，公共管理学已然完成科研研究方法的规范化变革，新公共管理途径主要采用实证研究方法进行知识生产。

管理途径在公共管理研究中具有长久生命力，这是因为效率性等管理价值具有永恒的重要性。正如古利克所说："在行政科学中，基本的'善'就是效率。"管理本质上是关于目标实现的科学，目标实现的效率是判断组织合法性的根本标尺。无论是私人部门还是公共组织，始终都有效率性的核心价值诉求，如何通过管理创新提高公共问题的治理效率具有恒久的研究价值。

2. 政策途径

政策途径又称为P途径（The Policy Approach）或者政策分析途径，是"二战"之后随着政策科学和公共政策学产生而兴起的公共管理研究新途径。以西蒙为代表的决策科学兴起是政策科学兴起的前奏，拉斯韦尔主编的《政策科学：范围和方法的新近发展》一书标志着政策科学的正式诞生。经过"政策科学运动"的实践与理论发展，具有跨学科、综合性和应用性的政策科学日益成为公共管理学中的显学。

政策途径的研究特征有以下几个方面：①政策途径抛却了传统"政治—行

政"二分的假定，关注到了政府普遍存在的政策制定活动和公共决策行为，认为应该开展政府决策和执行活动的统合研究。②政策途径以政策现象作为其鲜明的研究对象。政策途径把政策活动与过程作为其主要的研究范围，关注政策规划、政策制定、政策执行和政策评估等主题。③政策途径在价值取向上既重视政策科学性，又看重政策的民主性和公平性。政策途径一方面主张政策科学性、政策效率等工具理性价值，另一方面也强调政策过程中公众参与、社会公平和公开透明等政策价值，秉承的是一种兼顾工具理性和价值理性的复合理性原则。④政策途径知识生产坚持科学与理性的方法路径。政策途径融合自然科学和社会科学的诸多实证研究方法要素，系统分析、制度分析、历史分析、比较分析、案例分析和定量分析，构成公共政策研究的主要方法选择。政策途径的兴起、发展和繁荣拓展了公共管理学的研究范围，促进了公共管理学科的科学化和特色化。

3. 政治途径

公共管理学与政治学具有深厚的学科知识渊源。无论是在中国还是在西方国家，公共行政学都是从政治学分离出来的，并曾经一度被视为政治学的一个重要分支。虽然威尔逊的政治和行政二分法对两者进行了相对区分，但是政治和行政之间有着紧密的主体和功能联系。因为决策决定执行，所以政治决定行政。自传统公共行政范式之后，公共管理学的其他理论范式大多秉承一种政治和行政复合的视角来探究公共管理知识，如新公共行政学、新公共服务理论、新公共治理学、公共价值理论和后现代公共行政学等理论范式，都因其对政治价值的强调可以归为公共管理的政治途径。总体来看，政治途径强调公共管理学的"公共性"特质。

从公共管理政治途径的多元理论流派中，可以总结出其如下关键特点。①在知识基础上，政治途径主张公共管理学应建立在政治学的知识基础上。政治途径认为政治学是行政学的学科之母，政治学的基本理论可以为公共管理研究提供非常重要的理论基础。❶②在研究假定上,政治途径也否定了"政治—行政"泾渭分明的假设,认为公共管理中也应回应政治价值与目标诉求,因此要关注公共管理中的政治行为与价值。③在价值取向上,政治途径主张抛弃以效率性为代表的单一工具理性价值,主张把政治价值、公共价值作为公共管理研究与实践的价值偏好,尤其是看重参与性、民主性、透明性、合法性、代表性、回应性和责任性等公共价值。④在研究对象上,政治途径重点关注政府内外部主体互动关系中的政治行为与价值,关注权力下放、公民参与、合作生产和信息公开等议题。总体来看,公共管理学中的政治途径对于保持学科研究的工具理性和价值理性平衡具有重大意义。

4. 经济途径

经济途径是"二战"之后经济学和公共管理学交融的产物。公共选择理论、交易成本经济学、委托代理理论和规制理论等经济理论,对诸多公共管理主题产生了重要影响,也是公共管理学中不可忽视的一个解释途径。

在当代公共管理学科中,最有影响的经济学途径是公共选择理论和新制度学派。公共选择理论是20世纪70年代发展起来的一种"新政治经济学",80年代以后被广泛地应用在公共管理和公共政策领域。公共选择理论将"经济人"假说、理性选择、交易范式应用到政治和公共管理领域,核心主题则是用经济学的方法和原理解释非市场决策或者公共决策问题。新制度主义或新制度学派是一种新的、影响在不断增强的公共政策研究途径。它强调制度在公共生活中的决定性作用,良好的制度设计和执行可以减少交易成本,形塑人们的偏好与行为。新制度学派认为制度是人类设计的产物,可以通过正式或非正式的规则的制度设计、制度实施和制度变迁来增进集体行动的效率和有效性。

总体来看,从经济途径研究公共管理学的特征如下:①经济途径主要以经

---

❶ 周燕.公共管理研究:传统与前沿——一个学科框架的描述[J].中山大学学报(社会科学版),2010,50(1):142-150.

济学尤其是公共经济学的相关理论知识为基础。经济途径认为经济现象、行为和规律具有普遍性，在公共领域生活的人们也是如此。因此，可以把经济学的诸多理论迁移至公共决策和公共领域加以分析，给公共事务的治理提供经济视角的解决方案。②强调经济人的人性假设。经济人是经济学的基本人性假定，即人是自利的、理性的效用最大化者。经济途径认为经济人是人性的本质动机，对于进入公共场域的公共管理乃至公民都是如此。因此，经济途径不强调公共管理者或者公民的利他动机的一面，主要从理性人、自利人的假设分析人们在公共事务管理中的选择与行为。③在研究对象和主题上，经济途径注重分析公共决策背后的理性选择，关注财政等公共资源的配置问题，探究政府和市场的职能关系与监管问题，推崇私人部门的运行模式，尊重市场力量，主张把市场主体（企业）、市场契约、竞争机制和市场工具导入准公共领域乃至纯公共领域，主张通过市场机制（企业机制）来完善政府的公共组织内部管理，以及用市场机制来重塑政府和市场、政府和社会的互动。④在研究方法上，经济途径主要采用计量分析、博弈论等经济分析方法分析公共管理问题，具有较强的实证主义色彩。

5. 技术途径

随着科学技术在人类生产和生活中的作用影响越来越大，公共管理实践和研究也不可避免地会受到技术因素增强的影响。尤其是"二战"后，加速推进的信息技术革命对公共管理的变革与影响受到学界关注，国内外学术界围绕电子政府（E-government）、电子治理（E-governance）等主题开启了本领域的研究。此后，随着云计算、物联网、区块链、大数据和人工智能等新技术源源不断地引入政府治理场景，在实践和学术领域涌现了数字政府、数字治理、智慧城市和算法治理等一系列技术治理新模式和形态，技术途径开始成为公共管理研究的前沿和热点领域。

同时，在国内外涌现了《政府信息季刊》《电子政务》等专门关注信息技术与政策、治理的专门性刊物。在2023年公布的公共管理学一级学科最新学科专业目录中，数字公共治理正式成为公共管理一级学科目录之下一个相对独立的专业，这标志着技术途径在公共管理研究中的地位正式确立。

总体来看，从技术途径研究公共管理具有如下特征：①在研究假定上，秉承科学技术是第一生产力的观点，认为公共部门管理也要积极采纳先进信息技术进行技术驱动的管理效能变革。②在知识基础上，技术途径主张技术与治理的交叉性和复合性知识基础。既要掌握信息技术的基本原理，又要具有公共管理的理论知识。③在研究的价值取向上，技术途径除了强调技术赋能公共治理的效率性价值，还看重技术的有效性与合法性，尤其是强调技术在赋能公共治理的精准性、人性化、智慧性乃至伦理性的多重价值向度。④在研究对象上，技术途径一方面关注基于技术的公共治理，密切关注互联网、物联网、大数据、云计算、人工智能、元宇宙和 Chat GPT 等传统和新型信息技术在公共治理中的嵌入和应用，尤其关注数字中国、智慧城市、数字乡村、电子政务、数字政府、数字社会、智慧养老和智慧交通等领域；另一方面，技术途径也关注对技术的治理，强调技术在公共管理中的公共性重构，关注技术与公共伦理、技术与公共价值、技术与民主和技术与能力等新兴主题。

思考题

1. 私人需求和公共需求的联系与区别有哪些？
2. 私人事务和公共事务有哪些差异？
3. 公共问题的概念与特征是什么？
4. 公共管理学的研究特点。
5. 公共管理学的主流研究途径有哪些？

参考文献

[1] 林尚立.公共管理学：定位与使命[J].公共管理学报，2006（2）.
[2] 徐晓林.中国古代行政学说史书目举要[J].公共管理与政策评论，2021，10（4）.

[3] 陈振明.中国公共管理学40年——创建一个中国特色世界一流的公共管理学科[J].国家行政学院学报,2018(4).

[4] 杨立华.公共管理学学科边界的层次、类型和一个新学科发展纲领[J].中国行政管理,2020(4).

[5] 戴维·罗森布鲁姆,罗伯特·克拉夫丘克.公共行政学:管理、政治和法律的途径[M].北京:北京大学出版社,2006.

第 2 章　公共管理理论范式发展

在百余年的发展历程中，西方公共部门尤其是政府管理研究领域经历了多次"范式"的变化。

——陈振明

引　子

在世界发生日新月异变化的过程中，公共管理理论怎样才能更系统、科学地阐释纷繁复杂的社会现象呢？本书为了更好地帮助同学们了解不同历史阶段公共管理研究的具体特色和风格，引入了社会科学研究中大家非常熟悉的一个概念——范式。通常情况下，研究范式是指具有一定共识的学科研究规范，其既具有通用性又具有指导性。著名学者托马斯·库恩在1962年出版的《科学革命的结构》一书中多次使用"范式"一词并促进了范式一词的现代用法及普及。由于范式概念是库恩整个科学哲学观的中心，他试图以此来概括和描述多个领域的现实科学，而不仅仅是对科学史和哲学感兴趣，因而从不同方面、不同层次和不同角度对范式概念作了多重的界定和说明。他给范式的定义是"当一种科学成就能够吸引到一批坚定的追随者，并且存在很多开放性的、未解决的问题时，这一科学成就就可以称之为范式"。

范式判定有两个基本标准：一是基本概念和理论的解构与重构；二是研究方法和应用领域的变化。经过长期的研究积淀，学术界一致认为每个学科范式都有以下四个特点。

（1）范式是学科内部一个成熟的阶段性研究体系。每一个范式都是一个由核心概念、基本定律、理论、应用及相关的仪器设备等构成的整体，它的存在给学术圈提供了一个阶段性的研究纲领。

（2）范式属于特定的科学共同体。任何范式都是在特定学科体系内得到认同或达成共识的思想理论体系。在任何一个学科中，经过一段时间的理论探索、理论发展和理论传播，范式的阶段性影响力都会形成并最终得到学术圈子的认可。

（3）范式还为科学研究提供了可模仿的成功的先例。通过现代社会科学的知识体系可以看出，范式归根结底是某一学科的认知体系。范式的突破必定导致科学革命，从而使某一学科获得全新的面貌。因此，范式对促进理论研究具有重要意义已经是学术领域的共识。

（4）范式会不断地演变。每一个范式都是时事创造的经典产物。学科内部新旧范式之间会不断革新，当一个新的学科范式初露端倪的时候，旧的学科范式就会慢慢地被迭代。

由此可见，范式与一个学科的关系非常密切，它直接影响学科的研究方法并决定着学科的研究内容。在社会科学蓬勃发展的同时，公共管理学也在短暂的发展历程中建构了丰富的理论体系。本章将运用范式工具对这些理论进行规范的梳理和探讨，帮助同学们更好地了解公共管理学的发展逻辑。

公共管理这门学科的范式演进是一个交叉融合、批判发展的过程。这一过程具体涉及几个相互关联的阶段，包括形成基本概念体系、形成经典的理论假设、实现学科发展的科学化和实现学科发展的多元化等。因此，一个学科的发展轨迹跟它的范式演变有着密切的关系。为了适应社会发展的挑战，在公共管理研究领域,不同时期的学者关注的侧重点、使用的核心概念和研究工具随着时间的变化而不同。

公共管理学研究的范式划分有多种标准,目的都是更好地掌握公共管理的本质和规律。本章内容将重点介绍公共管理学科发展史上最具影响力的四种研究范式:传统公共行政、新公共行政、新公共管理和公共治理。不同的研究范式会对"公共""行政""管理""治理""政策"等元概念和核心概念进行阐释,得出特色鲜明的学科观点和理论。

公共管理学的这四种主要理论范式也并非从一到四逐渐替代,它们都是我们认识世界、进行社会科学研究的有效工具。❶ 具体而言,四种主要研究范式前后交叉迭代,从行政管理到公共行政再到公共管理、公共治理的学科演进规律清晰可见。在这个复杂的迭代过程中,公共管理学的研究逻辑、内容体系与研究工具越来越清晰、系统,学科价值也得到社会的广泛认可。

无论公共管理学这四种具体研究范式的观点和理论是否正确,都是对过去近一个半世纪社会现实挑战的经典回应和阐释,比其他普通的、昙花一现的理论更具影响力。从历史和动态的角度看,公共管理范式的演进引领着公共管理理论的创新,推动着公共管理实践的变革。本章所要介绍的四种经典范式也并不是简单的相互批判和否定关系,它们在不同的逻辑基础上持续丰富公共管理的研究内容、体系和方法,为公共管理学科的发展注入了时代的活力与学者的灵思。每个范式都有非常精彩的贡献,但与此同时,它们也有自身的缺陷和不足。归纳起来,公共管理学的科学性和应用性也正是在这些范式形成或转化的过程中不断得到提升和巩固的。

公共管理学的范式变迁会持续进行。只有在不断地发展和更新中,新的公共管理理论才能满足社会需求适应社会变革,才能保持旺盛的生命力

---

❶ 米加宁. 第四研究范式:大数据驱动的社会科学研究转型[J]. 学海,2018(2):11.

和解释力。因此，在未来，随着社会生活的不断丰富，社会矛盾的变化和转移，公共管理的研究范式将持续与时俱进、不断更新。相信通过本章知识的系统学习，大家能够基本掌握传统公共行政、新公共行政、新公共管理、公共治理各自的产生背景、核心概念、基础逻辑、理论特色、历史演绎和社会影响等，从而也就能够了解公共管理学科发展的脉络。

> § 信息链接 2-1
>
> **公共行政学研究范式变迁的主要观点**
>
> 　　美国公共行政学家奥斯特罗姆认为，公共行政学有两种基本范式：官僚行政理论和民主行政理论。官僚行政理论以威尔逊和韦伯的理论为基础，强调集权的等级的行政体制；而民主行政理论则根源于汉密尔顿、麦迪逊、托克维尔等人的思想，强调分权的有限的民主的行政体制。这两种行政理论确实存在根本的不同，但是这两种理论均着眼于行政体制问题。行政体制仅仅是公共行政研究的一个方面，公共行政学更涉及宏观的政府与市场政府与社会的关系问题，因此，用官僚行政理论和民主行政理论来概括公共行政学的范式变迁，似乎缩小了公共行政学的研究范围。
>
> 　　著名行政学家欧文休斯，他认为公共行政学的发展经历了传统公共行政和新公共管理两个范式。前者源自韦伯威尔逊和泰勒等人的理论，后者主要是基于经济学理论与私营部门管理理论。从范式变迁的标准来看，休斯的分析抓住了问题的关键，但是他似乎忽略了那些基于对新公共管理理论批判而兴起的新的理论思潮，如新公共服务理论治理理论等。这些理论建立在与新公共管理理论完全不同的基础上，它们代表了一种正在兴起的理论范式。
>
> 　　美国著名行政学家尼古拉斯亨利，以定向和焦点为坐标，认为公共行政学经过了次范式转化。范式是政治与行政的二分法范式，是公共行政原则范式，是作为政治学的公共行政范式，也是作为管理学的公共行政范式。此处亨利对范式的使用并不规范。亨利所谓的五个范式阶段实际上都是以公共行政学的学科地位作为立论基础的。这五个阶段之间并不存在相互的推翻和替代，而只是公共行政范式内研究重心的变化。公共行政原则是以范式政治与行政二分法为基础而发展起来的，因此范式实际上是范式的进一步发展而非替代。
>
> 资料来源：吴湘玲，刘兴鹏. 公共行政学研究的范式变迁[J]. 武汉大学学报（社科版），2014，9（5）：64.

第 2 章 公共管理理论范式发展

 重点问题

» 传统公共行政范式的背景、界定、代表性理论和共同观点

» 新公共行政范式的界定、代表性理论和共同观点

» 新公共管理范式的界定、代表性理论和共同观点

» 公共治理范式的界定、代表性理论和共同观点

2.1 传统公共行政范式

2.1.1 传统公共行政范式产生的背景

管理思想的出现是管理实践的产物。自从进入文明社会以来,人类的公共管理活动就拉开了序幕。伴随着政治经济文化的进步,人们的公共生活日益发展、不断丰富,公共管理实践也不断深入。在这漫长的历史中,人们对公共管理的认知也在不断提升和系统化,尤其是近一个半世纪以来,公共管理从一个研究领域发展成了一门内容丰富的学科体系。

在人类活动进入文明社会的初期,在早期国家形成的过程中,行政管理实践的雏形也开始出现。在这个阶段,行政模式主要表现为"家天下"和"父死子继、兄终弟及"的家族统治。在这个时期,行政管理的主要任务是维护家族和部落的秩序,以确保资源的分配和任务的分配。

伴随着农业文明的繁荣,传统国家的政府体系和制度日益完善,政管理实践的具体形式不断丰富,逐渐从家族统治扩展到更广泛的地域范围和经济、社会和文化领域。在这个阶段,行政管理的主要任务是维护农业社会的基本秩序,以确保国家的安全和稳定。封建政府的行政管理模式强调纪律和服从,以实现对领土和人口的有效控制。这是一个漫长的时期,在这个时期,政治学发

展成为一门独立的学科，出现了诸如《政治学》《理想国》《政府论》《代议制政府》《论语》《尚书》《封建论》等涉及行政管理思考的大量政治学著作。

然而，工业社会以前的行政学尚未形成系统的理论，完全从属于政治学的范畴中，主要呈现的状态是一种基于经验和习惯的政府管理方式。尽管公共行政的实践非常古老，但是科学地研究公共行政、深刻系统地阐述公共行政理论确是晚近的事。学者们正式提出要建立一门专门研究政府及公共行政的科学，是从19世纪中后期才开始的，标志着传统公共行政范式的诞生。传统公共行政范式奠定了公共管理的核心领域，即公共行政，最初也被学者们命名为行政管理。两个世纪以前，随着工业革命的到来，社会结构和政治体制发生了深刻的变化。在这个阶段，官僚制（科层制）成了主流的行政管理方式。官僚制是一种基于专业知识和技术能力的行政管理方式，强调科学、逻辑和理性。官僚制的确立使行政管理更加高效和规范，能够更好地适应现代社会的复杂性。在这个时期，行政学作为一门学科得到了更广泛的认可，成了现代社会科学的一个重要分支。

在公共管理这门学科的建立过程中，传统公共行政范式扮演着萌芽的角色，承担着初创的功能。换句话说，现代公共管理学科的建立发端于行政管理这门学科的初创时期。

我们知道，每一个阶段的具体社会情景都会赋予研究者不同的研究灵感和研究想象。而孕育传统公共行政的背景是，欧美国家进入现代社会后政府的思想理念和管理形式还停留在前现代水平。在这样的背景下，美国和欧洲的学者们一起为传统公共行政学"搬砖"。美国后来成为现代行政科学的发源地，传统公共行政范式的大本营。现代公共管理的发展起源于19世纪末的工业革命和工业化过程中的政府行政实践面临的严峻挑战。因为随着工业化进程的全面推进，政府行政机构面临着与农业社会截然不同的挑战和任务，因此需要一种全新的理念和管理方法来应对现代社会的公共事务管理。以美国为例，当时政府管理效率低下，整个社会弥漫着对政府的严重不满情绪。英美先后于1870

年和1883年确立了现代文官制度，并于20世纪初开启了进步时代改革。这种行政管理理论与现实的巨大张力唤醒了学者们对政府深入系统研究的热情。

公共管理的学科身份如何确立呢？这颗种子就是传统公共行政学的产生。从此开始，公共管理学科从只有行政管理学的状态开始萌芽并茁壮成长。严格地说，正是19世纪末20世纪初，行政管理学作为一门学科的独立出现，播下了公共管理作为一门学科的种子。

2.1.2 传统公共行政范式的代表性理论

在传统公共行政范式中，威尔逊、古德诺、泰勒和怀特等一大批美国学者的名字如雷贯耳。德国韦伯的科层制理论、法国法约尔所代表的"科学管理"理论，都在积极地为同时期的行政科学提供重要的立身之本和研究内容。

威尔逊受德国19世纪中后期行政思想研究的影响，在《行政学研究》一文中，正式提出要建立一门正式的行政科学。他的观点如下：①研究国家行政管理和建立行政科学的必要性和重要性；②明晰行政学研究的对象与实质、目标和任务；③对人事行政、行政监督、行政道德（伦理）等行政学研究的具体内容作了阐述；④重视行政学研究的历史研究法和比较研究法。

古德诺认为要实现政治与行政的协调，这一点反映了其初衷与威尔逊一致。第一，他们都认为有必要在学术研究中明确行政的边界和职能。古德诺首先对政治与行政做了界定，认为它们是两种不同的政府功能：政治——国家意志的表达；行政——国家意志的执行。第二，要做到政治与行政的协调。方式一是政治对行政的适度控制；方式二是避免国家意志屈从地方利益，实行行政的适度集权。第三，美国特色的政治与行政协调道路是法外调节，即通过政党调节来保持美国政府体制的稳定与协调。

韦伯作为杰出的学者和思想家，结合欧美国家工业化的具体历史进程，提出了符合现代社会的政府组织形式，即科层制。这也是他对传统公共行政范式做出的最显著贡献。韦伯认为,科层制是一种以法理型权威(统治)为基础,具有专业化功能和固定的规章制度,设科(部)分层的现代社会所特有的组织制度或管理形式。与传统政府组织相比,具有明显的现代技术性组织优势。科层制理论的核心主张如下:①合理的专业分工。明确划分每一个组织成员的职责权限并以法规形式严格规定这种分工。②层级节制的权力等级系统。层层控制的组织结构,在组织内按地位的高低规定成员间的命令与服从关系。③依照规程办事的运作机制。制定一整套严密的规则程序来规范组织及其成员的行为,以保证整个组织工作的一致性、明确性;不可让组织成员随心所欲。④形式正规的决策文书(档案)。一切重要的决定和命令都应形成正式文件下达,而且记录在案。正式文件在用毕归档时,要使组织独立于个人之外,这样有利于明确组织的任务、指令和权责,从而加强对组织的控制。⑤组织管理的非人格化。以法律、法规条例和正式文件来规范组织及其成员的行为,以避免个人情感和好恶等非理性因素影响组织的理性、合法性和客观性,同时严格区分公事与私事。组织成员间是一种对事不对人的公务关系,处理组织事务只考虑合法性、合理性和有效性(正当性),而不考虑个人私情。⑥专业培训。建立适应工作需要的专业技术培训机构,为组织成员提供必要的专业培训,以使其具备或提升处理事务和解决问题的能力,提高服务的数量/质量和效率。⑦依照规程办事的运作机制。制定一整套严密的规则程序来规范组织及其成员的行为,以保证整个组织工作的一致性、明确性,不可随心所欲。⑧组织具备合理合法的人事管理制度。细节包括以下几个方面:依据工作性质要求和人员本身的资格条件任用人员;根据职位等级系统对人员的职位给予合理安排,使人适其位,充分发挥其功能;由自由契约而承担职务(市场原则);每一个职务都有明确规定的法律意义上的权责范围和应具备的学识能力经验要求;工资标准依级别、责任大小、年资、地位而定;奖惩依工作优劣来定;晋升依工作绩效和资历非关系而定;职位不能转让或继承;职位非私有,不得滥用职权;管理人员在行使其职务时受到严格而系统的纪律约束和控制。

泰勒和法约尔的科学管理理论为企业管理和公共管理注入了"效率至上"的灵魂。他们的理论主张：①科学管理的中心问题是提高效率。②用科学的管理方法取代传统的凭经验管理的方法。③管理职能的概念很重要。管理工作具体包括基本的计划、组织、协调、控制和指挥等职能。④管理过程中要遵循分工、纪律、统一指挥、整体利益至上、等级序列、成员报酬、秩序、公平、创造和团结等基本原则。

怀特更是在其代表作《行政学概论》中提出了系统的行政学理论框架。他主张：①要用科学管理的理论研究行政管理。②行政学就是市政、联邦或联邦行政的研究，具体包括公务员创造才能的发展、工作的胜任、廉洁、负责、合作、财政、监督、领导资格、纪律及各级政府的行政程序等。❶③公共行政的核心是公务的高效执行。④行政的目的在于让行政工作者在职权范围内有效利用一切财源。⑤如果要增加行政权就要增强监督，以避免行政权的滥用。⑥行政法和行政的目的是有区别的，前者的目的是保护人权，后者的目的是完成公务。

现在威尔逊、古德诺、怀特、法约尔、泰勒和韦伯的理论已经成为公共行政的经典思想，经久不衰地闪烁着智慧的光芒。

2.1.3 传统公共行政范式的共同观点

威尔逊、古德诺、怀特、法约尔、泰勒和韦伯等学者的传统公共行政思想的主张各有侧重点，但他们努力实现了行政科学在研究理念、研究内容和研究方法等方面的严谨性、规范性和科学性，从而建构了传统公共行政范式，奠定了公共行政学的研究基础，具体表现在以下方面。

（1）强调公共行政研究的独立性。传统公共行政范式强调要建立一门行政科学。在行政学研究诞生之前，对政府的研究被笼统地归属到政治学这一历史

---

❶ 怀特.行政学导论[M].上海：上海商务印书馆，1947：2.

悠久的学科中，对政府的研究内容局限于传统的政府合法性及政体形式；而传统公共行政范式强调行政管理作为一门独立学科的必要性。

（2）强调政府在公共行政学科研究过程中的唯一性。传统公共行政范式以政府的组织结构、职能内容和行政效率为研究内容，所有研究问题都紧扣政府这一核心主题。传统公共行政范式的每一位代表学者都特别强调以"政府为中心"，对政府的行政角色、组织体系和职责职能等进行全面论述。

（3）强调公共行政研究方法的科学性。传统公共行政范式既尊重和沿袭传统政治学的经验研究方法，又特别强调和重视科学的研究方法。19世纪末20世纪初，在欧美社会工商业大繁荣的背景下，自然科学与社会科学进一步分化发展。在欧美社会科学研究百花齐放的历史进程中，传统公共行政范式的科学性特征逐步形成。其具体表现为既重视观察和记录行政事实，又强调对行政经验进行抽象概括、分类比较和分析。传统公共行政的学者们特别希望通过严谨的概念和科学的研究方法发现行政管理过程中的重要原则。

在这个范式中，公共管理不断强化"公共行政学"这一学科身份，逐渐从简单的行政管理职能转变为追求效能、质量和效果的科学管理系统。同时，这个阶段的公共行政学也不断学习和融合现代社会科学中的经济学、社会学和政治学等学科的理论和方法。

2.1.4 传统公共行政范式的贡献及挑战

2.1.4.1 传统公共行政范式的贡献

传统公共行政范式对公共行政学的创立和现实中的行政改革、行政发展都产生了深远影响。公共管理学作为一个专门的社会科学研究领域，最初是从公共行政学演变而来的。20世纪初，在社会科学蓬勃发展的大背景下，传统公共行政范式经过近半个世纪的发展，为行政管理科学的发展奠定了坚实的基础。

第2章 公共管理理论范式发展

在理论上,传统公共行政范式基本构建了行政学最基本的研究内容、研究方法和研究逻辑,让行政学从一个寄人篱下的角色发展为独立正式的一门社会学科,并推动了发展中国家行政科学的设立。

伴随着公共行政学科的大发展,欧美发达国家的高等院校迅速开始建立起行政学的学科体系和研究机构。在近半个世纪的时间里,行政科学作为一门独立学科迅速成长起来。我们都知道威尔逊、古德诺、怀特、法约尔、泰勒、马克斯·韦伯在学科发展史上的杰出贡献。具体而言,威尔逊开启了行政学研究之先河,被誉为行政学的鼻祖。古德诺在威尔逊"政治—行政"二分法的基础上对政治与行政的关系作了进一步阐释,主张政治行政关系协调基础上的行政权力集中。怀特在其研究中提出了一个比较完整的行政科学理论体系。以法约尔和泰勒为代表的科学管理理论,为行政学研究注入了管理主义的灵魂。马克斯·韦伯在官僚组织理论的基础上为现代政府构建起一整套现代行政管理体系的规则。同时,城市管理研究开始兴起。作为公共行政学重要分支的市政学,在英美发达国家的行政学研究领域大放光芒。

中国现代行政学科的建立也得益于传统公共行政范式的确立和传播。在民国时期,作为舶来品的行政学就已经在中国落地生根了。我国的行政学泰斗夏书章先生大学本科学习的行政学教材,就是传统公共行政学范式阶段著名行政学者怀特编写的《行政学导论》。因为时局原因,他们当时学的还是英文原著。夏书章先生提到他本科所在的行政组❶学习的主要课程就是当时第一次翻译过来的西方行政学早期的重要著作。夏老先生还曾远赴重洋去哈佛大学行政学研究院(现在的肯尼迪政治中心)学习。

在行政改革和发展的实践中,传统公共行政的影响也是空前的。以政府效率提升和政府结构改革为中心的行政管理现代化浪潮席卷了发达国家,英美政府纷纷以"行政效率至上""科层制政府"为旗帜,掀起了改革和发展的热潮,大部分发达国家采用了行政官僚制。更重要的是,迅速推进的城市化促使城

---

❶ 何艳玲,汪广龙,张简.夏书章口述史[M].广州:中山大学出版社,2018:15.

市管理成为发达国家公共行政实践的一个层次，积累了形形色色的城市管理经验。那些有影响力的行政学家们纷纷利用他们的理论知识和社会影响力，参与政府的改革、城市政府的建制和管理服务。古德诺就是其中的佼佼者之一。在19世纪和20世纪之交的美国市政管理体制改革运动中，古德诺就是积极的推动者和倡导者。不仅如此，他还见证了中国从传统政府向现代政府转型的第一次尝试。1913年，古德诺与当时的中国政府合作，受聘为法律顾问，参与拟定民国宪法草案。同时，他还建议中国建立一个强大的政府，维持政局稳定，以改良财政、修明法制、厘定政府与人民的法律关系。威尔逊、怀特、韦伯和法约尔等，也积极参与联邦或地方政府的改革事务。

2.1.4.2 传统公共行政面临的挑战

在实践中，社会公众和政府都不认可传统公共行政的一些观点。毕竟人是"万物之灵长"，是复杂的社会动物，由个人建构和发展起来的社会公众及其公共生活也同样复杂。因而政府对人类社会进行公共管理和公共服务的活动就不可能简单轻松。即使是在发达国家现实的生活中，官员们也无法做到将政治与行政一分为二。科学管理理论过于崇尚效率原则，这与现实中政府行政管理活动多目标的追求严重冲突。科层制政府也过于理想和抽象，它忽视了政府中行政人员、政策执行者的自利性、特殊性和创造性，严格执行其原则将导致组织目标和个人行为严重背离，从而导致政府组织缺乏社会层面的适应性。

同时，公众还会提出一个问题，植根于欧美社会土壤的传统公共行政，是欧美的还是世界的行政科学？因为它无法跨越发达国家和其他国家区域、文化上的差异，无法真正形成具有全球普适性的行政原理。因为对于大部分发展中国家而言，现代国家和现代政府的双重任务被挤压到一个极限的时空内，导致行政科学的引进和适用都非常艰难。该范式无法回答欧美之外的其他国家如何构建一个民主高效的政府。具体表现为，在20世纪上半叶，国际国内环境非常复杂，大部分国家既要在夹缝中建立现代民主国家，又要消除政府的传统弊病，实现政府能力的现代化，困难重重。中国就是这样的国家，极少人士对传统公共行政主张所行政科学和行政规律积极热情，大部分精英人士、政府官员和普通公众仍然对传统的政府治理之道着迷。当然，面对这些挑战，传统公共行政不可能就此止步，接下来的路还很长。

2.2 新公共行政范式

2.2.1 新公共行政范式产生的背景

行政科学是一门应用性很强的社会科学。欧美的强大很大程度上受益于行政科学的不断发展和行政科学引领下欧美政府脚踏实地的一系列行政改革。

20世纪中叶是一个极具变化的时代。尤其是六七十年代，欧美社会环境发生了急剧变化。经济、政治与社会的冲突不断出现，美国的民权运动、法国的游行示威、第三次民主浪潮不断上演。在这样的现实面前，欧美传统的政府管理模式已经无法满足人们对公共服务和社会公正的需求。传统行政范式的一些核心概念和理论也受到部分学者的批判和质疑。传统公共行政遭遇的危机意味着新时代、新阶段的公共管理需要新的理论来指引政府、武装政府。

从这个意义上来看，新公共行政范式是对传统公共行政的一次彻底批判与反思。其实，在众多社会科学中，公共行政一直在动态回应公众需求和社会挑战，从而寻找自己的正确定位。新公共行政范式正是在批判传统行政学范式的基础上，提出真正的公共行政学应该是将道德价值观念注入行政过程；关注政府是否能有效地执行政策；关注政府组织机构与社会公众的恰当关系的一门社会科学。

西蒙和达尔都非常关注公共行政研究。1947年，行政学大师罗伯特、达尔和西蒙曾就公共行政学问题进行过激烈探讨。西蒙认为传统公共行政研究提出的行政原则处于行政谚语阶段，真正的公共行政研究需要科学化。达尔认为建立一门公共行政科学非常困难。达尔在《公共行政学的三个问题》中的追问：公共行政学是一门科学吗？科学是否应该（或能够）考虑价值和人性？新公共行政范式恰好就这些问题作出了深刻的思考和回应，并试图从新的研究角度观察和审视公共行政的角色、身份和地位。

新公共行政范式兴起在20世纪70年代的美国，宗旨就是批判和反思传统公共行政。1968年，在美国行政学家沃尔多的倡导下，32位年轻的行政学者聚集在美国纽约州雪城大学的明诺布鲁克会议中心，试图通过反思和总结公共行政学的发展历程，探讨公共行政学发展所面临的问题，寻求公共行政的未来发展方向。会议提出了"新公共行政学"，吹响了新公共行政范式"破壳而出"的号角。在这个背景下，新公共行政学应运而生。新公共行政学强调对公共政策的关注，重视社会公正、参与和协作的价值。它试图通过改革行政管理体制和流程，提高公共服务的效率和质量。这个阶段的行政学已经发展成为一门综合性的学科，涵盖了组织理论、政策分析、人力资源管理和领导力等多个方面。

著名的《黑堡宣言》又对新公共行政理论进行了发展和延续。经过二十多年的发展，新公共行政成为20世纪六七十年代发达国家最有影响力的公共行政理论。

2.2.2　新公共行政范式的代表性理论

任何一种范式都汇聚着一代学人的浓浓情怀，新公共行政尤其明显。沃尔多、弗里德里克森、古德赛尔都是新公共行政范式的重量级代表学者。他们共同建构和推动了新公共行政范式的发展。

沃尔多的行政理论主要包括以下主张：①正视历史与公共行政的关系。应该从历史中寻找"洞见、假设、与科学结论"。②官僚制与民主的冲突是我们这个时代的中心问题。虽然官僚制与民主确有一些相抵触的特点（如等级制与平等，纪律监督与自由等），但两者并非完全不相容，两者之间还是应该尽量寻求融合。例如，政府可以在能力与专长之上设立社会普遍的标准，以便为所有人提供平等的机会。③公共行政既是一种伦理道德，也是一种意识形态。公共行政不应该为了寻求效率只关心技术与科学问题而回避价值和道德问题。

弗里德里克森的行政理论主要包括以下主张。①主张入世的公共行政。传统的公共行政学理论缺乏活力，完全脱离实际；而且它又是完全建立在技术理性的基础上的，这样就使行政学的视野十分狭窄。真正的公共行政学应当把研究的重点转向与社会现实相关的问题上来，而不是那些理论与学术相关的问题。其名言是"关心国防部，更关心国防"。公共行政学的目的是提高民众的生活质量。②突破传统政治——行政二分法。传统的二分法观念把公共行政学研究局限在非常狭窄的领域内，远远不能满足解决社会问题、处理社会危机的需要。真正的公共行政学应该深入社会与政治，行政学者不仅是学术的研究者，还是推动社会改革、促进社会进步的倡导者。③适应动荡的环境，主张构建新型的政府组织形态。传统的行政官僚组织机构过于追求稳定和效率功能，政府官员因此失去了应有的社会同情心与责任敏感性，同时也疏远了社会公众。社会公众的福祉是首要目标，政府内部的行政管理应该置于次要地位，行政组织通过重新定义分配过程、整合过程、边际交换过程和社会情感过程的运作，构建新型动态的行政组织来适应社会的发展。④社会正义是效率和经济之外的公共行政学的第三个原则。传统的公共行政学把经济和效率作为公共行政的两个基本原则，但这远远不够，应促使"社会公平成为公共行政的精神"。社会公平是公共管理的最核心的价值。政府要推动政治资源及经济资源转向现实社会中那些政治、经济资源缺乏，处于弱势群体的人们。同时，政府要关注公共利益，要更多地关注弱势群体和少数群体的利益。

随后,著名的《黑堡宣言》又对新公共行政理论进行了发展和延续。其基本观点如下:①政府乃至科层制是改善社会处境最有活力和最重要的角色,政府不是一无是处的"利维坦"。②现实中的政府是复杂的。政府并不是一个功能单元,而是一个复杂的场域。只有理解这种复杂性,才能理解行政行为。③公共行政不是一项市场化业务,而是神圣的宪法保障角色。④社会目标不能通过简单的市场化方式计算,社会观念是被建构出来的,社会思考很重要。⑤政府、公务员必须坚持美国现代预算发展的传统。

现在,人们一提到新公共行政就会想起沃尔多、弗里德里克森和《黑堡宣言》,就会想起"西沃之争"、达尔和西蒙之争。他们经典的新公共行政思想也闪烁着耀眼的光芒。

2.2.3 新公共行政范式的共同观点

新公共行政范式认为理论必须包含道德学说,自觉研究价值观并用之指引经验研究的方向。具体而言,他们的共同观点如下。

(1)政治与行政不是可以分离的领域,而是相关领域甚至统一领域;继承传统公共行政的主旨,仍旧把政府作为公共管理研究的重点对象。新公共行政强化了行政学研究与古典公共行政和政治学研究之间的传统联系,强调政府角色的重要性,以及政府应该重视公民德行的培育和成长。

(2)应该将经济理性、政治理性及社会理性的概念同正在发挥重要作用的"公共利益"概念紧密结合起来,避免公共行政逐渐失去道德意味并进而退化成纯粹的"政府行政"。"公共"二字强调的重点就是政治理性和社会理性,这样更能体现政府行为对社会公众利益的重视和回应,这样的政府才更有温度,更真实,更受公众欢迎。

(3)重视政府的行政伦理和行政道德研究。新公共行政对行政伦理和行政道德的强调是其鲜明的特色,在批判"效率至上"的基础上,以民主政府、社会公正、行政伦理和价值为研究主题。新公共行政范式把人文关怀、政治社会情感和行政活动重新联系起来，并坚定地认为政府的行政行为应该体现社会关怀。新公共行政范式强调在公共管理的实践和研究中，从来都不是单纯从管理或者经济效率的角度出发来衡量，而强调公共价值。也就是说，是否将提高人民福祉、促进社会公正等作为基本标准，在此价值基础上进一步提高管理的效率和质量。

2.2.4 新公共行政范式的贡献与挑战

2.2.4.1 新公共行政范式的贡献

从理论研究来看，新公共行政范式特别强调行政活动对公众的正确态度。"公共"二字被上升到一个价值高位。换句话说，新公共管理重视的就是行政主体和行政活动的公共精神、公共道德，倡导对社会公平的重视，用动态开放的态度迎接行政组织的变化和发展。20世纪60年代，"公共"一词全面深入地与社会公共事务建立联系。凡是与公共事务有关联的行政管理、社会管理研究开始深深打上"公共"的烙印。新公共行政成为20世纪80年代新公共服务理论的思想来源和概念基础的四个方面的内容之一，我们可以在登哈特夫妇的理论中看到其痕迹。此外，新公共行政另辟蹊径，超越实证主义的研究逻辑，采用了解释学方法肯批判理论。这对于传统公共行政那种过于强调政治和行政二分及行政效率的理论而言，摆脱了"理性研究"的束缚，是非常重要的一种理论综合和平衡。

从行政实践的角度看，公共行政和公共政策无所不在地影响着人们的日常生活。在现实生活中，新公共行政着眼于建立一种新的公共哲学和公共精神，倡导民主行政，公众参与、人事行政的多元化，倡导把行政人员培养为具有道德性、德才兼备、高瞻远瞩的行政通才。这些都深深地影响了20世纪七八十年代社会公众和公务员对当代政府和行政管理的认知和判断。更重要的是，美国 20 世纪七八十年代的公共部门改革，落实了新公共行政的主张，倡导政府寻求和发现公众的真实需求，激励能提供优质公共服务的地方政府部门和公务员，优化政府组织的能力。

2.2.4.2 新公共行政范式的挑战

新公共行政范式解决了部分传统行政范式的难题，但其面临的理论和实践挑战仍是巨大的。例如，在理论上能否构建一个"社会公平"模型？在研究过程中，怎样才能把握和认识复杂的政府？在改革实践中，如何破解政治与行政之间的紧张关系？在培养政府人才的过程中，如何培养真正优秀的行政教育人才？新公共行政的美好理论针对这些问题无法提供答案。更重要的是，它如何面对未来？在这个范式中，公共行政学和公共管理学之间还保持了一段理论上的距离，公共行政学不是公共管理学。毕竟半个多世纪成熟起来的传统公共行政和新公共行政，都是紧紧围绕政府行政这一主题，没有突破。如果公共管理学想要横空出世，其研究对象就需要突破"政府中心、行政唯一"的思想。如何破解这些难题？也许，公共行政学要突破瓶颈、公共管理学要获得出现机会就必须另辟蹊径、另谋他途，在新公共行政范式之外寻求更好的答案。

2.3　新公共管理范式

2.3.1　新公共管理范式产生的背景

20 世纪七八十年代以来，欧美发达国家引以为傲的福利国家、福利政府模式受到社会公众的广泛质疑，政府的行政效率也饱受诟病。随着市场化的持续推进，市场化塑造的社会差异性也为行政体制改革带来了全新的挑战。面对如此复杂多变的公共管理难题，学者们如何提出好问题、做出好研究，提供好答案成为当下公共管理研究的新任务。在此背景下，新公共管理范式的浪潮席卷全球。

变化和发展时时刻刻都在发生，20世纪70年代以来，全球经济、政治、社会和科技环境都发生了翻天覆地的变化，和平与发展成为每一个国家最重要的目标，也成了公共管理的主要任务。战后经济高速发展了三十年后速度开始缓慢下来，经济危机再次降临。发达国家政府的福利支出越来越大，政府的财政赤字也越来越大，然而民众的满意度却越来越低。政府的管理方式和管理技术陷入"官僚制的诅咒"，效率低下跟不上时代发展。经济全球化要求政府的服务更上一层楼，使其在政府排名上更具有优势。政府和社会都呼唤新的理念和思想来为自己的行动指明方向，从而实现国家的再次繁荣。互联网技术革命与公共服务市场化的转型，为公共管理的提速增效创造了新的可能性。

轰轰烈烈的新公共管理运动成了新公共管理理论产生的舞台。在20世纪最后的二十余年，西方掀起了一场规模宏大的"新公共管理"改革运动。该运动主张采用工商管理的理论、方法和技术，引入市场竞争机制，强调顾客导向及提高服务质量，被称为"管理主义"或"新公共管理"，也有人称其为"以市场为基础的公共管理""后官僚范式""企业型政府"。因而它也被公众描述为一场追求"3E"（Economy, Efficiency and Effectiveness）目标的管理改革运动。

如前所述，新公共管理范式主张对政府、企业与公民角色进行重新定位，即以生产者为中心的政府治理转向以消费者（公民）为中心的治理，其核心内容是改革政府管理的方式与职能，提高政府管理的绩效。1991年，在雪城大学的第一次美国公共管理学术研讨会是新公共管理范式诞生的象征性标志。

同时，新公共管理的发展并不止步于英美等发达国家，其他新兴市场国家也在变革求新。20世纪八九十年代，各新兴发展中国家为了更好融入全球共同繁荣的进程，也积极运用新公共管理理论，并用自身的改革经验丰富新公共管理范式。

2.3.2 新公共管理范式的代表性理论

胡德和罗兹是最先提出新公共管理的人。胡德以英国的公共部门改革经验为基础，提出了公共服务应结合"质量、绩效、功绩"。其观点如下：强调职业化管理；明确的绩效标准与绩效评估；对产出控制的格外重视（以结果为导向）；提供回应性服务，顾客导向；公共服务机构的分散化和小型化；竞争机制的引入以及采用私人部门管理方式。

欧文·休斯也是最新公共管理范式的杰出代表，他写出了公共管理学最早使用的教科书。他认为"公共管理"摒弃了传统公共行政对政治和行政二分及官僚制理论的执着，实现了从行政向管理的转变。他认为"新公共管理"就是将分散的变革措施囊括在一个术语范围内而呈现给人们的一个整体性概念。

奥斯本和盖布勒作为新公共管理范式的杰出代表亲自介入了美国的行政改革。他们在充分观察美国各个地方政府改革经验的基础上，主张重塑政府、激发政府活力。他们提出了非常具有影响力的"企业家"政府理论，该理论认为：①政府的传统官僚模式弊病重重。传统的政府管理有诸多不足，这是政府单纯靠自身努力无法克服的困难和挑战。②企业家精神对消除政府内部的积弊、重塑政府是非常重要的。企业家精神是发挥企业家的创造力，革新政府结构、创新管理思维、运用市场方法推动公共管理的发展和进步。③通过"企业家"精神推动政府改革要遵循十项原则。第一，掌舵而不是划桨；第二，得妥善授权而非事必躬亲；第三，注重引入竞争机制；第四，注重目标使命而非繁文缛节（任务驱动而非规章驱动）；第五，重产出而非投入；第六，具备"顾客"意识；第七，有收益而不浪费；第八，重预防而不是治疗；第九，重参与协作的分权模式而非层级节制的集权模式；第十，重市场机制调节而非仅靠行政指令控制。

布坎南的公共选择理论也很有代表性。他采用经济学的方法分析政府行政，主张：①用"经济人"构建一个新的公共经济理论，将市场制度中人类的行为与政治制度中的政府行为纳入统一分析框架。②政府是由具有"经济理性"的人组成的,政府行为不可能时时有效,也有可能失败。③约束政府权力、在公共部门恢复竞争、提高社会的民主化程度就能补救"政府失败"。

霍哲的公共部门绩效管理理论也是新公共管理理论中的杰出代表。他主张从绩效和绩效管理的角度观察和研究政府公共部门的管理活动。其主要观点如下:①政府责任与政府绩效改进的关系是非常密切的。政府不仅要对其行动过程负责,还要对其行动的结果负责。要做到这一点,就必须能评估并呈现政府取得的成就。②影响政府绩效改进的关键性无形要素有很多,主要包括领导的角色、雇员承诺的多维性、在人员之间维持一种心理平衡关系、雇员和组织之间存在多重关系。只有正确认识这些关键性无形要素,才能提高政府的绩效。③应该建立基于公民参与的政府绩效评估系统。将公民或其代表吸收进评估系统虽然会增加评估成本,但可以使评估系统更好地发挥作用,也能让政府的服务更积极地回应公民需要。④政府公共部门应开展基于回应性的政府全面质量管理。尤其强调"以顾客为中心"、持续改进、最高管理层的承诺和领导、授权与协作这四个原则。⑤政府公共部门应积极建设基于竞争的合作伙伴关系。政府绩效并不简单等同于公共管理事务的"民营化、私有化",合作伙伴关系很重要。

哈默和钱皮的流程再造理论和基于回应性的政府全面质量管理理论等,也是新公共管理的重要组成内容。现在,人们一提到新公共管理,就会想起奥斯本、盖布勒、布坎南和霍哲。他们经典的新公共管理思想也闪烁着耀眼的光芒。

2.3.3 新公共管理范式的共同观点

新公共管理范式既是对管理主义的一次回归,又是更深入地整合公共行政学、经济学和管理学学科的资源。经过认真梳理公共管理发展的学科史教材发现，新公共管理范式的理论来源是经济学和管理学的相关理论，具体包括公共选择理论、委托代理理论、交易成本理论和管理学理论等。多元理论来源可归纳为两层含义，即管理主义和新制度经济学。管理主义指的是把私人部门的管理手段引入公共部门，强调直接的职业管理、明确的绩效标准和评估标准、根据结果进行管理，以及接近消费者。新制度经济学指的是把激励结构（如市场竞争）引入公共服务中，强调削减官僚机构、通过承包和准市场的运作方式，实现更有效的竞争和消费者选择。

（1）全力打造公共管理的概念和理论体系。新公共管理把"管理"精神深深地植入了对公共领域事务的观察和研究中。一方面，它对公共行政和公共管理进行区分，认为公共行政的概念和理论体系把公共领域视为"政府是唯一主宰"的思想已经不适应社会发展的需求，无法阐释现实中公共问题。另一方面，它强调"公共管理"一词更有概念和理论的张力。该范式主张汇集了公共资源、公共管理主体、公共管理价值和规范、公共危机、公共管理技术和方法等概念的公共管理理论，更符合社会现实需求，是比"公共行政"理论更具有学科阐释力的概念和理论。

（2）以公共管理的质量和效率为研究主题。该范式认为政府和其他公共部门都应重视效率问题，应该积极打破企业和政府间的鸿沟，企业管理的技术和方法政府也可以学习。它建议政府管理向企业管理"取经"，效率原则、服务原则、质量原则等企业管理的经验完全可以适用政府管理。进一步说，政府的行政管理行为应该积极引进市场的一些机制，用企业家精神重塑政府，对效率的不懈追求是公共管理的核心目标。它还强调政府在进行公共行政活动的过程中要摆脱官僚制思维的桎梏，实现管理精神和管理理念的"企业家"高效化。

（3）推广市场化原则在公共管理中心的适用性。传统公共行政认为行政活动应该基于政府的行政性和"一切以政府行政为中心"。公共管理范式打破传统公共行政思想的桎梏，强调政府向市场取经、政府与企业合作；主张市场精神和市场原则，企业管理的技术也可以在政府行为上有所体现。企业还可以发挥市场化的优势，提供优质的公共管理和公共服务。

2.3.4 新公共管理范式的贡献与挑战

2.3.4.1 新公共管理范式的贡献

新公共管理范式是对传统公共管理理论的传承和创新：一方面是基于管理路径对公共管理的影响由来已久；另一方面是人们发现传统行政理论存在明显的弊端。从20世纪80年代到90年代，打破官僚制、重塑政府、再造公共部门，成为"新公共管理运动"的聚焦点。在新公共管理运动中，公共服务和公共部门的私营化，资源配置的市场化，放松政府规制，建立服务型政府，在公共部门引入企业管理技术、市场竞争机制和激励机制等内容，成为政府公共管理改革的直接目标。

"二战"后，西方发达国家的政府普遍奉行凯恩斯主义，对社会生活进行全面干预，一方面取得了"福利国家、万能政府"的赞誉；另一方面又出现了政府机构膨胀、行政管理效率降低、财政负担加重的"政府失灵"现象。由于20世纪70年代的经济危机和社会危机的双重叠加，公众对政府的公共管理水平与效率提出了严重质疑。在这样的背景下，新公共管理运动拉开了序幕。新公共管理范式在一定程度上是管理主义的回归。它强调市场机制，坚持以产出为导向和以效能为导向的管理原则。

在学术领域，在新公共管理的引领下，欧美发达国家的公共管理学科体系迅速发展。公共管理慢慢地整合传统公共行政和新公共行政，再造基础概念和研究体系。经过四十余年的发展，公共管理成为一门包括公共行政学、城市管理、应急管理、公共政策等专业且成熟、庞大的学科体系。与此同时，发展中国家也敞开怀抱，迎接全球先进的公共管理知识体系。全球化和改革开放的浪潮把新公共管理的概念和理论传播到了世界各地，发展中国家和地区的公共管理学科也迅速建立和发展起来。幸运的是，在中国，也几乎是在同一时间，学术界迅速掀起了引进和学习新公共管理理论的潮流。从1997年开始，全国高校陆续掀起了公共管理学科体系建设的大潮流。

> **§ 信息链接 2-2**
>
> **中国公共管理学学科的诞生历史**
>
> 　　中国学术界关于行政、行政管理学的认识可划分为两个阶段。第一个阶段是从20世纪80年代行政管理专业在我国的恢复到1997年国务院学位委员会提出修改研究生专业目录。在这段时间里，我国的行政管理学是作为政治学的一个分支学科进行专业设置的；相关概念如"行政""行政学""公共行政""行政管理""行政管理学"，在含义上没有明确区别，都是指政府行政机关依法对国家公共事务、政府内部事务和社会公共事务的管理。
>
> 　　第二个阶段是从1997年的研究生专业目录一直到现在。在这段时间里，中国特色社会主义市场经济和社会改革获得了日益深入的发展，并处于由计划经济体制向市场经济体制过渡的历史转轨时期；国际经济一体化、全球化和社会信息化的趋势日益明显，西方国家以政府改革为核心的新公共管理运动的思想理论大量传入中国。与体制转型的社会现实相联系和受外来新思想的影响，以政府管理为核心内容的行政管理概念已经不适应我国社会发展的要求，改变原有行政管理的主体范围、管理对象范围、管理方式及行政理念的要求日益强烈。
>
> 　　显然，与公共行政学相比，尽管政府行政机关仍是公共管理学研究的核心主体，但其他公共组织的管理活动也同时纳入了公共管理学的研究范围之中。
>
> 资料来源：蔡立辉，王乐夫.公共管理学（第3版）[M].北京：中国人民大学出版社，2022（1）：23—24.

在实践中，新公共管理对西方国家尤其是美国20世纪90年代行政改革产生了重大影响，原因在于它被作为了公共部门改革的行动指南。以美国为例，美国克林总统在任期内就以新公共管理的"重塑政府"为口号，大刀阔斧地对美国政府进行改革，以激发政府活力。奥斯本本人就曾任美国副总统阿尔·戈尔的高级顾问，为"国家绩效委员会"提供智力支持，被誉为"政府再造大师"。澳大利亚、英国和加拿大等国的政府也纷纷掀起重塑政府、再造政府的改革运动。胡德2004年就担任英国经济和社会研究委员会"公共服务：质量、绩效与供给"研究项目的主任，推动英国政府公共部门的改革。同时，在新公共管理运动中，公共部门的改造极大地影响了各国高等教育的发展，新的高等教育模式开始流行。对发展中国家，尤其是正在迅速发展中的当代中国而言，社会和政府都以开放和学习的态度迎接新公共管理理论。基于中国改革开放进程的加速和强国梦的理想，以政府为核心的各种公共管理主体都在实践中灵活运用新公共管理理论的一些观点和理论，并取得了一定的成效。

2.3.4.2 新公共管理范式的挑战

新公共管理是在批评传统公共管理体制，尤其是传统官僚制弊病的基础上发展起来的理论研究范式。从历史的角度观察，新公共管理继承和发扬了管理主义的精髓。

但公共管理范式中的理论还是存在明显的缺陷。例如，企业家政府理论可能导致的负面问题包括政府责任的削弱，重复与浪费；顾客意识损害公民意识。它看似在摒弃官僚制方面有了突破性的进展，但仍然和传统公共行政范式一样，深受管理主义、工具主义的影响，它们都是公共管理理论发展的主流范式。在深入批判的基础上，学者们归纳出它存在的四大瑕疵：①保守主义倾向。新公共管理是右派政府的公共管理哲学，是保守主义在公共管理领域的具体体现。②经济学基础。滥用经济学的假设、理论和方法，是经济学的帝国主义的体现。③管理主义倾向。忽视了私人部门与公共部门的基本差别，照搬私人部门的管理经验、原则、方法及模式，是一种新泰勒主义。④放弃政府的公共服务职能，逃避政府责任，破坏了政府与公民社会的关系，背离了民主社会的基本价值。

伴随着这些负面作用，即将出场的公共治理范式提出了独特的治理之道。

2.4　公共治理范式

2.4.1　公共治理范式产生的背景

随着全球化与逆全球化、市场化与非市场化的短兵相接，多种力量和因素所塑造的社会差异性为公共管理发展带来了全新的挑战。而面对如此复杂多变的社会环境，如何提出好问题、做出好研究是公共管理研究的重要内容。治理理论是最近四十年最流行的社会科学理论，无论是在学术界还是在社会实践领域都非常流行。

20世纪80年代末，一方面西方发生的社会、经济和管理危机，另一方面以互联网为基础的第四次工业革命爆发，它们共同推动了公共管理和公共行政范式持续而深刻的变革。具体而言，复杂的社会挑战为治理范式提供了实验场景。针对各种具体的社会矛盾和社会问题，每个政府、社会组织、市场主体、公民个体都不可能置身事外，发达国家针对气候和环境问题提出了协作治理的思维，发展中国家也提出了合作治理共同发展的主张，中国提出了"共商共建共享"的全球治理理念。在关于治理的定义中，全球治理委员会的定义具有代表性和权威性。该委员会在1995年的《我们的全球伙伴关系》中这样给出了治理定义：治理是各种公共的或私人的个人和机构管理其共同事务的诸多方式的总和。它是使相互冲突或不同的利益得以调和，并且采取联合行动的持续的过程。它既包括有权迫使人们服从的正式的制度和规则，也包括各种人们同意并符合其利益的非正式的制度安排。

治理运动的兴起推动了公共治理范式的形成。20世纪90年代中期以后，"治理运动"崛起，这场称为"第三条道路"的改革，超越"公私"对立，提倡民间自治与公共参与，试图建立一个市场自组织、社会自治理、分层级的政府治理,以及主体间有效合作的公共事务治理体系。可以这样说,整个"新公共管理运动"基于的现实是"市场调节和政府控制的双重失灵"。自20世纪70年代以来,西方各国公共事务管理体制的变革,无非是在"寻找新的社会协调机制",即通过治理变革"寻求政府、市场、社会的有效合作之途"。

新技术的创新和发明也为公共治理范式提供了机会,特别是互联网和人工智能领域的新技术直接开启了人类社会的"第四次产业革命"。这一系列的技术革新不仅让社会结构变得越来越扁平,同时还丰富了社会管理的方法和技术。尤其是最近二十年,公共治理的技术实现了前所未有的突破。

后现代的思潮也为治理范式提供了价值指南。人们深刻地认识到:政府只是公共管理的局部而不是全部主体,公共产品和公共服务不是仅停留在推崇"企业家"精神或实行"新公共服务",而应该是全社会共同参与、共同创造的有价值、有意义的活动。

毋庸置疑,复杂的社会挑战、全球化的滚滚浪潮、新技术、后现代的思潮都促成了公共治理范式的产生。在三四十年的时间里,公共治理从最初的一个普通概念演绎发展为一个体系庞大的理论王国。

2.4.2 公共治理范式的代表性理论

由于公共治理是一个在信息时代迅速成长起来的庞大理论族群,其代表性的概念和理论非常丰富。概括而言,公共治理高度概括和总结了20世纪末21世纪初形形色色的公共治理过程和经验,特别接地气。在这三四十年的时间内,国内外杰出的学者如璀璨群星,不胜枚举。詹姆斯·罗西瑙、罗茨、鲍勃·杰索普、俞可平、徐勇等学者都提出了颇有影响力的治理概念或理论。概括起来,合作治理(Collaborative Governance)、网络治理(Network Governance)、公私伙伴关系(Public-Private Partnerships)、整体性治理(Holistic Governance)、协同政府(Joined-up Government)、无缝隙政府(Seamless Governance)等理论都可以归其麾下。

（1）合作治理。合作治理是以通过协商达成共识的方法来解决跨部门之间的公共问题。合作治理摒弃了政府角色在公共管理活动中的唯一性、垄断性，同时也摒弃了意识形态式的控制，打出了"良好治理"的旗帜。合作治理关注的重点是协商过程、治理主体的有效参与、治理主体联合行动的能力、治理过程中的互益机制。这是一种新型的公共管理理论，即抛弃传统公共管理的垄断和强制性质，强调政府、企业、团体和个人的共同作用；公众不再单单指望政府去做什么和提供什么，而是希望政府能充分挖掘各种管理和统治工具的潜力；不要求政府整天疲于应付，而希望政府有自知之明，做自己应做和能做的事；不强求自上而下、等级分明的社会秩序，而要重视网络社会各种组织之间的平等对话的系统合作关系。

（2）**整体性治理**。公共治理是一个复杂庞大的体系，政府、企业和社会组织在公共领域都有一席之地，每个角色都承担着不同的功能。政府掌控着较多的社会资源，组织结构很缜密，管理技术也很全面。因此，与其他治理主体比较而言，政府为社会提供的是"元治理"。所谓"元治理"是为社会治理提供最基本的法律、制度和政策这些底层逻辑。政府在公共治理中扮演着无可替代的角色，提供"元治理"。对政府而言，这是综合意义上的公共治理，是一种多元的、民主的、合作的、去意识形态的公共行政。这种新型的行政是"治理"式的行政。治理理论是这种新型行政在理论上的新发展。而作为企业、社会组织的其他治理主体，则凭借自身的优势和特色充分参与到公共管理和公共服务中。

（3）网络治理。罗茨、贝瑞等网络治理的代表学者提出以下观点：①治理就是管理网络。❶②网络能够建立超出正式关系或法定政策关系的相互链接。③社会网络、政策网络和公共管理网络是网络治理研究的三大重要分支。

---

❶ 网络是指涉及多个组织或机构的某些部分的相互依赖的机构关系。OTOOLE J R, LAURENCE J. Treating Networks Seriously: Practical and Research-based Agendas in Public Administration [J]. Public Administration Review, 1997, 57（1）: 45.

（4）无缝隙政府。无缝隙政府理论是拉塞尔·M.林登在杰克·韦尔奇"无界限组织"概念的启发下以"无缝隙组织"❶这一概念为基础构建的理论体系。其核心思想：①传统政府的部门界限和功能是处于一种分割的状态，政府常常是以单一的界面为公众提供信息和服务。②重视公众的社会需求。以公众需求为导向，优化政府服务流程，提升政府服务质量和效率，以满足人民群众对美好生活的向往和追求。③打破传统政府组织内部的条块分割、职能交叉、信息孤岛等障碍，以结果为导向再造一个高效、灵活和协同的政府治理机制。④在政策部门的不同利益主体之间要消除矛盾、加强合作、传递优秀理念，形成一种协同的工作方式。

公共治理范式虽然出现时间晚但活力四射，并在理论流派上百花齐放、群星璀璨。

2.4.3　公共治理范式的共同观点

尽管公共治理在概念、理论、研究工具和研究体系上呈现跨学科、多元化的状态，但作为一种成熟的研究范式，它在逻辑思维和方法论上是具有高度一致性的。

（1）跳出公共行政和公共管理的既有知识体系，系统梳理各种形式的管理失灵。政府失灵、市场失灵、社会组织失灵在社会的各个领域层出不穷。从公共治理范式而言，公共管理的范围不再仅仅局限于公共行政领域。公共领域不再是单纯属于政府的地盘，每一个社会角色都应该并且能够充分参与到公共管理或服务的活动中。治理范式强调直面严峻的社会现实，全面整合和动员社会力量，从而实现社会公共资源的最优化配置。

---

❶ "无缝隙组织"是指可以用流动的、灵活的、弹性的、完整的、透明的、连贯的组织形态。拉塞尔·M.林登.无缝隙政府：公共部门再造指南[M].北京：中国人民大学出版社，2001：3.

（2）强调治理是公共管理的新灵魂。该范式坚持对公共管理和公共治理进行区分，并在特别的维度上对治理进行概念界定。在治理范式的元理论下，内部的概念和理论张力较大，对治理主体、治理方法、治理对象的阐释似乎要突破"公共管理"学科的约束。在公共治理范式中，治理的概念具有弹性，同时公共治理理论的内容也显得多元化。公共治理范式观察到市场、政府和社会组织各自都有自身的缺陷，需要团结起来而不是单兵作战。它重新定位政府、企业和社会组织在公共管理中的角色和行为准则。

（3）强调治理的多元性。一方面是主体多元，政府不再是公共管理的"唯一主体"。在公共领域政府、市场和社会组织可以互动学习、互相支持、互助合作。也就是说，政府是公共管理中的一个主体而不是唯一主体，应该积极和其他主体开展互动合作。这种思想直接突破了传统公共行政、新公共行政、新公共管理的研究主旨，不再把政府作为公共管理研究的唯一或重点对象。另一方面，新公共治理范式包容了公共领域价值和目标的多元化、多层次性。在治理旗帜下，政府、市场、社会组织的自身目标可以通过合作成为政治经济和社会总目标的有机组成部分。

（4）治理依据的"刚柔并济"。就治理依据而言，公共治理范式主张具有强制性的政策法律与柔性的惯例规则相互融合。具体而言，治理活动中的依据不仅包括国家立法、国际组织的规定，还包括行业协会、自治团体等社会组织形成的规则，甚至不同主体之间的协议等。

以上四个方面反映了公共治理范式与前面三种范式存在明显的逻辑差异。治理不是一整套规则，也不是一种活动，而是一个过程。治理过程的基础不是控制，而是协调与合作。治理不再是政府的专属和唯一，它既涉及公共部门，也包括私人部门。治理不是政府一种制度式的管理，而是多主体持续地参与和互动。这些特点实际上也决定了现今公共管理理论的主要内容。

2.4.4 公共治理范式的贡献及挑战

2.4.4.1 公共治理范式的重大贡献

经过一个多世纪的演变,公共治理范式全面融合吸收了公共行政和公共管理范式的优点,在理论和实践中的贡献非常大。在理论上,它实现了对新公共管理范式的超越,摒弃了前期新公共管理理论、新公共行政和传统公共行政的基本观点,把曾经各自为政的行政化、市场化和社会化三个公共管理逻辑重新整合到一起,构建起了21世纪初期面貌一新的公共管理认识论和方法论。在实践中,它致力于推动各国公共事务管理和公共服务的改进,积极促进公共管理实践的进步,也被世界各国的政府和其他公共管理组织作为改革发展的行动指南,从而造福社会,给公众带来高品质的幸福生活。

公共治理范式的影响是公共管理学科的一个现象级事件。欧美发达国家公共治理范式的演变与中国特色的公共治理范式发展几乎同步。由于"治理"概念与中国传统政治文化的密切关联,导致公共治理理论一产生就受到了中国学术界及政府的热烈关注。公共治理范式不独属于发达国家,它充分挖掘了治理主体的主动性,是全球形形色色的组织和个体在公共管理领域的科学智慧结晶。它让公共管理学摆脱了"科学性"的诅咒,公共管理学不再为了科学性画地为牢,不再像前三个范式一样执着于对公共行政的科学阐释;而是结合社会现实主动融合不同学科、不同研究方法,从而回归对社会公共管理现象的整体性、综合性思考。在中国的学术领域,俞可平、丁煌、陈振明、郁建兴等学者也非常活跃,积极引进翻译各种治理理论,并用它们阐释各种中国治理的精彩内容。

公共治理范式在实践中的影响力也很大。在全球层面,治理理论全面深入每个公共管理领域,形成区域、行业风格非常鲜明的公共治理理论。如果说其他研究范式主要的创新源是在欧美发达国家,思考的问题是欧美国家具体的公共管理问题,那么从公共治理范式开始,这种情形就开始发生变化了。中国、印度、东南亚、东欧、南美洲等其他发展中国家和地区，也积极用公共管理的实践和理论为公共治理范式增加内容。在中国，治理理论更是产生了巨大的社会影响。

公共治理范式彻底颠覆了政府在公共管理中的传统地位。从传统公共行政发展到新公共行政，再到新公共管理，政府在其中一直都扮演着重要的角色。

2.4.4.2 公共治理范式的挑战

公共治理范式看起来似乎一片繁荣，不仅占领了公共管理研究的学术高地，而且研究范围也越来越广泛。但学者们对这一野蛮生长的研究范式仍心存疑惑，认为治理过于强调"术"而疏于"道"。①治理概念本身太有弹性，导致公共治理没有明确的理论边界，任何社会科学都在恣意使用所谓的治理概念和治理理论。②公共治理的基础理论和概念过于单薄，具体理论过于宽泛、繁杂。其具体研究的内容、方法和逻辑在"治理"的旗帜下又各自为政，呈现出公共管理理论内部高度分化、无法实现内部整合的一种匮乏状态，导致公共治理理论体系脆弱。③公共治理范式更多地纠结公共领域的细节和琐碎难题，提炼的大部分概念和理论无法超脱当下现实，也无法为公共实践提供长远、强劲的理论指导。

公共管理从传统社会的家族政府理论发展到现代的科层制政府理论和新公共行政学，接着再发展到新公共管理和公共治理理论，其发展始终与社会经济和政治体制的变迁紧密相连。随着数字化和信息技术的快速发展，未来的公共治理将面临无限可能的挑战和机遇。数字化技术将进一步推动公共管理的现代化，提高公共决策的透明度和参与度。同时，开放性也将成为未来公共管理的重要特征，鼓励更多元的公民参与和社会监督。未来的公共管理学将更注重公共政策的制定和执行，更强调跨部门、跨领域的合作治理与整体治理，以实现更高效、更公正的公共服务和社会发展。未来的公共管理将面临更多的挑战和机遇，但无论如何发展，其核心目标始终都是实现公共利益的最大化和社会发展的可持续性。

思考题

1. 范式发展对公共管理学的意义有哪些？
2. 传统公共行政范式的代表性理论有哪些？
3. 新公共行政范式的共同观点是什么？
4. 新公共管理范式的学科贡献是什么？
5. 公共治理范式面临的挑战有哪些？

参考文献

[1] 托马斯·库恩.结构之后的路[M].邱慧，译.北京：北京大学出版社，2024.

[2] 何艳玲.好研究是当下公共管理研究的大问题——兼论"中国"作为方法论[J].中国行政管理，2020（4）.

[3] 孙宇.现代西方公共行政思想史[M].北京：中国社会科学出版社，2015.

[4] 陈振明.公共管理学（第2版）[M].北京：中国人民大学出版社，2017.

[5] 米加宁.第四研究范式：大数据驱动的社会科学研究转型[J].学海，2018（2）.

[6] 何艳玲.公共行政学史[M].北京：中国人民大学出版社，2018.

[7] KROGH A H, TRIANTAFILLOU P. Developing New Public Governance as a Public Management Reform Mode [J]. Public Management Review，2024（2）.

[8] 盖伊·B.彼得斯.政府未来的治理模式[M].吴爱明，夏宏图，译.北京：中国人民大学出版社，2013.

[9] 乔治·H.弗雷德里克森.新公共行政[M].丁煌，方兴，译.北京：中国人民大学出版社，2011.

[10] 戴维·H.罗森布鲁姆，罗伯特·S.克拉夫丘克.公共行政学：管理、政治和法律的途径（公共管理英文版教材系列）（第7版）[M].北京：中国人民大学出版社，2013.

[11] 欧文·E.休斯.公共管理导论（第5版）[M].张成福，等，译.北京：中国人民大学出版社，2022.

[12] 巴泽雷.政府改革的新愿景[M].孔遂宪，王磊，刘忠慧，译.北京：中国人民大学出版社，2015.

[13] 达霖·格里姆赛.PPP革命：公共服务中的政府和社会资本合作[M].济邦咨询公司，译.北京：中国人民大学出版社，2016.

[14] 安东尼·唐斯. 官僚制内幕（修订版）[M]. 郭小聪，等，译. 北京：中国人民大学出版社，2017.

[15] 张康之. 走向合作的社会 [M]. 北京：中国人民大学出版社，2015.

[16] 陈振明，安德鲁·桑克顿. 地方治理中的公民参与：中国与加拿大比较研究视角 [M]. 北京：中国人民大学出版社，2016.

第3章 公共组织

天下不患无财,患无人以分之。

——管仲《管子·牧民》

引 子

2019年7月5日,深化党和国家机构改革总结会议在北京召开。中共中央总书记、国家主席、中央军委主席习近平出席会议并发表重要讲话。他强调,深化党和国家机构改革是对党和国家组织结构和管理体制的一次系统性、整体性重构。我们整体性推进中央和地方各级各类机构改革,重构性健全党的领导体系、政府治理体系、武装力量体系、群团工作体系,系统性增强党的领导力、政府执行力、武装力量战斗力、群团组织活力,适应新时代要求的党和国家机构职能体系主体框架初步建立,为完善和发展中国特色社会主义制度、推进国家治理体系和治理能力现代化提供了有力组织保障。要认真总结深化党和国家机构改革取得的重大成效和宝贵经验,巩固机构改革成果,继续完善党和国家机构职能体系,推进国家治理体系和治理能力现代化。

习近平在讲话中强调,深化党和国家机构改革,是贯彻落实党的十九大决策部署的一个重要举措,是全面深化改革的一个重大动作,是推进国家治理体系和治理能力现代化的一次集中行动。党的十九届三中全会闭幕后,各地区坚决贯彻党中央决策部署,加大统的力度、明确改的章法、做好人的工作、执行严的纪律。短短一年多时间,十九届三中全会部署的改革任务总体完成,取得一系列重要理论成果、制度成果、实践成果。加强党的全面领导得到有效落实,维护党的集中统一领导的机构职能体系更加健全;党和国家机构履职更加顺畅高效,各类机构设置和职能配置更加适应统筹推进"五位一体"总体布局和协调推进"四个全面"战略布局需要;省市县主要机构设置和职能配置同中央保持基本对应,构建起从中央到地方运行顺畅、充满活力的工作体系;跨军地改革顺利推进;同步推进相关各类机构改革,改革整体效应进一步增强。

习近平指出,在深化党和国家机构改革中,我们探索和积累了宝贵经验,就是坚持党对机构改革的全面领导,坚持不立不破、先立后破,坚持推动机构职能优化协同高效,坚持中央和地方一盘棋,坚持改革和法治相统一相协调,坚持把思想政治工作贯穿改革全过程。实践证明,党中央关于深化党和国家机构改革的战略决策是完全正确的,改革的组织实施是坚强有力的,充分体现出全党高度的思想自觉、政治自觉、行动自觉,充分反映出党的十八大以来全面从严治党产生的良好政治效应,充分彰显党的集中统一领导和我国社会主义制度的政治优势。

习近平强调,完成组织架构重建、实现机构职能调整,只是解决了"面"上的问题,真正要发生"化学反应",还有大量工作要做。要以坚持和加强党的全面领导为统领,以推进党和国家机构职能优化协同高效为着力点,把机构职责调整优化同健全完善制度机制有机统一起来、把加强党的长期执政能力建设同提高国家治理水平有机统一起来,继续巩固机构改革成果。要健全党对重大工作的领导体制,决策议事协调机构重点是谋大事、议大事、抓大事,党的工作机关要带头坚持和加强党的全面领导,更好发挥职能作用,严明政治纪律和政治规矩。要加强党政机构职能统筹,发挥好党的职能部门统一归口协调管理职能,统筹本领域重大工作。要提高机构履职尽责能力和水平,各部门要严格依照"三定"规定履职尽责,聚焦主责主业,突出重点关键,自觉在大局下思考、在大局下行动,紧紧围绕人民日益增长的美好生活需要履好职、尽好责。要发挥好中央和地方两个积极性,确保党中央集中统一领导和国家制度统一、政令统一,中央和国家机关要做好对本行业本系统的指导和监督,地方在坚决贯彻党中央决策部署的同时,要发挥主观能动性,结合地方实际创造性开展工作。要推进相关配套改革,按照加快推进政事分开、事企分开、管办分离的原则,深化事业单位改革,着力加强综合行政执法队伍建设,强化基层社会管理和公共服务职能,完善机构改革配套政策。要推进机构编制法定化,依法管理各类组织机构,继续从严从紧控制机构编制。要增强干事创业敢担当的本领,准确把握新机构新职能提出的新要求,结合正在开展的"不忘初心、牢记使命"主题教育,教育引导广大党员、干部自觉在思想上政治上行动上同党中央保持高度一致,坚守人民立场,锤炼忠诚干净担当的政治品格,保持只争朝夕、奋发有为的奋斗姿态和越是艰险越向前的斗争精神,以钉钉子精神抓好工作落实。

习近平指出,深化党和国家机构改革是放在全面深化改革大盘子里谋划推进的,是我们打的一次全面深化改革的战略性战役。要用好机构改革创造的有利条件,推动全面深化改革向纵深发展,以深化党和国家机构改革新成效,推动开创全面深化改革新局面。全面完成党的十八届三中全会部署的改革举措,是摆在我们面前的硬任务。现在距离2020年在重要领域和关键环节改革取得决定性成果仅有一年多时间。我们要乘势而上、尽锐出战,继续打硬仗、啃硬骨头,集中力量突破重要领域和关键环节改革。

习近平强调,要结合深化党和国家机构改革,健全党领导改革工作的体制机制,完善改革领导决策、推动落实机制,加强中央和地方、牵头部门和参与部门、主体改革和配套方案、改革举措和法治保障、试点探索和总结推广、改革任务推进和机构职能调整的配套联动，打好改革组合拳。要保持改革战略定力，推动改革更好服务经济社会发展大局。在谋划改革发展思路、解决突出矛盾问题、防范风险挑战、激发创新活力上下功夫，正确处理改革发展稳定关系，坚持党的领导和尊重人民首创精神相结合，注重改革的系统性、整体性、协同性，统筹各领域改革进展，形成整体效应。要推动改革往实里走，确保改革方案成色和实施成效。形势在变、任务在变、工作要求也在变，必须准确识变、科学应变、主动求变，把解决实际问题作为制定改革方案的出发点，把关系经济社会发展全局的改革、涉及重大制度创新的改革、有利于提升群众获得感的改革放在突出位置，优先抓好落实。要推进改革成果系统集成，做好成果梳理对接，从整体上推动各项制度更加成熟更加定型。

王沪宁在主持会议时表示，习近平总书记的重要讲话，充分肯定了深化党和国家机构改革取得的重大成效和宝贵经验，对巩固机构改革成果、推进全面深化改革作出全面部署，具有很强的思想性、指导性、针对性。我们要认真学习领会习近平新时代中国特色社会主义思想，增强"四个意识"、坚定"四个自信"、做到"两个维护"，紧密结合正在开展的"不忘初心、牢记使命"主题教育，利用好深化党和国家机构改革创造的有利条件，推动各项改革落实落细落地，不断开创全面深化改革新局面。

资料来源：新华社. 习近平出席深化党和国家机构改革总结会议并发表重要讲话[EB/OL]. [2019-07-05]. https://www.gov.cn/xinwen/2019-07/05/content_5406606.htm.

重点问题

» 公共组织的概念

» 公共组织中的主要主体

» 科层制的内涵及其缺陷

» 公共组织的变革目标和内容

3.1 公共组织概述

3.1.1 组织与公共组织的内涵

3.1.1.1 组织的含义

社会生活中存在各式各样的组织，如党派、政府、法院、工会、银行、工厂、商场医院、基金会、学校和家庭等。可以说，组织是现代社会的基础和框架，正是有了各种组织纵横交错，各司其职，现代社会才能有序运行。例如，你很难想象没有提供电力的组织后，你的生活将遇到多大的困难。所以，也有人将现代社会称为组织化的社会。需要说明的是，组织并非由个人简单汇聚、加总而成，其中领导者和追随者会相互协调以实现共同目标。此外，如果组织的领导能力和结构有所区别，那么其运行方式就可能会有所不同；如果组织成员能力大小不同，其组织表现也可能会有差异。

那么，如何定义组织这一概念呢？不同学者对其有不同理解。社会系统学派代表人物切斯特·巴纳德（Chester I. Barnard）将组织定义为："一个有意识地协调两个或两个以上的人活动或力量的系统。"❶ 马奇和西蒙认为："组织是互动的人群集合，是一种具有集中协作系统的系统，而且是这类系统中最大的……与非组织人员之间和组织之间的松散且常变关系不同，组织内部具有高度专门化和高度协作的结构，使组织成为一个社会学单元，就像生物学中有机体的个体一样。"❷ 维克（Weick）认为，在某种意义上组织就像一种语法，是"对一些

---

❶ BARNARD C I. The Functions of the Executive [M]. Cambridge: Harvard University Press, 1968.

❷ JAMES M G, SIMON H A. Organizations [J]. John Wiley & Sons, 1958: 4.

规则和惯例有系统的描述,通过一系列连锁的行为组合起来,形成行为者可以理解的社会过程"❶。理查德·H.霍尔(Richard H.Hall)说:"组织是有相对明确的边界、规范的秩序(规则)、权威级层(等级)、沟通系统及成员协调系统(程序)的集合体;这一集合体具有一定的连续性,它存在于环境之中,从事的活动往往与多个目标相关;活动对组织成员、组织本身以及社会产生结果。"❷斯蒂芬·罗宾斯(Stephen P. Robbins)与玛丽·库尔特(Mary Coulter)将组织定义为"安排和设计员工的工作以实现组织目标"❸。

为了进一步了解组织的不同特点,赫弗伦(Heffron)发现不同学者大都认为组织具有以下元素:①包括两个以上的人(成员)一起工作;②拥有一个或多个共同的目标;③成员大多以协调的方式行动;④在某种程度上,需要一个组织结构。❹

根据以上特征,我们这样定义组织:组织是人们基于一定目标,按照特定的结构和协作模式组建起来,需要与外部环境联系的社会群体。它包括组织目标、组织成员、组织结构、组织行为和组织环境等要素。

3.1.1.2 公共组织的含义

现代社会中,组织所追求的目标有公共目标与非公共目标之分。据此,人们可以将组织划分为公共组织和私人组织。私人组织最典型的是私人企业,大多以获取利润为直接目的,实现利润最大化往往是此类组织活动中最高且唯一的目标。从作用的范围上来看,私人组织与公共组织间的并不存在清晰的边界,私人组织也会做出一些非营利性举动,如参与公共事务治理、参与志愿服

---

❶ WEICK K E. The Social Psychology of Organizing [M]. New York:Random House,1979:41.
❷ 理查德·H.霍尔.组织:结构、过程及结果[M].上海:上海财经大学出版社,2003:35.
❸ 斯蒂芬·罗宾斯,玛丽·库尔特.管理学(第15版)[M].北京:中国人民大学出版社,2022:264.
❹ HEFFRON F A. Organization Theory and Public Organizations:The Political Connection [M]. Englewood Cliffs:Prentice-Hall,1989:7-10.

务等。公私伙伴关系（PPP）盛行后，私人组织与公共组织间边界更加模糊，实践中更是出现了许多公共组织和私人组织的混合体。

不过，承认私人组织与公共组织存在的客观差异并分析这种差异，对于我们准确把握公共组织的性质特征十分关键。格雷厄姆·艾利森（Graham Allison）认为，公共组织和私人组织在以下几个方面存在根本差别❶：①公共组织是在"政府组织法"的基础上建立起来的，而私人组织则是由商法来管理的。因此，公共组织领导人需要对公民负责，需要关注公共利益。②公共组织与私人组织的利益导向不同。公共组织服务于更普遍的公共利益，而私人组织的主要重点是他们自己的私人利益。公共组织需为公民服务，并对公民的需求做出回应；私人组织则并不一定关注公民需求，而主要关注盈利，并只关注客户而不关注民众。换句话说，大多数国家的公共组织原则上免费向每个人提供平等的待遇和服务；而私人组织则根据客户的支付意愿和可能的利润提供差异化服务。③公共组织与私人组织生命周期不同。私人组织容易遇到破产等情况而消失，但公共组织一般很难消失，只有法律强迫其解散时才会消失。造成这种差异的主要原因：赚钱是私人组织存在的基础，法律合法性则是公共组织存在的基础。

那么，什么是公共组织呢？美国学者罗森布鲁姆（David H. Rosenbloom）认为，公共组织是"一个基于合作而组成的公共团体；其范围涵盖行政、议会和司法三个政府部门与相关组织；在公共政策的制定方面发挥重要作用，因而是政治过程的组成部分；与民营部门管理在许多重要的方面存在明显差异；与民营部门或个人也有密切之关系"❷。张成福和党秀云认为，"公共组织，从广义而言，是指不以营利为目的，而是以服务社会大众，提高公共利益为宗旨的组

---

❶ ALLISON G T. Public and Private Management: Are They Fundamentally Alike in All Unimportant Respects? [M]// SHAFRITZ G M, HYDE A C. Classics of Public Administration [M]. Belmont: Wordsworth, 1992: 457-476.

❷ 戴维·罗森布鲁姆，罗伯特·克拉夫丘克. 公共行政学：管理、政治和法律的途径 [M]. 北京：北京大学出版社，2006：5.

织。从狭义上来看，乃是行使行政权，达成公共目的的组织"❶。陈振明等认为，公共组织是"以管理社会公共事务、协调社会公共利益关系为目的的组织，主要指国家或政府组织（广义的公共组织包含第三部门组织）"❷。

综上所述，从广义的角度来看，公共组织是以参与公共事务治理、协调社会利益关系，并以追求公共利益为其价值取向的组织，它不仅包括政府及其执行部门，还包括机关、司法机关、学校、医院和军队等以实现公共利益为目标的社会组织和社会团体，在中国还包括事业单位与新闻媒体。狭义的公共组织仅指政府及其执行部门。

3.1.2 公共组织构成要素

任何组织都是由若干要素组成的有机主体，公共组织也不例外。公共组织的构成要素与一般组织并无太大区别，却具有独特的要素内涵。对公共组织构成要素进行介绍有助于我们建立一套分析单元，以进一步理解公共组织蓝图。下面，我们将从不同视角对公共组织构成要素进行分类。

（1）实体要素与非实体要素。实体要素是指公共组织中的硬件设施，包括行政机构、物资和人员等；非实体要素主要是指软件，包括组织目标、权责划分、运行程序、组织文化、人际关系和组织制度等内容。

（2）物质要素、结构要素与运营要素。物质要素包括人员、经费、办公设备和物资等；结构要素包括部门划分、职务设置、权责划分等；运营要素则包括领导、控制和协调等。

（3）有形要素与无形要素。有形要素是组织中的物质条件，包括实施工作的组织人员、组织需要的物质条件、组织提供的产品和服务；无形要素是组织构成的精神条件，包括组织目标、权责结构、沟通网络和人际关系等。

---

❶ 张成福，党秀云. 公共管理学（第3版）[M]. 北京：中国人民大学出版社，2001：160.
❷ 陈振明，等. 公共管理学（第2版）[M]. 北京：中国人民大学出版社，2017：29.

一般而言，公共组织构成要素主要包括以下内容。

（1）组织人员。任何组织都以人为核心，各种不同能力、不同年龄的人，只有按照合理的排列组合，结成一定正式关系，才能成为组织。公共组织作为公共管理主体，其实际运行和效能实现必须依靠人来完成。离开人的参与，组织便无法运行，甚至无法存在。公共组织尤其是政府最重要的工作之一，便是将合适的人员放在合适的岗位上。

（2）物质因素。物质因素主要指公共组织赖以存在的物质基础，如房屋、办公场地、办公设备及经费等。没有这些条件，公共组织就无法有效运转，甚至无法存在。其中，经费是物质因素的核心。从人员编制、物资设备的购置到日常工作的开展都需要经费支撑。物质因素是维持公共组织日常运营和发展不可或缺的重要因素。

（3）组织目标。组织因特定的组织目标而建立，它决定着组织的活动领域和发展方向。对于公共组织而言，组织目标的设置应以实现公共利益作为基本价值取向。在实践中，公共组织需要沿着公共利益取向将使命等较为抽象、模糊的内容具体化为明确的职能目标。

（4）机构设置。机构设置是根据相应组织目标与职能范围在公共组织内部按单位进行分工的结果，是组织内部各要素互动后结构化的体现。近年来，我国为推动公共利益的进一步保障，定期会推动机构改革。

（5）职位设置。职位设置是指组织内部职位（如职级、职数和职责）的确定。现代组织的一个基本要求是，职位因事而设，非因人而设。某一组织成员一旦占据某一职位，就应受到相应的职位规范约束。

（6）权责划分。权责划分是明确公共组织中各部门、各岗位的工作内容、工作职责、工作权限及相互关系的过程。权责划分是保证组织角色、工作人员角色明晰化的必要手段。一般而言，公共组织需要保证权力与责任成正比关系，即有权必有责、权责必相等。

（7）规章制度。规章制度是指一套以书面文件等形式对组织构建、组织运行程序及其组织行为等方面进行规范的制度体系。完善的规章制度既能确保公共组织及其工作人员依规办事,又能确保公共权力的规范化运行。

(8)组织文化。组织文化是组织在长期实践过程中形成并被组织成员普遍遵守的共同价值观念,包括组织愿景、文化观念、价值观念、行为准则和历史传统等各个方面。公共组织文化主要体现在组织目标、领导者行为、组织行为和与之适应的规章制度上。

(9)人际关系。人际关系是公共组织中重要的构成要素。良好的人际关系,能调动员工工作的积极性与主动性,提高组织凝聚力,还能影响员工的自我发展与自我完善。

(10)技术和信息。技术是指公共组织在运行过程中采取的科学技术,也包括组织决策方面的政治技术。信息是组织活动不可或缺的因素,一般包括信息收集、整理、传递和反馈的过程。在信息技术高速发展的当下,公共组织开始采用数字治理的方式推动国家治理、政府治理和社会治理。

3.1.3 公共组织的结构

"结构"一词源于生物学,是指一个整体(或生物体)对所具有各种构成要素科学地搭配与安排。在这里需要强调的是,结构涉及构成要素和组合方式两个层面。正如金刚石和石墨的构成要素都是碳元素,但因原子间连接方式不同,就表现出完全不同的物理性质。组织也一样,若构成要素相同但组合方式不同,就会形成不同的组织。因而,公共组织的结构就是公共组织的构成要素及其组合方式,涉及构成要素及其组合方式两个层面的内容。

为了充分实现组织内部运转效能及其对外功能,公共组织必须建立合理的组织结构。良好的公共组织结构是完成组织目标,提高行政效率的基础。一般而言,公共组织设计需要遵循以下原则:一是效率原则,要保证组织结构运行效率高、机构工作质量高、公共管理系统运转高效灵活;二是精简原则,要求人员精干、结构精简、程序简化；三是职、权、责一致原则，对每一个岗位的职权、职责、职务进行明确规定，保证权力清晰、责任分明；四是法制原则，公共组织结构设须符合法律规定；五是人本主义原则，重视公共组织工作人员的情感和自我实现需求。

公共组织结构有纵向结构与横向结构之分，纵向结构形成公共组织的管理层次和层级；横向结构形成公共组织的管理幅度和职能。两者互相制约、互相补充，缺一不可。

3.1.3.1 公共组织的纵向结构

纵向结构涉及组织的管理层次，管理层次是指组织结构中职权等级链上所设置的级数。比如，我国国务院一个部设有部、司（局）、处、科与一般工作人员五级。省级政府内则设有厅、处、科与一般工作人员四级。

从纵向结构来看，公共组织一般分为高、中、低三个层次，每个层次都有相应的职责分配。最高层是最高决策层，负责组织的总体目标、大政方针等战略制定，负责人、财、物的分配，在组织中起决定作用。中层是协调指挥层，主要按照高层制定的总体目标、大政方针，结合本单位具体工作制定具体的实施方案，并负责组织、协调并将其传达给下级，因此具有承上启下的作用。低层是技术操作层，主要是执行上级命令，在中层的指挥、协调下落实和完成各项工作任务（见图3-1）。政府部门在实践中，有不同的层级设置。

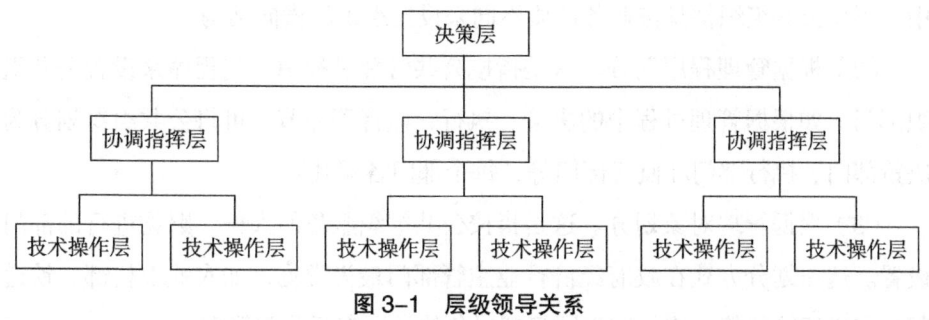

图3-1　层级领导关系

公共组织纵向结构，在运行过程中具有以下优缺点。优点：第一，分层负责，使层级能在各自管辖区域范围内，做到事权集中，统一指挥；第二，能发挥各个层级公共组织的积极性、创造性，使其根据具体情况主动开展工作；第三，各层级领导负责全面工作，有利于培养全面型的管理人才。缺点：第一，各层级领导管辖事务过多，负担较重，且难以事事精通；第二，纵向结构缺少专业分工，首长责任过重，无暇顾及；第三，若层级过多，则容易造成信息失真，使高层决策被"走样"执行，犯地方主义的错误。

3.1.3.2 公共组织的横向结构

随着社会发展，公共组织需要管理的公共事务日益增多，为此需要划分出不同职能部门，以增加管理的专业性与技术性。公共组织横向结构主要是进行横向分工，以实现组织的部门化或专业化。

横向分工涉及组织的管理幅度，即在组织结构中管理人员能直接管辖的下属部门或人员数目。比如，国务院管多少个部委及其直属机构，部委管多少个司（局），司（局）管多少个处，各级行政首长直接管多少个下级领导，基层领导直接管多少个普通工作人员等。管理幅度的大小取决于多个因素，如管理者的水平、管理手段的先进程度和管理对象的复杂程度等。

按照不同的分类标准，公共组织的横向结构可以通过以下方式划分。

（1）根据业务性质划分。这是指根据公共管理业务性质的异同来进行划分。比如，组织中设立人事部门、财务部门和公关部门等不同业务部门。实践中，不少公共组织都是按业务性质不同来设置组织的横向结构。

（2）根据管理程序划分。这是指按公共管理过程中不同程序来设置公共组织部门，如根据管理过程中的决策、执行、监督等环节，可将公共组织划分为决策部门、执行部门和监督部门等，每个部门各司其职。

（3）根据管理对象划分。这是指按公共组织服务的人群、财物进行的部门设置。这一划分方式在政府经济行业主管部门最为常见，如农业农村部、铁道部、交通运输部等，均是按不同管理对象的类别实行分部管理。

（4）根据地区划分。以我国行政组织为例，由于我国疆域辽阔，将我国划分为34个省级行政单位，省级下又划分为若干个市、县、乡，在同一层级上的不同地区划分的组织就属于横向分工。

公共组织横向结构，在运行过程中具有以下优缺点。优点：第一，分工更加具体，能减轻组织领导的管理负担；第二，管辖范围更加聚焦，有利于提高组织内工作人员的专业化水平。缺点：第一，管理事务细分，容易导致权力弱化，不同部门之间形成分隔，不利于沟通交流；第二，部分事务涉及多个部门时，容易造成互相推卸责任，不利于组织的整体发展。

需要说明的是，我国为加强职能部门间的横向联系，国务院建立部际联席会议（省、市、县等层级也建立类似机制），以协调不同意见推动某项任务顺利落实。

3.1.3.3 公共组织的主要结构形式

公共组织的结构形式主要有直线式结构、职能式结构、"直线—职能"式结构和矩阵式结构几种。

1. 直线式组织结构

直线式结构也叫"军队型结构"，是最简单的组织结构形式。组织内不同层级间的机构和人员只有一个直接上司，上下级之间是"命令—执行"与"指挥—服从"的关系，而同一层级的机构和成员之间则没有领导关系。组织的职位按照垂直系统直线排列，各级领导对自己的下属拥有统一指挥与管理职能（见图3-2）。

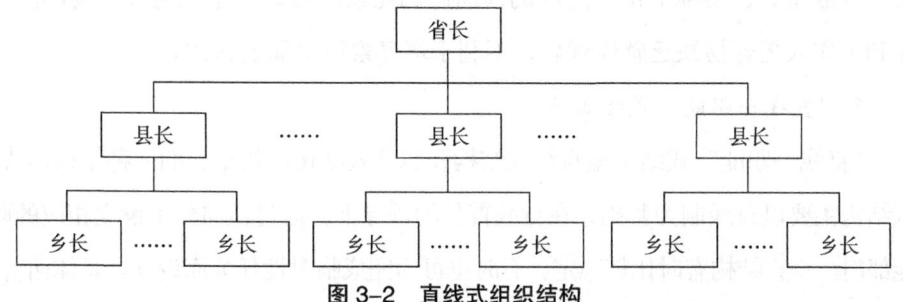

图3-2 直线式组织结构

直线式结构的主要优点：单一领导、线条清晰、结构简单，上下级责权明确；政令统一，行动迅速，行动高效；主要缺点：单一领导权力过于集中，加之领导专业、个人能力等方面的局限性，难以保证领导、决策、指挥不出现失误；缺乏专业化分工管理，组织领导过于繁忙，容易顾此失彼；信息只在上下级间直线传递，同级间缺乏沟通交流，不利于组织横向配合与协作。

2. 职能式组织结构

职能式结构也叫"参谋型结构"，是在行政主管领导下按照专业化分工设置若干职能部门，各职能部门直接对行政主管负责，并在业务范围内对下级有指挥、监督和协调的权力（见图3-3）。

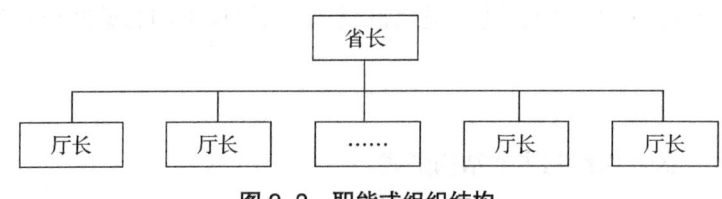

图3-3 职能式组织结构

相比直线式结构，职能式结构在专业化分工与管理方面具有以下优点：一是可以充分发挥组织中领导和工作人员的专业特长；二是解决领导专业不足难以指挥的困难；三是各职能部门能集中精力处理本组织内较为重要的问题。

职能式结构也有其缺点：一是由于各职能部门都有指挥权，在处理同一公共事务时容易产生多头领导，在面临困难时有可能产生互相推诿等问题；二是职能式结构下各职能部门容易维护自己所在职能部门的利益，容易产生本位主义、分散主义，使职能部门之间的横向协调比较困难；三是职能式结构部门领导和工作人员容易缺乏整体观念，不利于培养素质全面的人才。

3. "直线—职能"式组织结构

"直线—职能"式结构是直线式结构和职能式结构有机结合的一种结构形式。该结构主要以直线制为基础，在行政首长的领导下，通过横向分工设立相应的职能部门。垂直结构有时比较稳定，有时也可为完成临时性任务而设立。具体而言，直线职能式组织具有两套系统：一套是按照命令统一原则建立的垂直指挥系统；另一套是按照专业化原则组织的横向管理职能系统。其中，各级首长拥有独立的指挥权，职能部门的首长只有建议权，没有决策权，也没有对下级的命令和指挥权，但是他们在其职能范围内享有一定的决策权和监督权（见图3-4）。

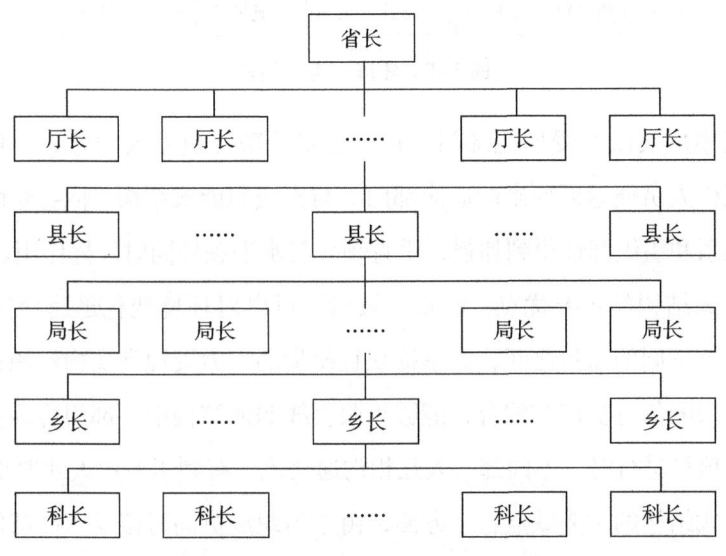

图3-4 "直线—职能"式组织结构

"直线—职能"式结构综合了直线式和职能式两种结构，也将二者的优点结合了起来。它既具备直线式结构统一指挥、职责清晰、秩序井然、行动高效的特点，又能将职能式结构专业化分工、适应性强的优点充分展现出来。其主要缺点：直线的指挥系统与专业化的职能系统之间容易产生矛盾，使组织运转陷入混乱；各职能部门的横向联系较差，容易产生脱节或冲突。

4. 矩阵式组织结构

矩阵式结构也叫"专案组织"，是在纵向职能划分的垂直领导系统基础上，增设横向项目系统，以形成一种多维式组织结构模式。其中，项目组一般由一群来自不同职能部门的具有不同背景、不同技能的工作人员组成，以完成特定任务（见图3-5）。

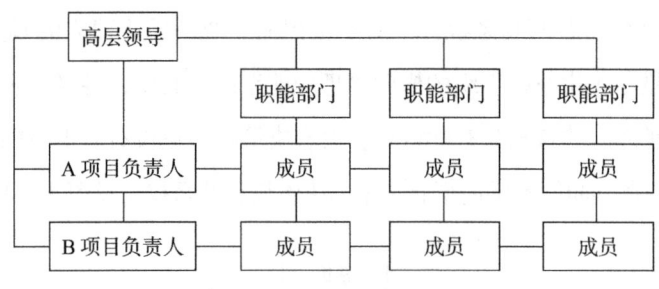

图 3-5　矩阵式组织结构

小组中成员既要受职能部门管理，也要受项目负责人领导。项目一旦完成，各工作人员便返回原来的职能部门。与直线职能式结构不同，矩阵式结构中横向联系和组织弹性得到加强，垂直领导与水平领导同时发挥作用。

矩阵式结构的主要优点：机动、灵活，可以对环境变化迅速地做出反应；可以在各个不同的项目之间，共享稀缺且昂贵的人力资源和实物资源；有利于加强各部门的信息交流与配合，能够克服直线职能结构中各部门容易互相脱节的现象；项目进行时，不同部门人互相沟通交流，有利于专业人才取长补短。

矩阵式结构的主要缺点：一方面，由于组织成员同时接受职能部门与项目小组负责人领导，若两方领导意见不一致则会使工作人员左右为难，很容易造成项目难以开展；另一方面，由于很多项目小组是临时性的，加之项目负责人没有足够的激励与惩治手段，所以对项目负责人的协调、合作和沟通技能有较高要求，同时对项目小组成员的人际交往技能也有较高要求。

一般而言，矩阵式结构主要适用工作内容变动频繁、每项任务需要众多技术知识的组织，或者作为一般组织中安排临时性工作任务的补充结构形式。"矩阵型结构最适合环境变化大且目标反映双重要求（如对产品和职能的双重目标要求）的组织中"❶。如果职能部门负责人与项目小组负责人能够定期进行沟通，协调员工的工作要求进而共同解决矛盾，那么这种结构就能够行之有效。❷

---

❶ 达夫特.组织理论与设计[M].北京：清华大学出版社，2003：121.
❷ 斯蒂芬·罗宾斯，玛丽·库尔特.管理学（第15版）[M].北京：中国人民大学出版社，2022：277.

3.1.4 公共组织环境

公共组织环境是指所有能直接或间接对公共组织的存在与发展产生影响的内外部客观因素的总和,分为外部环境和内部环境。构成公共组织环境的因素有很多,小到一个人的生理、心理状况,大到整个社会、整个世界的客观存在。

3.1.4.1 公共组织的外部环境

开放系统视角认为,组织内部各个要素固然极为重要,但整个组织与其所处的外部环境也是相互依赖、相互关联的。资源依赖理论认为组织需要从外部环境获取资源、物质和信息等要素。❶ 外部组织环境由存在于组织边界之外的、有可能影响组织的所有元素组成。其中,政治环境、经济环境、文化环境和技术环境是公共组织外部环境中最重要的构成要素。

1. 政治环境

政治环境能引导和规范公共组织行为,能直接对公共组织产生影响。

一般而言,政治环境的基本要素包括政治体制、政治权力、国家结构、政府机构、政党制度和公共政策等几个方面。

具体而言,政治环境对公共组织的影响主要表现在以下方面:第一,政治体制确定了各类公共组织在政治社会生活中的地位和应发挥的作用;第二,政治权力更多地是指公共组织所掌握的政治权力,公共组织的政治权力是指公共组织影响他人或其他组织的力量,不同政治权力的划分形成了不同组织之间的不同权力格局;第三,国家结构形式是指国家整体和各组成部分的关系,它确定了各类公共组织的职能和活动范围;第四,政府机构行使国家权力,在一般情况下它拥有超越其他公共组织的政治权力;第五,政党制度使部分公共组织

---

❶ 杰弗里·菲佛,杰勒尔德·R.萨兰基克.组织的外部控制:对组织资源依赖的分析[M].闫蕊,译.北京:东方出版社,2006:4.

相比其他组织能更为便捷地参与或影响国家政权和公共政策；第六，公共政策是不同公共组织参与政治活动形成的结果。

2. 经济环境

经济环境的基本要素包括经济体制、经济利益、经济实力和产业结构等方面。经济基础决定上层建筑，也决定着公共组织的建立和发展。

具体而言，经济环境对公共组织的影响主要体现在以下方面：第一，经济体制决定公共组织资源占有、资源配置情况，决定其在经济发展中的作用。例如，在我国计划经济时期，国家与社会合为一体及资源和权力的高度集中被称为总体性社会[1]，在市场经济体制下政府则在有限范围内干预社会。第二，经济利益是公共组织进行社会活动的物质动因。公共组织介入社会生产链主要追求效率，公共组织介入社会分配链则更重视公平目标。第三，经济实力是公共组织的权力来源之一。一般而言，经济实力越强的公共组织，越容易影响公共决策。第四，产业结构影响公共组织的构成。产业结构每经历一次转型，都需要公共组织在结构层面进行调整以更好地进行市场监管。

3. 文化环境

文化环境的基本要素主要包括认知、价值、意识形态、行为规范和道德传统等。文化对公共组织的影响相对政治环境与经济环境而言，更为迟缓，但组织无处不体现文化的底色。

具体而言，文化环境对公共组织的影响主要体现在以下方面：第一，认知差异导致公共组织对同一公共问题存在不同处理方式；第二，不同价值观造成公共组织对待同一社会事实的不同态度；第三，意识形态使公共组织的政治、经济利益目标更加鲜明；第四，行为规范决定了公共组织以何种方式与其他组织进行合理合法的沟通交流；第五，道德传统对公共组织的角色有一定规范作用，使公共组织自愿扮演道德传统所期待的社会角色。

---

[1] 孙立平，王汉生，王思斌，等.改革以来中国社会结构的变迁[J].中国社会科学，1994（2）：47-62.

4. 技术环境

技术环境的基本要素主要包括经验技术、实体技术和知识技术。随着信息通信技术的发展，公共组织在结构和行为方面发生着前所未有的变化。

具体而言，信息技术环境对公共组织的影响主要体现在以下方面：第一，信息技术的应用使公共组织的结构呈现出"去中心化"和"扁平化"的趋向。第二，信息技术以及其他新技术的运用，改变了组织运行所依靠的物质媒介，缩短了沟通交流过程，使得组织效率得以提升。第三，电子化使公共管理方式发生巨大变化，科层制的业务流程需要适应信息技术的逻辑进行调整优化。第四，大数据的发展，使得公共组织开始推行数据驱动的治理。

3.1.4.2 公共组织的内部环境

公共组织的内部环境是指处于公共组织边界以内，构成组织生存和发展的所有因素的总和。一般而言，公共组织的内部环境可划分为物质性内部环境和非物质性内部环境。

1. 物质性内部环境

公共组织物质性内部环境主要是指组织内部有形的可见的实体要素，主要包括机关空间、办公设施、照明情况、办公环境的色彩情况、温度、湿度、噪声等。这些物质性因素时刻影响着工作人员的工作效率。以温度为例，工作温度若是超过人体承受极限则容易造成中暑，温度过低，则易引起肢体麻木。

实践中，公共组织一般会努力管理物质性内部环境，这些物质性内部环境对组织设计提出了人本化的要求，需要组织在设计时减少甚至防止物质性环境的消极性和破坏性，以创造一种适应员工要求的工作环境。

2. 非物质性内部环境

公共组织非物质性内部环境主要包括组织目标、组织观念、组织结构、组织文化、行为方式和运行机制等要素。这些要素与组织人员的个性、价值观、目标是否契合，影响着组织成员的积极性和创造性，也决定了组织管理的效率和能否达成管理目标。

组织成员主要在领导过程、激励过程、意见沟通过程、成员间互动过程、决策过程和考核过程等诸多环节中感受组织的非物质性内部环境。

3.1.5 公共组织的分类

公共组织是一个多样化的组织系统，根据不同标准可将其划分为不同类型。例如，根据组织承担的功能性质，可划分为政治性公共组织、经济性公共组织、文化性公共组织和社会性公共组织。根据代表公共利益的层次，公共组织可划分为全球性公共组织、全国性公共组织和地方性公共组织。

按照公共组织的行为方式进行分类，可将公共组织分为政府组织和非政府组织。

（1）狭义政府组织仅指行政组织，即西方三权分立政治学说——立法、行政和司法三种国家权力分别由不同机关掌握。广义政府组织则包括分别掌握立法、行政和司法三种国家权力的立法机关、行政机关和司法机关。需要说明的是，我国由于政党组织（特别是执政党）与国家权力机关紧密关联，因此也将政党组织（中国共产党）视为广义政府的一部分。

（2）非政府组织，主要指不以营利为目的、处于政府组织和市场组织之外的自治型组织。非政府组织也叫第三部门（The third sector），是按照剩余法来界定，一般称政府为第一部门、私人企业为第二部门，余下的就叫第三部门组织。严格情况下，非政府组织一般不包括政府出资建立的各种外延性组织，也不包括宗教组织和政党组织。

按照组织运行过程中公共权力的强制性大小，公共组织可划分为强制性公共组织、半强制性公共组织和非强制性公共组织。

（1）强制性公共组织。主要指上面提到的广义政府组织，其主要特点是公共权力由宪法和法律授予，因而此类公共组织可以使用公共权力对公共事务进行强制性管理和裁决，涉事组织或个人必须服务相应判决，否则会受到惩罚。例如，每个公民都必须遵从法院的最终判决，否则会受到相应处罚。

（2）半强制性公共组织。此类组织主要依靠市场手段而非行政手段进行管理，做出的裁定对涉事组织或个人有一定强制约束性。但严格来说，这类公共组织的强制性是可对抗的，涉事组织或个人实力强大可以拒绝其裁决。日常生活中常见的消费者保护协会、各类行业协会便是半强制性公共组织。

（3）非强制性公共组织。此类公共组织最大的特点是非强制性与服务性，其中多数是非政府组织，如各种学校、研究所、基金会、文化团体等。

根据公共组织在管理国家公共事务过程中所处的层次和发挥的作用，结合我国的基本国情，可以将其分为国家机关、事业单位、群团组织和非政府组织等。

根据在管理和评价公共事务过程中，所处层级和所发挥的作用，再结合基本国情，可将我国的公共组织分为中国共产党、人民政治协商会议、国家政权机关、群团组织、事业单位、国有企业和社会组织。

3.2 公共管理中的主要组织

3.2.1 国家行政机关

广义上的政府包括国家的行政、立法和司法机关。国家行政机关是指狭义上的政府，即国家权力的执行机关和行政管理机关。在我国，国家结构形式主要是单一制，行政机关主要由中央行政机关与地方各级行政机关组成。中央行政机关主要指国务院，也叫中央人民政府，是管理国家事务和政府事务的最高行政机关。国务院拥有广泛全面、统一领导国家行政活动的直接权力，以及为了保障这种领导得以实现的间接权力。地方各级行政机关，即地方各级人民政府，是地方各级权力机关的执行机关。按照我国宪法和地方组织法的规定及我国实际情况，地方政府的层次分为省级、地市级、县级和乡级。地方各级人民政府需要对本级人民代表大会和上一级人民政府负责并报告工作。

3.2.1.1 中央人民政府

《中华人民共和国宪法》规定："中华人民共和国国务院，即中央人民政府，是最高国家权力机关的执行机关，是最高国家行政机关。"在中国政治中，作为"执行机关"的中央人民政府具有非常重要的地位和作用。

1. 中央政府组织结构体系

（1）国务院总理、副总理及国务委员。1982年版的《中华人民共和国国务院组织法》中则明确规定了"国务院实行总理负责制，总理领导国务院的工作"，由此凸显出总理在国务院的核心地位。

国务院总理人选须由国家主席提名，全国人民代表大会通过之后再由国家主席根据全国人民代表大会的决定任命。全国人民代表大会有权罢免国务院总理。国家主席根据全国人民代表大会的决定免去国务院总理职务。国务院总理的任期与全国人民代表大会一致，每届任期均为五年，连续任职不得超过两届。

国务院副总理和国务委员是国务院的重要组成人员，也是国务院常务会议的组成人员，协助总理工作，对总理负责。国务院副总理和国务委员的人选，由国务院总理提名，经全国人民代表大会投票决定后，由国家主席根据全国人大的决定任命。作为国务院组成人员，国务院副总理和国务委员每届任期五年，连续任职不得超过两届。国务委员的行政待遇与国务院副总理同级，但权位和排名都在国务院副总理之后。总理出国访问期间由负责常务工作的副总理代行总理职务。

（2）国务院办公厅、办事机构。国务院行政机构根据职能分为国务院办公厅、国务院组成部门、国务院直属机构、国务院办事机构、国务院议事协调机构及由国务院组成部门管理的国家行政机构。

第一,国务院办公厅。国务院办公厅,简称"国办",是协助国务院领导同志处理国务院日常工作的机构。国务院办公厅的主要职能包括负责国务院会议的准备工作,协助国务院领导同志组织会议决定事项的实施;协助国务院领导同志组织起草或审核以国务院、国务院办公厅名义发布的公文;研究国务院各部门和各省、自治区、直辖市人民政府请示国务院的问题,提出审核意见,报国务院领导同志审批等。

第二,国务院办事机构。国务院办事机构的职能是"协助国务院总理办理专门事项",不具有独立的行政管理职能,也不具有行政主体资格。现阶段,国务院设有四个办事机构,即国务院研究室、国务院侨务办公室、国务院港澳事务办公室、司法部。

(3)国务院组成部门与部委管理的国家局。国务院组成部门是中央政府最主要的职能机构,称为部、委、行、署,它们在中央政府的直接领导下,负责领导和管理某方面的国家行政事务。其设立、撤销或者合并,须经总理提出,由全国人民代表大会决定。

《国务院关于机构设置的通知》(国发〔2023〕5号)❶显示国务院设立的有外交部、国防部、国家发展和改革委员会、教育部、科学技术部、工业和信息化部、国家民族事务委员会、公安部、国家安全部、民政部、司法部、财政部、人力资源和社会保障部、自然资源部、生态环境部、住房和城乡建设部、交通运输部、水利部、农业农村部、商务部、文化和旅游部、国家卫生健康委员会、退役军人事务部、应急管理部、中国人民银行、中华人民共和国审计署。其中,教育部对外保留国家语言文字工作委员会的牌子,工业和信息化部对外保留国家航天局、国家原子能机构的牌子,人力资源和社会保障部加挂国家外国专家局的牌子,自然资源部对外保留国家海洋局的牌子,生态环境部对外保留国家核安全局的牌子,农业农村部加挂国家乡村振兴局的牌子。

---

❶ 国务院.国务院关于机构设置的通知国发〔2023〕5号 [EB/OL].(2023-03-16) [2024-07-21]. https://www.gov.cn/zhengce/zhengceku/2023-03/20/content_5747309.htm.

国务院部委管理的国家局"主管特定业务，行使行政管理职能"，其行政首长一般由国务院任命，并兼任所在国务院组成部门的副职首长，在行政级别上一般为副部级。《国务院关于机构设置的通知》（国发〔2023〕5号）❶显示国务院设立的直属机构有中华人民共和国海关总署、国家税务总局、国家市场监督管理总局、国家金融监督管理总局、中国证券监督管理委员会、国家广播电视总局、国家体育总局、国家信访局、国家统计局、国家知识产权局、国家国际发展合作署、国家医疗保障局、国务院参事室、国家机关事务管理局。

（4）直属事业单位、特设机构。国务院直属事业单位不是国家行政机关，而是接受国务院一定的授权，以增进社会福利，满足社会文化、教育、科学和卫生等方面的需要，提供各种社会服务为直接目的由国务院直接领导的社会组织。《国务院关于机构设置的通知》（国发〔2023〕5号）显示，国务院直属事业单位有新华通讯社、中国科学院、中国社会科学院、中国工程院、国务院发展研究中心、中央广播电视总台、中国气象局。国家行政学院与中央党校，一个机构两块牌子，作为党中央直属事业单位。

特设机构是在2003年国务院机构改革中提出的一种新的机构类型。国务院国有资产监督管理委员会是2003年后国务院直属特设机构，被定位为"国务院直属正部级特设机构"。

2. 国务院的主要职权

2018年3月11日第十三届全国人民代表大会第一次会议通过的《中华人民共和国宪法修正案》中，规定了国务院享有17项具体职权和1项全国人大及其常委会授予的其他职权。❷结合现实，目前国务院主要有以下职权。

（1）参与立法权。尽管国务院并非立法机关，但可以通过以下几种方式在

---

❶ 国务院.国务院关于机构设置的通知国发〔2023〕5号[EB/OL].（2023-03-16）[2024-07-21]. https://www.gov.cn/zhengce/zhengceku/2023-03/20/content_5747309.htm.

❷ 在此不具体呈现国务院职能，感兴趣的同学可在中国人大网搜索《中华人民共和国宪法修正案》。

事实上参与立法。一是立法提案权，国务院可向全国人民代表大会提出具体议题的法律议案。二是接受委托立法，国务院可以接受全国人民代表大会及其常务委员会的委托制定行政法规。

（2）行政立法权。《中华人民共和国宪法修正案》规定，国务院可以"根据宪法和法律，规定行政措施，制定行政法规"；"各部、各委员会根据法律和国务院的行政法规、决定、命令，在本部门的权限内，发布命令、指示和规章"。在实践中，国务院制定的行政法规通常会在名称中出现"条例""规定""办法"和"实施细则"等。

（3）行政领导和管理权。《中华人民共和国宪法修正案》规定，国务院"规定各部和各委员会的任务和职责，统一领导各部和各委员会的工作，并且领导不属于各部和各委员会的全国性的行政工作"；"统一领导全国地方各级国家行政机关的工作，规定中央和省、自治区、直辖市的国家行政机关的职权的具体划分"；"改变或者撤销各部、各委员会发布的不适当的命令、指示和规章""改变或者撤销地方各级国家行政机关的不适当的决定和命令"。

（4）行政任免权。国务院有权依照《中华人民共和国宪法》《中华人民共和国国务院组织法》《中华人民共和国地方各级人民代表大会和地方各级人民政府组织法》等有关法律，任免国家行政机关的领导人员，考核和奖惩行政人员。国务院进行人事任免的范围：国务院组成部门的副职领导，国务院直属机构、办事机构、部委归口管理的国家局、国务院直属事业单位的正、副职领导。

（5）行政监督权。根据宪法，国务院有权"改变或者撤销各部、各委员会发布的不适当的命令、指示和规章"；"改变或者撤销地方各级国家行政机关的不适当的决定和命令"。这一法律规定，给予国务院相应的行政监督权。另外，为了进一步监督各行政机关的财政收支，宪法规定，国务院设立审计机关，对国务院各部门和地方各级政府的财政收支，对国家的财政金融机构和企业事业组织的财务收支，进行审计监督。

3.2.1.2 地方政府

地方政府是中央政府具体的法律和政策执行者,承担了广泛的社会、经济管理事务。

1. 各级地方政府结构体系

各级地方政府纵向的职责配置上高度一致,具有"职责同构"的特点。在这一模式下,政府纵向的职责配置和机构设置表现为典型的"上下对口,左右对齐",即五级政府(中央、省、市、县或区、街道或乡镇)管理的工作大体一致,机构设置大体一致,并由一个个条条"串"起来,形成条块交叉结构。从纵向结构来看,公共组织一般分为高、中、低三个层次,每个层次都有相应的职责分配。高层是最高决策层,负责组织的总体目标、大政方针等战略制定,负责人、财、物的分配,在组织中起决定作用。中层是协调指挥层,主要按照高层制定的总体目标、大政方针,结合本单位具体工作制定具体的实施方案,并负责组织、协调并将其传达给下级,因此具有承上启下的作用。低层主要是技术操作层,主要是执行上级命令,在中层的指挥、协调下落实和完成各项工作任务。在实践中,政府部门有不同的层级设置。

中央政府往往主要是"出政策",而地方政府,特别是省级以下地方政府,则是政策的执行者。❶当前,中国在地方行政层级设置方面存在两级制、三级制和四级制这三种形式。

(1)两级制。只存在直辖市的城区,即直辖市—市辖区。

(2)三级制。主要有四种情况:直辖市—区—乡(镇);省(自治区)—设区的市—市辖区;省(自治区)—县(自治县,县级市)—乡(镇);省(自治区)—自治州—县级市。

(3)四级制。主要有两种情况:省(自治区)—设区的市—县(自治县、郊区、县级市)—乡(民族乡、镇);省(自治区)—自治州—县(自治县、县级市)—乡(民族乡、镇)。

---

❶ 朱光磊,张志红."职责同构"批判[J].北京大学学报(哲学社会科学版),2005(1):101-112.

在上述三大类行政层级中，四级制是我国地方行政层级的普遍形式。此外，在现行地方行政管理体制下，市辖区、县级市之下设有街道办事处作为派出机关，少数省（自治区）在县之上设有地区（盟）作为派出机关。这些派出机关具有准行政层级地位，它们在事实上承担着一级政府的管理职能。

2. 中央与地方关系

我国一直面临一统体制与有效治理的难题，集中体现在中央管辖权与地方治理权间的紧张和不兼容。❶基于此，有必要进一步介绍我国中央与地方的关系。

（1）条块关系。处理中央和地方关系的主要原则是充分发挥中央和地方两个积极性，这一原则也体现了我国中央和地方关系的结构：条块关系。"条"是指从中央到地方纵向的、以部门为依据的垂直指挥和管理体系，也叫"条条管理"。例如，国家税务总局可对全国各级税务部门进行指挥。"块"是指以行政区划为准的党委领导下的地方政府指挥和管理体系，也叫"块块管理"。当然，不同时期"条块关系"存在演变。曹正汉和王宁就曾辨析我国1949—1954年是以"块"为主的阶段、1955—1979年是"条强块弱"时期、1980—2003年是"条弱块强"时期、2004—2019年向"条强块弱"演变。❷在我国，条块关系并非简单在纵向对权力和资源进行分配，还涉及"条块分割"与"条块结合"的多个类型。

（2）条块分割。条块分割是指存在两种指挥和管理体系把公共事务分割为不同领域与不同层级的一种现象。❸由于"条"和"块"这两个体系在管理目标、职权分配、绩效考核等目标存在一定区别，也就导致了"条条管理"与

---

❶ 周雪光. 中国国家治理的制度逻辑 [M]. 上海：生活·读书·新知三联书店，2017：9-11.
❷ 曹正汉，王宁. 一统体制的内在矛盾与条块关系 [J]. 社会，2020，40（4）：77-110.
❸ 燕继荣. 条块分割及其治理 [J]. 西华师范大学学报（哲学社会科学版），2022（1）：1-6.

"块块管理"的权责不清。需要说明的是，条块分割并不是中国所特有的现象，在美国同样存在联邦和州共同治理难题。

（3）条块结合。条块结合也称为双重领导体制，是我国探究将"条条"的专业技术优势和"块块"统筹属地优势结合的路径。在实践中，表现出了"条块结合、以块为主"和"条块结合、以条为主"的特点。"条块结合、以块为主"在实践中较为常见，因地方政府存在属地无限责任，所以在具体事务中常见的是地方职能部门主要受地方政府领导，在业务方面受上级对口部门指导。"条块结合、以条为主"在实践中较为少见，主要适用专业性较强的非垂直管理部门，如地方审计部门、地方监察部门与安全部门等。

3. 压力型体制

在自上而下的政策执行监控体系下，上级政府经常通过绩效考核、目标责任制、巡视、督办、治理和专项整治等来加大监控力度，不断向下级政府施加压力，实现其政策目标。有的学者将这种体制称为"压力型体制"[1]，即一级政治组织为了实现经济赶超，完成上级下达的各种指标而采取的数量化任务分解的管理方式和物质化的评价体系政府层级间压力的传递，具体体现在"责任状"上：上级把具体量化的指标和任务分解与落实到每个下级部门或机构，责成后者必须在规定时间内完成，并给予相应的物质奖励和行政晋升。

在这个过程中，为了便于考核，上级部门尽可能把下级的工作任务数量化。比如，民政局的职责包括救灾救济、优抚安置、社会事务、区划地名和农保等。这些工作职责往往转化为数量化的指标，以便上级部门考核。比如，匹配救灾救济的数额、农村最低生活保障户数、退役军人安置率、储备粮的总量、筹集的社会保障金总额、年内解决住房难的户数等。

---

[1] 杨雪冬.压力型体制：一个概念的简明史[J].社会科学，2012（11）：4-12.

3.2.2 国家权力机关与国家司法机关

3.2.2.1 国家权力机关

中国的国家权力机关是指各级人民代表大会、常务委员会及其相应行政部门。人民代表大会制度是我国的根本政治制度，全国人民代表大会则是我国最高权力机关，常设全国人民代表大会常务委员会。全国人大及其常委会具有行使以下几种职权的权力。

第一，立法权。全国人民代表大会及其常务委员会可依照法定程序制定、修改和补充法律。立法权是相对于行政权、司法权而言的国家权力，是一项重要的国家权力。具体而言，它包括以下几个方面：一是修改宪法和监督宪法实施的权力；二是制定和修改国家基本法律，涉及刑事与民事等各个方面的法律，并能规定国家机构的各种组织法；三是授权国务院或地方人大制定特定事项的法律。

第二，人事任免权。人事任免权是指各级人民代表大会及其常务委员会代表人民的意志，对国家机关领导人员及其组成人员进行选举、任命、罢免、免职和撤职等诸种权力。这既是组织国家机关的一种权力，又是监督国家机关领导人的一种手段。

第三，对国家重大事项的决定权。全国人大及其常委会对重大事项作出决定，是贯彻党的重大决策、集中人民意志行使国家权力的重要体现。宪法明确规定了全国人民代表大会行使决定权的范围。比如，全国人大审查和批准国民经济和社会发展计划和计划执行情况的报告；审查和批准国家的预算和预算执行情况的报告；改变或者撤销全国人民代表大会常务委员会不适当的决定；批准省、自治区和直辖市的建制；决定特别行政区的设立及其制度；决定战争和和平的问题。全国人大常委会则主要在全国人大闭会期间行使宪法和全国人民代表大会授予的职权。

第四，监督权。监督权是指各级人民代表大会及其常委会为保证宪法和法律的实施和维护广大人民的根本利益,依法对"一府两院"进行监督,包括工作监督和法律监督两个方面的内容。其中,全国人大常委会承担着大量的、经常性的监督工作。

3.2.2.2 国家司法机关

我国的司法机关包括人民法院和人民检察院,分别行使审判权和检察权。司法机关在大多数西方国家仅指法院,并不包括检察机关,西方国家的检察机关要么依附于法院,西方国家的检察机关要么附属于法院系统(如意大利),要么属于行政机关组成部分或依附于某一行政机关(如美国司法部下设检察院)。

1. 人民法院

《中华人民共和国宪法》规定,"人民法院是国家的审判机关""人民法院依照法律规定独立行使审判权,不受行政机关、社会团体和个人的干涉";在法院层级上,我国设有最高人民法院、高级人民法院、中级人民法院和基层人民法院。其中,最高人民法院是最高审判机关,可以监督地方各级人民法院的审判工作,上级人民法院监督下级人民法院的审判工作。也就是说,上级人民法院发现下级人民法院判决有错误,可以要求下级人民法院再审。概言之,人民法院上下级之间是监督与被监督的关系。

2. 人民检察院

《中华人民共和国宪法》规定,"人民检察院是国家的法律监督机关""人民检察院依照法律规定独立行使检察权,不受行政机关、社会团体和个人的干涉"。人民检察院行使监督权,主要体现在以下方面:①法纪监督,对叛国案、分裂国家案、国家工作人员职务上的犯罪进行检察;②侦查监督,对公安机关侦查的案件进行审查,并有权决定对犯罪嫌疑人是否逮捕或起诉;③提起公诉和审判监督,可对刑事案件提起和支持公诉,也可对人民法院的审判活动合法与否进行监督;④对刑事判决裁定的执行和监管改造工作的监督,包括对监内执行的监督和监外执行的监督。在人民检察院层级上，我国设有最高人民检察院、省级人民检察院、市级人民检察院、基层人民检察院。其中，各级人民检察院实行双重领导体制，最高人民检察院是最高检察机关，对全国人大及其常委会负责，地方各级检察院对产生它的国家权力机关和上级检察院负责。

3.2.3 群团组织与事业单位

群团组织和事业单位都是准政府组织。所谓"准政府组织"是指不具备国家行政机关性质，但承担部分行政管理职能的机构。

3.2.3.1 群团组织

群团组织是"群众性团体组织"的简称，可以将其理解为准政府组织。在我国，群团组织主要由国家财政拨款负担，其工作人员采用行政或事业编制。具体而言，群团组织是党的话语体系里的概念，是党和政府联系人民群众的桥梁和纽带，是党建立并领导的组织体系，因而可被视为党的执行系统组成部分。在《中共中央关于加强和改进党的群团工作的意见》中，党和国家强调"群团事业是党的事业的重要组成部分，党的群团工作是党治国理政的一项经常性、基础性工作，是党组织动员广大人民群众为完成党的中心任务而奋斗的重要法宝"。

1. 群团组织构成

那么，哪些组织是群团组织呢？根据康晓强[1]的分析：当前全国性的群团组织共23个，可以概括为"8+15"的框架结构。"8"指的是列入中国人民政治协商会议界别的8个人民团体，即全国总工会、共青团中央、全国妇联、中国科协、全国侨联、全国台联、全国青联和全国工商联。"15"指的是经国务院批准免于登记的15家群团组织，包括中国作协、中国文联、中华全国新闻工作者协

---

[1] 康晓强. 群众团体与人民团体、社会团体 [J]. 社会主义研究，2016（1）：55-60.

会、中国人民对外友好协会、中国人民外交学会、中国贸促会、中国残联、中国宋庆龄基金会、中国法学会、中国红十字总会、中国思想政治工作研究会、欧美同学会、黄埔军校同学会、中华职业教育社和中国计划生育协会。

2. 群团组织的作用

群团组织是处于国家与社会之间❶，兼具政治与社会双重性质的组织。在政治属性方面，群团组织高度镶嵌在中央和地方治理结构之中，并"接受中国共产党在政治方向、干部人事、资源配置、功能定位和工作空间等方面的全面领导和塑造"❷。在社会属性上，群团组织是联系和服务具有某种共同特点的社会人群的组织❸。2023年，中共中央印发的《深化党和国家机构改革方案》对群团组织需要突出的作用进行了说明，强调"促进党政机构同群团组织功能有机衔接，支持和鼓励群团组织承接适合由群团组织承担的公共服务职能，增强群团组织团结教育、维护权益、服务群众功能，充分发挥党和政府联系人民群众的桥梁纽带作用"。

3.2.3.2 事业单位

事业单位是指由政府以国有资产设立的，从事教育、科技、文化和卫生等活动的社会服务组织。事业单位接受主管政府的领导，是一种特殊的公共组织。

1. 事业单位的构成

在实践中，中国共产党、民主党派、政府部门、人大与群团组织下面都有直属事业单位。例如，党中央直属事业单位包括中央党校、中央党史和文献研究院、人民日报社、求是杂志社等；国务院有新华通讯社、中国科学院、中国

---

❶ 褚松燕. 在国家和社会之间：中国政治社会团体功能研究[M]. 北京：国家行政学院出版社，2014：16.

❷ 刘佳. 从概念到行动：中国特色社会主义工会发展道路的理论表达[J]. 理论月刊，2019（10）：23-29.

❸ 杨柯，唐文玉. "群社协同"：群团组织参与社会治理的重要路径——以H市妇联协同女性社会组织为例[J]. 思想战线，2022，48（2）：117-126.

社会科学院、中央广播电视台、中国气象局等直属事业单位；民主党派机关有团结出版社、民主与建设出版社、学苑出版社等直属事业单位。

当前，我国的事业单位主要包括文化事业单位，如文物保护单位、图书馆、博物馆等；教育事业单位，如公立高校、公立中小学、成人教育学校等；卫生事业单位，如公立医院、卫生防疫站等；科学研究事业单位，如科学院、社科院等；社会福利事业单位，如养老院、福利院、殡仪馆等；城市公用事业单位，如园林绿化单位、环卫单位、市政维护管理单位等。此外，还有农、林、水利、气象、交通、环保、检验检测等许多领域的事业单位。

2. 事业单位的特征

（1）事业单位活动的非经济性和政治性。非经济性主要是指事业单位不以营利为目的从事社会活动或工作。在公益一类和公益二类事业单位中，即使承担高等教育、非营利医疗等公益服务，可部分由市场配置资源的公益二类事业单位，其收入和收益也主要用于活动而不能分配。政治性主要指事业单位的活动需要服务于上层建筑，服务于国家战略，在一定程度上还要承接党和政府的部分职能。

（2）事业单位经费由公共财政供给。既然事业单位所从事的活动具有非经济性并服务于国家战略，那么政府就需要为其生存和发展提供一定的财政支持。实践中，事业单位分为全额拨款型和差额拨款型。全额拨款型事业单位是指其工作人员工资、办公经费全部由财政统一解决；差额拨款型事业单位是因单位有一定的经营性收入，所以其工作人员工资、办公经费只有一部分由财政解决。

（3）事业单位具有专业技术性。事业单位所承担的活动，如教育、文化、卫生等，都需要相关领域的专业技术人才从事。所以，在事业单位中往往有专业技术岗位这一类岗位。为了激励事业单位工作人员提高其专业技术水平，往往根据不同专业技术等级设置不同薪酬待遇。

（4）事业单位系统具有行政性。行政性在这里主要指事业单位的准政府性质。一方面，在整个事业单位系统中，广义政府是事业单位的所有者或主办者且事业单位经费大都有政府财政拨款，这就导致事业单位在一定程度上沦为政府的附属；另一方面，事业单位的目标、任务、人员编制和人事任免等，都由直属上级政府负责，这就导致事业单位运行过程中体现行政化。

3.2.4 社会组织

社会组织又叫非营利组织、非政府组织和第三部门，泛指那些在社会转型过程中由各个不同社会阶层的公民自发成立的、在一定程度上具有非营利性、非政府性和社会性特征的各种组织形式及其网络形态。❶需要说明的是，社会组织的每一种称呼都反映了该领域某方面的特质，如非营利组织的称呼就反映了这类组织的非营利性。实践中，社会组织通常被冠以"学会""研究会""协会""商会""促进会""联合会""基金会"之名，涉及会员制组织和非会员制组织两种。

3.2.4.1 社会组织的特征

社会组织领域的领军人物萨拉蒙根据组织的结构和运作方式，提出了非营利组织的五个基本特征：一是正规性，强调要社会组织有正式的规章制度、组织结构、经常性活动和法人身份。二是民间性，强调社会组织不是政府的一部分。当然，社会组织是可以接受政府资助的。三是非利润分配性，强调社会组织可以盈利，但盈利必须服务组织发展，不能在缔造者、出资者和管理者中进行分配。四是自治性，强调社会组织能自主选择自己的活动，而不受外部控制的内部管理程序。五是志愿性，强调社会组织在开展实际活动和管理组织事务时均体现志愿参与。❷

---

❶ 王名.走向公民社会——我国社会组织发展的历史及趋势[J].吉林大学社会科学学报，2009，49（3）：5-12，159.

❷ 萨拉蒙，等.全球公民社会：非营利部门国际指数[M].北京：北京大学出版社，2007：12-13.

沃尔夫提出社会组织的特征：一是具有公共服务使命；二是组织形式为非营利性或慈善性的公司；三是其治理结构应避免获取自我利益或个人金钱利益；四是无须支付联邦税；五是给予它们的捐赠能够获得税收减免的特殊法律地位。❶ 与萨拉蒙相比，沃尔夫更加突出社会组织的免税地位。国内清华大学王名教授认为社会组织有三个基本属性：非营利性、非政府性、志愿公益性或公益性。❷

3.2.4.2 社会组织的社会功能

社会组织作为连接国家与社会的中间阶层，清华大学王名教授将其社会功能总结如下。❸

（1）动员社会资源。它主要表现在慈善捐赠和志愿服务两个方面。在慈善捐赠方面，社会组织可通过募捐活动筹集和吸纳社会资源；在志愿服务方面，社会组织可以动员各种社会人士成为志愿者参与志愿服务。当然，社会组织动员社会资源的功能需要社会对社会组织有足够的信任和支持。

（2）提供公益服务。它主要体现在以下几个方面：一是社会组织通过动员社会资源开展各种形式的社会服务；二是社会组织可通过公益诉讼或其他渠道维护并增进社会利益；三是社会组织承接政府购买服务为社会群体提供公共服务。需要说明的是，社会组织提供公益服务是其公共性的本质体现，也是其立足于社会的基础。

（3）社会协调与治理。它主要体现在以下几个方面：一是社会组织作为一种公民自发的组织形式，可通过表达民意来维护民权与保护民生；二是社会组织又叫市民社会组织，在构筑社会资本推动人与人的沟通交流化解社会矛盾与冲突方面发挥作用；三是社会组织能帮助其成员（无论是正式员工还是志愿

---

❶ 沃尔夫.管理21世纪的非营利组织[M].北京：商务印书馆，2016.
❷ 王名，王超.非营利组织管理[M].北京：中国人民大学出版社，2016.
❸ 王名.非营利组织的社会功能及其分类[J].学术月刊，2006（9）：8-11.

者），实现某一特定的社会价值或公益价值。社会协同与治理这一功能体现了社会组织的社会性或公民主体性，有利于建立公共空间。

（4）政策倡导与影响。它主要体现在以下几个方面：一是社会组织可通过参与公共政策制定和相关立法，推动相关政策或法律的完善；二是社会组织可以为弱势群体代言，在政策制定过程中为弱势群体发声，以维护他们的利益；三是社会组织可通过媒体、社会舆论、公众参与等形式影响政策制定和政策执行，以促进政策结果的公益性和普惠性。

3.3 公共组织变革

3.3.1 科层制与反思

3.3.1.1 科层制组织的基本特征

"组织理论之父"马克斯·韦伯，创建了科层制（或官僚制）理论。他认为，任何组织的存在都是靠权威来维持的，而合法的权威主要有三种：一是基于习俗惯例的传统型权威；二是基于领袖个人超凡魅力的超人型权威；三是基于理性法规的法理型权威。韦伯认为，建立在法理型权威基础上的合法型统治是最理性的统治类型，它扬弃了传统型统治和魅力型统治的非理性，成为既稳定又合理的统治形式。合法型统治的最纯粹类型，是那种借助官僚体制的行政管理班子进行的统治。❶ 在这里，科层制组织是按法理原则建立的一种理想化、正规化的组织形态，而不是效率低下与作风不正的官僚主义的同义语。科层制组织的基本特征如下。❷

（1）专业化分工。在科层制组织中，每个单位、职员根据专业化分工有固定的职责，政府公职人员专注于特定的专业领域。

---

❶ 马克斯·韦伯.经济与社会（上卷）[M].林荣远，译.北京：商务印书馆，1997：242-251.
❷ 魏娜.官僚制的精神与转型时期我国组织模式的塑造[J].中国人民大学学报，2002（1）：87-92.

（2）层级节制的权力体系。官僚组织有命令链和组织职位职能这样两个基本组成部分，每个级别控制着它下面的级别，但上级对属下的指示与监督也不能超过规定的职能范围。权力层次结构的重要性，在于它为组织内谁可以向谁发出命令提供了正式的规则。

（3）依照规程办事的运作机制。官僚制的组织活动是"由一些固定不变的抽象规则体系来控制的，这个体系包括在各种特定情形中对规则的应用"。正式的规章制度是规定事情应该如何做的指导方针，组织通过规则来实施控制。

（4）形式正规的决策文书。在官僚制组织中，一切命令和决定都要形成正式文件传达给组织成员，并要记录在案，以便下级接受明确指令。也就是说，官僚制组织的管理是以正式文书为基础的。

（5）组织管理的非人格化。官僚制要求管理工作是通过法律法规、正式条例和正式文件等来规范组织成员的行为，要求工作人员公私分明，排除非理性的、难以预测的感情。韦伯预言，官僚结构将要越来越没有人情味，没有人情味被视为一种美德。

（6）合理合法的人事行政制度。官僚制组织必须遵循因事设职、量才用人、奖勤罚懒的原则，同时还需要建立与工作需求相适应的专业培训机制。

3.3.1.2 传统科层制组织的述评

1. 传统科层制组织的基本贡献

传统科层制组织的研究者们所追求的理想组织是一个目标明确，专业分工、指挥统一、层级节制、幅度适中、权责相称、协调一致、法规完备、高效合理的组织体系，这些思想奠定了公共组织理论进一步发展的基石。

2. 传统科层制组织的缺陷

科层制组织也有明显的不足，主要表现为以下几个方面：第一，过分强调层级节制体制，要求下级对上级在职务上的绝对服从，容易忽视下级人员的主观能动性；第二，过分强调组织的非人格化、理性化，会让人觉得自己只是一个齿轮，容易忽视人的多样化需求；第三，过分强调人员稳定的终身任职制度，这就排除了竞争的必要与可能，容易造成"不求有功但求无过"的工作态度；第四，依靠条块分制的专业化单位来解决不断出现的新老问题，导致机构不断膨胀，职能交叉重叠。

3.3.2 公共组织的变革目标

公共组织变革是一个有组织、有计划和有意识的变化过程，作为一个系统，工程涉及目标变化、结构调整、人员增减和管理方式变革等多个方面。其中，变革目标是公共组织变革的核心驱动力，涉及变革的方方面面。

3.3.2.1 提高公共组织适应环境的能力

公共组织为了生存和发展，要随外部环境和内部环境的变化而变化，也就是说其静态结构和动态过程都需要根据客观环境而做出调整。从外部环境来看，国际环境复杂多变、人们的需求日益多样、科学技术尤其是信息与通信技术的飞速发展都对公共组织提出了更高的要求，需要公共组织在组织结构、工作程序和工作方法方面进行调整。从内部环境来看，组织工作人员观念变化、专业技能人员的增加、信息与通信技术的不断采用也需要公共组织进行调整。因此，公共组织必须采取相应的措施和方法引导外部环境和内部环境朝更好的方向发展。

3.3.2.2 提高公共组织自身的稳定性、协调性

这个目标主要体现在组织这个层次，也就是说，公共组织在变革时需要不断提高自身在运行过程中的效率。具体而言，这一目标包含两个方面的内容：第一，理顺公共组织自身的工作秩序。进一步理顺组织各层级、各部门、各单

位的责权利关系，保证公共组织内部各个组成部分既分工明确又无缝衔接，形成一个科学的、协调有序的系统。第二，理顺组织与个人的关系。将组织内个人目标纳入组织的目标体系，也就是说，要在目标层面建立一套足够的激励机制，使个人目标与组织目标相互契合进而实现互相促进的效果。

3.3.2.3 提高公共组织的工作绩效

在提高公共组织适应环境的能力、提高公共组织自身的稳定性和协调性的基础上，促进公共组织及其所属人员的知识、技能和行为方式的改进，提高工作绩效和服务质量，是当代公共组织变革共同的、根本的目标。在这一变革目标的影响下，构建绩效型、责任型、学习型、服务型组织的变革浪潮正在席卷全世界。

3.3.3 公共组织变革的内容

公共组织变革与公共组织系统的各个方面都息息相关，总体来看，这种变革发生在两个相互关联的方面：一是公共组织体制的变革，包括公共组织职能、公共组织结构等内容；二是公共组织管理技术的变革等。以下我们主要介绍公共组织职能的变革、公共组织结构的变革、公共组织权力关系的变革、公共组织管理方式和管理技术的变革。

3.3.3.1 公共组织职能的变革

公共组织职能是指公共组织在一定的社会发展时期，需要担负的公共职责及在社会公共领域所起到作用的总和。职能的变革涉及以下方面的内容。

（1）公共组织职能重心的变革。随着生产社会化的程度不断发展和提高，政府组织的职能也超出政治职能涵盖的范围，已经拓展到社会生活的方方面面。无论是从种类的多样性，还是从范围的广泛性来看，它们都超乎人们预先的设想，而这些职能和政治职能有根本上的差异，更强调公共组织的公共性、服务性和管理性等特点。公共组织尤其是政府在早期是以承担国家政治事务为职能重心的，随着社会、经济的发展，为了适应新增的需求，并且增强公共组织的合法性，公共组织担负起经济、社会、科教文化等社会公共事务的管理监督职能，公共组织职能的重心也由政治事务转移到社会公共事务上来。

（2）公共组织职能方式的变革。传统的政府组织当中，领导与高层主要凭借个人的主观意愿、情感偏好等自由地施政，做法过于随意，法律并不能对政府组织发挥真正的约束作用。在经济市场化、法治化的需求与推动下，平等意识、法治意识、民主意识和权利意识在生活中的普遍性逐渐增高，变得更加常见，这便要求当代公共组织在行使职能时减少主观随意性，一切公务行为必须以法律为依据。公共组织的职能方式由以行政手段为主的形式逐渐过渡到以法治方式、经济手段、法律手段、教育手段为主的形式，实现公共组织职能方式上的变革。

3.3.3.2　公共组织结构的变革

公共组织结构则是公共组织的构成要素及其组合方式，其中包括组织的纵向层级结构和横向部门结构，还有在整个公共组织内的纵横结构。

从原来的重视决策、执行部门，轻视监督、咨询和信息等部门，转化为使以上两类部门都具有相同的重要性。当代社会是一个知识爆炸的社会，社会分工越发细致具体，仅仅凭借公共组织中决策层、执行层的知识、智慧和能力是难以满足社会发展需求的。公共组织的决策要理性、执行要高效，毫无疑问需要从旧的组织结构中分化出专门负责信息加工处理、制定决策方案的组织机构。换句话说，公共组织中需要出现提供决策信息支持及智慧支持的部门。除此之外，在社会上公民民主意识和权利意识快速增强的情况下，人们对公共组织管理公共事务过程的公平性、公正性、透明度等提出更高的要求，也就是说，必须分化出一个专门从事检查和监督工作的部门。在现代公共组织中，决策、执行、监督、咨询和信息这五类部门都不可或缺，它们之间相互联系、相互配合、相互协调，从而使公共组织成为一个有效的闭环管理网络，使其对公共事务的管理作用发挥到极致。

公共组织在变革过程中纵向结构一般呈现由高耸结构向扁平结构转变的趋势。一方面，随着信息通信技术的不断发展与应用，公共组织需要适应电子化信息流动的特点减少中间阶层，因为信息技术不断采用后高层可以直接与低层对接并能保证较少的信息偏差。换句话说，信息技术的采用能有效减少组织内的沟通和监督成本。另一方面，随着公共组织内工作人员整体素质的提高，人们开始对呆板、等级森严的科层制结构不满，加之社会问题复杂多变需要因地制宜、因时制宜地处理，因而需要减少层级以实现更为有效的组织内部沟通。因此，随着社会、经济、科技的发展和变革，过去的金字塔式公共组织将不再适用当今社会，扁平结构将取而代之。

3.3.3.3 公共组织权力关系的变革

在职能转变与结构调整过程中，公共组织的权力关系也会随之改变。当前，权力关系主要发生以下转变。

第一，政府组织向非政府公共组织还权。在相信市场万能的市场经济阶段，政府组织的职能基本上是"守夜人"的职能，即维护社会平衡、抵御外敌侵略、维持社会治安和公平竞争秩序等。在计划经济体制中，出现了"万能政府"，即政府对社会生活的各个方面进行干预和调整。随着新公共管理运动的开展，加之社会力量在自我管理和自我组织能力显著提升，政府组织开始将部分职能转移给其他公共组织，政府自身则只在部分关键领域履行"有限职能"。各类非政府公共组织应有自己特定的作用范围，享有必要的特定权力，政府组织不能越俎代庖。

第二，在纵向权力分配上，实行集权与分权的互相融合与共存。库珀认为，政府职能的改变，教育、培训项目的开发，员工计算机水平的提高，信息技术实际运用程度的提高，拓展了人的认知。因此，如今的政府工作人员知道的东西更多了，信息渠道更广了，对组织间相互关系的理解更深了，在信息、工作协调及决策方面对上级的依赖程度也更低了。这些因素的变化对公共组织纵向权力分配提出了新的要求，即充分发挥每一层级的积极性和创造性。在宏观调控权力上，各国都有一种决策权更为集中的趋势。换句话说，信息通信技术使高层掌握越来越多的数据，因而可以收回更多决策权以保持宏观、中观决策协调性、一致性。

3.3.3.4 公共组织管理方式和管理技术的变革

这里所说的公共组织管理方式和管理技术的变革，主要是指公共组织运用信息通信技术建立各种公共信息系统建立数字政府后，公共组织在组织结构、管理方式等方面进行的变革。

随着知识经济时代的到来，公共组织在管理手段的各个方面都面临着机遇，这种机遇促进了公共组织管理手段的现代化变革。管理的方式、技术和工具是公共组织绩效获得提升的物质技术保障。公共管理活动是一项复杂的、具有很强的综合性的社会活动，涉及范围广，作用因素也较多，必须凭借一定的技术手段来实现。如今的现代科技，尤其是电子信息技术的飞速发展，使公共组织管理手段的现代化进一步成为可能。以电子计算机技术和信息网络技术作为基础所建立的偌大的信息系统高度集中，整合了信息收集、信息传输、信息分析处理、信息存储等环节，大大提升了公共管理决策、公共政策执行、公共权力的运行质量。在当今社会，将管理的科学方法引入公共管理活动中，现代管理信息系统的出现和办公自动化的实行等，正在潜移默化地改变着公共组织的结构、运行程序和传统管理方式。

在公共组织运行的程序方面，基于大量信息技术及办公自动化技术在公共组织中的运用，原来需要由一定的机构、一定的人员来完成的管理工作、信息工作（如信息收集、信息传递、信息存储等），现在完全可以通过计算机、办公自动化设备及互联网来实现，这使一些机构和内部人员可以被精简掉。与此同时，一些办事流程也可以被简化，公共组织只需要尽可能保留并执行最必要的工作，最大限度减少不必要的工作，以实现使构成程序的各步骤、各阶段最经济、最有效的目标。在管理方式方面，信息网络技术的高度发展及公共组织对这种技术的采用，使参与式管理有实现的可能。传统的公共管理是一种相对封闭化的、自上而下的权威式管理方式，而加之互联网的作用这种公共管理扩展了人们参与公共事务管理的机会和途径，公共管理从封闭式走向开放式，从自上而下走向上下互动式、协商式。随着大量信息的传播，这样的公共管理悄悄地改变着人们的思维方式，强化了人们的权利意识、法治意识和民主意识，这又进一步推动了公共组织向法治管理转化。

思考题

1. 公共组织的概念是什么？
2. 公共组织环境包含哪些因素？
3. 中国共产党领导政府的运行机制是什么？
4. 条块关系的内涵是什么？
5. 社会组织的社会功能是什么？
6. 科层制的内涵及其缺陷是什么？
7. 公共组织变革的目标与内容是什么？

参考文献

[1] 戴维·罗森布鲁姆，罗伯特·克拉夫丘克. 公共行政学：管理、政治和法律的途径 [M]. 张成福，等，译. 北京：北京大学出版社，2006.

[2] 张成福，党秀云. 公共管理学（第3版）[M]. 北京：中国人民大学出版社，2001.

[3] 孙立平，王汉生，王思斌，等. 改革以来中国社会结构的变迁 [J]. 中国社会科学，1994（2）.

[4] 陈明明.新时代的政党建设：战略目标与行动逻辑[J].治理研究，2018，34（1）.

[5] 景跃进，陈明明，肖滨，等.当代中国政府与政治[M].北京：中国人民大学出版社，2016.

[6] 朱光磊，张志红."职责同构"批判[J].北京大学学报（哲学社会科学版），2005（1）.

[7] 周雪光.中国国家治理的制度逻辑[M].上海：生活·读书·新知三联书店，2017.

[8] 曹正汉，王宁.一统体制的内在矛盾与条块关系[J].社会，2020，40（4）.

[9] 燕继荣.条块分割及其治理[J].西华师范大学学报（哲学社会科学版），2022（1）.

[10] 杨雪冬.压力型体制：一个概念的简明史[J].社会科学，2012（11）.

[11] 康晓强.群众团体与人民团体、社会团体[J].社会主义研究，2016（1）.

[12] 褚松燕.在国家和社会之间：中国政治社会团体功能研究[M].北京：国家行政学院出版社，2014.

[13] 网名.非营利组织的社会功能及其分类[J].学术月刊，2006（9）.

第4章 政府作用

个人福利不仅依靠私人部门中的市场交易，而且在很大程度上还取决于政府所提供的产品和服务。

——约瑟夫·E. 斯蒂格利茨

引 子

党的十九届五中全会提出，"坚持和完善社会主义基本经济制度，充分发挥市场在资源配置中的决定性作用，更好发挥政府作用，推动有效市场和有为政府更好结合"。在建设社会主义市场经济的过程中，我们既不能从马克思主义的经典著作中寻找现成答案，也不能照搬照抄资本主义市场经济的主要模式，而必须走出一条中国特色的社会主义道路。既要有"有效市场"，又要有"有为政府"，这是对"充分发挥市场在资源配置中的决定性作用、更好发挥政府作用的进一步阐释"。

政府作用是公共管理学长期以来关注的重点话题。在经济、社会的运行发展中，政府应该扮演什么样的角色，进而发挥其作用的问题一直在理论和实践两个方面不断推进和发展中。本章重点从政府和市场的关系视角，介绍在市场经济中的政府应发挥什么作用和如何发挥作用。

重点问题

» 市场失灵的表现
» 政府的角色定位
» 基于市场失灵的政府主要治理工具

4.1 市场经济中政府的作用

4.1.1 市场失灵的表现和政府的角色定位

政府应该干什么或者不应该干什么,抑或政府的角色到底是什么,一直是经济学、政治学和公共管理学争论不休的热门话题。现代社会的源泉和基础是市场经济,市场经济对国家的社会结构和治理结构有重要的影响。本节主要从政府和市场之间应该怎样分工的视角来分析政府应该充当什么样的角色,提供属于"共识性"的基础性知识。

4.1.1.1 市场失灵的表现

1. 市场失灵的概念

从生到死,我们的生活通过无数方式被政府部门的活动影响着。那么到底哪些活动应该是政府活动,哪些又应该是私人活动?或者说,政府为什么从事这项活动而不从事那项活动?为什么近百年来,政府作用的范围不断发生变化?对这些问题的认知,来源于一个非常重要的概念——市场失灵。

西方市场经济的发展已有几百年的历史。在自由资本主义时期,以亚当·斯密为首的经济学家强调政府作用的有限性,认为市场应当遵循自由发展的原则,由"市场"这只"看不见的手"去引导经济活动,通过价格和竞争机制对经济活动进行自发而有效的组织，政府要减少对市场的干预，在市场经济的发展中应当扮演"守夜人"的角色❶，政府更多被强调的是其维护和平，防止侵略的责任，政府总体上应放任私人企业的活动。

实践表明，由市场这只"看不见的手"来独立引导市场经济活动的方法并不可取，这导致了市场经济的弊端被放大，市场机制在很多领域运作不灵，市场失灵被看作政府发挥干预作用的正当理由。

那么，什么是"市场失灵"？市场失灵就是指由于内在的功能性缺陷和外部条件缺陷引起的市场机制在某些领域运作不灵。市场机制理论上是完美的，但是只有满足完全竞争、完全信息及不存在外部性等条件，才能够达到资源配置的帕累托最优。如果达不到以上条件，那么就会出现"市场失灵"❷。

可以从两个层面来解释市场失灵的含义：一是指市场客体的不完善，这里的市场客体主要是指影响市场发展的一些因素，如公共产品供给不足、信息不完全、垄断和外部性等；二是市场主体存在缺陷，市场主体，即经济人的有限理性和个体差异性。❸

2.市场失灵的表现

市场为什么会"失灵"？许多经济学家也对此进行了深入探究，凯恩斯主义将信息不对称、外部性与垄断三个因素被列为市场失灵的主要成因。正是由于这些因素的存在，导致市场经济无法通过自身实现市场的均衡和帕累托最优，从而出现市场失灵。市场失灵主要体现在以下几个方面。

一是消费者与生产者的市场信息不对称。信息不对称是指在市场交易中，买卖双方存在信息差，某一方会掌握另一方所不知道的信息，掌握更多信息的一方更有可能在交易中获得更多收益，而掌握信息少的一方可能会发生损失。❹

---

❶ 陈振明.公共管理学（第2版）[M].北京：中国人民大学出版社，2017：138-140.
❷ 约翰·伊特韦尔，等.新帕尔格雷夫经济学大辞典[M].陈岱孙，译.北京：经济科学出版社，1992：351-353.
❸ 朱富强.国家性质与政府功能：有为政府的理论基础[M].北京：人民出版社，2019：168-223.
❹ 张维迎.经济学原理[M].西安：西北大学出版社，2015：325-335.

信息不对称导致价格不再是引导资源流动的旗帜，这一点在生活中也十分常见。占有信息优势的一方可能会通过信息优势去损害另一方的利益，而信息劣势的一方知道由于信息不对称可能会造成利益损失而对一切经济活动保持怀疑与犹豫，从而导致市场上双方交易成本增加，交易效率低下，甚至无法达成交易。❶

二是垄断使市场机制无法达到高效率的资源配置。垄断是指在某一行业中，只有一个或几个规模很大的企业占据市场，该企业是行业的价格制定者。如果一个企业实现了行业垄断，那么对于市场的均衡是十分不利的。当企业在市场上实现垄断时，它就具备价格制定的话语权，这会使产品的价格远高于产品成本以期获得超额利润，而过高的价格会使市场上对该产品的消费减少，从而使市场无法满足该产品的需求，导致资源配置效率低下。尤其是当生产与居民生活息息相关产品的企业垄断市场且定价高昂时，会导致社会问题滋生。技术是提高生产力的一个重要手段，当市场上企业之间存在激烈的竞争时，不断提高企业技术水平是企业降低成本提高生产率的一个重要手段；然而即使是为保护知识产权而形成的垄断，也有可能因缺乏竞争导致市场技术进步缓慢或者停滞不前。

三是市场无法解决经济活动中的外部性，从而引发社会问题。外部性是指有些活动可能给在市场交易中买卖双方以外的其他人带来影响，但这种影响没有得到相应的回报和惩罚。❷ 外部性分为正外部性与负外部性，正外部性即交易外的人从交易中获得收益，但是其并没有为该收益买单；而负外部性则是交易外的人因交易而产生损失，但是没有因此而得到回报。无论是正外部性还是负外部性的存在，都使资源配置无法达到最优，由此产生市场失灵。例如，企业生产的垃圾使附近环境问题越发严重，附近的居民在并未得到来自企业的收益的情况下还要承担企业导致的环境污染影响，这就是典型的负外部性。而当

---

❶ 颜家水，等.经济学基础（第2版）[M].北京：人民邮电出版社，2020：150.
❷ 张维迎.经济学原理[M].西安：西北大学出版社，2015：302-305.

一个企业在公共场所建了供人休息的长椅，免费对社会开放使用，使用的人在未承担长椅成本的前提下获得了使用长椅的好处，这就是正外部性。但是，只有有人付出成本，才会有人获得收益，当付出成本的人无法获得同等的收益，而获取收益的人也无须承担同等的成本时，资源配置就无法达到帕累托最优，市场调节就失灵了。

四是市场无法有效提供公共产品。公共产品会导致市场失灵，这是由于公共产品自身所具有的特性决定的，公共产品的非排他性和非竞争性使私人部门并不愿意提供或者无法做到满足社会需求，从而导致产生社会问题。非排他性是指消费者在消费公共物品时不能排除其他消费者消费这一物品，不需要成本和许可就能获得产品会带来"搭便车"行为，久而久之，付出成本的人也不愿意再为之付出成本，反正不付出成本也可以同样享受该公共产品；倘若任由市场自由发展，那么公共产品的提供者数量会逐渐减少甚至没有。非竞争性是指一个消费者消费公共产品时并不会影响其他消费者消费的数量和质量，可以同时被许多人消费。因此，从社会效率上来说，应当免费为所有人开放使用该产品，然而从提供者的角度来说，收费是弥补成本的方式。因此，公共产品的非排他性与非竞争性会导致市场经济的资源配置效率低下，造成市场失灵。

五是市场机制导致的社会不公平。市场机制考虑的是效率而非公平，因此，当市场机制发挥主要作用时，市场上的主体都会以追求自身利益最大化为目的，而公共利益、社会福利就会缺失，社会不公平就会产生。如上所述，引发市场失灵的一切因素都会导致社会不公平的产生。信息不对称会导致拥有信息劣势的一方成为利益损失者，而在市场经济环境中，消费者在进行消费的时候基本上处于信息劣势方，因此消费者就会成为交易中受到不公平待遇的一方。垄断导致的高昂价格与供求减少会让消费者需要付出多余的成本才能获得更少的产品，甚至无法负担消费产品。无论是正外部性还是负外部性，都会有人无故受益或有人无辜受损。市场无法有效提供社会所需要的公共产品，而这些都会导致公共利益的缺失和社会福利的降低,都是社会不公平的根源。最主要的是,市场机制导致的资本积累向资本家的聚集,资本家的资本只会越来越多,社会贫富差距越来越大,社会的不公平会日益显现。

4.1.1.2 政府的角色定位

政府的角色是一个历史的范畴。政府从产生、发展到今天无所不在经历了一个长期的演变过程。在现代市场经济中,政府扮演了十分重要的角色,或许它并不需要成为市场经济发展的主导力量,但是它一定不能缺失。如果没有政府制定相关的市场经济法律法规,市场上的主体就无法在一个有序的市场经济环境中进行运作。政府制定的法规、税收、许可证、标准、就业条件等都为市场经济建立了一定的标准和秩序,而这些标准和秩序都一定程度上保障了公民的公共利益,促进了社会公平。❶ 但是,实践也表明,如果政府过多地干预市场经济,导致市场经济缺失主体性,市场经济的发展就会陷入桎梏。从已有研究中不难看出,政府在市场经济下扮演的角色经历了一系列变化,从一开始的"主导者"发展到后来的"守夜人",再是"管理者",然后是"参与者",而今政府在市场经济发展中扮演的角色可以被描述为以下几种。

一是"规则制定者"与"监管者"。政府要扮演好"规则制定者"的角色,制定合理的宏观经济政策,建立并监督良好有序市场环境。政府应当正确运用这只"看得见的手"来引导市场经济,积极运用财政政策与货币政策促进经济发展,稳定市场,减少失业,降低通货膨胀。同时,政府还可以通过一些政策工具促进市场有序适度竞争,引导市场提高市场经济效率。针对信息不对称问题,政府应当建立合理的市场准入规则,市场交易规则及行业标准等来约束和规范市场上各主体的行为合法性和规范性,从而推动有序市场经济环境的建立。同时,政府应当扮演好"监管者"的角色,出台相关法律法规对于市场经

---

❶ 欧文·E. 修斯. 公共管理导论(第3版)[M]. 张成福,等,译. 北京:中国人民大学出版社,2004:85.

济机制的运行进行规范化和标准化，并成立相关部门监督市场经济运行过程的合法化，对于不合法的市场经济主体要有惩处机制，以此来督促市场经济主体的行为自检。

二是"弥补者"。政府要扮演好"弥补者"的角色，弥补市场缺失的领域，发扬市场经济擅长的部分。政府应当在市场所不能完美发挥作用的领域作为"弥补者"弥补市场的不足。当市场经济由于自发性引发贫富差距过大时，政府应当通过合理的政策工具（如税收）实现再分配制度，控制贫富差距；当市场失灵导致外部性产生时，政府应当运用积极的政策工具对市场经济活动进行引导，实现社会均衡；当市场失灵导致企业垄断时，政府应当制定相关法律法规进行反垄断，以保证市场经济的合理竞争存在，促进市场经济健康发展。

三是"提供者"。政府要扮演好"提供者"的角色，为社会提供公共产品。市场经济由于其追求利润最大化的性质无法完全提供公共产品，这会导致社会福利减少，社会公共利益缺失和公共产品供不应求。因此，政府主导公共产品的供给无疑是最好的选择。而政府如何提供公共产品也有多种多样的方法与工具，可以是完全由政府提供，也可以是政府主导计划而市场提供，或者政府与市场合力提供。总之，政府在公共产品的领域应当扮演"提供者"的角色，这个"提供者"只是说明政府在其中承担了主要提供的职责，至于具体是谁来提供产品，可以根据实际情况灵活变通。

4.1.2　关于政府干预的不同理论

4.1.2.1　重商主义理论

15世纪西欧封建制度的解体与资本主义生产方式的产生，推动了重商主义的发展。资本主义生产方式促进了社会分工的出现，随着国内商业市场的统一，资本主义市场开始走向国外，为了能够开拓国外市场，打破本地其他势力的壁垒封锁，西方国家对于国家秩序的建立与统一产生了需要。在这个时期，重商主义主张政府干预市场，认为政府能够建立适合推动市场经济走出国家的市场秩序，政府应该干预经济，管制国家的农业、商业与制造业，促进出口，控制进口，保持商品的供给与出入等问题。政府承担着促进经济与保证就业的经济职能。❶

4.1.2.2 古典经济学理论

随着资本主义市场走向世界，资本主义力量得到雄厚的积累，发展经济成为西方国家普遍的方向。资本主义力量的不断壮大使资产阶级能够独立进行经济活动，对于政府的依赖和需求下降。过去主张国家干预的重商主义理论已经不再适用当时的实际情况。古典经济学家提出了自由放任主义的观点，限制国家干预的自由经济主义取代了坚持国家干预的重商主义。亚当·斯密的《国家财富的性质和原因的研究》是自由经济主义产生与发展的标志。亚当·斯密指出，国家干预应该着重在保护国家安全、维护社会稳定、提供国防等此类公共产品上，而不应深入具体地参与经济活动，要令市场经济自由发展，用市场自己的规律来引导市场。

自由放任主义认为市场经济具有自身的调节性，市场机制能够根据市场的需要自发地进行资源配置，达到市场均衡和最优配置，无须政府干预。供给被经济学者萨伊认为是经济增长的关键，而政府不需要参与具体的经济生产活动，只需要维护市场的良好环境即可。自由放任主义将市场定位为"看不见的手"，认为应该由这只"看不见的手"来引导市场经济的发展，将政府在市场经济中的角色定位为"守夜人"和"警察"。自 18 世纪自由放任主义出现后，在此后的 100 多年里，它一直是西方经济学的主流思想。❷

---

❶ 肖建辉. 基于政府干预理论的中国供应链稳定性研究 [J]. 当代经济管理，2022，44（5）：27-36.
❷ 谢自强. 政府干预理论与政府经济职能 [M]. 长沙：湖南大学出版社，2004：4-13.

4.1.2.3 凯恩斯主义理论

在自由经济主义盛行的 100 多年里，资本主义市场不断膨胀。到 19 世纪末 20 世纪初，自由资本主义开始向垄断资本主义过渡，百年来社会的发展，技术的进步使自由放任主义也已经不再适用当下，在自由放任主义指导下的市场经济开始显现出许多痼疾与弊端。市场经济"失灵"所带来的诸如失业、社会不公平、贫富差距过大、公共产品供给不足、垄断、信息不对称和外部性等问题，导致市场经济动荡，市场资源配置不均衡与效率低下，周期性经济问题频发；整个西方经济市场开始陷入低迷，经济问题引发政治、社会的不稳定。此时，经济学理论已经岌岌可危，需要一个新的能够带领经济学重向光明的思想。凯恩斯 1936 年发表的《就业、利息和货币通论》就是在这样的背景下提出的。

不同于以往自由放任主义主张供给是市场关键的观点，凯恩斯主义将焦点聚集在需求方面，提出了有效需求原理与政府需求管理政策。凯恩斯主义否定了自由放任主义的观点，指出了由市场机制进行自发调节是有缺陷的，而政府的干预是弥补市场失灵的重要方法。市场机制不可避免地会带来失业、社会不公平和经济危机等问题，政府可以通过财政政策与货币政策引导市场解决这些问题，稳定市场经济，维护社会和平；同时，政府也可以通过合理的政策工具来促进经济增长，推动经济发展。❶自此，政府干预重新回到经济学家们的视野，凯恩斯主义取代了自由放任主义成为经济学领域的主流指导思想。

4.1.2.4 新自由主义理论

凯恩斯主义产生后，指导了西方国家一段时期的经济发展。然而正如市场会失灵一样，政府干预也并非万事皆可，政府也会失灵。20 世纪 70 年代，西

---

❶ 谢自强. 政府干预理论与政府经济职能 [M]. 长沙：湖南大学出版社，2004：13-17.

方国家陷入"滞胀"现象，通货膨胀与失业率居高不下，长期的经济政策支出导致国家赤字严重，经济危机再度席卷而来。经济学家们开始意识到政府干预也并不能完美解决市场失灵的问题，甚至会带来其他严重的问题，于是他们开始抨击政府干预市场经济的行为，又转而主张政府的不干预论。以现代货币主义学派和公共选择学派等为代表的新自由主义理论应运而生。

新自由主义理论对政府干预市场的行为进行深刻分析，分析政府失灵的成因、行为及表现，然后主张限制政府干预，要充分发挥市场机制的作用。针对严重的通货膨胀，现代货币主义理论提出了货币供应量是通货膨胀和经济活动发生波动的最根本因素。如果货币量的增加高于产量或收入的增长速度，那么通货膨胀就产生了。❶政府可以通过制定合理的货币政策来抑制通货膨胀，但是要减少对市场的干预，市场自发力量可以使资本主义经济自然而然地趋向平衡，实现配置均衡。新自由主义理论认为，西方国家"二战"后经济社会的波动都是由于政府干预市场经济所导致的，因此，政府除了制定相应的规则、提供货币、解决垄断问题、促进市场竞争、提供公共产品，无须在市场经济的其他地方发挥作用。

政府干预理论经历了大概四个阶段的发展变化，从主张政府干预的重商主义到主张政府不干预的自由放任主义，再到主张政府加强干预的凯恩斯主义，最后到主张政府减少干预的新自由主义。政府对市场经济的干预经历了一个"强力干预—不干预—干预—少量干预"的过程，虽然政府对市场一直是在不干预与干预之间作选择，但是可以看出这是一个螺旋式发展的过程，第二次的干预明显要比第一次程度低，而第二次的不干预也要比第一次的程度低。从相关研究可以看出，第二次的少量干预并非完全限制政府干预市场经济，而是让政府在特定领域发挥作用，将主要的市场经济活动发展生产交予市场自由发挥，但是政府所起的作用明显要比之前自由放任主义时期更强。

---

❶ 谢自强. 政府干预理论与政府经济职能 [M]. 长沙：湖南大学出版社，2004：33.

在政府干预理论的发展过程中，我们可以看到，不是政府干预力压经济自由，就是经济自由力压政府干预。然而实践表明，无论是市场还是政府的力量占据主导地位，都会出现"失灵"的问题。因此，政府与市场之间的关系并非取其一不可，而应当平衡二者的存在，促使政府与市场通力合作，共同为市场经济的发展助力。

4.2 基于市场失灵的政府主要治理工具

4.2.1 公共物品提供

市场失灵的表现之一就是难以有效提供公共物品。既然市场对于公共物品的供给表现为失灵状态，那么就需要政府主导公共物品的供给，以有效满足社会需要。但需要注意的是，政府主导公共物品供给并不意味着大包大揽，将所有公共物品和公共服务的供给全部揽下，由政府直接参与整个服务的提供过程，这是不现实的。因此，对于公共物品的提供应根据公共物品的不同属性，选择与之相适应的供给方式。

4.2.1.1 什么是公共物品

首先，需要明确何为公共物品（Public Goods）。被誉为"公共选择之父"的布坎南将公共物品界定为，"任何由集体或社会集团决定，为了任何原因，通过集体组织提供的物品或服务"。

萨缪尔森等在《经济学》一书中指出："与来自纯粹的私有物品的效益不同，来自公共物品的效益牵涉对每一个人以上的不可分割的外部消费效果。相比之下，如果一种物品能够加以分割，因而每一部分能够分别按不同竞争价格卖给不同的个人，而且对其他人没有产生外部效果的话，那么，这种物品就是

私人物品。公共物品常常要求集体行动,而私有物品则可以通过市场被有效率地提供出来。"❶

另一位经济学家斯蒂格利茨在《经济学》中则认为:"公共物品是这样一种物品,在增加一个人对它的分享时,并不导致成本的增长(它们的消费是非竞争性的),而排除任何个人对它的分享都要花费巨大成本(它们是非排他性的)。"❷

世界银行在1997年发布的世界发展报告中指出:"公共物品是指具有非竞争性的和非排他性的物品。非竞争性是指一个使用者对该物品的消费并不减少它对其他使用者的供应;非排他性是指使用者不能被排除在对该物品的消费之外。这些特征使对公共物品的消费进行收费是不可能的,因而私人提供者就没有提供这种物品的积极性。"❸

基于此,我们认为公共物品是指与私人物品(Private Goods)相对应的,用于满足社会公共需求的,兼具非竞争性和非排他性、自然垄断性及收费困难等特征的一类物品。公共物品所具有的上述特征及规模效益和初始投资量大等特点,使市场或私人企业不愿意提供,甚至是难以有效提供。因此,对于公共物品的供给一般需要政府加以主导或干预,而对于具有竞争性和排他性的私人物品,市场和私人企业则是最佳的供给者。

4.2.1.2 公共物品的分类

公共物品可以根据不同标准进行分类。首先,依据公共物品是否同时具有非竞争性和非排他性,将公共物品划分为纯公共物品和准公共物品。若同时兼具消费上的非竞争性和非排他性等特征的物品则为纯公共物品,如国防、公共安全、外交、法规政策与环境保护等,这一类物品的消费是全社会性质的,应

---

❶ 保罗·A. 萨缪尔森,威廉·D. 诺德豪斯. 经济学(第12版)[M]. 高鸿业,等,译. 北京:中国发展出版社,1992:1194.
❷ 斯蒂格利茨. 经济学[M]. 梁小民,译. 北京:中国人民大学出版社,1997:147.
❸ 世界银行. 1997年世界发展报告:变革世界中的政府[M]. 北京:中国人民大学出版社,1997:26.

当由国家或政府供给。若只具有非竞争性和非排他性特征之一的物品，是介于纯公共物品和准公共物品之间的这类物品，我们将其称为准公共物品，包括教育、道路、交通、城市公共服务和社会保障等。

其次，根据公共物品是否具有实体形状，可以将其划分为硬公共物品（有形公共物品）和软公共物品（无形公共物品）。所谓硬公共物品是指那些看得见、摸得着的公共物品，如公共设施；软公共物品则主要是指政府所供给的政策、制度和法律等。

最后，根据公共物品的受益范围，可以将其划分为全国性公共物品和地方性公共物品。顾名思义，全国性公共物品就是由国家或中央政府所提供的物品或服务，包括国防、外交及全国性的政策法规等；地方性公共物品则由各级地方政府提供的物品或服务，用于满足当地的社会需求，如地方性政策和城市基础设施等。

4.2.1.3 公共物品的供给方式

关于公共物品的供给方式，以萨缪尔森为代表的福利经济学家认为，由于公共物品兼具非竞争性和非排他性的特征，所以由市场来供给公共物品的成本是高昂的，难以实现公共物品的有效供给，而且在规模经济上缺乏效率，因此，政府较市场供给公共物品具有更高的效率和满足社会的服务需求。❶ 即使是纯公共物品，理论上应由政府提供，但并不意味着由政府直接投资和生产。常见的公共物品供给方式有以下五种。

1. 政府直接供给

政府是公共物品的重要供给者。首先，公共物品的"公共"属性决定了公共物品应由政府供给。公共物品是公众生活的基础要件，是实现社会福利增量发展、满足社会公共需求的基础。其次，公共物品所具有的非竞争性和非排他性使以价格机制为核心的市场不能有效发挥作用，同时，还将导致"搭便车"

---

❶ 陈振明. 公共管理学（第2版）[M]. 北京：中国人民大学出版社，2017：5.

（Free Rider）现象丛生。因此，对于国防、外交等纯公共物品和自然垄断性极高的准公共物品，一般由政府直接供给。

2. 用者付费

用者付费是指消费者由于消费了公共部门所提供的物品或服务而向公共部门进行付费的方式，即将价格机制引入公共服务中，对某些公共服务的供给采取付费的形式。一般而言，采取用者付费具有以下优势：首先，从效率的角度来看，通过在公共服务的供给过程引入价格机制，能够彰显出公众对于公共物品的真实需求，进而有助于规避公众因免费供给而造成的资源浪费行为，增强行政人员的成本意识，还有助于优化资源配置和提高服务质量。其次，从公平的角度来看，用者付费式的公共物品供给所体现的是一种收益原则，遵循"谁受益、谁付费"的原则，即根据直接受益者的受益程度支付相应的成本，付费者所支付的成本与其所获得的服务相一致，有助于克服由于无偿供给所导致的补贴或资助等，保证社会公平。最后，从政府财政的角度来看，在一定程度上，采取用者付费的方式供给公共物品，有助于增加政府的财政收入，缓和政府的财政危机。❶

3. 合同外包

合同外包是指将民事行为中的合同引入公共服务的供给过程，以合同双方当事人协商一致为前提，将以往政府单方面的强制行为转化为合同双方的合意行为。这是一种基于"委托—代理"的服务供给方式，作为委托方的政府首先确定需要什么服务，然后与作为代理人的其他组织签订合同，并监督其他组织的履行合同的整体绩效情况。需要注意的是，在合同外包中，政府和其他组织都是以平等主体的身份进入市场的，且政府不能强制其他组织。因此，合同外包被视为一种有助于提升政府服务水平、缩小政府规模，同时又有助于降低政府部门行政支出的有效供给工具。一般来说，合同外包主要依托竞争性招投标，即通过竞标的方式实现服务的委托。竞标通常包括以下步骤：首先，确定哪些公共服务可以外包，即确定其他组织中标的机会。其次，其他组织在应标

---

❶ 范丽莉.用者付费制度在政府信息服务中的应用[J].情报资料工作，2010（4）：63-66.

书中明确指出将以多高的成本,提供什么质量的公共服务。再次,其他组织向政府明确其定价意向。最后,政府相关部门通过专业评审确定最终将该项服务交由哪一家组织或公司承担。

4. 志愿者服务

由于志愿者组织的活动免受国家强制力和经济利益分配的约束,志愿者组织提供服务,如慈善组织为城乡留守儿童提供食品、教育,为孤寡老人提供陪伴、照护服务,以及疫情防控期间社区志愿者上门进行核酸采集,送菜上门服务等。这一服务供给方式虽然在一定程度上有助于降低政府的财政压力,但是易蜕化为准官僚机构,弱化其社会效益。

5. 合作供给

对于单一主体难以或无法供给的公共物品,通过政府、企业和社会组织合作,是有效满足公众需求的服务供给方式。通过多元主体的互动协作,有助于扬长避短,保障公共物品的有效供给。该模式具有以下两个特征:一是服务主体多元化,对于公共物品的供给,政府不再是唯一的垄断供给者,企业和社会组织也可以发挥重要作用,能够有效规避既往政府的低效和漠视成本的行为。二是服务目标一体化。通过政府、企业和社会组织之间的磋商和调适,有助于在政府、企业和社会组织共赢的基础上,实现公共利益的最大化。❶

4.2.2 外部性矫正

4.2.2.1 什么是外部性

所谓"外部性"(Externality),是指市场交易经常会对第三方或环境产生影响,而这种影响只有依托政府行为才能加以解决。❷根据外部效应的效果可

---

❶ 夏志强,付亚南. 公共服务多元主体合作供给模式的缺陷与治理 [J]. 上海行政学院学报,2013,14(4):39-45.

❷ HUGHES O E. Public Management and Administration: An Introduction (3 Edition) [M]. Beijing: Renmin University of China Press, 2004: 79.

以将外部性划分为正外部性和负外部性。其中，正外部性是指对交易双方之外的第三方带来了正效用，典型的例子就是教育。在一项关于教育的交易中，除了学校和受教育者可以直接从中受益，还会为整个社会带来潜在的正外部效应，即随着公众整体受教育水平的提高，某地的偷盗行为、暴力事件等违法犯罪行为在一定程度上会有所缓解，而其他受益的第三方无须为此支付任何的成本费用。与之相对应，负外部性就是指会对交易双方之外的第三者造成负效应。例如，某一流域的上游和下游，无论是有意为之还是其他情形，当上游的企业将废水、废物等污染物排入河流时，在无形中都会将一部分成本强加给下游居住的居民或企业。因为一旦要继续使用这些水，就需要花钱进行治理，上游的企业向流域排污所造成的污染会对下游的居民及企业产生负外部性。而针对类似的环境问题通常需要借助某种形式的政府行为才能有效应对，单纯依靠市场力量往往是无能为力的。在经济学中，政府矫正外部性的行为又称为外部效应的内在化。简言之，就是政府通过一定的方式对外部效应的边际价值定价，将外部边际效益或成本转化为社会边际效益或成本的行为。❶

> **§ 知识链接**
>
> **外部效应内在化**
>
> 在经济学的视角下，政府对于外部效应的矫正行为又称为外部性内在化或外部效应内在化。该视角认为，既然造成带有外部效应的物品（服务）的市场供给不是过多就是不足的原因在于，私人边际效应或成本与社会边际效益或成本的非一致性，那么，政府的矫正措施就应当立足于调整私人的边际效益或成本，使之与社会的边际效益或成本相一致。当某种物品（服务）的私人边际效益或成本被调整到足以抵消对交易双方之外的第三者所造成的影响（包括正向或负向的影响，第三方不需要支付任何成本就能从中获益或未从中获益却为此支付了成本费用）。也就是说，当交易双方的决策行为考虑了实际的社会边际效益或成本时，我们就认为其实现了外部效应的内在化。综上所述，外部效应内在化的过程，也就是对外部效应的矫正，使资源配置更具效率的过程。
>
> 资料来源：高培勇.公共经济学（第3版）[M].北京：中国人民大学出版社，2012：26-27.

---

❶ 高培勇.公共经济学（第3版）[M].北京：中国人民大学出版社，2012：27.

4.2.2.2 外部性矫正的方式

1. 政府管制

管制是政府与私营企业的本质区别，政府的强制性权力可以通过警察和军队得以强化。管制在本质上是指政府通过相关的法律法规或制度许可或禁止某些经济行为，如政府相关部门为企业所颁发的营业执照、针对国内外贸易所设定的关税、利率及对于毒品交易的严厉打击等。一般而言，管制分为经济管制和社会管制两种。经济管制旨在鼓励或禁止某些经济行为的发生，如政府通过出台相关反托拉斯政策法规来维护市场的正常竞争，避免不正当的垄断。社会管制则主要是通过生产安全、质量把控及环境污染控制等方式保障公众和广大消费者的利益，如政府通过制定环境质量标准，依托法律法规明文规定企业排污的最大限额、禁止企业向河流排污行为等。

2. 庇古税（Pigouvian Taxes）

20世纪初，英国著名的经济学家庇古首次提出通过税收的方式应对环境污染问题。庇古认为，存在诸如环境污染等外部性时，市场机制内难以甚至不能有效发挥作用，需要政府通过税收或补贴的方式加以干预，即"庇古税"。其本质在于将外部收益或成本转化为内部收益或成本，进而实现外部效应的内在化。❶一般来说，庇古税在外部性矫正过程中主要通过课征税收、污染者付费和矫正性财政补贴三种方式来实现。

一是课征税收。针对环境污染等负外部性的矫正，一般采取课征税收的方式，通过对那些具有负外部性的物品或服务征收与其产生的外部边际成本相当数量的税收，促使企业的边际成本与社会边际成本达到相同水平。税收的征收，一方面，会迫使企业提高物品或服务价格，根据供需理论，价格的升高会在一定程度上导致消费者的需求降低；另一方面，需求量的下降又会促使企业降低产量，进而实现减轻污染的目的。例如，若企业不愿缴纳污染税或维持原

---

❶ 朱柏铭. 公共经济学理论与应用（第3版）[M]. 北京：高等教育出版社，2018：96-97.

有的生产规模，那么企业就需要通过引进先进技术等方式优化生产技术，进而实现在同等污染的情况下达成更高或持平的生产。

二是污染者付费。1972 年，经济合作与发展组织指出，"污染者应当承担由政府决定的控制污染措施的费用，以保证环境处于可接受的状态"，控制污染费用包括消除污染、治理污染源和赔偿被污染者的损失。❶ 我国也出台了诸如《中华人民共和国环境保护法》《国务院关于环境保护若干问题的决定》《排污费征收使用管理条例》等政策法规，明确规定了"排污者应当依法缴纳相应的排污费"。污染者付费的核心在于，要求那些向环境排放污染物的污染者（包括企业和个人），都必须向被污染对象直接或间接支付与之相当的污染治理和赔偿费用，促使污染者通过采取（如优化技术或者减少产量等）措施减少排污，进而实现外部效应的内在化。

三是矫正性财政补贴。针对那些提供具有正外部效应物品或服务的企业，政府应当给予与其带来的外部边际效益相当的财政补贴，使企业的边际效益与社会边际效益相一致，以鼓励这些企业在未来提供更多具有正外部性的物品或服务，实现社会福利的帕累托最优。同理，对于那些主动通过降低产量或优化生产技术等方式减少污染排放量的具有潜在负外部性的企业，政府应当针对他们的主动降污减排的行为，给予与这一行为造成的外部边际成本相当的财政补贴，即由政府承担企业降污减排所产生的成本费用，进而实现在促使这些企业在未来继续维持其降污减排行为的同时，吸引更多企业加入降污减排行列，以实现外部效应内在化，增加社会总福利。

3. 基于科斯定理的手段

科斯认为，庇古将外部效应视为一方侵害另一方的单向问题，然而事实并非如此，外部性是具有相互性的。例如，某重金属冶炼厂与附近居民之间的环境纠纷，在不能明确该冶炼厂是否具有污染物排放权的情况下，即使当地居民发现该厂具有向附近河流排放污染物的行为，也不能向其征收污染税，因为该

---

❶ 彭丁带. 控制外国污染转移与污染者自负原则的确立 [J]. 求索, 2007（12）: 83-85.

河流的产权不清晰且不清楚，冶炼厂是否具有污染物排放权。另外，当交易费用为零时，没有必要征收庇古税。因为如果通过交易双方的自愿协商和讨价还价就能实现资源的最优配置抑或降低污染，那么就不需要政府加以干预。当交易费用不为零时，矫正外部性就需要对交易双方的边际成本和收益进行权衡、界定初始产权，以实现资源的最优配置。❶因此，基于科斯定理的外部效应内在化主要有产权界定和产权交易两种方式。

一是产权界定。在科斯看来，只要能够清晰界定交易双方的产权，那么交易双方就可以直接通过讨价还价的方式自由协商和完成交易过程，进而实现资源的最优配置，达到矫正外部效应的目的。❷其中，产权界定就是指通过立法、拍卖等形式，明确规定某物的财产所有权、使用权和经营权等。

二是产权交易。例如，排污权交易就是一种新兴的环境治理制度，由政府依照相关法律、法规事先为企业划定一定数量的排污指标，然后企业之间根据各自的排污需求预算各自的指标，排污指标有盈余的企业可以向那些需要排污指标的企业出售指标。这样既能减少政府的治污成本，又能促使企业通过优化技术达到减少排污、增强企业的环保意识等。科斯手段是一种基于市场的外部性解决方案，但是政府在确定产权、建立交易市场和制定规则方面均要发挥作用。外部效应的矫正除了上述几种常见的方式，还可以通过组织一体化和道德约束等方式来实现。

4.2.3 促进社会公平

我国学者俞可平指出："社会公平就是社会的政治利益、经济利益和其他利益在全体社会成员之间进行合理而平等的分配，它意味着权利的平等、分配的

---

❶ 沈满洪，何灵巧. 外部性的分类及外部性理论的演化 [J]. 浙江大学学报（人文社会科学版），2002（1）: 152-160.

❷ 张思锋. 公共经济学 [M]. 北京：中国人民大学出版社，2015: 46-55.

合理、机会的均等和司法的公正。"❶ 基于上述概念，要实现社会公平，首先要在政策、法律和制度等各方面营造一个公平环境，保证全体社会成员均能够享受到同等的受教育、医疗保护及就业机会等。

市场虽然能够较好地解决效率问题，但难以妥善应对公平问题，主要表现在以下两个方面。首先，市场以"竞争""效率"等词为核心，通过商品交换虽然能够实现既定分配格局下的帕累托最优，但是市场脱离不了其追求效率的本质，即市场难以甚至是不能自动达到社会收入分配所要求的公平状态，难以改变和突破既有的收入分配格局。即使是市场作用发挥较好的地方，其分配结果也不尽如人意。因此，需要政府通过再分配政策、社会保障制度、税收制度等方式来调节和再分配收入及财产，以缩小城乡之间的收入差距，进而实现社会公平。其次，对于失业、工伤、养老、医疗保健及扶弱济贫等社会问题，市场通常是无能为力的，而这些问题一旦长期和大规模存在，将对市场的正常运行造成严重威胁。为此，政府出于对社会整体利益的考量，需要通过出台相应的政策法规、健全社会医疗保障制度等方式来维护社会公平、保障社会的稳定运行。

党的二十大明确指出，要着力维护和促进社会公平正义，促进全体人民共同富裕。其中，社会保障是保障和改善民生、维护社会公平的基本制度保障，社会保障制度体系通过教育福利、医疗卫生服务、社会救助等方式切实保障了全体公民的基本生活权益。❷ 社会保障制度还通过收入再分配合理且有效地缩小了城乡之间的收入差距，促进了社会公平和公民福祉的增量发展。此外，还可以基于受益原则或能力原则课征税收抑或是通过调整税基、税率和设置弹性的税收阶梯征税的方式，实现缩小收入差距、维护和促进社会公平，实现社会整体福利的增量发展。

---

❶ 俞可平.社会公平和善治是建设和谐社会的两大基石[J].中国特色社会主义研究，2005（1）：10-15.

❷ 彭宅文.社会保障与社会公平：地方政府治理的视角[J].中国人民大学学报，2009，23（2）：12-17.

4.3 政府失灵与矫正

4.3.1 政府失灵的表现

在现代市场经济模式中,经济市场波动往往伴随着政府"看得见的手"进行干预与之相适应,但现代市场经济的发展复杂多变,政府失灵是国家的政府干预所产生的一种普遍现象。国内外学者特别是公共选择学派和政策分析家已经对这个问题进行了相当长时间的研究,形成了一些系统性的理论。

4.3.1.1 政府失灵问题的出现

市场经济强调的是一种通过市场进行资源配置的经济体制或经济运行模式,理想状态下,市场会自发地调节社会资源在不同需求者和供给者之间的交换配置,经济会正常运行、人们的财富稳步增长、国家税收获得充盈,似乎可以形成一种几乎完美的经济发展状态。但是,市场的这种调节模式经过历史的验证却表现出了不理想的现实状况,国民贫富差距加大、有效需求不足、生产严重过剩等问题引发了不同时期的经济危机。因此,在现代市场经济中,并"不是纯粹在市场与政府间选择,而是经常在两者的不同结合间的选择,以及资源配置的各种方式的不同程度上的选择"❶。所以,现代市场经济是一种混合经济,在经济发展的不同阶段和不同领域,政府不同职能部门按照各自的职责都在发挥着不同的作用。也就是说,政府干预在经济发展过程中时刻都以各自的形式进行着,只不过在不同的国家或者说不同的政治体制下,政府干预的范围、内容和方式等有所区别。

---

❶ 查尔斯·沃尔夫.市场或政府:权衡两种不完善的选择[M].谢旭,译.北京:中国发展出版社,1994:132.

正因为市场进行资源配置存在缺陷和市场失灵,所以政府干预的合法性和必要性便以此建立,著名的公共选择学派奠基人布坎南在其《自由、市场和国家》一书中曾经指出:"市场可能失败的论调广泛地被认为是为政治和政府干预作辩护的证据。"❶ 但是在后来的经济实践中,政策家和技术专家也遇到了新的问题,那就是作为弥补市场失灵的政府干预手段也会失效,政府失灵同样成为经济发展过程中的一大问题。

从历史上看,以美国为代表的西方国家在"二战"后,纷纷采取了不同的干预措施,由政府出面组织资源调配,使当时的战后经济逐渐从大萧条的阴影中走出来,然而这种政府干预在后续的经济发展中由于政府自身的局限性引发了新的问题。从20世纪70年代开始,西方国家陆续出现的"滞胀"现象——通货膨胀与经济低速增长交织并存,以及一系列经济社会问题,将人们的视线转移到政府失灵问题上。这再一次引发了学者们的思考,市场存在缺陷,政府干预同样也会失灵,市场解决不了的问题,政府干预也不一定有效。政府的过度干预不仅没能解决市场缺陷存在的问题,反而产生了适得其反的副作用。政府失灵给经济社会发展带来了更大的灾难,造成了相当多的资源浪费。为了克服这些问题,以英国首相撒切尔政府率先开始采取的放松政府管制、减少干预,大规模进行私有化、减少政府国有资产等自由化行政措施为代表,西方国家开始的新一轮自由主义思潮及其政策具体化,客观促使了人们由过去关注政府与市场关系问题时的市场失灵分析,转向了对政府行为及其局限性——政府失灵的关注。政府失灵的相关讨论和理论分析,由此开始发展起来。

西方新自由主义思潮在当时对公共行政学科产生了相当大的影响,促进了新的学科方法和视角运用对政府失灵问题进行分析。公共选择学派和政策分析学者都对政府失灵问题进行了相应探讨,其中公共选择学派率先开启了对政府失灵问题较为系统性的分析。公共选择理论简言之就是将经济学中的假设和方

---

❶ 詹姆斯·M. 布坎南. 自由、市场和国家[M]. 吴良健,等,译. 北京:北京经济学院出版社,1988:13.

法运用到政治学科当中。"公共选择是政治上的观点,它将经济学家的工具和方法大量应用于集体非市场决策"❶,因此公共选择理论在广义上来看是经济学和政治学学科交叉融合的理论学派。公共选择理论是非市场决策的研究,遵循经济学的"经济人"假设,认为人是理性的,以实现自身利益最大化为前提,并据此分析政治学科和国家政府领域中的投票、政策博弈、政党政治和官僚机构等问题。因此,可以将公共选择理论认为是,将经济学的基本假设和分析工具应用到政治学中来研究和分析非市场决策或政府决策问题的理论学派。其理论核心关注点是当代市场经济发展条件下政府的干预行为及其局限性和由此产生的政府失灵等问题。

在公共选择学派看来,市场缺陷是存在的,政府干预也是客观需要的。分析政府干预的行为逻辑及其局限性,探究政府干预无法成功弥补市场失灵的原因和完善政府干预的方法是其理论贡献。然而,正如其他任何一个理论学派一样,公共选择理论只是众多闪烁着耀眼光辉的理论宝库中的一种解决问题方式,存在新的对应不足,如对其他公共部门(大学、慈善机构等)的非市场缺陷研究还不足,对公共组织问题的忽视等。它是一个关于政府失灵问题的综合理论,是分析政府失灵问题更宏大系统理论的其中之一。诚如著名学者陈振明所言:"公共选择学派的主要贡献在于证明,市场的缺陷并不是把问题转交给政府去处理的充分条件。"❷

4.3.1.2 政府失灵的表现

总结不同学者的观点,可以将政府失灵的种种表现归纳为公共决策无效或失误、公共物品供给低效、内部性与公共机构扩张属性、寻租与腐败等基本类型。分析非市场缺陷和政府失灵的原因,主要有公共物品供给与需求关系特

---

❶ 詹姆斯·M. 布坎南. 自由、市场和国家 [M]. 吴良健,等,译. 北京:北京经济学院出版社,1988:13.
❷ 陈振明. 公共管理学(第2版)[M]. 北京:中国人民大学出版社,2017:158.

殊性、公共决策过程的内在特点、高效的非政府机制缺失等。可以说，现代市场经济中的政府失灵除了在市场失灵后政府"看得见的手"进行干预时没有发挥作用，政府自身的许多因素也是导致政府失灵形成可预见结果的原因组成部分。

1. 公共决策无效或失误

在当代市场经济生活中，市场经济的运行会受到政府公共政策的影响，政府通过制定和实施公共政策，特别是经济政策，作为基本的行政干预手段来影响经济运行和赋予市场机制地位。同时，国家法律法规、政策条例及政府部门职能，也是现代政府弥补市场缺陷、纠正市场失灵的重要途径。

与市场决策的经济属性相比，公共决策往往面临着更复杂的过程和更多的涉及面，存在各种困难、阻碍和制约因素，使政府并不能制定完美的公共政策。即使一项相对满意的公共政策得以出台，也很难保证得到有效执行实现政策目标，从而导致公共决策无效或失误。公共决策无效或失误不仅不能弥补市场缺陷，纠正市场失灵以形成对市场机制的补充，反而会造成政府失灵新的困境，带来市场资源的浪费和社会性灾难。

根据公共选择理论和政策分析学派的观点来看，公共决策无效或失误主要是由于公共政策出台过程的复杂性，以及公共决策体制机制的内在缺陷等原因造成的，其具体表现为以下几个方面。

第一，作为政府公共决策所要实现的公共利益目标可能并不存在。1951年，著名学者肯尼斯·阿罗曾在其《社会选择和个人价值》一书中提出并证明，社会中的集体利益或公共利益并不是个人利益或个人偏好的简单加总，表明个人利益与集体利益的内在冲突矛盾，这就是著名的"阿罗不可能定理"。该理论向以往传统的这样一种观点进行了质疑，也就是社会个人利益的实现与政府公共决策实现公共利益是一致的，那么公共利益的达成意味着每个人的需求得以满足。阿罗通过验证，发现试图建立一套完美的制度或程序从不同个人的选择中找到符合一致性的理性社会性选择是困难的。个人偏好根据不同的类型进行分类，对个人偏好的简单加总，无法在这些各种偏好中推导出一种一致的共同偏好次序。

第二，虽然实际社会中存在一些个人利益与共同利益达成一致的情况，但是由于公共决策体制的制度性缺陷，同样很难达到众人都满意的最优或最理想决策。公共政策的出台涉及不同的利益相关方，决策阶段要考虑平衡各方利益诉求，因此一项政策进入决策过程就伴随着各方的讨价还价和妥协等，同时决策机制的设计意味着各方意见分量各异。现代政治大多遵循民主原则，投票规则的设计不同，对于最后的公共政策也会有不同影响。现有的投票方式一般有全体一致通过、绝大多数、超过规定半数、相对多数等不同类型，相对应的各种投票方式的决策成本和灵活性差异明显。同时，不同投票方式对绝大多数人共同利益的反映和表达也不尽相同。

第三，决策信息不完全、政策议程偏移、短期利益与长期利益冲突以及先例和路径依赖等因素，都会对合理的公共决策形成制约。在现实生活中，无论是个人、企业决策还是政府决策，决策信息都不可能是完美信息，决策者也不可能是完全理性人。按照西蒙提出的有限理性人的观点，政府公共决策的信息存在不完全的情景，因此很容易致使政府决策出现失误或偏差。政策分析学派承认政府的公共政策议程会受到来自不同方向的影响。金登提出的著名的"三源流理论"就表明了无论是公众舆论还是领导人变更等，都会促使政策议程未必按照已然确定的方向或议题进行。由于政策效果的复杂性和政策分析的专业性，大多数投票人难以预见政策出台的长期利益影响，考虑目前的短期利益，以及政治家或选举任免周期和晋升考量，政策出台面临着短期利益和长期利益张力。政府政策中的先例可能非常成功，同时也获得了公众的普遍支持，因此在后续出台公共政策时会受到先例影响形成路径依赖，然而可能得到并不理想的政策效果导致政策失败的结果。

第四，一项合乎理性的好政策同样面临着政策执行的阻碍。政策出台对于整个决策完整过程只是前端部分，政策效果实现同样受到政策执行情况的影响。

政策执行依赖于政治经济文化环境、财政技术资源、地方利益或执行机构部门利益、政府职能部门之间的协调合作等许多因素和条件，一项政策执行中的任何一个方面出现问题，都可能招致政策失败，出现"上有政策、下有对策"的现象。

2. 公共物品供给低效

现代市场经济中，政府为了弥补市场缺陷，承担着公共物品提供者的角色，但是政府在提供公共物品时，政府角色的特点及公共物品供求关系的特殊性，使政府的供给低效或出现过剩及公共物品成本过高等现象。

第一，无法准确衡量公共物品的价值。公共部门向社会提供的公共物品一般不通过市场进行竞争性供给，特别是国防、法律法规、医疗卫生及社会保障等公共物品。这一类公共物品的供给是为了实现社会价值和社会效益，并不是经济效益，然而对社会效益的衡量及实现情况评估却很难进行。公共物品供给效果对公众的满足程度等都无法客观描述，同时也缺乏一种合理确定社会需求量、供给规模的估算方法技术。

第二，政府对公共物品供给垄断，缺乏竞争。企业在市场中进行竞争性生产销售活动，会促使其采用控制成本和提高利润的相应措施。然而政府的垄断和对公共物品供给的特殊性，使政府可能过多投入资源提供大于社会实际需求的公共物品，出现虚设机构、扩张开支等浪费资源的情况。

第三，政府官员或机构的自利动机和监督缺位。政府提供公共物品，首要出发点是对社会公共需求的满足以实现公共价值。然而，当政府官员为了实现自身的"政绩"目标和晋升需求，或者政府机构为了满足自身部门利益时，有可能将有限的资源投入看起来非常不错的项目中，甚至可能背负巨额负债，导致资源浪费、巨额沉没成本等困境，致使公共政策失败。此外，对政府官员和政府机构的监督机制不健全或监督疲软无力等因素，也会造成公共政策失败，甚至损害公共利益。

3. 内部性与公共机构扩张属性

第一，内部性是导致政府失灵的重要原因。公共选择理论将经济学中的

"理性经济人"假设应用到非市场决策的研究中,假定理性人是以实现自身利益最大化为目标,因此延伸到政府失灵中提出了与外部性导致市场失灵这一重要原因相对应的内部性(Internalities)。内部性是指公共部门及其官员追求实现组织目标或自身利益,而不是为了实现公共利益或公共价值,也称其为公共部门的内在效应。公共部门组织有其自身的组织目标,公共部门官员也有自身的利益考量,在制定公共政策时会内含着其部门利益或官员个人利益,如提高机构预算、增加工资津贴、规避政治风险、分担政策责任、增加部门项目和翻新办公场地等。这意味着公共政策的计算内在地掺杂着公共组织的部门利益,出现巨大的资源浪费和极其不合理的目标设置。

第二,公共机构扩张属性。公共选择理论家们认为,政府部门及其官员,按照经济人模式进行运作,它们的目标是自身利益最大化,如部门希望增加福利待遇等。一般来说,政府机构按照最初设定架构进行"三定",即定机构、定编制和定职责,但是随着陆续的工作展开,这些职能机构会主动进行机构扩张,将原来一个人的工作通过再招进三个人这类形式实现人员扩张,长此以往,就出现了机构规模不断膨胀、人员数量不断扩张的现象。此类现象正如帕金森定律所指出的情形,即无论公共部门的工作量是增加还是减少,甚至无事可做,公共部门机构规模和工作人员数量都会按照同一速度增长。公共部门自身的所有目标实现,都取决并依赖于公共部门的财政预算收入的增加,公共部门及其官员的自利动机最后表现为财政预算收入最大化。这种公共机构的扩张属性现象是存在的,可以看到,中国历次国家机构改革、不同职能部门的增设废止,除了为了适应时代需要和经济发展等原因,帕金森定律所指出的现象也是其影响因素之一。政府机构改革精简然后扩张,再精简,再扩张,经历数次改革不断适应新的经济发展任务。

4. 寻租与腐败

政府失灵的一大基本类型,就是政府在对市场经济的干预过程中发生寻租腐败问题。政府干预市场时,由于政府权力结构设置和对市场管理的内在特点，经常会形成比较集中的经济利益、裁量空间和相对扩散的交易费用。这种出现在政府干预过程中的经济利益被布坎南称为"租金"，即支付给资源所有者的款项中超过这些资源自身在其他任何可以替代的用途中所得到的那一部分额外款项。简言之，租金就是超过了机会成本的收入。租金的存在形成了经济利益，寻租则是为了获得经济利益而对这样的政府干预进行的游说活动，通过各种合法或非法的手段以谋求获得租金的特殊权力，如行贿、跑关系、"走后门"和人情买卖等。换句话说，现代语境中的寻租指的是，利用行政权力获取不正当经济利益的活动，租金也就是政府对市场的行政干预或行政管制而形成的收入。通过寻租活动获取租金，会导致原本能够有效进行配置资源的市场机制在行政权力干预下变得扭曲，进而使资源配置低效无效，甚至会损害市场的正常生产活动和生产积极性。在租金诱惑下，政府内部的某些官员就会为了获得经济利益，不惜争权夺利，造成对外和对内的腐败滋生，严重影响政府的公信力，对公共政策的制定和执行形成巨大阻碍，行政运行低效、紊乱，致使政府失灵。

对于市场缺陷和市场失灵所不能解决好的问题，政府也不一定能解决好，甚至可能会带来更糟糕的后果。公共选择学派和政策分析理论家们对政府失灵的观察认为，市场失灵并不是把问题交给政府解决的充分条件，政府失灵和市场失灵一样存在。政府失灵启示我们，在现代市场经济中，必须重视辨别市场与政府各自边界，重视政府干预行为的限度、范围和方式，把政府该管的管起来，不该管的不要过多干预，及时、适时进行政府行政体制改革以提升政府工作效率，注重新科技新技术的应用促进行政变革，加强公共政策出台的科学性，坚持高压反腐败态势，杜绝寻租腐败的滋生土壤。

4.3.2 有效市场和有为政府

厘清政府和市场的关系、辨别政府和市场的边界，一直以来都是中国经济

第4章 政府作用

体制和行政体制改革的重点,也是一项与改革长期相伴的课题。自党的十四大提出我国经济体制改革的目标是建立社会主义市场经济体制以来,党关于社会主义市场经济体制的认识和实践把握不断加深。社会主义市场经济,就是在社会主义条件下实行市场经济。❶ 社会主义市场经济既具有市场经济的普遍特征,要求尊重市场配置资源的高效率,同时又属于社会主义条件下的经济模式。党的十八大以来,在以习近平同志为核心的党中央的领导下,我们党对社会主义市场经济规律的认识和把握达到了一个新的高度,通过不断地经验总结和实践积累形成了习近平经济思想。

2013年,党的十八届三中全会明确了市场在资源配置中起决定性作用,"市场经济的显著特征,是市场交换规则普遍化,即市场在资源配置中起决定性作用,促进资源配置依据市场规则、市场价格、市场竞争实现效益最大化和效率最优化。其作用主要体现在,以利润为导向引导生产要素流向,以竞争为手段决定商品价格,以价格为杠杆调节供求关系,使社会总供给和总需求达到总体平衡,生产要素的价格、生产要素的投向、产品消费、利润实现和利益分配主要依靠市场交换来完成。"❷ "决定性作用"的提法,是我们党在理论上的又一重大飞跃。市场在资源配置中起决定性作用,是经过人类世界几百年经济实践和中国改革开放实践经验检验的正确结论,在市场经济条件下,没有任何力量比市场的作用更有效、更广泛、更可持续。因此,只要施行市场经济,就必须要充分尊重市场地位。市场经济改革方向,核心问题就是处理好政府和市场的关系。❸ 使市场在资源配置中起决定性作用,并没有否认或忽视政府作用,反而要求更好地发挥政府作用,形成有效市场和有为政府的良好经济局面。

---

❶ 高尚全.有效市场和有为政府(修订版)[M].北京:中国金融出版社,2017:51.
❷ 党的十八届三中全会《决定》学习辅导百问(第8章)[M].北京:党建读物出版社,学习出版社,2013.
❸ 习近平.习近平著作选读(第一卷)[M].北京:人民出版社,2023:183.

4.3.2.1 有效市场

资源是有限的、稀缺的，这是任何一本经济学著作都会提到的经济假设前提，也是对现实世界的真实反映。自人类诞生交易行为以来，资源在不同的供给者和需求者之间的调配置换是自发形成的。人们的差异性需求在此行为中得到满足，经济学家们沿着人类经济行为不断总结着新的经济理论，但不置可否的是，市场以极其高效的机制实现资源在人类社会中的交换配置。

在现代市场经济条件中，市场在资源配置中起决定性作用，这是有效市场的基础。"所谓'决定性作用'，是指市场在所有社会生产领域的资源配置中处于主体地位，对于生产、流通和消费等各环节的商品价格拥有直接决定权。'决定性作用'意味着，不能有任何力量高于甚至代替市场的作用。市场决定资源配置的机制，主要包括价格机制、供求机制、竞争机制及激励和约束机制。"[1] 简而言之，有效市场不仅将市场在资源配置中的地位置于首位，同时也要求实现市场的资源配置功能能够高效实现，使其在要素流通、价格确定、商品消费等各个环节能够保证市场效率，以确保不出现市场失灵或失控的状态，同时还要促进新技术和新科技的创新发展。这意味着有效市场就像硬币的两面，不是单纯地强调市场经济客观规律，而是在尊重和遵循客观规律的基础上发挥市场的积极功能，规避市场失灵等情况，保证社会主义市场经济在充满活力的同时又不处于各种风险之中。

4.3.2.2 有为政府

在处理市场和政府的关系时，有为政府突破了传统政府职责履行的单一面。政府不仅要履行职责，而且要正确地履行职责，这是对政府发挥其角色定位作用上的进一步要求。

---

[1] 党的十八届三中全会《决定》学习辅导百问（第8章）[M]. 北京：党建读物出版社，学习出版社，2013.

党的十八届三中全会《决定》提出:"全面正确履行政府职能,是完善社会主义市场经济体制,处理好政府和市场关系,使市场在资源配置中起决定性作用,更好发挥政府作用的关键环节。"中国特色社会主义市场经济中,有为政府应当是维护公平竞争、保障经济主体合法权益、保持经济社会稳定的制度建设者和保护者。从公共管理学科角度来看,有为政府不仅是学科传统意义上的公共物品和公共服务的提供者、公共秩序的维护者、收入和财富的再分配者,而且也是社会主义市场经济健康有序、高效发展的引导者和新质生产力的催生者。更进一步说,新时代有为政府的职责和作用,主要是保持宏观经济稳定,加强和优化公共服务,保障公平竞争,加强市场监管,维护市场秩序,推动可持续发展,促进共同富裕,弥补市场失灵。❶

有为政府如果要全面正确履行职能,达到上述对有为政府的价值要求,就需要进一步简政放权,提升政府精准治理能力,解决越位、缺位和错位问题。

第一,政府行政改革要坚持市场化方向。清退废止不合理或有悖于市场经济发展的法律法规、管理条例,减少不必要的审批流程,废止对具体冗余细微环节的管制,减少以政府决策代替甚至管制市场决策或企业决策,把属于企业决策范围的事务归还给企业,把属于市场决策范围的事务归还给市场。

第二,有为政府需要政府积极有作为且要正确作为,避免政府失灵。充分尊重市场地位并不代表对市场的全面去政府化,而是对政府职责发挥效率的新要求,政府要在关键位置和市场环节将监督职责实实在在地履行到位,对管制痛难点实施精准治理,特别是在如粮食安全、食品健康等政府应出现并积极发挥政府作用的行业、环节、位置上,更需要"对症下药"实现"药到病除",解决越位制约市场活力、缺位引发市场混乱、错位导致市场低效的问题。此外,政府积极作为不是乱作为、胡作为,需要避免政府失灵。

第三,有为政府应当对时代变化和市场规律进行积极反应。具体来说,有

---

❶ 党的十八届三中全会《决定》学习辅导百问(第28章)[M].北京:党建读物出版社,学习出版社,2013.

为政府要随着时代的客观变化而不断辨别政府和市场的界限，不断改革不合时宜的政府职能和机构。"改革没有完成时，只有进行时"，市场和政府的界限也会不断变化，有为政府既要发挥好传统职能作用，又要依据新问题、新矛盾进行自我革命。

总的来说，有效市场和有为政府这是一组二元共生体，是当前对我国社会主义市场经济发展前景的内在要求。有效市场的建设离不开有为政府，有为政府的实现促进有效市场，实现彼此成就互相利好的良性闭环，这是对"市场在资源配置中起决定性作用和更好发挥政府作用"的客观反映。未来在我国社会主义市场经济的发展实践中，要不断地进行经验总结和理论更新，以螺旋上升的方式加深对有效市场和有为政府的认识，探索实现中国特色社会主义市场经济发展新局面。

思考题

1. 市场失灵有哪些表现？
2. 政府应当如何应对市场失灵？
3. 政府失灵的表现有哪些？
4. 有效市场与有为政府的关系是什么？

参考文献

[1] 陈振明. 公共管理学（第2版）[M]. 北京：中国人民大学出版社，2017.

[2] 约翰·伊特韦尔，等. 新帕尔格雷夫经济学大辞典 [M]. 陈岱孙，译. 北京：经济科学出版社，1992.

[3] 朱富强. 国家性质与政府功能：有为政府的理论基础 [M]. 北京：人民出版社，2019.

[4] 张成福. 公共管理学 [M]. 北京：中国人民大学出版社，2007.

[5] 张维迎. 经济学原理 [M]. 西安：西北大学出版社，2015.

[6] 颜家水等. 经济学基础（第2版）[M]. 北京：人民邮电出版社，2020.

[7] 保罗·萨缪尔森，威廉·诺德豪斯.经济学[M].18版.萧琛，等，译.北京：人民邮电出版社，2005.

[8] 欧文·E.修斯.公共管理导论（第3版）[M].张成福，等，译.北京：中国人民大学出版社，2004.

[9] 维托·坦茨.政府与市场：变革中的政府职能[M].王宇，译.北京：商务印书馆，2014.

[10] 肖建辉.基于政府干预理论的中国供应链稳定性研究[J].当代经济管理，2022，44（5）.

[11] 谢自强.政府干预理论与政府经济职能[M].长沙：湖南大学出版社，2004.

[12] 保罗·A.萨缪尔森，威廉·D.诺德豪斯.经济学（第12版）[M].高鸿业，等，译.北京：中国发展出版社，1992.

[13] 斯蒂格利茨.经济学[M].梁小民，译.北京：中国人民大学出版社，1997.

[14] 世界银行.1997年世界发展报告：变革世界中的政府[M].北京：中国人民大学出版社，1997.

[15] 范丽莉.用者付费制度在政府信息服务中的应用[J].情报资料工作，2010（4）：63-66.

[16] 王雁红.公共服务合同外包：一个研究综述[J].天府新论，2012（2）.

[17] 夏志强，付亚南.公共服务多元主体合作供给模式的缺陷与治理[J].上海行政学院学报，2013，14（4）.

[18] OWEN E H. Public Management and Administration：An Introduction（3 Edition）[M]. Beijing：Renmin University of China Press，2004.

[19] 高培勇.公共经济学[M].3版.北京：中国人民大学出版社，2012.

[20] 朱柏铭.公共经济学理论与应用[M].3版.北京：高等教育出版社，2018.

[21] 彭丁带.控制外国污染转移与污染者自负原则的确立[J].求索，2007（12）.

[22] 沈满洪，何灵巧.外部性的分类及外部性理论的演化[J].浙江大学学报（人文社会科学版），2002（1）.

[23] 张思锋.公共经济学[M].北京：中国人民大学出版社，2015.

[24] 俞可平.社会公平和善治是建设和谐社会的两大基石[J].中国特色社会主义研究,2005(1).

[25] 吴健，马中.科斯定理对排污权交易政策的理论贡献[J].厦门大学学报（哲学社会科学版），2004（3）.

[26] 彭宅文.社会保障与社会公平：地方政府治理的视角[J].中国人民大学学报，2009，23（2）.

[27] 查尔斯·沃尔夫. 市场或政府：权衡两种不完善的选择 [M]. 谢旭，译. 北京：中国发展出版社，1994.

[28] 詹姆斯·M. 布坎南. 自由、市场和国家 [M]. 吴良健，等，译. 北京：北京经济学院出版社，1988.

[29] 高尚全. 有效市场和有为政府（修订版）[M]. 北京：中国金融出版社，2017.

[30] 党的十八届三中全会《决定》学习辅导百问 [M]. 北京：党建读物出版社，学习出版社，2013.

[31] 习近平著作选读（第一卷）[M]. 北京：人民出版社，2023.

第 5 章 公共政策

夫为治者无忧政令之不行也，忧其弗宜而已。

——[清]王柏心《审宜》

引 子

"忧其弗宜而已"表明治理者的关切点在于政令是否符合实际情况，是否适应社会的需求和变化。这提醒治理者在政令发布后要密切关注执行细节，确保政策能够得到贯彻实施。公共政策的核心是解决社会问题、实现公共利益。公共政策研究是公共管理学科的重要组成部分。公共政策研究基于现有的政策理论（多源流、倡议联盟、间断均衡和模糊冲突等），旨在分析公共政策的制定、执行和评估等过程，以提高公共政策的制定和执行效率，促进公共利益的实现。

重点问题

» 公共政策的概念、发展脉络和分类

» 公共政策的理论

» 公共政策的过程

5.1 公共政策概述

5.1.1 公共政策概念

人们对公共政策的定义存在较大争议。例如，托马斯·戴伊将公共政策描述为政府选择做或不做的事情。❶ 他的定义强调了政府在公共政策制定中的主导作用，突出了政府回应社会问题和挑战的责任。在这个基础上，威廉·詹金斯将公共政策定义为由一个政治行为者或一组行为者作出的一系列相互关联的决定。这些决定涉及在特定情况下选择目标和实现这些目标的手段，这些决定原则上应该在这些行为者的权力范围内实现。❷ 詹金斯将政策制定视为一个内在的动态过程，并明确承认政府很少通过单一决策解决问题。他还改进了戴伊的定义，认识到政府制定和实施决策的能力对公共政策制定和政策产出会产生重大影响。与上述学者不同，伊斯顿从对政治活动的研究切入，站在动态的政治系统角度考虑权力、价值等政治因素，将公共政策界定为对全社会的价值所做的权威性分配。❸ 在西方公共政策理论发展的背景下，自 20 世纪 80 年代起，随着政治学、行政学研究的复兴而逐步展开，我国的公共政策研究对公共政策内涵的界定已有许多论述。陈振明认为："政策是国家机关、政党及其他政治团体在特定时期为实现或服务于一定社会政治、经济和文化目标所采取的政治行为或规定的行为准则，它是谋略、法令、措施、办法、方法和条例等的总称。"❹

结合上述文献，我们可以对公共政策进行定义：公共政策是为了实现公共

---

❶ DYE T R. Understanding Public Policy [M]. Florida：Pearson，2013：1.
❷ JENKINS W I. Policy Analysis [M]. London：Martin Robertson，1978：36.
❸ EASTON D. The Political System [J]. New York：Knopf，1953：129.
❹ 陈振明. 公共政策分析 [M]. 北京：中国人民大学出版社，2003：2.

利益，由政府或政治行动者制定的一系列相互关联的决定。这些决定涉及在特定情境下选择目标和实现这些目标的手段。其内涵包括以下内容：一是公共政策的基本特征。公共政策是政府或政治行为者为实现公共利益而制定的一系列相互关联的决策。二是政府的主导作用。公共政策的制定和实施通常由政府或政治行为者主导。然而，政府往往并不是唯一的决策者，也会受到其他利益相关者的影响和参与。三是多元利益和参与者。公共政策的制定和实施往往涉及多元利益和参与者，他们在公共政策制定和实施中扮演着不同的角色并发挥着不同的影响力。四是权力和价值的分配。公共政策的制定涉及权力和价值的分配问题。政治因素、社会价值观念及利益博弈等因素，会影响公共政策的形成和执行过程。

5.1.2 公共政策的发展脉络

"二战"后，各国面临着重大的社会问题，如战后重建、失业、社会福利、教育和卫生等。这些问题促使政府采取干预措施，需要政策分析和评估。身处去殖民化、战争后重建及新的国家治理机构建立时代的政治学研究者，致力于将其研究与正义、公平及追求经济、社会和政治发展等议题融合，以探索新的发展途径。对政府机构感兴趣的学者一直在对立法机构、法院和官僚机构进行详细的实证研究，但普遍忽视了这些机构的规范方面。尽管这些研究在注重细节和程序方面表现出色，但大多是描述性的。在"二战"后，政治学研究者努力寻求一种方法，将他们对政府程序、结构的审查更直接地与实质性的正义问题联系起来。在这个变革和重新评估的背景下，涌现了几种新的研究方法。一些方法侧重人类行为的微观层面，关注公民、选民、领导人和追随者的心理；另一些方法则关注宏观层面，如国家社会和文化的特征或国家和全球政治制度的属性。在寻求更直接的理论与实践关联时，学者们不断尝试新的途径，同时也意识到了这些方法的限制和挑战。

在 20 世纪 50 年代到 60 年代中期，政策研究领域发展的主要推动力来自运筹学家、系统分析家和应用数学家。"二战"后，智库成为政府政策制定的重要支持机构。这些智库提供政策分析、建议和咨询，为政府决策提供科学依据。拉斯韦尔与勒纳合著的《政策科学：范围与方法的新近发展》于1951年出版，标志着政策科学的产生。拉斯韦尔提出，政策科学有三个明显的特征，可以将其与早期的方法区分开来。第一，政策科学是多学科的。多学科意味着政策科学应该摆脱对政治制度和结构的狭隘研究，拥抱社会学和经济学、法律和政治学等领域的研究成果。第二，政策科学是以问题为导向的。通过解决问题，将自己定位在解决现实世界的问题上，而不是参与深奥的学术辩论上。第三，规范性。明确规范性意味着政策科学不应该披着科学客观性的外衣，而应该认识到在研究政府行为时不可能将价值和技术分开。

而 20 世纪 70 年代以后，政策分析途径崭露头角，其应用性更为突出。政策分析以提供具体政策建议或备选方案为核心，对现实具体的政策问题关注更为集中。在某种程度上，政策科学已经开展了大量关于许多政府活动的实证和理论研究。拉斯韦尔的早期努力仍然很有价值，并继续为公共政策研究提供基础。

5.1.3 公共政策的类型

政府制定政策通常是为了实现特定的职能，而政府具有以下几个方面的职能：维护政府权力和治理体系的稳定与有效性；促进经济增长和维护稳定的通胀；促进文化多样性和文化产业的发展；解决保障社会福利和公平正义；实现资源的可持续利用和环境保护。根据上述职能，公共政策区分为政治政策、经济政策、文化政策、社会政策及资源政策。上述分类依据涵盖了公共政策领域的主要内容，能够全面反映政府在不同领域的职责和行动。

5.1.3.1 政治政策

政治政策在国家治理中扮演着核心的角色，跨足多个领域，包括政治体制改革、军事政策、民族政策、外交政策、人事政策、国家安全政策和国防政策。政治体制改革是国家治理的关键方面，旨在通过对政治制度和机构的调整和改革，提升治理效能、加强法治体系，以及促进更广泛的民主参与。这包括对选举制度、行政管理体制等的调整，以适应社会发展的需要。人事政策是政治政策中的一个重要组成部分，它涉及领导人的任命和政府机构的组建。有效的人事政策对于确保政府高效运作、实现施政目标至关重要。领导人的任命需要考虑其背景、能力及对国家发展的贡献，而政府机构的组建则需要科学合理地配置各部门职责，以实现协同作战。国家安全政策和国防政策直接关系到国家的整体安全和国防力量的建设。国家安全政策包括维护国家的内外安全，打击恐怖主义、维护社会稳定等。国防政策则着眼于军事战略、武装力量的建设和军事外交，以确保国家在面临各种威胁时具备足够的应对能力。

5.1.3.2 经济政策

经济政策是为了实现国家的经济稳定和持续发展而制定的一系列方针和措施。在财政税收政策方面，着眼于如何调配国家财政资源，通过税收体系的设计和调整，实现财政收入的合理分配。在货币利率政策方面，关注货币供应和利率水平对经济的影响。在产业结构政策方面，涉及优化国家产业布局和促进产业升级。通过引导资源和资金流向不同产业领域，增强经济的竞争力和可持续增长。在技术开发政策方面，着眼于促进科技创新和研发投入，以推动经济的技术升级和创新驱动发展。在价格政策方面，通过市场机制和价格杠杆来维护价格的稳定性，防止通货膨胀或通货紧缩对经济造成不利影响。在信息管理政策方面，建立健全的信息基础设施，促进信息化发展，推动数字经济的崛起。

5.1.3.3 社会政策

社会政策的核心在于提升人民的生活质量和维护社会的安定。在这一领域中，人口政策旨在引导人口结构的合理发展，以应对人口变化带来的挑战。通过制定人口政策，国家可以调整生育政策、教育政策等，以促进人口的良性发展，维护社会的平衡和稳定。同时，社会保障政策是社会政策的重要组成部分，其关注点主要在于实现社会公平和提升整体福祉。通过建立完善的社会保障体系，国家可以保障公民在面对生、老、病、死等风险时，能够获得基本的经济和医疗保障，从而减轻社会不平等的压力，提高社会的整体稳定性。治安政策是社会政策的另一方面，其目标在于维护社会秩序，确保人们生活在一个安全的环境中。通过加强执法力度、预防犯罪、维护公共安全等手段，国家可以有效地提升社会的治安水平，使人们生活得更加安心。

5.1.3.4 文化政策

文化政策致力于文化事务的管理和文化产业的发展。在文化管理方面，政策关注文化遗产的保护和传承，包括对历史文化遗址、传统艺术和语言等文化元素的保护。在文化产业方面，政策鼓励文艺创作、文化产品的生产和文化产业的发展，包括对文艺工作者的支持、文化企业的培育，以及文化产品的推广。在卫生保健体系建设方面，政策关注医疗资源的合理配置、基层医疗服务的建设和医疗体系的健全，包括医疗设施的建设、医生和护士的培训、医疗技术的更新等。在公共卫生事务管理方面，政策关注疾病预防、公共卫生应急响应和卫生宣教等。卫生健康政策的目标是提高全体国民的身体素质，降低疾病发生率，确保社会所有人的整体健康水平。这也包括应对突发公共卫生事件的应急机制和卫生知识的推广。

5.1.3.5 资源政策

资源政策涵盖环境保护政策和能源政策。能源政策关注确保国家的能源供应，包括对传统能源如石油、天然气和煤炭的管理，以及对新兴能源形式（如太阳能、风能、核能）的发展。能源政策通常倡导增加可再生能源的比例，以减缓对有限资源的依赖，降低对环境的影响，并推动清洁能源的使用。为促进可持续能源的研发和应用，能源政策可能支持技术创新和投资，以提高能源效率和减少对不可再生能源的依赖。环境保护政策和能源政策在资源政策中相互协同作用。例如，推动可再生能源的利用，既有助于减少对传统能源的需求，也有助于降低环境影响。资源政策旨在实现可持续资源管理，通过合理利用和保护资源，以满足当前和未来需求，同时最小化对生态系统和环境的负面影响。

5.2 公共政策理论模型

5.2.1 多源流理论

多源流理论由约翰·金登于 1984 年在《议程、备选方案与公共政策》中提出，旨在阐明对议程设置现象的复杂影响，或者为什么某些政策问题出现在决策者的议程上，而其他政策问题却没有变得突出。多源流理论对议程设置过程的概念化与理论假设密切相关，即决策者作为有限理性行为者的局限性：决策者有选择地关注问题，寻找满意而不是最优的解决方案。多源流理论承认政策过程充斥着模糊性、随机性和非理性，通常像有组织的无序状态一样运作，其中政策参与者持有不明确的偏好并获取不完整的信息。在这种情况下，问题源流、政策源流和政治源流大多彼此独立发展，直到政策窗口打开，政策企业家将这三条源流连接起来。例如，一个组织可以制定一个有利于其成员的政策解决方案，并为了增加其颁布的机会，将其与决策者认为他们应该并且能够解决的问题联系起来。即使他们还没有这样做，决策者也可能被迫在完全理解问题或形成偏好之前选择解决方案，这凸显了在突出的政治时刻拥有预先制定的政策的力量。理论框架如图5-1所示。

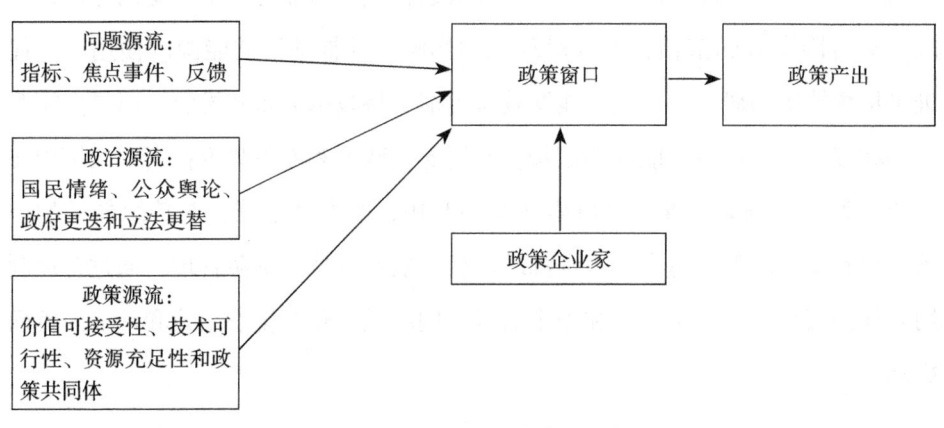

图 5-1　多源流的理论框架

5.2.1.1　问题源流

问题源流是影响社会状况和政策制定的关键因素或事件，主要通过指标、焦点事件和反馈来衡量和识别。如果问题源流成熟，就可能会出现政策耦合。关于问题源流的测量主要有以下三个方面：①指标。指标是指问题的度量，描述了用于量化特定问题的数据类型和数字测量。政策制定者很容易被指标的突然、急剧的变化所吸引，因为这表明社会状况正在恶化。例如，国内生产总值突然下降、犯罪率飙升等方面的变化，可以引起政策制定者的关注，使其成为议程制定和政策变化的先兆。②焦点事件。焦点事件指的是突如其来、相对罕见、有害的、集中的、被政策制定者和公众几乎同时知道的事件。由上可知，对焦点事件的测量标准如下：一是突然发生；二是相对少见；三是规模大；四是同时被决策者和公众知道。焦点事件的常见测量包括经济危机、政治丑闻和区域性自然灾害等。③反馈。反馈是涉及公民、科学界向政府或其他管理项目提供信息、投诉、建议或报告的过程。政策精英不断收到有关现有政府计划运作的反馈，并听到有关公共问题被忽视或忽视的投诉。此外，在各种非官方场合中，科学界有时在向政策系统提供信息反馈方面发挥关键作用，特别是对于那些涉及科学和技术不确定性和复杂性的问题。通过科学研究活动和产品（调查、报告、期刊文章和学术书籍），科学界提供有关自然和社会条件的数据，评估政策计划并确定问题。

5.2.1.2 政策源流

政策源流是由政策制定者、专家、学者和游说团体共同关注的潜在政策建议。政策源流包括对公共问题的解决方案，这些解决方案相互竞争赢得政策网络的认可。由于可行的解决方案需要时间来制定，因此问题和解决方案之间的联系不一定是线性的；解决方案可能会在问题进入公众视线之前就被开发出来。可能影响政策源流的成熟的因素有以下四个：一是可能幸存下来的提案符合现有的价值约束（价值可接受性）；二是实际实施提案的技术存在较高的可能性（技术可行性）；三是提案所需的资源是可获得的（资源充足性）；四是还有政策共同体（政策网络）。政策社群中开发和完善的政策替代方案如果满足某些标准，例如，技术可行性或与社区价值观的一致性，则它们会继续存在。因此，评估政策源流的成熟度相对较难，因为需要收集大量数据来识别此类政策替代方案是否符合标准。也许可以通过更直接的指标来捕捉政策，如分析与财政相关的政策，使用公共债务偿还、赤字是技术上可行的合理指标。因此，如果一项政策提案不符合遴选标准，那么被耦合的可能性就会大大降低。一般而言，成功的耦合需要在政策源流中提供可行的替代方案。如果没有准备好实施的解决方案，耦合的可能性就会显著下降。

5.2.1.3 政治源流

政治源流是指议程或关注产出的制度和文化背景，其测量指标包括国民情绪和公众舆论、利益集团运动、政府更迭和立法更替等因素。国民情绪是指公众对与政策问题相关的问题、价值观或解决方案的总体取向。政党意识形态是指政党在相关机构内的总体取向。政党意识形态通过抑制或促进选择来引导政党在机构内的行为。政府更迭则指政治角色更换。还有更复杂的测量方法：对政治参与者和政府政党的偏好变化进行编码。此外，媒体报道会影响民选和非民选政客如何看待民族情绪。由于政治家的看法是定义民族情绪的关键，因此学者们必须收集第一手信息（如来自采访或自传）来测量它。尽管民族情绪、利益集团和政府等变量对政策制定都很重要，但政治源流的所有要素都必须支持改革才能使改革走向成熟吗？可能不是，将主要利益群体的资源应用于提案并不一定能带来成功。因此，对有影响力的利益集团来说，改变议程是可能的，但是在什么条件下改变现有研究并没有定论。此外，民族情绪很难通过实证来确定，特别是考虑到不能将民族情绪与民意调查结果混为一谈。经验证据似乎确实表明，利益集团对议会制度的议程设置产生了相当大的影响。同样，随着政党意识形态作用的下降和选民波动性的增加，政策制定者似乎比以往任何时候，都更加警惕公众舆论及其政策影响连任机会的方式。这将意味着无视这些重要因素，可能会大大降低框架的解释力。因此，不仅要把政党置于议会制度政治源流的中心，同时还保留了政治流派的其他要素，并将它们与政党的行为联系起来。

5.2.1.4　政策企业家

政策企业家能够在相关否决参与者之间建立足够的支持，但政策企业家对多源流成功的耦合取决于三个关键因素：资源、接触关键决策者的机会及他们采用的策略。应该将政策企业家精神理解为一个过程，而不仅仅是关注个体政策企业家及其具体特征。政策企业家对社会具有更广泛的功能，这种创新功能不仅为政策体系提供了学习和适应能力，也为整个社会提供了学习和适应能力。企业家愿意承担风险，可以通过创建和塑造敏捷、灵活的组织，从而实现创新变革。政策企业家还可以教会人们将社会、技术、经济和人口变化视为机遇，并发展在应对问题方面具有创业精神和创新精神的公共组织。政策企业家需要从事四个方面的任务：一是显示社会洞察力。变革推动者在理解他人和参与政策对话时，必须表现出高度的社会敏锐度或洞察力。二是定义问题。政策学者对问题定义的政治动态进行了广泛的探索。三是组建团队。政策企业家是团队合作者。政策企业家真正的力量来自与他人有效合作的能力。四是以身作则。当政策企业家以身作则时，表明了他们对改善社会成果的真正承诺。这可以在很大程度上赢得他人的信任，从而为变革创造动力。不过，由于定义不够清晰，实证研究很少考虑政策企业家的检验。

5.2.1.5 政策窗口

政策窗户的打开目前来说并没有明确的标准，不一定要求所有的政策源流都实现成熟。实际上，只有 1/3 左右的多源流理论的实证研究中会同时包含政策源流、问题源流、政治源流、政策企业家和政策窗口。❶ 在某些情况下，如地震、火灾等焦点事件使不同的源流将结合在一起，为企业家提供机会之窗，将他们偏好的问题和解决方案转移到政府议程上。尽管焦点事件发生的时间可能是偶然的，但可能也是可预测的。政策窗口在问题源流或政治源流中打开。反过来，政策耦合的类型是基于政策窗口的类型。例如，问题源流中的窗口预计会导致相应的耦合。在这里，关键的挑战是在窗口再次关闭之前相对较快地找到问题的解决方案。相比之下，政策源流中的窗口也可以导致耦合，其中关键活动是将问题与预定的解决方案相匹配。打开政策窗口的近似触发因素对耦合过程和所考虑的政策类型有影响。政治窗口（如由政府更替在政治源流中引发的窗口）也有利于理论耦合过程，即执政党寻找机会应用他们喜欢的政策解决方案，这可能导致象征性的政策制定。因此，政策制定过程的结果可能会为

---

❶ JONES M D, PETERSON H L, PIERCE J J, et al. A River Runs Through It: A Multiple Streams Meta-review [J]. Policy Studies Journal, 2016, 44（1）：13-36.

触发政策窗口打开的原因提供线索。但是，不能根据了解打开的政策窗口的类型来预测耦合成功，因为窗口仅代表操作的机会，而不一定会耦合成功。

5.2.1.6 多源流理论的局限性

多源流理论不仅应用在美国等国家，对于其他国家也具有解释力。因为在处理有限资源的同时，总是需要将解决方案与问题相匹配。例如，有文献使用多源流理论来解释中国出租车方面的议程设置的问题。❶ 多源流理论早期主要应用在政策制定方面，但近年来多源流理论被应用到了解释议程设置或政策采纳、政策实施、政策扩散和政策终止等方面。不过，多源流理论也有一定的局限性。

一是概念界定不清晰。目前，似乎不存在对多源流理论的普遍理解，而是存在各种版本的框架，很难进行横向比较和知识积累。尽管多流框架被认为作为一种政策理论具有很高的潜力，但批评者指出，该框架的广泛应用大多是启发式的，关键概念被用作概念工具，而不是应用理论来解释因果机制。

二是因果关系难以被证伪。多源流理论认为，议程的改变与问题源流、政治源流和政策源流的成熟度有因果关系。由于问题源流或政治源流的变化而打开的政策窗口。但是，通过定量捕获所有这些关系的相互作用较为困难。而且多源流框架的可检验的假设很少，目前大部分研究都是基于案例研究。此外，一些学者使用交互项、定性比较分析等方法，来对上述问题进行检验并试图解决上述问题，不过依然存在较大的提升空间。

三是源流之间可能不是相互独立的。在多源流中，不同的源流之间是相互独立的，每个源流都遵守自己的动态和规则。但在现实中，源流之间可能会相互作用。例如，为解决一个问题（如缺乏公共资金）而制定的政策（如私有化），最终可能解决另一个问题（如创造创业文化）。同样，政策源流可以受

---

❶ 魏淑艳，孙峰."多源流理论"视域下网络社会政策议程设置现代化——以出租车改革为例 [J]. 公共管理学报，2016，13（2）：1-13，152.

到国际转移的影响,问题源流和政治源流是在国内构成的。可见,一个国家的政策变化可能会受到其他国家政策变化的影响,特别是在贸易、投资和金融等领域。因此,政策源流并非完全独立于其他国家的政策和行为,而是可能受到国际转移的影响。

5.2.2 倡议联盟框架

倡议联盟框架是一个旨在处理复杂公共政策问题的政策制定框架,已被实证证明是研究信仰体系和政策学习有用的公共政策框架之一。倡议联盟框架由萨巴蒂尔(Sabatier)和詹金斯–史密斯(Jenkins-Smith)于20世纪80年代后期创建,它整合了政策周期的大多数阶段,并将科学和技术信息置于其许多假设的中心位置。❶❷ 很多研究在很大程度上证实了联盟存在于有争议的政策子系统中的预期。有学者发现,倡议联盟框架关于政策子系统中相互竞争的倡议联盟的存在和稳定性的假设、其三层信仰体系中变化的发生,以及其政策变革的四种途径的可信度,这些途径在中国情境下是可以印证的。倡议联盟的理论框架如图5–2所示。

5.2.2.1 倡议联盟的假设

在个人层面上,倡议联盟假设个人是有限理性的,并依靠信仰体系来塑造政治行为。在联盟层面,倡议联盟假设个人将寻找盟友,共享资源并制定战略,以确保政策反映他们的信仰。此外,基于前景理论,倡议联盟框架假设人们记住的损失多于收益。这意味着个人容易高估了对手的力量和恶意。最后,倡议联盟框架关注长期变化,建议通过至少十年的时间来了解政策过程和变

---

❶ SABATIER P A. An Advocacy Coalition Framework of Policy Change and the Role of Policy-oriented Learning Therein [J]. Policy Sciences,1988,21(2-3):129-168.

❷ JENKINS-SMITH H C. Analytical Debates and Policy Learning:Analysis and Change in the Federal Bureaucracy [J]. Policy Sciences,1988,21(2-3):169-211.

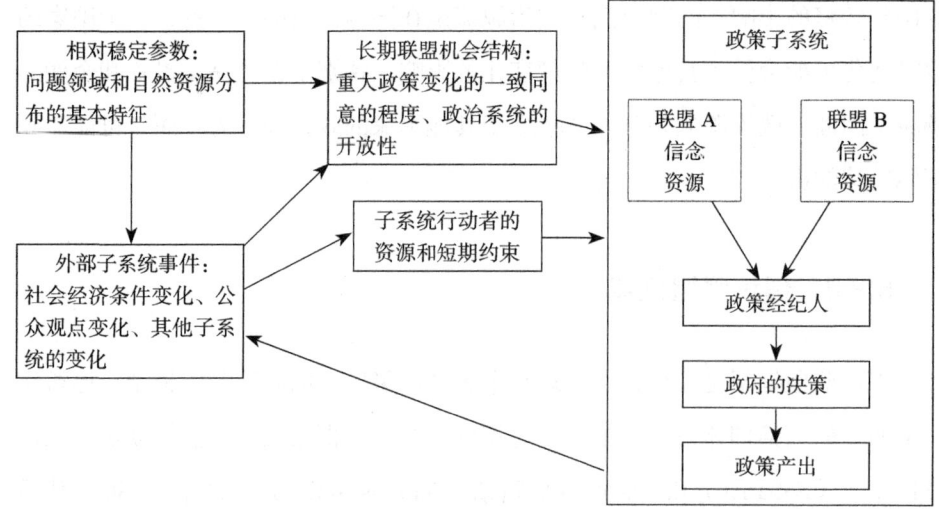

图 5-2 倡议联盟的理论框架

化。倡议联盟框架的因果逻辑和由此产生的假设建立在一系列假设上：科学和技术信息在政策过程中的核心作用；从 10 年或更长时间的时间角度来理解政策变化；以政策子系统为主要分析单位；广泛的子系统参与者包括各级政府官员、顾问、科学家和媒体成员等；外部事件是倡议联盟政策变化的解释变量，也是政策变革的主要途径。总体来说，倡议联盟框架假设有以下变量可能会影响政策变化，如新的主导联盟、资源分配的变化、场域的开放或关闭、少数派联盟动员、主导联盟信念的变化、少数派联盟信念的变化、少数联盟信念改变、主导联盟信念确认、少数联盟信念确认、占主导地位的联盟战略变化、少数派联盟战略的变化、有害的僵局、政策经纪人的存在等。

5.2.2.2 倡议联盟的分析单位

1.政策子系统

倡议联盟框架的分析单元是政策子系统。子系统是行动者运作的网络，由所有试图影响涉及边界地理区域的政策的相关行为者组成。子系统包括一个实质性问题和专门的政策参与者，通常在一个地理边界内。政策参与者包括各级政府官员、利益集团领导人、科学家、顾问、广大公民和媒体成员。政策子系统通常由一个控制行政部门的主导联盟和一些寻求改变公共政策方向的少数派联盟组成，而倡议联盟是具有相似信念并协调其行动以实现政治目标的行为者的集合。每个联盟的信念体系都由一组基本价值观、因果假设组成。一些学者考虑如何界定和测量倡议联盟。一些应用网络分析的研究试图通过合作来验证倡议联盟的存在，但信念一致并不是构成联盟合作的唯一原因。因此，其他人则以相反的顺序进行，即先从协调标准开始，然后分析信念的相似性。政策变革有以下几种情况：一是少数派联盟无法阻止占主导联盟所青睐的政策变革，而不管它们之间的合作和冲突模式如何。二是冲突较少，合作有力，即使存在多个联盟，联盟也可能产生政策变化。三是少数派联盟能够取代主导联盟。倡导联盟也不是一直稳定的，联盟成员偶尔会叛逃，他们的信念偶尔也会改变。这种成员的背叛和信仰的改变可能与各种力量相吻合，如因应外部事件而改变优先事项、从新信息中学习等。

政策子系统有以下特征。第一，子系统中的组成部分以复杂的方式相互作用，为给定的政策主题产生输出和结果。这些组成部分包括信仰体系和政治资源。第二，政策子系统并不涉及所有对政策决策感兴趣和受其影响的人。由于时间和注意力有限，大多数人不参与任何子系统，对于那些参与的人来说，他们活跃的政策子系统的数量是有限的。第三，政策子系统是半独立的，但与其他子系统重叠，并且嵌套在其他子系统中。例如，一个省的能源政策子系统与该省的食品政策子系统重叠，并嵌套在国家能源政策子系统中。第四，政策子系统可能会经历停滞期、渐进变化期和重大变化期。扎方特（Zafonte）和萨巴蒂尔（Sabatier）的研究为界定政策子系统提供了一个宝贵的案例：美国的汽车污染治理子系统。他们发现，汽车污染在《清洁空气法案》中有其单独的名目。在美国环保局内有大分局，加利福尼亚空气资源委员会内有一个规模较大的子单位，工业方面有一个非常独特的利益团体，环境方面有一个独特的研究团体，有一个独特的政策团体。因此，他们认为将美国汽车污染控制作为一个独立于美国空气污染控制子系统的子系统是非常合理的。❶ 当政府权威作为政策支持联盟成员出现在政策子系统中时，反对联盟进行政策竞争的空间可能会被挤压❷，但政策子系统对中国的政策体系依然有解释力。

2. 政策经纪人

在政策子系统中，大多数政策参与者与倡议联盟中的盟友协调，共同努力将他们的信念转化为政策。在竞争性政策子系统中，倡议联盟之间的政策分歧经常升级为激烈的政治冲突。这些冲突通常由政策经纪人调解。大多数政策参与者试图影响倡议联盟中的政策过程和结果，而政策经纪人则寻求在敌对联盟之间找到合理的妥协和让步。政策经纪人包括政治家、高级公务员、法院。在倡议联盟中，信念被视为影响行为的主要因素。个人已被证明会寻找并协调持有类似信仰的其他人，并共享资源并制定战略，以实现他们的共同信念。个体之间的信仰相似性被认为可以促进信任感，个体更有可能信任那些分享他们信仰的人。与具有温和信念的人相比，具有极端信念的人与敌人互动的可能性较小。如果他们与多个倡议联盟有联系，就可以充当政策过程中的经纪人。经纪人的信仰通常也比实际的联盟成员更温和。经纪人通过在对立的联盟之间进行调解，使妥协成为可能。政治的常规状态是相当稳定的，因为一个主导联盟可以清楚地决定政治行动的进程。这种集中的政策网络结构是稳定的，直到以前的政策失败者能够改变政策形象并改变政策制定的场域，导致反馈循环，并最终导致政策平衡的突破。只要制订计划的执政联盟继续掌权，政策核心属性就不太可能得到重大修改。政策经纪人寻求稳定，并在调解竞争联盟之间的冲突方面发挥着至关重要的作用。

---

❶ ZAFONTE M, SABATIER P. Short-term Versus Long-term Coalitions in the Policy Process: Automotive Pollution Control, 1963—1989 [J]. Policy Studies Journal, 2004, 32 (1): 75-107.

❷ 王刚, 王誉晓. 倡议联盟框架的理论验证与应用改进——基于典型邻避案例的分析 [J]. 公共管理与政策评论, 2020, 9 (5): 58-72.

5.2.2.3 信念等级系统

政策变化反映了获胜的倡导联盟的政策信念。倡议联盟将重大政策变化与政策核心信念的改变联系起来，将次要政策变化与次要信念的改变联系起来。共同信念是协调网络形成的主要驱动因素，因为共同信念降低了就问题定义和政策制定达成协议的交易成本。然而，协调并不总是来自信念的相似性。有时合作联盟的成员也与信仰与自己不同的行为者合作。总的来说，信念等级系统包括以下三个方面的信念：深层核心信念、政策核心信念及次要信念。

1. *深层核心信念*

深层核心信念跨越多个政策子系统，是最稳定、规范性的最顶层信念。它是范围非常广泛的个人哲学观（如相信正义是一种重要的价值观），涉及关于人性非常普遍的规范性和本体论假设、基本价值观（如自由和平等）的相对优先级、政府与市场的适当作用。但当重大事件与一个人的深层核心信念所期望的东西背道而驰时，信念变化最有可能发生，进而可能影响政策变化。期望和重大事件之间的显著冲突可能会诱使个人改变他们的深层核心信念。深层核心信念将限制政策核心信念，即关于实现深层核心规范立场的基本战略的广泛政策立场。深层核心信念适用于所有子系统，但并不意味着深层核心信念必须在不同的子系统中以完全相同的方式运作。关于如何定义、操作和衡量这个概念，如采用环保主义、政党认同来测量深层核心信念。政策信念可以进一步区分为规范性政策信念和经验性政策信念。深层核心信念更接近规范性政策信念，因为它们由关键价值观和福利优先事项组成，但仅限于特定的政策子系统。例如，不同联盟经常在经济发展或环境保护的规范优先事项之间形成冲突。

2. *政策核心信念*

政策核心信念是政策子系统的深层核心信念的应用，往往是子系统范围的，包括对政策问题的性质的看法，受影响群体福利的相对优先性（如穷人、雇员与雇主等），政策工具的首选组合，子系统内权力的适当分配（如公共与私人），以及实质性政策冲突的导向（如经济发展与环境保护）。深层核心信念和政策核心信念之间并不总是一一对应。例如，虽然保守派通常对市场解决方案有强烈的偏好（深层核心信念），但他们认识到水污染中的市场失灵问题，因此可能更愿意支持政府干预该政策领域（政策核心信念）。政策核心信念非常适合在政策子系统成员之间形成联盟和协调活动。与深层核心信念不同，政策核心信念可以是规范性的，也可以是经验性的。与规范性政策核心信念相比，经验性政策核心信念更容易受到科学和技术信息的验证和反驳，因此它们更有可能发生变化。经验政策信念与科学发现和技术信息有关。联盟内的学习使联盟成员倾向于加强他们的政策核心信念而不是改变信念。因为核心信念是联盟形成的基本纽带，核心信念的改变可能会导致联盟的消亡。虽然政策核心信念是联盟形成的驱动力，但同一倡导联盟的成员并不总是拥有相似的深层核心信念。最近的研究发现，与深层核心信念相比，政策核心信念的一致性对合作影响更大。

3. 次要信念

次要信念是指那些具有工具性、具体的、狭隘的、最容易理解的信念，是与政策子系统的组成部分（实质性或地域性）相关的经验信念。次要信念是实现政策核心信念目标的手段，包括政策参与者对实现目标的特定政府工具的偏好或他们对特定地区问题的看法，涉及特定的行政规则、预算拨款和计划执行情况等（例如，认为这项行政决定有助于实现个体利益的政策选择）。次要信念最容易因回应新信息和事件而发生变化，更容易受到政策导向学习的影响，因为相对狭窄的范围需要较少的证据和较少个体之间的信念变化。例如，与整个国家相比，一个省份更容易改变其居民对空气污染原因的看法。政策导向学习与政策信念变化之间的关系：当政策行为者考虑与实现目标相关的其他形式的信念时，就会发生以政策为导向的学习。这些可能是关于实现从政策核心和更一般的深层核心派生的战略的具体策略的适当性和有效性。对具体方案举措、预算分配的适当性或对政策职位任命的偏好的信念，都可能属于次要类别。事实上，调整这些次要信念可能是必要的，以保护深层核心信念和政策核心信念。例如，尽管有迹象表明监督没有按预期发挥作用，但假定机构在执行方面不称职，可以保持对监管的普遍偏好。

5.2.2.4 政策变革的机制

信念的改变一般先于政策的改变，而信念可能会受到外部事件、政策导向学习的影响。当主导联盟的成员改变他们对政策问题和解决方案的理解并接受以政策为导向的学习时，外部事件就可能会带来政策变化。外部和内部可能提供焦点事件，但事件本身不足以促成政策改变，还需要一个抓住时机并动员政治资源的倡议联盟。

1. 政策导向学习

政策导向学习（Policy-oriented Learning）是将外部冲击与政策变化联系起来的中间步骤之一，指的是由经验和新信息导致的思想或行为意图的相对持久变化，与政策目标的实现或修改密切相关。政策导向学与次要信念和政策核心信念的变化有关。而任何学习都是基于证据的，证据一般包括直接观察、科学研究报告。但导致信念变化的学习往往很少见，科学信息很少促使人们改变信念，更多是信念的强化。虽然信念改变本身不是学习，但它是学习发生的标志。当学习发生在政策网络中时，相互联系的参与者在相互影响并共享信息和观点时，在他们的信念体系方面将变得更加相似。在这个过程中，通过专业化论坛进行跨联盟的政策导向学习成为一种潜在途径，可用于解释少数派联盟如何说服其他政策行为者相信他们的政策立场。政策导向学习可能源自个人和组织之间的正式讨论，这些个人和组织在政策问题上持有相互竞争的因果理解和政策选择观点。专业化论坛提供了一个平台，使不同联盟之间的政策学习得以展开，促使各方更深入地理解彼此的观点，并在政策立场上取得共识。此外，学习包括联盟内和跨联盟两类。一是联盟内部的学习有助于联盟有效地组织以实现他们的目标，因此更普遍。单个子系统内的政策学习更多是强化信念而不是改变信念。尤其是当学习与外部或内部冲击同时发生时，政策变革更有可能发生。虽然学习通常发生在单个子系统内，但它也可能跨越子系统、联盟的边界。二是跨信仰体系的学习。如果一个人从一个组织（联盟）转移到另一个组织（联盟），然后后者的信念因此而改变，就会产生政策学习。与联盟内部相比，跨越子系统、联盟的学习更可能会导致联盟改变其核心信念。如果新的科学知识有助于改变反对的倡导联盟的经验政策信念，使其与另一个倡导联盟的信念相匹配，那么以前对抗性的政策子系统就可能会变成一个协作政策子系统。

2. 外部事件

主导联盟永远面临着少数联盟追求其政策目标和偏好的挑战，少数联盟取代占主导联盟可能导致重大的政策变化。政策子系统是围绕相互竞争的倡议联盟构建的。它们在很长一段时间内都是稳定的。这种平衡保证了政策的稳定性，只有当外部扰动导致联盟成员的信念体系变化时，平衡才会被打断，这时重大的政策变化就可能出现。与此相比，以政策为导向的学习可能需要十年以上的时间，并对次要信念产生更大的影响。外部冲击可以迅速改变议程，聚焦公众注意力，并吸引关键决策者的注意力。外部冲击最重要的影响是资源的重新分配、政策子系统内新旧场域的开放和关闭，这可能导致少数派联盟取代先前主导联盟。外部冲击可能改变主导联盟的政策核心信念的组成部分❶。

外部冲击和政策变化之间的因果关系是一些倡议联盟框架重点关注的对象。子系统内政策参与者的行为受到两组外生因素的影响：一是稳定的因素。稳定的因素包括问题的基本属性、自然资源的基本分布、基本的社会文化价值和结构、基本的宪法结构。稳定的外部因素在十年左右的时间内很少发生变化，因此很少为政策变化提供动力。然而，它在建立子系统参与者必须在其中运行的资源和约束方面非常重要。二是动态的因素。动态的因素包括社会经

---

❶ 例如，在经济衰退期间，监管联盟可能会重新考虑严格的环境监管对目标人群经济的不利影响。

济条件的变化、执政联盟的变化、其他子系统的政策决定。这些也影响子系统参与者的行为,但它们在十年左右的时间里发生实质性变化的能力,使它们成为影响重大政策变化的关键因素。事实上,这些动态因素的变化是重大政策变化的必要条件。不过外部冲击的定义相对宽泛,包括公众舆论的变化、社会经济条件的变化、政权更迭、其他子系统的溢出效应、危机和灾害等外部变化。并非所有的外部冲击都会导致重大的政策变化,只有当少数派联盟利用外部冲击时,重大政策变革才可行。当外部冲击冲击政策子系统时,占主导地位的联盟会试图招募更多的盟友,以避免被挑战者主导。通过这些手段,少数派联盟可以参与政策进程并导致对现有政策的偏离。决策场域越多,少数派联盟就越容易找到场域,让公众知道他们的政策理念是作为替代解决方案存在的。冲击后出现的政策将取决于哪个联盟能够充分利用环境和自身资源,以及哪个联盟成功实施其先前制定的战略。随后,一些学者将内部事件(政策惨败、丑闻)纳入子系统或竞争联盟之间谈判达成的协议,作为政策变革的一种机制。在当前子系统实践显然已经失败时,就会发生内部冲击。内部冲击会在策略子系统内重新分配资源。内部事件将证实少数派联盟的政策核心信念,增加对主导联盟核心信念的怀疑,并对其政策的有效性质疑。内外部事件进行比较可知,外部事件在很大程度上超出了子系统参与者的控制范围,而内部冲击则受到子系统参与者行为的强烈影响。

5.2.2.5 倡议联盟理论的局限

倡议联盟理论的解释力相对较强。从应用领域来看,倡议联盟框架大多数应用涵盖空气污染、海洋、矿产、气候变化和公共卫生等政策领域。从应用的空间来看,将倡议联盟框架应用于亚洲、非洲、澳大利亚和南美洲。倡议联盟在中国的一些研究发现,非政府组织和政府都形成了倡议联盟。但是,非政府组织的倡议必须在国家认可的政治和法律框架内运作。倡议联盟理论的局限性有以下几点。

一是概念不清晰。倡议联盟理论的很多概念不够清晰，如深层核心信念的定义混淆。深层核心信念应非常抽象，范围极其广泛。然而，很多学者所采用的深层核心信念的范围要小得多。此外，外部冲击也缺乏明确的定义，使难以建立可推广的机制。外生因素的概念化是有问题的，因为危机的标签涵盖了各种不同的现象，如技术和宏观经济变化或公众舆论。只有少数研究调查了社会经济发展或技术变革的作用。

二是因果机制不明确。倡议联盟表明重大外部扰动与政策变化之间的关系，而没有提出正式的假设来假设政策子系统内的冲击与成功的政策变化之间存在因果关系。倡议联盟理论忽视了将解释变量与结果联系起来的因果机制。关于倡议联盟理论中要素之间的关系，冲击和学习可能是潜在的变量，通过重新分配资源和改变场地准入条件来产生政策变化。但与此同时，外部事件与联盟反应之间的因果过程仍然不清楚。一些学者试图通过如社会网络、块模型、过程追踪等方法来验证倡议联盟框架。

三是难以进行横向比较。不同的研究可能使用不同的测量指标来评估倡议联盟的成功或效果。例如，几乎所有解释倡议联盟框架研究，都使用报纸、问卷、非正式文件等不同的工具和指标来测量深层核心信念。这样的差异性可能导致在比较研究中难以确定何种因素真正影响了联盟的绩效。如果用于实证研究当中评估倡议联盟的方法存在过大的差异，那么从比较研究中吸取理论教训就会变得困难。

5.2.3 间断均衡理论

鲍姆加特纳（Baumgartner）和琼斯（Jones）从进化生物学借来的间断均衡模型取代了渐进主义模型。他们以政策议程变化过程为突破口，致力于解释以长期稳定和短期剧变为特征的政策变迁现象。此后，他们将间断均衡理论发展成为一般性间断假设，并发展了基于不成比例信息处理理论

（Disproportionate Information Processing Theory）的注意力政治学和信息政治学，为议程变化和政策变迁建立更为微观的理论基础。[1] 在间断均衡模型中，子系统同样也是理解政策变化的重要单位。大多数时候，子系统是由感兴趣的政策参与者的政策垄断所控制的，这些政策参与者得到了强大思想的支持。这些政策垄断依靠负反馈系统对政策领域进行渐进式变革，并保持积极的政策形象。政策企业家负责政策问题和解决方案，他们想方设法渗透这些政策垄断并破坏政策形象。如果政策形象开始发生变化，子系统则可能会收到正反馈，通常是通过增加公众关注或媒体报道。这些正反馈过程建立在自身之上，并最终破坏政策垄断。政策垄断的破坏导致了政策领域和该子系统的间断和快速而重大的政策变化。政策变化发生后，子系统恢复均衡状态，形成新的政策垄断。间断均衡的理论模型（见图5-3）。

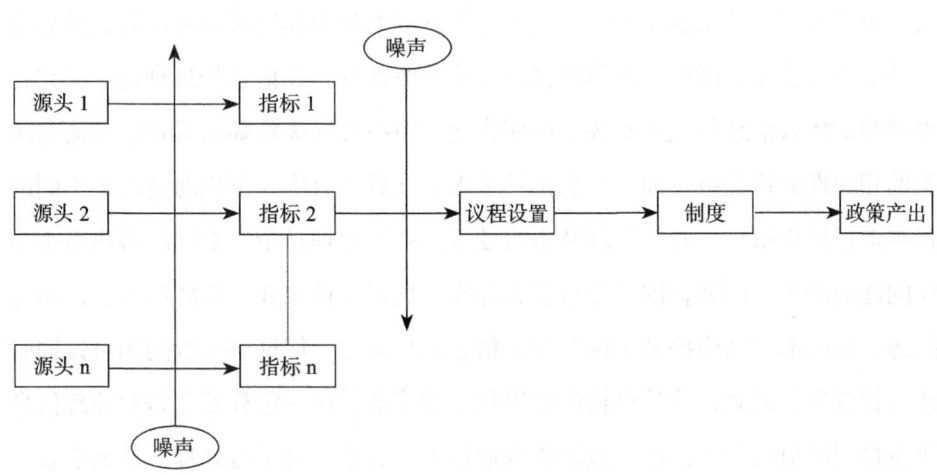

图5-3　间断均衡理论框架

5.2.3.1　间断均衡的机制

布莱恩·琼斯（Bryan Jones）在1994年出版的《再思民主政治中的决策

---

[1] BAUMGARTNER F R, JONES B D. Agendas and Instability in American Politics [M]. Chiago：University of Chicago Press，2010：285-291.

制定》一书中，对不成比例的信息处理理论进行了详细的介绍。根据该理论，有限理性、信息供应过剩和制度摩擦是造成预算间断均衡的主要原因。

1. 信息处理机制

因为政策系统往往对小的变化反应不足（由于缺乏政策关注而完全忽略它们），而对大的变化反应过度（当注意力转向以前被忽视的政策子系统时）。这种不成比例的信息处理模式表明，小变化和大变化的发生次数应该比预期的要多，而适度变化的发生次数应该比预期的要少。不成比例的信息处理理论与渐进主义采用了相似的假设：两者都假设决策者的理性是有限的，都假设信息不完善的问题。❶然而，不成比例的信息处理理论修改了渐进主义：由于有限理性或有限的信息处理能力，决策者可能会锁定一个特定的指标，上述过程被称为指标锁定。决策者往往会忽略一些信息线索，但最终不能再忽视时间预算过程中来自线索的累积压力。以前被忽视的方面将引起决策者的注意，并导致突然的预算变化。因此，预算选择是注意力驱动的。在信息处理理论中，议程设置与对传入信息的关注有关。简而言之，组织必须决定如何确定信息流与决策的相关性的优先级。面对信息供过于求和注意力有限，可以通过两种不同的机制进行处理信息：并行处理和串行处理。并行处理是指组织同时解决多个不同问题的能力。例如，国务院设有各部委，负责处理农业、金融服务、国防等问题。这种部委结构提高了国务院的信息处理能力，使这些无数问题可以同时或并行解决。因此，政治机构的组织和治理体系，在一定程度上是对处理信息供应过剩的迫切性的回应。政治机构通过组织起来促进平行处理，从而节省了个别决策者的注意力限制。但当注意力非常高时，并行处理就可能会失败，并且处理将转移到串行处理模式。例如，国务院可以授权给地方相关政府机构，但国务院部委也必须采取行动。串行处理通常由焦点事件触发。由此可以推论，由于人类在信息处理过程中会采取不成比例信息处理模型，这使人类决策结果和产出呈现"间断—均衡"模式。

---

❶ 渐进主义声称信息不足，而不成比例信息处理理论则声称信息太多。

2. 有限理性机制

在个人层面上，有限理性政策制定者的认知局限性，在政策信号供应过剩的环境中塑造了决策。在这样的环境下，认知摩擦导致政策制定者根据以前的经验和理解使用启发式捷径做出决策，从而低估了可能表明需要改变政策方向的新信息。此外，尽管任务环境发生了相应的变化，但响应不会更新。随着时间的流逝，决策启发式的反复使用作为一种负反馈机制，限制了政策变化，并导致政策议程的稳定性。有限理性主义者通过模式识别来节约认知资源，但也导致信息处理出现明显的低效率。此外，有限理性主义者只能串行处理问题。由于这种模式认知效率低下，有限理性主义者往往会反应过度，并在问题最终引起他们的注意时进行彻底改变。这些由有限理性引起的低效率可以聚合成间断平衡，因为注意力在停滞和偶发变化之间交替。由于政策制定者是有限理性的，这意味着在任何特定时间，他们的注意力都仅限于一小部分政策问题。因此，大多数政策将保持现状，因为政策制定者不愿意或无法将注意力集中在这些政策上。但是，如果政策问题没有得到足够的重视，就可能会恶化。当政策制定者最终注意到这一点时，随之而来的会是剧烈的变化。在这些情况下，政策制定者往往会反应过度并破坏现状。从上述分析可推导出假设，人类决策的结果分布可能会呈现"间断—均衡"模式。

3. 制度摩擦机制

制度摩擦是指政府决策能力的局限性，是将信息投入转化为制度产出时所涉及的决策和交易成本。制度摩擦分为两大类：一是正式制度的否决点引起的摩擦。例如，两院制的立法机构、绝对多数要求、多元化的政党制度等，会使达成多数共识变得更加困难，从而增加制度摩擦。随着正式否决权参与者数量的增加，制度摩擦也在增加。高摩擦的政府反应较慢，往往会出现间断均衡的特征。二是非正式制度引发的摩擦。例如，政策制定者搜索和处理信息的能力。虽然所有政策制定者都必须不成比例地处理信息，但一些政府将能够比其他政府更有效地处理信息。权力下放的政府将能够让更多的决策者参与进来，使其能够串行处理信息。在缺乏典型的权力下放决策和制度竞争的机构的情况下，间断均衡的模式可能会变得不那么不稳定。因为在一些分散的系统中，政策变革需要跨政策子系统的广泛动员。在限制参与的保护下，政策少数派可以阻碍大多数推动的改变举措。总的来说，政策过程中的否决点越多，摩擦就越多，间断就越可能会出现。❶因为一旦政治行动者克服了关键的门槛（如参议院的多数席位），进而导致了间断。制度摩擦的测量包括政党（如一党制、党派对政府的控制、执政党的党派距离等）、政府的政策分析能力、财政管理机构、地方决策机构、地方政府的官僚化❷（如中央集权和组织规模）、政策周期的阶段、行政主导、权力下放、两院制、制度复杂性和制度能力。在中国的情境下，学者们还收集了不同利益群体的育儿支出占利益群体收入的百分比❸、赤字、官僚层级数量❹和地方政府税收共享比例来衡量制度摩擦❺。还有学者发现，在省级机构的任职经历使省委书记对省级政策过程有更深入的了解，从而增强了省级机关的信息处理能力，减少了制度摩擦。而且，如果省委书记兼任人大常委会主任，可以降低制度壁垒，从而减少省级预算间断均衡。❻克服摩擦的机制各不相同，通常与框架的变化、灾难性事件、场域选择或冲突扩张有关。

---

❶ 由此可以推论，总统制的摩擦将高于议会制、两院制和联邦制，因为参与政策过程的参与者就越多，否决点就越多。

❷ 官僚制调节间断政策进程的具体机制仍然未知，有两个方面的原因：官僚制不一定是增加决策成本和间断动态的来源；官僚主义是缓解有限的组织注意力和不成比例的信息处理的工具，从而减少间断均衡。

❸ 徐宏宇，吴金鹏. 中国儿童照护预算变迁的间断—均衡模型——基于2007—2019年省级面板数据的分析[J]. 公共行政评论，2022，15（1）：110-126，198-199.

❹ 邝艳华. 公共预算决策理论述评：理性主义、渐进主义和间断均衡[J]. 公共行政评论，2011，4（4）：145-162.

❺ 李文钊，庞伟，吴珊. 制度摩擦何以影响中国预算变迁？——基于1992—2019年的中国预算变迁数据的实证研究[J]. 公共行政评论，2021，14（2）：38-60，229.

❻ LI M. Explaining China's Budget Punctuations: Empirical Evidence Based on Cadre Management System [J]. Journal of Chinese Political Science, 2023：1-25.

5.2.3.2 间断均衡的实证检验

间断均衡框架的实证应用有两种途径：一是衡量政府活动在议程设置阶段的变化。如果我们对政府优先事项的改变感兴趣，那么可以只关注议程设置阶段，但这种观点并不一定告诉我们政府在立法过程结束时实际取得的政策产出。二是考虑政策产出（查看预算拨款的变化）。关注预算有助于我们了解政府资金分配的变化。但是，如果我们也对没有预算相关性的子系统感兴趣，那么上述预算的测量就会有明显的局限性。例如，禁止某些污染物也不会直接影响预算。在社会政策中，预算变化通常是先前监管决定的结果，如社会福利资格要求的变化。在公共政策研究中，政策产出的变化（如以预算分配来衡量）遵循以下模式：变化较小的时期被较大的政策变化所打断。在渐进主义的政策变革模型中，政策产出以小而有规律的渐进变化。这种模式意味着，如果政策制定者充分和及时地对政策问题做出反应，政策变化就会显示出正态（Normal）分布。❶ 如果不是正态分布的话，则可能预示着存在间断。根据间断均衡理论，公共预算的一般经验规律是较为普遍的小规模预算变化、少量适度变化和相对多的大规模变化。上述假设通常是根据尖峰（Leptokurtic）分布来衡量的。与正态分布相比，尖峰分布比正态分布有更大的峰值和厚尾。分布呈现较高的峰值，反映出政策体系大体上是稳定的，不同时期的问题关注度变化不大。分布有更厚的尾巴，因为与政策议程的重大变化相关的较大间断将不时出现。较高的L-峰度❷（L-kurtosis）被认为是政策制定的间断平衡模式的证据。一般情况下，摩擦较大的系统输出分布的峰度较高，根据制度摩擦方面的理论，否决点越多，制度摩擦就越大，峰度值就越大。由于上述方法对样本量的要求较大，因而有学者进一步使用与正态分布相比的相对变化频率将单个政策

---

❶ 正态分布有相当大的小变化，较小比例的中等变化，没有真正的大变化。
❷ L-峰度提供了一种对峰态的标准化测量。L-峰度在0和1之间；对于正态分布，即渐进变化，L-峰度等于0.123。但对于由间断过程产生的变化，L-峰度大于0.123。较高的值对应于更强烈的间断。不过L-峰度容易受到极端值的影响。

产出分配到这些类别中。这种方法开辟了在多变量回归模型内进行假设检验的可能性。从时间的纵向视角来看，政策变革的分布（在国家政策制定体系内）随着政策过程的早期（媒体和事件数据）到过程结束（预算支出）的变化而变化（见图5-4）。

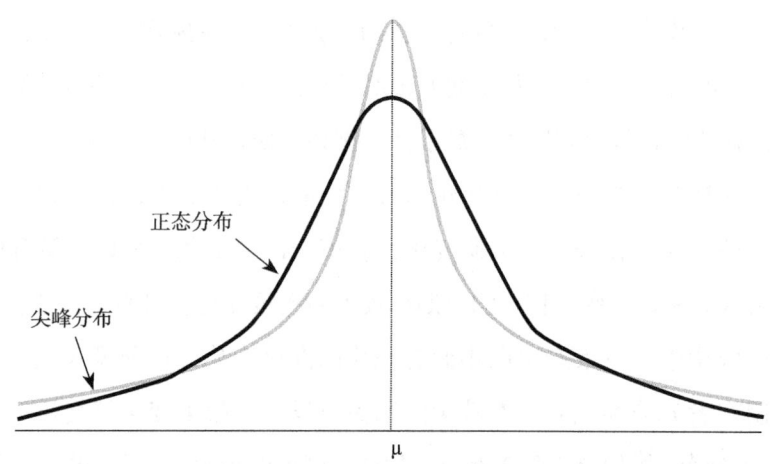

图5-4 正态分布与尖峰分布的比较

5.2.3.3 间断均衡理论的局限

间断均衡理论已在各种机构、政策领域和多个国家或地区进行了检验，被应用到环境政策、核能政策、教育、组织历史、国际组织、绩效、预算分配、注意力和框架、大众传媒、私营组织、政党宣言和政策传播等问题中。由于中西方的制度背景差异较大，间断均衡理论未必能够解释中国的具体政策变迁。因为中央集权在一定程度上可能会减少制度摩擦，进而会减少间断均衡出现的可能性。不过，集权与制度摩擦的关系也可能是U形曲线，即集权可能先是降低了间断均衡的概率，到一个拐点之后，又导致间断均衡预算产出增加。因而，也有些文献试图通过间断均衡模式分析中国的政策制定。例如，有学者发现，中国宏观政治体系的议程变化遵循了间断均衡理论的逻辑,但并未发现中国的间断不稳定比其他国家更强烈。[1] 不过间断均衡理论依然有一些局限性。

1. 解释力不够

间断均衡理论是对政策变化过程的描述,本身并不是严谨的政策动态的理论或模型。为了提高解释力,还需要一套关于各种政策变量如何相互作用以产生符合尖峰分布的间断均衡的假设。也就是说,间断均衡需要对稳定的维持和破坏的机制进行一些因果层面的解释。

2. 难以预测

间断均衡理论预测了系统级稳定性的一种形式,但它难以实现对特定的政策问题进行特定的预测。经验数据的非线性、非正态性、相互依赖性和高度聚合,意味着清晰的因果链和精确的预测仅在某些情况下和某些时候起作用。因为在大多数情况下,均衡都是常见的特征,但无法准确预测间断的发生时间。

5.2.4 模糊冲突理论

一线的公共服务人员具有复杂的、高技能的和专业自主的政策贡献,导致他们拥有一定的自由裁量权。由此,一些学者提出了街头官僚的概念。[2] 关于街头官僚与上级的关系有三种观点:一是自上而下的视角。这一视角将政策制定者视为核心行动者,并将分析重点放在政策法规上,试图找到确保中央政策设计在当地得到忠实执行的方法。这一视角预设政策目标明确,限制必要的变革程度,并将实施责任赋予接受该政策的机构。二是自下而上的视角。他们将地方一级的服务提供者视为核心行动者。他们认为,与中央政策

---

[1] YAN Y, YANG Z, YUAN C. Political Attention in a Single-Leading-Party State: A Comparative Study of the Policy Agenda in China, 2003—2019 [J]. Journal of Comparative Policy Analysis: Research and Practice, 2022, 24 (2): 138-158.

[2] LIPSKY M. Street-level Bureaucracy: Dilemmas of the Individual in Public Service [M]. New York: Russell Sage Foundation, 2010: 140-156.

制定者相比，街头官僚是成功实施的关键，因为他们调整或未能调整政策以适应当地情况。三是混合视角。大约从 1985 年到现在的第三波实施研究试图调和上述两个视角。在这个背景下，马特兰德（Matland）提出冲突—模糊模型，这个模型有助于加强对政策实施过程和结果的理解。模糊冲突的理论框架如图 5-5 所示。

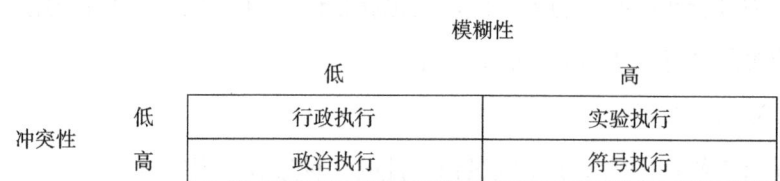

图 5-5　模糊冲突理论框架

5.2.4.1　模糊冲突的维度划分

1. 冲突性

冲突是指目标、目标实现方式的冲突。冲突并不一定意味着日常意义上的公开反对或政治争端中的冲突。因此，一项政策可能有广泛的政治支持，但仍然存在很大的冲突，因为设定的目标可能彼此不相容。由于大多数政策计划都有多个相关目标，如果各方需要共同努力，但看不到互惠互利，则可能会发生冲突。政策冲突使政策执行被视为一种政治结果，没有共同认可的目标，而是每个行动者都参与了官僚政治的核心竞争博弈。政策是政府内部按等级组织的参与者之间通过正规渠道讨价还价的结果。在传统官僚政治模式中，行政首长被视为最有权势的人，其他参与者的权力水平各不相同。

2. 模糊性

模糊性指的是目标或手段的模糊性。在整个政策实施过程中，会出现许多关于政策应如何实施的决策。即使在所有政策实施者都同意政策目标的情况下，机构之间在角色、最佳政策工具及对不同战略有效性的不同偏好方面的模糊，也会阻碍政策执行。与目标模糊性一样，官僚自由裁量权很重要，因为它允许专家利用他们的知识来加强政策执行，但它也可能成为一个重要的障碍。政策模糊性是政策制定过程的关键部分，因为它允许政治交易，为政策变革铺平道路。在政策制定者制定政策后，政策实施者只能解释模糊的政策，而不必参与制定政策的交易和联盟建设。因此，在政策制定阶段至关重要的模糊性，可能成为实施阶段的障碍。

5.2.4.2 模糊冲突的分类结果

1. 行政执行

当政策模糊度低、政策冲突度低时，政策执行是理性的和自上而下的，实施结果由资源决定，而不是政治。这种情况下的政策低模糊性是指对政策目标的理解充分，并且知道实施所需的手段的情况。低政策冲突反映的是，地方政策实施者认为该政策是其社区的净收益，并且对上述政策的实施几乎没有政治阻力。如果出现行政执行失误，可以认为是技术失误，这些问题可以识别和解决。行政执行虽然不是以需求为基础，但也不是以政治为基础，扩大对当地资源的使用，会导致在有需要的地区的执行效果更好。

2. 政治执行

当政策模糊性较低但政策冲突程度较高时，就会出现政治执行。决策者有明确定义的目标，并且了解实施政策所需的技术，但执行会受到政治的不利影响，因为中央政策目标与地方政策执行者的目标相互冲突。政策执行效果将受到政治力量的影响，拥有手段和权威的参与者将能够通过武力或讨价还价来做出改变或维持现状。这个执行系统是基于政治偏好，而不是基于当地需求或资源可用性。然而，中央集权机构可以有效地监督政策执行的合规性，颠覆性的尝试不太可能成功。这导致了一个基于政治偏好而不是基于当地需求或资源可用性的拼凑执行系统。

3. 实验执行

当手段和目标的政策模糊性高但政策冲突低时，实验执行就可能会发生。

执行将自下而上推动，执行的成功将受到当地参与者和可用资源的影响。地方的情境条件将主导执行过程。由于地方在政治、社会和背景等因素的影响，政策执行的方式可能存在很大差异。然而，实验执行允许当地决策者了解高度模糊的政策工具。上级政府往往对他们偏爱的目标只有一个总体的概念，但可能对政策执行没有实际的控制权，实验执行几乎完全由当地资源和参与者推动。

4. 符号执行

当高度政策模糊、高度政策冲突时，就会进行符号执行。政策执行受到地方官员是否愿意致力于新目标，是否愿意重申现有目标的影响。影响符号执行的是目标的模糊性，其中决策通常受到决策者对支持或反对特定政策目标的联盟力量的经验或看法的影响。政策执行效果将取决于联盟的建设和力量，旨在重新分配权力和资源的公共政策通常属于符号执行，它们具有高度冲突性，并且可能看起来类似于政治执行。然而，一个关键的区别是联盟发挥的作用。政策执行不仅仅是政治运行的内部结果，还包括公开的行动，并且在很大程度上受到地方行动主体、价值观和信仰体系偏好的影响。执行因当地条件而异，单一的参与者几乎无法控制政策执行的成功或失败。

5.2.4.3 模糊冲突的局限性

模糊冲突理论能够有效地解释各国的政策执行问题。虽然这个框架主要是为了理解美国的政策实施而制定的，但它可以适应中国的情况。近年来，一些学者借鉴了模糊冲突框架的见解来研究中国的环境政策实施，重点关注减排[1]、能源效率等政策的执行。不过模糊冲突理论依然有一些局限性。

---

[1] LIU N N, LO C W H, ZHAN X, et al. Campaign-style Enforcement and Regulatory Compliance [J]. Public Administration Review, 2015, 75（1）: 85-95.

1. 概念缺乏共通性

在模糊冲突理论中,学者对政策执行的含义缺乏共同理解。例如,它通常用于表征政策执行过程、给定程序的输出和实施过程的结果。该框架的局限性在于它没有解释政策执行的原因,也没有预测政策执行者未来可能的行为方式。自上而下和自下而上的观点引发了关于实施分析目的的争论:它们是描述性的还是规范性的?自上而下的观点可以被视为规范性的(应该发生什么),而自下而上的观点侧重于对实施过程的描述(是什么)。因此,在规范、方法论和理论方面如何无缝且难以区分地交织在一起,这两种观点不能很好地融合在一起。

2. 标准过于僵化

在采用自上而下视角的研究中,目标模糊性传统上被认为是实现失败的主要原因。但政策的模糊性有的时候可以是有用的,没有模糊性的政策不太可能通过成为法律。政策模糊应该被看作政策的一个特征,而不是赋予它任何价值。目标的模糊性并不总是糟糕的,因为目标的明确性有时可能会加剧群体之间的冲突,导致社会公众对政策缺乏支持。而且公共组织中的目标模糊可能是难以避免的,因为它们必须对多个外部利益相关者做出反应,特别是当政策复杂性和政治冲突水平很高时。

3. 对政策模糊的动态性关注不够

已有研究多将模糊性作为一种静态的政策属性,单方面关注模糊性如何影响政策执行主体行动,而忽略了执行主体的行动策略,也会对政策模糊性构成影响。政策执行过程中执行主体的行动如何导致政策模糊性的变化?这些变化又会引发执行主体间怎样的互动,进而对执行进程与结果产生哪些影响?这些问题尚没有研究对其进行合理的解释。❶

---

❶ 王法硕,王如一.中国地方政府如何执行模糊性政策?——基于 A 市"厕所革命"政策执行过程的个案研究[J].公共管理学报,2021,18(4):10-21,166.

5.3 公共政策过程

5.3.1 公共议程的设定

5.3.1.1 概念和基本分类

议程是公共问题要素的集合。议程设置则指的是某些公共问题被识别、认识和定义，形成具体的解决方案或替代方案的过程。由于政府的注意力有限，信息处理能力有限，问题和解决方案的清单通常很短。问题进入官方机构的机构议程，其中一小部分问题和想法可以进入决策议程，作为政策颁布和实施。相比之下，议程设置方法更感兴趣的是政府作为理性和能力有限的组织，如何应对实际上无限的公共问题。议程设置框架为在宏观层面研究此类问题提供了一种可行的方法，因为它以一种经验上有用的方式缩小了研究重点。

议程设置的层级包含以下三方面内容：一是议程领域。这是民众关心的，但不一定是政府有权限管辖的问题。二是系统议程。有关政治团体成员普遍认为值得公众关注，并涉及现有政府权力合法管辖范围内的问题。系统议程和议程领域之间的界限代表了"现有政府权力的合法管辖权"的界限。如果一个问题或想法成功地从系统议程中凸显出来，它就会转移到制度议程，制度议程是系统议程的一个子集。三是制度议程。制度议程是明确供权威决策者积极和认真考虑的项目清单。任何机构或社会可用的时间或资源有限，这意味着只有有限的问题可能会被纳入制度议程。然而，制度可以提高其承载能力，并同时解决更多问题。四是决策议程。即使组织的承载能力提高了，也很少有问题会进入决策议程，决策议程中包含政府机构即将采取行动的项目。法案一旦被提出并在决策机构中听取意见,在被报告给全体成员投票之前,在决策议程上的位置相对较低。这个阶段的冲突可能最大,因为当某个特定级别的政府做出决定时,它可能会引发冲突,并扩展到另一个或更高级别的政府。

5.3.1.2 影响议程设置的因素

1. 政府内部的行为者政治制度议程

政府内的官僚机构在政策制定中发挥了关键作用,通过制定、执行和监督政策来塑造议程。官僚机构可能会推动特定议题,反映其专业知识和职责范围。政府内部的行为者拥有法规赋予的法律权力,自然在制定政策议程方面发挥巨大影响。虽然地方政府行为者拥有做出地方决策的正式权力,但所有地方当局都在联邦制的背景下运作。

2. 政府之外的参与者

一是媒体。媒体在议程设置中扮演着关键角色。通过选择性报道、议题强调等方式,媒体可以引导公众对某些问题的关注,从而影响政策制定者的决策。此外,新闻报道的呈现方式和报道的频率,都会对公众对问题的认知产生深远影响。

二是公众参与。公众的意见和反馈也能够影响议程设置。通过社会运动、抗议活动及公众参与的形式,人们能够引起政策制定者的关注,并推动某些问题成为公共议程的一部分。

三是利益集团和智库。利益集团和智库是议程设置中的重要参与者。它们通过游说、研究和媒体公关活动来推动特定议题。这些组织能够为政策问题提供专业知识和资源,并通过舆论引导塑造公众对特定问题的看法。

5.3.2 公共政策制定

公共政策制定指的是包括从政策方案规划设计、政策形成、政策采纳到政策合法化在内的一系列步骤的过程，以政府为核心的公共机构是公共政策制定和实施的主体。公共政策制定的流程大致包括以下环节。

一是政策研究和分析。专家学者通常在这一阶段扮演重要角色，他们通过实地调研、数据分析和模型建设等手段，提供决策所需的专业支持。国际比较研究也是常用的手段，以借鉴其他国家或地区在类似问题上的经验和做法。

二是立法草案起草。起草阶段需要政府法律顾问、法学专家等参与，以确保政策的法律性和合规性；还需要多个相关部门协同工作，形成一个整体完备的法律框架。

三是公众参与。公众参与可以通过多种途径，如公开征求意见、社区座谈会、互联网平台等，以确保各阶层的声音都被充分听取。在参与过程中，政府要提供相关信息，以保障公众对政策的了解程度和参与度。

四是政府内部审议和决策。内部审议过程需要确保各个部门的协同合作，避免政策之间的冲突和重复。决策阶段要经过领导班子的集体研究和讨论，以确保政策的整体性和一致性。

五是实施和监测。实施阶段需要建立明确的责任体系和工作机制，确保政策得以顺利贯彻。监测机制包括定期的数据收集、绩效评估等，以确保政策达到预期效果。

5.3.3　公共政策执行

5.3.3.1　公共政策执行的影响因素

一是上级的支持。作为影响政策执行的关键变量，上级承担着引领的角色。其支持程度直接影响到一线公务人员对政策执行的积极性和效率。上级的支持并非单纯是口头上的表示，而是需要在实质行动中得以体现。政策执行的成功与否在很大程度上依赖于上级是否为政策提供足够的资源和支持。这不仅包括财政支持，还包括在政策推动过程中的积极参与和协调。

二是组织环境。一个良好的组织环境为一级公务人员提供了稳定的工作基础。这个环境包括组织的内外部因素,这些因素都影响着政策的顺利实施。内部的合理程度直接影响官员的工作效能。如果组织内部结构清晰、权责明确、信息流畅,官员将更容易理解和执行政策。此外,外部环境也是组织环境的一部分。政策执行往往需要与外部利益相关者进行合作,包括其他政府机构、社会组织和企业等。

三是提升员工能力。通过系统性地培训和提高员工的能力水平,不仅可以确保他们更好地理解组织的政策,还可以确保他们在实际工作中更高效地执行这些政策。这一过程不仅关乎个体职业生涯的发展,更涉及整个组织的成功与可持续发展。培训计划的设计应当紧密贴合组织的政策体系,着重于提升员工在特定领域的专业技能和知识储备。

四是管理人员的监督。这一过程不仅涉及对管理层的日常工作进行检查,更意味着对其决策和行为进行持续性评估。有效的管理人员监督具有多重层面的重要性,对于维持良好治理和防范行政体系内潜在问题至关重要。通过对管理人员的监督,可以确保基层官员按照政策要求履行其职责。政策的正确执行是实现公共目标的基础,而监督机制可以帮助确保官员们在实际操作中贯彻执行。

5.3.3.2 公共政策执行失控主要表现

一是象征式公共政策执行。这指的是政府在政策制定上强调形式和外在效果,但在实际执行中缺乏实质性的行动。政府可能更关注宣传和舆论的影响,而忽略了政策的实际效果;还可能存在一些政府倡导的环保政策,但在实际执行中缺乏切实可行的行动和措施,导致政策只是形式上的象征,而未能产生实际的环保效果。

二是捆绑式公共政策执行。指政府在执行政策时,将一些不相关的政策捆绑在一起,导致政策执行过程中出现混淆、冲突或难以协调的问题。例如,可能存在政府在实施节能减排政策时，将与环保无关的经济发展政策捆绑在一起，导致资源分散、政策执行效果不明显，难以达到明确的节能减排目标。

三是替代式公共政策执行。这指的是政府在执行政策时，可能会出现将原本有效的政策替代为不够有效或不合理的政策，导致政策执行过程中的负面影响。例如，政府可能因为某种原因，替代原本科学合理的政策，导致政策的执行效果受到削弱，甚至适得其反。

四是选择式公共政策执行。这指的是政府在执行政策时，可能会出现有选择性地执行某些部分，而忽略或削弱其他部分，导致政策执行的不均衡性和不完整性。例如，一线行政人员的自由裁量行为可呈温和到强硬的逐次变化，包括帮扶、容忍、教育、守点、顾客制止、前端制止、驱赶、暂扣和酌情罚款等。这些行为受到他们正式性、层级性、教育程度、纪律训练和从业时间的直接影响[1]。

5.3.3.3 矫正公共政策执行失控

一是在构建有效的监督机制方面，独立监察机构的设立是确保政府官员行为规范的关键一环。这些机构应当拥有充分的独立性和权力，以便有效地调查和惩罚官员的不当行为。具体而言，监察机构应当拥有独立的预算和人事安排，使其不受政治压力或其他干扰的影响。通过确保监察机构的独立性，可以更有效地防范和应对官员滥用职权的情况。

二是在建立奖惩机制方面，明确的奖惩体系是对官员行为的有效引导。良好执行行为应得到奖励，如晋升机会、褒扬或其他激励措施。同时，对于不当行为的惩罚也应是明确而有力的，以起到震慑和纠正的作用。通过建立奖惩机制，能够激励官员更加谨慎和负责任地履行职责，从而推动整个政府体系朝着更加规范和高效的方向发展。

---

[1] 陈那波，卢施羽．场域转换中的默契互动——中国"城管"的自由裁量行为及其逻辑[J].管理世界，2013（10）：62-80.

三是在加强绩效评估方面，科学合理的绩效评估体系是对政府官员行为进行客观评价的工具。通过定期对政府官员的执行绩效进行评估，可以及时发现问题、表彰优秀和纠正不当行为。绩效评估应基于量化的指标和客观的数据，确保评价的公正和客观性。这有助于建立一个健全的激励和约束机制，推动官员在职责履行中不断提升自身素质和工作水平。

5.3.4 公共政策评估

公共政策评估是指特定的评估主体根据一定的标准和程序，通过考察政策过程的各个阶段、各个环节，对政策的效果、效能及价值所进行的检测、评价和判断。其内涵包括政策目标的明确性、政策设计的科学性、政策实施的有效性、政策影响的评估等方面。公共政策评估通过收集和分析相关数据，评估政策的实际效果，为政府决策提供依据，促进政策的优化和改进。

公共政策评估在政策制定和实施过程中扮演着至关重要的角色，其作用如下：一是提供反馈和改进机制。评估帮助政策制定者了解政策实施的效果和影响，从而提供反馈和改进机制。通过评估结果，政策制定者可以了解政策是否达到了预期的目标，是否存在不足之处，以便进行调整和改进。二是增强透明度和问责制。公开透明的评估过程可以增强政府的透明度和问责制。公众和利益相关者可以了解政策的实施情况和效果，监督政府行为，促使政府对政策实施结果进行解释和反馈。三是资源优化和效率提升。评估有助于发现政策实施中的效率和资源分配问题，从而提高资源利用效率。通过评估，政府可以识别出哪些政策措施效果良好，哪些需要优化或调整，以及如何更好地利用有限资源。四是促进学习和知识积累。评估为政策制定者、实施者和研究者提供了学习和知识积累的机会。通过总结评估结果和经验教训，政府可以积累经验，以提高政策制定和实施的水平。

当代政策评估采用实证主义的科学方法，这来自自然科学的实证主义概念和方法。实证主义力求解释超越特定社会、历史和文化背景的行为，产生经验主义数据的可信性是解决社会问题的基础。在政策分析领域，实证主义体现为一系列实证分析技术的结合，如实验研究设计、多元回归分析等。这些政策分析方法通常被视为政策制定的理性化模式，包括决策者根据经验确定问题存在、设定最优方法的目标和目的、考虑可能解决方案的相关结果和概率，以找到效果最佳、效率最高的解决方案。这种方法旨在避免与政策问题相关的党派目标和价值冲突，强调计算各种目标争取手段的效率和有效性。但随着实验方法在时间成本、道德考量等方面的限制，基于实验数据的自然实验在政策评估中得到推崇。自然实验可视为因果推断模型的黄金原则，即实验参与者被随机分配到处理组或对照组，分配过程与实验参与者的特征无关。然而，由于实施过程中真正的随机分配难以实现，研究者通常会寻找自然发生的实验或基于现有观察数据构建实验条件。因此，如何利用非随机观测数据进行统计推断成为一个难题，并引发了一系列准实验设计的发展，包括工具变量、双重差分、匹配法和断点回归等。

思考题

1. 公共政策的分类有哪些？
2. 多源流理论有哪些源流？
3. 模糊冲突框架下的政策执行有哪些类型？
4. 影响公共政策执行的因素有哪些？

参考文献

[1] DYE T R. Understanding Public Policy [M]. Florida State：Pearson，2013.

[2] JENKINS W I. Policy Analysis [M]. London：Martin Robertson，1978.

[3] EASTON D. The Political System [J].New York：Knopf，1953.

[4] 陈振明. 公共政策分析 [J]. 北京，中国人民大学出版社，2003.

[5] JONES M D, PETERSON H L, PIERCE J J, et al. A River Runs Through It: A Multiple Streams Meta-review [J]. Policy Studies Journal, 2016, 44 (1).

[6] 魏淑艳, 孙峰. "多源流理论"视域下网络社会政策议程设置现代化——以出租车改革为例 [J]. 公共管理学报, 2016, 13 (2).

[7] SABATIER P A. An Advocacy Coalition Framework of Policy Change and the Role of Policy-oriented Learning Therein [J]. Policy Sciences, 1988, 21 (2-3).

[8] JENKINS-SMITH H C. Analytical Debates and Policy Learning: Analysis and Change in the Federal Bureaucracy[J]. Policy Sciences, 1988, 21 (2-3).

[9] ZAFONTE M, SABATIER P. Short-term Versus long-term Coalitions in the Policy Process: Automotive Pollution Control, 1963—1989 [J]. Policy Studies Journal, 2004, 32 (1).

[10] 王刚, 王誉晓. 倡议联盟框架的理论验证与应用改进——基于典型邻避案例的分析 [J]. 公共管理与政策评论, 2020, 9 (5).

[11] BAUMGARTNER F R, JONES B D. Agendas and Instability in American Politics [M]. Chicago: University of Chicago Press, 2010.

[12] 徐宏宇, 吴金鹏. 中国儿童照护预算变迁的间断–均衡模型——基于2007—2019年省级面板数据的分析 [J]. 公共行政评论, 2022, 15 (1).

[13] 邝艳华. 公共预算决策理论述评: 理性主义、渐进主义和间断均衡 [J]. 公共行政评论, 2011, 4 (4).

[14] 李文钊, 庞伟, 吴珊. 制度摩擦何以影响中国预算变迁?——基于1992—2019年的中国预算变迁数据的实证研究 [J]. 公共行政评论, 2021, 14 (2).

[15] LI M. Explaining China's Budget Punctuations: Empirical Evidence Based on Cadre Management System [J]. Journal of Chinese Political Science, 2023.

[16] YAN Y, YANG Z, YUAN C. Political Attention in a Single-Leading-Party State: A Comparative Study of the Policy Agenda in China, 2003—2019 [J]. Journal of Comparative Policy Analysis: Research and Practice, 2022, 24 (2).

[17] LIPSKY M. Street-level Bureaucracy: Dilemmas of the Individual in Public Service [M]. New York: Russell Sage Foundation, 2010.

[18] LIU N N, LO C W H, ZHAN X, et al. Campaign-style Enforcement and Regulatory Compliance [J]. Administration Review, 2015, 75 (1).

[19] 王法硕，王如一．中国地方政府如何执行模糊性政策？——基于 A 市"厕所革命"政策执行过程的个案研究 [J]. 公共管理学报，2021，18（4）．

[20] 陈那波，卢施羽．场域转换中的默契互动——中国"城管"的自由裁量行为及其逻辑 [J]. 管理世界，2013（10）．

第6章 公共预算

如果你不能做预算,你怎能治理?

——阿伦·威尔达夫斯基

引 子

米尔顿·弗里德曼(Milton Friedman)(是一位保守主义经济学家,作为1976年诺贝尔经济学奖的得主,在2002年5月9日,正当其90岁华诞之际,他被美国白宫再次授予荣誉勋章(1988年他被白宫授予过总统自由勋章)。

他曾在一次对乔治·W.布什(George W. Bush)总统和其他贵宾发表的致辞中,运用以下分类法解释其公共政策哲学:当一个人花自己的钱给自己买东西的时候,他对于花多少钱和买什么东西都非常在意;当一个人花自己的钱给别人买东西的时候,他对于花多少钱仍然非常在意,但对于花钱买什么东西却多少有些不太在意;当一个人花别人的钱给自己买东西的时候,他对于买什么东西非常在意,但对于花多少钱却不在意;而当一个人花别人的钱给别人买东西的时候,他对于花多少钱或买什么东西都不在意。

公共管理学

显然，政府的问题在于应该如何花钱办事。怎样才能使"取之于民"的钱当其"用之于民"的时候，政府及其代表政府履职的人员能尽可能做到像"花自己的钱给自己买东西的时候"一样，"他对于花多少钱和买什么东西都非常在意"。

学术界目前已经取得共识，即公共预算从来都不是一个简单的技术性问题，而是一个国家重大的政治问题。公共预算是管理学、政治学和经济学交叉的一个关键领域。自现代公共预算诞生之日起，它就一直处于国家治理的重要基本制度之一。一个国家的治理能力，在很大程度上取决于其预算能力和预算制度的成熟程度。为此，本章着重介绍公共预算的概念和功能、公共预算的过程和改革等问题。

 重点问题

» 公共预算的概念、功能和目标
» 公共预算的过程和模式
» 公共预算的改革与民主监督

6.1 公共预算概述

6.1.1 公共预算的一般概念

公共预算是政府财政资金管理的重要工具。政府通过公共预算在两个层面同其公民建立基本的财政联系，即以适当的方式征集公共资源（如税收和公债）及使用公共资源（公共支出）。公共预算管理面对的就是公共资源的"获取和使用"问题。获取和使用公共资源正是公共组织（包括政府）区别于非公共组织的基本特征,也是公共组织开展活动、履行职责、践行使命的前提和基础。正是在这个意义上,预算管理构成了现代公共管理的核心和关键。没有良好的预算管理,就不可能有良好的公共管理。

6.1.1.1 什么是公共预算

自从有了国家就有了国家财政活动,如果将预算理解为财政收支记录,则其自古有之。但是在现代公共预算制度诞生之前,财政使用效率是比较低的。预算一词最早就是指国王支出的"钱袋子",后演变成财政收支的计划书。19世纪,作为现代民主政治制度的产物的现代公共预算制度在欧洲诞生,国家开始以"前所未有"的方式汲取财政收入,并用于公共目的或"集体"目标,这些现代民主国家终于发展出一种"被广泛视为有效率的、有生产率的,而且比以前更加公正的"财政制度。❶现代预算制度的建立,使国家汲取和支出财政资源的方式发生了根本性的转变,因此公共预算对于现代国家的地位非常重要。

对公共预算的最简单的理解是政府的一个财政年度(fiscal year)的基本收支计划,预算活动就是通过一定的法律程序,将政府的财政收入与支出统一到一个计划文件的活动。但是这样的理解是远远不够的,对于公共预算的审视可以从不同的角度进行。

克里夫兰(Cleveland)认为,预算是事关资源配置的决策的艺术;威尔达夫斯基(Wildavsky)认为,预算是为了实现政策目标连接财政资源和人类行为的桥梁,它不仅是一个财务计划或一本财务文件,更是一个过程。公共预算是一个过程,涉及权力、权威、文化、协商一致和冲突等概念,并在国家政治生活中占据着重要的地位❷。

鲁宾(Rubin)对公共预算的描述则是多方位的:预算反映了政府选择做

---

❶ WEBBER, CAROLYN, & AARON WILDAVSKY. A History of Taxation and Expenditure in the Western World [M]. New York:Simon and Schuster, 1986:300-301.

❷ AARON WILDAVSKY. Budgeting: A Comparative Theory of Budgetary Processes [M]. Boston:Little, Brown & Company, 1975:13.

什么或者不做什么，也可以反映公众对于政府应该提供什么样的服务的一种共识；预算不仅可以反映政府在其提供的众多服务职能中的优先权，而且可以反映政府从全体选民的角度出发，在考虑效率与效能的基础上，为实现更大的公共目标而做出的决策的相对比例；预算对于公民来说是一个有效的责任工具，它能将公民偏好与政府产出相连接，让公民了解政府是如何花钱的，监督政府是否遵循公民偏好行事；政府能够从预算中识别公民在税种和税率方面的偏好，并衡量特殊纳税人群体转移税收负担的能力；预算会影响国家整体的经济运行，如财政政策会影响就业水平——某个时间有多少人处于失业状态；同时，通过预算也可以看出不同的个体组织影响预算结果的相对权力。

综上所述，我们认为公共预算是指一国政府在特定时间段内，根据国家的政策方向和整体资源状况，结合国民的负担能力，通过法定程序规划制定的收支计划。这一预算体现了政府的政策取向和服务优先级，为公民提供了有效的监督工具。

美国华盛顿特区布鲁金斯公共政策教育中心的阿尔伯特·C.海迪（Albert C. Hyde）教授提出从四个维度来理解公共预算。一是政治维度。因为公共资源是稀缺的，公共预算分配公共资源时必须考虑不同的利益相关者的需求，最终的预算分配实际上反映了政府政策的优先性，是不同的参与者讨价还价的结果，这反映了公共预算的政治性。二是管理维度。公共预算是管理的工具，有效的分配并不能保证资源被有效使用，公共预算不只是简单的财政资源的分配，还要求利用特定的管理方法和技术使公共服务和公共项目的提供更加有效。三是经济维度。公共预算还是经济平衡工具，因为公共预算的分配往往承担着刺激经济增长或稳定经济、促进就业、抑制通货膨胀等宏观经济职能。四是财务管理维度。公共预算还是财务管理工具。政府的收入和支出数量庞大繁杂，为了合理获得每一笔收入和安排每一笔支出，必须通过微观的财务管理工具来明确约束参与者的行为。❶

---

❶ 蔡立辉，王乐夫.公共管理学[M].北京：中国人民大学出版社，2022：235.

第 6 章 公共预算

§ 信息链接 1

预算一词的来源

预算在今天是一个非常普及的词汇,不仅是政府,个人、家庭和企业也常常进行这种对收入和支出进行预测的活动。你知道预算这个词的来源吗?预算(budget)这个词来源于法语 bougette,最早指的是皮质的钱袋子,是英国财政大臣带到议会用来装有关政府财政信息的资料的。随着时间的推移,预算变成了指皮袋内的文件而不是皮袋本身了。

6.1.1.2 为什么要公共预算

1. 预算的本质

首先,预算本质上是一种进行分配资源的活动,这意味着预算是在不同的潜在支出目标(Potential Object of Expenditure)之间进行选择。预算支出的结构比例、取向用途,体现着国民经济和社会发展及政府各个部门之间的资源分配情况,进而影响着整个社会资源的配置。科伊(Key)1940 年批判公共预算缺乏理论过程,他指出公共预算的基本问题是回答"应该以什么为基础来决定分配给 A 项目 X 数量的预算资金,而不是分配给 B 项目"的问题,这就是公共预算领域著名的"科伊之问"。

其次,预算也能被看作一种政治活动。就像威尔达夫斯基说的,关于"谁从政府那里得到了政府能给的东西"这个问题的答案能够在预算中找到。在政治和政策制定过程中,预算过程都扮演着重要角色,无论政治家的目标是什么;因为预算规定着政府活动的内容、方向和政策。由此可见,预算过程与政治过程的关系非常紧密。一定程度上,预算过程可以被视为政治过程的核心。❶因为所有的政治组织和利益集团在制定政策的时候,都希望能够使自身利益最大化,但是政府拥有的财政资源通常情况下是有限的,难以满足所有的政治诉

---

❶ 马骏. 中国公共预算改革:理性化与民主化[M]. 北京:中央编译出版社,2005:265.

求,所以政治活动最终都是围绕着预算资金的分配而进行的,各种政治冲突最后都会反映到预算过程中。

最后,预算还是公共管理中政策选择和资源管理的核心。公共管理涉及政策选择和组织公共部门资源来实施政策,同时进行具体项目和活动的管理,包括政策、资源和项目管理。政策管理的核心在于进行政策选择,政策过程和预算过程的关系十分紧密。资源管理的重要内容就是财政资源管理,因此在国外,公共预算和财政管理通常都是政治学和公共管理学的重要研究领域。政治学家一般主要关心预算问题,公共管理学家则对于预算问题和财政管理问题都十分关心。❶

2. 预算与国家治理的关系

财政制度建设对于国家建设具有重要作用,"财政转型可以在很大程度上引导国家治理制度转型"❷。《中共中央关于全面深化改革若干重大问题的决定》指出,财政是国家治理的基础和重要支柱。实施全面规范且公开透明的预算制度是深化财税体制改革、建立现代公共财政的迫切需要,也是加快转变政府职能、推进国家治理体系和治理能力现代化的重要保障。

因此,阿伦·威尔达夫斯基将预算与治理视作同义词:"如果你不能制定预算,你怎能治理?"❸公共预算是国家治理的一种基本制度安排,它既集中体现了政府的经济行为,也是国家管理公共事务的重要手段之一。运用公共预算的手段来治理国家,可以观察国家治理的基本轨迹,透视国家治理的活动,考核国家治理的绩效,形成对国家治理成本的有效控制。❹

更进一步,预算能力也在很大程度上影响着一个国家的治理能力。从某种

---

❶ 马骏. 中国公共预算改革:理性化与民主化 [M]. 北京:中央编译出版社, 2005:266-269.
❷ 马骏, 等. 走向"预算国家" [M]. 北京:中央编译出版社, 2011:3.
❸ 阿伦·威尔达夫斯基, 布莱登·斯瓦德洛. 预算与治理 [M]. 苟燕楠, 译. 上海:上海财经大学出版社, 2010:302.
❹ 黄新华, 何雷. 面向国家治理现代化的公共预算改革研究 [J]. 福建论坛(人文社会科学版), 2016(6):6.

意义上说，治国即理财。11世纪的中国，王安石就构想了一套通过改进国家理财的方式来改进国家治理的制度安排。治理即理财，只要改变国家取钱、分钱和用钱的方式，国家的活动方式就会发生相应的转变。因此，有效的预算改革可以有效地推动国家治理转型。❶自19世纪以来，为了实现经济、效率和问责等目标，现代国家开始通过公共预算的手段来进行国家财政资源的汲取和分配等活动，预算开始成为国家活动的中心，并且逐渐更好地服务于国家治理的目标，治理等同于预算的观点也不断获得认可。希克曾这样评论道："毫不夸张地说，治理能力在很大程度上依赖于预算能力。如果没有预算能力，中央政府不可能发展到这么庞大，也不可能行使这么多权力。如果没有预算的约束和规范，巨大的、积极的政府将是不可想象的。"❷马骏在结合希克研究的基础上，将预算能力定义为三种基本的理财能力：国家为了实现财政可持续在可获得的收入限度内控制开支的能力；将稀缺的财政资源进行有效率的分配来满足公民需要的能力；有效率地筹集收入并以一种能够实现运作效率的方式进行支出、开展活动、生产和供给公共产品和服务的能力。❸以上三种能力均与国家治理能力息息相关。

自中华人民共和国成立以来，很长时期内，预算被认为是国家有效管理经济的工具，因此公共预算具有浓厚的经济色彩。2014年8月31日第十二届全国人民代表大会常务委员会第十次会议修改通过了《中华人民共和国预算法》（以下简称新《预算法》，2015年1月1日开始实施），财政在国家治理中的基础和重要支柱地位得到明确，新《预算法》强调要实施全面规范、公开透明的预算制度，国家要从过去重视政府预算管理权力的管理型预算向注重约束、控制和监督政府预算权力的治理型预算转变。从预算管理到预算治理的转变，是公共预算面向国家治理现代化的改革，不能把预算当作简单的

---

❶ 马骏.治国与理财：公共预算与国家建设[M].上海：三联书店，2011：1.
❷ SCHICK, ALLEN. Capacity to Budget. Washington [M]. D. C.：The Urban Institute Press, 1990：1.
❸ 马骏.治国与理财：公共预算与国家建设[M].上海：三联书店，2011：61.

国家会计管理工具，而应将"善治"的理念贯穿公共预算，"公共预算远不仅仅是简单分配政府资源的工作，它们还是塑造公共生活、国家制度、公众与国家关系的文化建设"。❶公共预算应将受托责任、透明度、法治及可预见性等善治理念充分融合，以此约束政府权力，并致力于建立最有生产力、最透明和最负责的政府。

6.1.2 公共预算的主要功能

公共预算功能的形成和发展与预算的发展时期密切相关。1978年，凯顿（Caiden）发表了"预算模式"一文，运用了三个变量来辨析在不同时间的预算方式。第一种是收入汲取模式。这种预算方式是指在社会中获取社会资源的能力。第二种是公共责任。这种预算方式是指是否为公众承担政治责任。第三种是行政控制。这种预算方式是指是否在政府内部具有财政控制的能力。在此基础上，凯顿探讨了历史上存在的预算模式的三个时期：前预算时代、预算时代和超预算时代。❷表6-1显示了不同时期的预算特点。

表6-1 公共预算的发展：预算模式的三个时期

预算模式	前预算时代	预算时代	超预算时代
收入汲取	高	高	高
公共责任	低	高	高
行政控制	低	高	低

艾伦·希克（Allen Schick）把公共预算的职能区分为三种：控制、管理和计划。鉴于盛行于君主专制时期的"前预算时代"的公共预算缺乏公共责任而且行政控制程度很低，政府可以随意地征税和支出，各种各样的腐败盛行于前

---

❶ 乔纳森·卡恩. 预算民主：美国的国家建设和公民权（1890—1928年）[M]. 叶娟丽，等，译. 上海：格致出版社，上海人民出版社，2008：2.

❷ 马骏. 中国公共预算改革：理性化与民主化[M]. 北京：中央编译出版社，2005：89.

预算时代,19世纪欧洲国家的预算改革浪潮都希望通过设计一种新的预算模式来解决这两个问题,将政治上的公共责任和有效的行政控制引入公共预算中去,议会逐渐通过对政府进行政治控制来促使政府履行公共责任。其中,控制政府的收支活动成为控制的主要方面,同时也加强了政府内部的预算控制。因此,现代预算的控制功能也是最重要的功能,体现了现代预算应有之义的基本功能。

自1930年左右起,预算制度不断改革,而随着政府职能范围的依次扩大,预算的执行和决策也越发强调"计划"与"管理"的功能,公共预算更多地通过资源配置而发挥社会希望实现的其他目标的作用,在美国表现得尤为突出。预算的管理取向出现在罗斯福新政时期,在"绩效预算"改革中达到顶峰;随后在1960年左右预算表现出计划取向,出现原因是"计划—项目"预算体系的引入。20世纪70年代以来,由于福利国家的发展导致的刚性的"赋权型"预算越来越使预算失去了弹性空间,加上公私部门伙伴关系的出现,私人部门和准政府部门介入政府收支活动但常常不受政府预算控制,进而导致预算外财政的增加。凯顿将这一阶段命名为超预算时代,它对控制、计划等传统预算功能都形成了一定的挑战,但总体来说,计划、管理和控制依然是现代公共预算的三大基本功能。

(1)公共预算的计划功能,主要回答了"为什么"这一问题。在这一阶段,需要明确组织目标、找到并测算出实现这些目标所需要的资源、如何获取和利用这些资源等的一揽子决策过程。这就要求在既定的预算资源总量约束和技术约束下将预算资源配置到最具价值的地方。预算的计划功能本质上是一个政治运作问题,它比管理功能和控制功能更加密集地触及政治过程的核心,因此主要在政府的最高层次上(立法机关、最高行政机关和财政部门等核心部门)完成。❶

(2)公共预算的管理功能,旨在实现确立目标之后如何获取和利用目

---

❶ 王雍君.公共预算管理(第2版)[M].北京:经济科学出版社,2010:7.

标所需资源的过程。它强调的是预算资源在每个公共规划内部的分配、使用和使用结果。这些结果可以用两个关键指标来计量：产出（Output）和成果（Outcome）。产出指公共服务本身，通常可以用数量、价格和成本三个维度加以计量。成果是指与政策目标相联系的度量。"投入—产出—成果"构成一个完整的链条。在理想的情况下，三者之间的关联度越强，越有利于带来令人满意的绩效（Performance）。传统预算（投入预算或条目预算）关注的是投入，忽视产出和成果，区别于更加强调结果的绩效预算（Performance Budgeting）。

（3）公共预算的控制功能，旨在对落实事项过程中对具体的人、财、物的控制，强调对公共支出进行法律、行政和其他方面的限制。这也通常被认为是政府履行对纳税人受托责任的机制。控制功能是公共预算最基本的功能。鉴于前预算时代的主要问题是缺乏公共责任和行政控制，现代预算的本意就是要解决这两个问题，将政治上的公共责任和有效的行政控制引入预算中，将具体开支的结构和水平及支出执行限制在法律和预算中。在政治民主和法治社会中，除非获得法律（立法机关批准的预算本身就是法律）明确授权，否则政府既不能从纳税人那里拿钱（征税），也不能实施任何支出，任何超越预算授权的开支都是违规的。预算的控制功能首先是确保作为政府财政活动重心的公共支出是遵守法律约束的，同时在政府行政体系内部，预算的年度性、一致性和严格性原则，也使预算核心部门对支出机构的行为加强了行政控制。

当然，约束政府和控制开支并不是公共预算的唯一目的。过于严格的约束和强大的控制功能，会妨碍现代政府制定和实施公共政策以应对挑战。因此，现代预算发展的一项重要任务就是，既要确保政府处于议会控制下，又要留给政府足够的"自由裁量"空间，以确保其成为能动进取和积极作为的政府。对于现代公共预算制度比较成熟的政府，计划功能和管理功能的相对重要性会明显提高，绩效（产出与成果）在预算过程中受到更多的关注，控制相对削弱了支出部门和机构在预算资源的使用方面被赋予的更多的自主权。尽管如此，预算的控制功能仍然是最基础的功能，在现代预算制度正在完善的发展中国家和经济转轨国家尤其如此。

所有的预算体系都包括以上三种最基本的功能，但是不同的预算体系其侧重点有所不同。注重控制的预算方式就是以控制为导向的预算，注重管理的预算方式就是以管理为导向的预算，注重计划的预算方式就是以计划为导向的预算。❶

6.1.3 公共预算的目标

公共预算可以在宏观、中观、微观三个层面，对公共部门的运转产生影响。首先是宏观层面。公共预算可以对政策制定所运用的总额财政进行一个约束。在中观层面，公共预算会影响制定战略时的资源分配和使用。在微观层面，公共预算会影响具体过程中的资金使用，从而影响公共服务的产供效率。因此，可以得出公共预算的目标和基本职能：提高对财政总额的约束、在决策时确定资源配置和利用的偏好优先级，以及在执行时提高资金的利用效率。公共预算的三个核心目标如下。❷

6.1.3.1 财政纪律与总额控制

财政纪律（Fiscal Discipline）和总额控制是所有预算制度的首要目标，也是体现预算基本必要性的基本要求。失去了这一目标约束条件，过度开支、赤字和债务将必然发生并最终导致基本的生存危机。在这里，财政纪律涉及的基本理念是可承受性（Affordability），它意味着可维持的预算及实际支出和收入。总额财政纪律不仅要求遵守立法机关通过的预算决议，还意味着在预算执行期间内抵御不断增加支出的压力。❸ 当然，这个基本目标并不是说政府的支出完

---

❶ SCHICK, ALLEN. The Road to PPB: The Stages of Budget Reform [J]. Public Administration Review, 1966（26）：243-258.

❷ 希克.现代公共支出管理方法[M].王卫星，译.北京：经济管理出版社，2000：11-12.

❸ 王雍君.公共预算管理（第2版）[M].北京：经济科学出版社，2010：23.

全不能增加。即使政府的支出年年增加，但如果这种增加以政府的收入增加作为基础，它就仍是满足财政可持续性的。

总额控制之所以必要，是因为随着政府职能的扩张和经济社会发展的需要，预算对资源的要求总要超过可用的资源。预算申请支出总额经常超过政府能够或者愿意支出的总额。也就是说，资源从相对意义上总是稀缺的，而所有的利益相关者都希望在预算中实现自己的利益追求。如果不维持总额控制的基本财政纪律，那么，政府将逐渐耗尽当年的财政收入甚至借贷能力，公共支出就可能失去控制，从而严重影响财政的可持续性，导致财政风险。

6.1.3.2 基于政策优先性的资源配置

由于资源具有稀缺性，因此对于预算来说，如何合理配置资源以发挥它的最大作用成了预算中十分重要的一个目标。在市场经济的国家当中，配置资源的方法主要有两种，一种是政府机制，另一种是市场机制。为了满足资源配置效率，仅有一个能够有效率地配置资源的市场机制是不够的。理性的、负责的公共预算制度是实现公共利益，增进人民福祉的同样重要的资源配置方式。特别是对于发展中国家来说，财政资金往往短缺，因此合理配置资源具有重大意义。正如希克指出的，改进贫穷发展中国家预算资金分配效率带来的效益要大于富裕国家，"改进富裕国家的预算分配可能会使人均收入上升几个百分点，而在穷国，它可能意味着从一贫如洗到满足基本需求之间的区别"❶。

当存在着资源的边际产出不等时，配置有效既意味着政府引导资源增量转向新的更高优先级用途，也意味着将资金从低价值用途转向高价值用途的意向和程序。这不仅意味着经济学意义上的配置效率提升，也体现公共管理政策目标的优先次序和对公共管理的价值认知。因此，科伊之问即公共预算中的资源分配是出于什么样的理性原因将资金分配给项目 a 而不是项目 b 的问题会在不同的国家、不同的体制及不同的发展阶段产生不同的答案。在提高预算的资源

---

❶ 希克.现代公共支出管理方法 [M].王卫星，译.北京：经济管理出版社，2000：37.

配置效率的道路上，19 世纪出现了行政控制和问责控制，以确保资金运用于公共目的，而不是其他私人或者是非公共行为；到了 20 世纪 50 年代，零基预算、计划项目预算、结果导向的预算、绩效预算等预算方式进一步对资源的合理配置进行深入探索。

6.1.3.3 营运管理与运作效率

运营效率要求推动支出机构提高服务交付的生产率，从而降低政府购买货物或者服务的成本。它相对较为集中在支出的领域，通过对财政交易进行组织管理：一是能防止贪污腐败现象的发生，二是确保在预算执行当中有着严格且高效的执行效率。在此组织管理过程中，需要尽可能注意四大方面，也就是激励、灵活性、协调和控制。控制机制是防止资金贪污、挪用和浪费等现象的基本保证，为防止负激励，支出部门拥有一定的灵活性，会通过节约与创新的激励机制来提升效率。负责控制的预算机构与支出部门和收入征收部门间的沟通协调，以及政府与立法机构间的沟通协调，也是确保运营效率的重要因素。

6.2 公共预算的过程和模式

6.2.1 公共预算的过程

在实务操作上，各国的公共预算表现为周而复始的循环过程，包括预算准备和编制、预算审查与法定审批、预算执行与控制及决算与审计。每个国家的预算程序并不相同，但通常都覆盖这四个彼此相连的阶段。

6.2.1.1 预算准备

预算准备是指立法机关审查预算之前行政部门准备预算的过程。预算准备过程主要包括六个阶段：①准备宏观经济规划（框架）。②准备预算指南（Budget Circular），以便将支出限额通知各部门，并为各部门编制部门预算（Sector Budget）提供指导方针。③申请预算的部门根据这些指导方针，准备和提出自己的预算申请（Budget Proposal）。④在支出部门与财政部门之间进行预算谈判。⑤由行政机关或其他核心机构最终形成预算草案。⑥向立法机关呈递预算。

6.2.1.2 预算审批

预算审批是指立法机关对本级预算草案的审查和批准。立法机关在此阶段对行政机关提交的预算草案进行审查和批准，使其具有合法性（法定授权）。任何情况下都必须在取得法定授权后，才可进行预算拨款。在现代民主与法治社会中，预算授权作为一种预算控制（核心是支出控制）机制而发挥作用，通过外部控制体现出预算的政治责任。预算授权也是政府部门承包项目、签署合同及支付工资等的法律依据。

6.2.1.3 预算执行

立法机关审批预算后，年度预算便作为一个法律文件而进入执行阶段。预算执行的重要任务，就是保障实际预算执行的结果能够与预算初衷保持一致。在预算反映政府政策意图的情况下，预算执行的好坏更关系到能否确保政策目标和公共利益的实现。在实践中，精心准备的预算可能执行不好，这不仅会导致前功尽弃，而且还将使预算的结果与预算的初衷背道而驰。除此之外，一味地遵循初始预算也并不合理。在具体执行过程当中，必然会有许多意外和有干扰发生，因此应该在确保法律范围之内对预算进行灵活的调整。不管怎么样，预算的执行总要达到它的几个关键性目标，即资源配置效率、支出的控制、确保合规性、营运的效率及管理财政风险。

6.2.1.4 决算与审计

政府决算是指法定程序批准的年度执行结果的会计报告，是年度预算范围内的收支最终结果。一般情况下，政府决算由政府有关部门编制，再报同级立法机关审查，这是基于法定授权的评估、检查和审计，对预算执行结果进行评估是现代预算管理中的一个关键性步骤。编制政府决算产生大量有价值的信息，有助于预算决策者考察评价资源使用者的绩效，可以帮助决策者做出更好的资源分配决策，有利于提升理财效率，也可以成为财政问责的依据，体现事后的受托责任（Accountability）。公共部门通过对预算结果的评估进行公示，以及对评估结果与规定的基准绩效或者产出指标进行对比公示，可以使公众了解到公共部门预算效率，从而倒推公共部门提高预算执行效率。

除此之外，评估结果还可以成为立法机关和审计机关的参考资料，使支出管理者能通过这些参考资料更好地达到立法机关和审计机关的要求，从而间接地提高预算过程的配置效率和营运效率。❶

---

§ 专栏 1

我国"两上两下"的预算编制过程

"一上"：财政部门通知支出部门进行年度预算编制，支出部门对下一年的收支情况进行预测计算，然后报送财政部门。

"一下"：财政部门收到各支出部门发来的部门预算以后，由职能处室对其进行审查。审查完后还要反馈预算情况，并要求各部门进行修改，修改需要根据往年的预算情况和对于未来一年预算的预测划定支出预算控制数，然后将预算反馈给各收支部门，并要求他们在划定的预算控制数中进行修改。

"二上"：各部门在修改完毕后将预算报财政部门，财政部门审查确认无误后汇总编制预算，然后报政府常务会议讨论；政府常务会议又对预算提出修改意见反馈给财政部门修改，财政部门在修改完毕后又提交到同级党委审查；最后，审查完毕提交人大常委会进行初审，初审形成的政府预算提交给人大会议进行审议通过。

"二下"：人大讨论通过以后，由财政部门批复给各部门进行预算执行。

---

❶ 王雍君. 公共预算管理（第 2 版）[M]. 北京：经济科学出版社，2010：34.

6.2.2 公共预算的模式

6.2.2.1 传统预算

传统预算并不是前文所说的前预算时期，而是指现代公共预算的早期。19世纪建立现代公共预算时，各国的预算制度仍处于早期发展阶段。当时的公共预算制度主要就是以加强控制为目的，即防止决策者将公共资金用于私人目的。因此，就需要一种预算方式，能够全面而且详细地列出各项资金的使用去向。预算的核心在于使预算成为财务合规的工具，也可称为合规性预算，其背后隐含的思想是，政府只需对公共资源的获取和使用，而不是对资源使用的结果负责。因此，确保公款按照法律法规所规定的用途去使用，成为预算追求的中心目标。

在这种背景下，各国都采取了分项列支的预算模式，根据一个详细的预算科目体系分解政府各个部门的资金，详细地罗列政府的各项支出，并在此基础上，逐渐发展出一种极其流行的预算决策模式——以"基础加增长"为特征的渐进预算。这种预算模式的优点和缺点都非常突出。其优点是非常便于对预算进行控制，其缺点是不利于实现资源配置效率。从 20 世纪 50 年代开始，历次预算改革都希望建立更加理性的预算决策模式来取代传统预算。然而，这种传统的、分项列支的预算模式，其拥有异乎寻常顽强的生命力。[1]

1. 分项列支预算

传统预算模式是以控制为导向的，主要关注公共资金是否存在滥用，政府机构的支出行为是否恰当，是否将拨款支出到了事前规定的用途，是否按照事前规定的方式进行支出。而且，由于各个政府机构所购买的产品和服务大同小异，所以也可以设计出一种通用的会计分类，既能适用于所有政府机构，又能让审计人员用统一的标准评估所有部门的支出。因此，在传统预算

---

[1] 马骏，赵早早. 公共预算：比较研究 [M]. 北京：中央编译出版社，2011：291.

时期，各国政府采用的都是一种"分项列支预算"（Line-item Budget）或者"支出用途预算"（Objectives of Expenditure Budget）。在这种预算模式中，根据详细的预算科目体系，部门资金被分解到各个具体的支出科目，并被详细地分行罗列出来。每一行就是一个支出科目，表明具体的资金用途，对应着申请的或者可使用的资金数量。通常情况下，分项列支预算是按政府部门来组织编制的。支出按照组织和分门别类、互不交叉的投入条目编列预算，以控制资源的使用。在某些国家中，以这种方式准备的预算通常是非常详细的，包括数以千计的条目。

传统的条目预算目前仍被多数国家采用，它与投入导向相联系，预算编制和准备过程中需要遵循详细的事前控制或严格的拨款规则，包括限制（甚至禁止）在条目间的资源转移——通俗地说，就是"打酱油的钱不能用来买醋"。当然，这些限制的范围与程度因国家而异。一般地讲，人们对"过于详尽和严格"的条目预算的批评有正当理由，但这不意味着条目预算已不合时宜了。任何预算系统都需要以确保基本的财务合规性作为底线，条目预算对于这一目的而言是适当的。

2. 渐进预算

传统预算模式的主要思路是通过对各个部门的资金使用进行严格的控制，以促使各个部门在财政上对公众负责，防止决策者滥用权力，将公共资金用于私人目的。因此，传统预算决策的重点是预算投入，主要关心预算投入是否存在滥用权力，支出是否符合预算并遵守政府的各种规章制度。它有别于以结果为导向的预算模式，关心预算投入使用后的产出，以及这种预算产出所提供的公共服务或公共物品是否为社会所需要。按照传统预算模式的思路来看，公共部门自下而上形成了对财政资金的需求，并在此基础上，通过基数加增长的路径做出预算决策。通常情况下，预算支出部门首先提出自己的预算要求——主要是新增预算要求，然后由公共部门核心预算机构对支出部门提出的增量预算要求进行审查，此过程中对于支出部门的预算基数往往不被纳入审查范围。因此,以支出部门预算基数为基础并由此决定资源如何配置的预算决策模式是传统预算模式的重要特征,在此模式下,预算支出部门的预算增量部分需求是否得到满足,以及如何得到满足,主要取决于政治上的讨价还价过程。不可否认的是,政治过程中的讨价还价也决定着支出部门预算基数的形成和维持。政治稳定与否影响着支出部门预算基数,一个稳定的政治态势不会促使预算基数出现较大浮动,但在政治出现剧烈转折的时候,预算基数也会出现变化。❶

6.2.2.2 预算改革以来出现的新的预算模式

经过 200 年的预算实践,现代政府的预算已经非常复杂。一般来说,预算投入拨款、预算的产出和结果构成了简单的预算过程。传统预算模式以控制为导向,强调以预算投入的严格控制为重点。该模式中需要进行预算控制的重点的是,对支出部门的预算拨款是否遵循预先规定的方式、数目和目的进行支出。自 20 世纪 30 年代以来,不断有学者对传统预算模式提出批评,在对传统预算模式进行挑战的研究过程中,先后涌现出一些新的预算模式。其中,具有代表性的预算模式如绩效预算、"计划—项目"预算、零基预算和新绩效预算等,都是对传统预算模式革新进行的不同探索。

1. 绩效预算

绩效预算(Performance Budget,PB)是以实现项目绩效为目的导向,通过"成本—效益"分析来确定支出费用进行预算编制管理的预算。绩效预算是美国在 20 世纪 50 年代制定的一种预算制度,早期美国总统预算办公室对绩效预算的表述:"绩效预算是这样的一种预算,它阐述请求拨款是为了实现什么目标,为实现这些目标而拟订的计划需要花费多少资金,以及用哪些量化的数据来衡量在实施每项计划的过程中取得的成绩和完成的工作的情况。"❷ 绩效预算

---

❶ 马骏,赵早早.公共预算:比较研究 [M].北京:中央编译出版社,2011:296.

❷ 姜竹.公共预算与管理 [M].北京:经济科学出版社,2009:155.

出现后，对西方各国的预算制度产生了较大的影响，英国、法国和瑞典等国也试行以计划为中心，以"成本—效益"为考核标准的绩效预算制度。

绩效预算的优点主要集中表现为以下两方面：一是注重通过成本效益分析来衡量预算支出成果，预算项目的通过都必须经过严格的评估论证，这对监督和控制财政支出、防止浪费有着积极的作用。二是重视对预算支出效益的考察，使预算可以反映支出所产生的预计效益。

绩效预算的三个组成要素：政府事务的项目和活动的类别、绩效度量和绩效报告。绩效预算从编制开始就要求，各支出部门预先制定各自的有关事业项目或工程计划，计算出各项施政计划的成本和效益，并按照一定排序择优将项目列入预算。在绩效预算执行后，要对比计划和实际、本期和前期成本效益的方法，考核行政部门使用预算资金的每项工作或业务的绩效。

绩效预算改变了传统预算模式集中于预算投入部分的控制，将重点转向预算产出的结果。也就是说，绩效预算已经是关注预算投入使用后产出公共服务的预算模式。按照绩效预算的观点来看，政府预算资金的分配应根据不同部门编制的预算方案，进行"投入—产出"计算，并根据由此关系确定的绩效指标将预算资金分配到那些在管理绩效上最佳的项目或部门。但是，如前所述，绩效预算的重心是完成了什么工作，而不是关注支出目标是否合理。20世纪60年代出现的"计划—项目"预算则弥补了绩效预算的不足，着重分析支出目标的价值。在"计划—项目"预算看来，资金应该分配给那些生产出社会所需要的产品或服务的项目或者部门❶。

2. "计划—项目"预算

"计划—项目"预算（Plan-Program-Budget-System，PPBS）在1961年最早由美国国防部采用，后被推广到美国联邦政府和州以及地方政府。"计划—项目"预算是在弥补绩效预算不足的过程中以绩效预算为基础发展起来的，"计划—项目"预算强调以国家目标为依据，要求按照项目安排和定量分析方

---

❶ 马骏. 中国公共预算改革：理性化与民主化 [M]. 北京：中央编译出版社，2005：283.

法的运用而进行预算编制。该方法的重点在于为实现政府计划的宗旨和目标，提供可以对政府需求的明确分析，从而便于其选择的可供使用的手段和成本。

"计划—项目"预算的特点：一是可以有机结合预算安排的项目和政府的中长期计划，做到长计划短安排，以有利于政府活动的开展；二是政府在选择安排项目的过程中，重视"成本—收益"分析，选择费用最低的项目，为政府决策提供相应的依据和参考；三是根据项目安排预算可以实时对预算进行调整，由于政府项目的计划考虑往往是跨年度的，按项目安排预算，可以根据发展变化情况，对目标、计划和预算进行调整。其缺点主要表现在项目由于实施时间长短不一，而预算是按计划和规划的项目编制的，这就打破了预算的年度性，使按预算年度的财政收入与项目预算支出的对比关系更加复杂。另外，预算的推行也会遇到资料收集和分析的困难，如许多投入产出的成本和信息缺乏标准，无法量化。

"计划—项目"预算的具体实施步骤：①根据国家现有的各种资源、经济发展状况，制定国家的社会经济发展目标，进而确定部门目标。②按照确定的各部门目标，对后续计划进行可行性分析，规划对应的具体详细计划，即把已经确定的部门目标细化为具体的不同项目计划，同时为每一个项目设定项目目标、指标和考核衡量标准。③对所确定的目标方案进行"成本—效益"分析，从而选出成本小、效益大的方案。④根据选定方案所需要的资金编制预算。⑤按照编制的预算组织实施。

3. 零基预算

零基预算（Zero Based Budget，ZBB）是20世纪60年代初期美国企业所采用的一种公司财务管理模式，它要求在每个预算年年初对每个项目进行重新评估，掌握项目预算的变化信息，以实现企业减少开支、节约成本、有效使用资源的目的。这是一种非常强调管理和政策分析的预算模式，具体是指在每一年度编制预算时，各部门的负责人要严格审核部门在新预算年度中所想要完成的所有事情，而不是仅仅停留在修改上一年度预算或检验新增部分预算这一层面上。他们必须重新审核每项工作计划,并测定不同层次服务所需的资金。

零基预算的编制步骤:首先,上级主管部门下达新一年度的预算计划,各基层预算单位按照所公布的计划重新进行预算编制,并尽可能多地提出方案,上报上级主管部门以供择优选择。其次,上级主管部门对基层预算单位所上报的方案进行严格审查和认真评估,对基层预算单位的方案提出意见以供下级参考和修改,调整之前的方案,力求达到资源的合理分配。最后,基层单位选择最后的最优方案,结合上级部门的修正意见,进一步提出详细的可操作预算,具体通过划分决策单元、编拟决策包、根据决策包比较各决策单元之计划,以及排列计划的优先顺序来进行。

零基预算的优点在于其不受现行预算执行情况的约束影响,对各级单位和不同部门的预算编制赋予一定权力,充分发挥各级管理人员在预算编制时的积极性和创造性,按照一定重要性顺序进行优先项目的确定,使预算资金盈余管理工作更节约和高效,也更有利于对相应社会资源进行合理配置。此外,零基预算也对应增强了上级预算主管部门和执行单位的责任感和成本意识。与"计划—项目"预算和绩效预算自上而下的编制程序相比,零基预算的主要差别在于它是自下而上的,三者共同之处在于都以"成本—效益"分析为基础,寻求降低成本,提高效益。

4. 新绩效预算[1]

20 世纪 70 年代末和 80 年代初,澳大利亚、加拿大和英国等国启动了新绩效预算改革。20 世纪 90 年代以后,其他的发达国家(如美国、法国等)及一些发展中国家也开始引入这一改革,这就是新绩效预算。新绩效预算的目标是提高政府公共支出的货币价值,对公共预算和政府财政管理体制进行重塑,使政府从纳税人那里获得的税收收入能够在使用后创造出最大的货币价值。

---

[1] 马骏. 中国公共预算改革:理性化与民主化 [M]. 北京:中央编译出版社,2005:128.

公共管理学

§ 专栏2

项目制

分税制改革以后，中国财政汲取能力和汲取效率迅速提高，在短期内迈入了"大政府"时代，政府为社会提供公共品和公共服务的潜力大为增强，但同时也对政府治理体制和治理能力提出了新的巨大挑战。为此，中国推动建立了一个以部门预算为基础、项目支出为核心的公共预算体制，项目支出既是部门预算的核心，也是公共预算体制的枢纽，由此形成一个新的国家治理体制——项目制。

部门预算要求政府预算以部门为基础进行编制，将部门职责、工作目标与财政预算紧密结合起来，具体包括以下两方面。首先，部门预算采取综合预算的方法编制。部门所有财政收支统一纳入部门预算，之前没有纳入预算的预算外收入、基金收入等全部纳入"一本预算""一个部门一本账"。其次，规范细化预算编制方法。部门收入主要包括财政拨款收入、政府性基金收入及其他收入。部门支出分为两部分：基本支出和项目支出。基本支出是指各部门为保障机构正常运转和完成日常工作任务而编制的年度支出计划，包括人员经费和日常公用经费两部分，采取定员定额办法预算。项目支出是指为完成特定工作目标，在基本支出之外编制的年度支出计划。显然，基本支出是"吃饭支出"，按照人头和标准进行"公式"预算，项目支出是"办事支出"，是部门预算的核心。

与传统以支出部门为单位列支预算资金相比，项目预算的最大特征在于以项目结构来安排预算，项目结构中包含的众多项目还能被再度细分，甚至划分为更小的组成要素。它打破了财政资金在部门之间的壁垒，使项目成为公共资金预算安排的核心。项目预算的关键在建立"项目包"，即将各种预算项目的信息都放入项目包，以备项目审查者清晰判断哪些项目应该受到预算资金的支持。

中国的项目支出预算实质上是以部门为基础的"计划—项目"预算，国家的各种总体计划（规划）是指导各部门预算的战略方案，部门和行业的专项计划（规划）要以国家总体计划（规划）为方向，政府和部门出台的政策是对各类规划的落实，项目支出预算则是对规划和政策的"项目化"操作。

以项目支出为核心的公共预算体制改革，最直接的后果是财政支出的"项目化"。财政支出的"项目化"是指政府基本支出之外的一切财政资金的预算和支出都需要通过具体项目来进行。"先有项目，才能预算，先有预算，才能支出"，项目成为政府部门财政支出和预算管理的绝对主体。无论是在中央还是地方，东部还是中西部，情形均是如此。在各级政府各部门的"办事支出"全部"项目化"之后，政府行为也就"项目化"了，项目已然成为政府部门运行的枢纽环节。

资料来源：焦长权.从分税制到项目制：制度演进和组织机制[J].社会，2019，39（6）：121-148.

新绩效预算的基本特征：一是目标和手段上的集中控制，即强调运用战略计划来引导资金配置和进行总额控制。二是手段分权，采用了管理责任的模式，将支出控制的重点从投入转到结果上，并且在预算执行中将资金使用的自主性和灵活性赋予了各支出部门及其管理者，因此它也被称为"企业家预算"或者"分权预算"。三是对结果负责，新绩效预算将支出上的自主权和灵活性授予各个部门及其管理者的条件是，各个部门必须实现他们承诺的结果。这种以结果为导向的管理责任模式是新绩效预算和20世纪50年代的绩效预算的差别之处。四是预算透明度较大和预算沟通改进，预算透明度较大，即政府在最大程度上能够实现对选举官员、纳税公民和利益集团等利益相关方实现预算开放透明，而预算的沟通改进是指政府应该提供关于项目、成本和结果等方面的信息，并且这些信息的表达应该以一种各利益相关方都能清楚明白的语言进行，以使各利益相关者能够就预算进行沟通改进。

6.3 预算民主与我国的预算改革

6.3.1 预算民主

6.3.1.1 预算民主的必要性

预算民主是公共财政和公共预算的内在需要。其中，公共财政是国家通过集中一部分资源，为市场提供公共产品和公共服务，用以满足社会公共需要的经济行为，这是一种基于"公共产品"和"市场失灵"理论的财政活动。"取之于民、用之于民"体现了财政体系的公共性，并赋予预算法治和民主的"政治内涵"。公共预算是公共财政的运行机制或者说是基本制度框架，公共财政是建立在现代预算制度上的财政制度，而公共预算制度又是公共财政存在的具体表现形式和载体。

预算民主是指这样一种制度,在该制度下,政府的收支行为都是置于人民及其代议机构的监督下的。❶公共预算与责任政府之间的联系十分紧密。一方面,公共预算的最终目标是财政问责(Financial Accountability)。财政问责是政府在从事收支管理的过程中必须承担的一种受托责任,在政府内部每一层级的管理者都需要就其财政行为对上级负责,政府也应该就其财政行为对立法机构负责,最终对公民负责。另一方面,要建立一个对公民负责的政府,就必须建立一个运行良好的公共预算制度。因此,财政问责对于政治问责而言是至关重要的。同时,也只有与财政问责联系起来,政治问责才具有实质性内容。❷

6.3.1.2 预算民主的关键点

预算民主有以下三个关键点:信息公开、议会监督和公众参与。

1. 信息公开

要实现政治问责,首先需要向公民和公民代表提供关于政府活动的各种信息。毫无疑问,各种关于政府的信息都有助于我们建立责任政府。但是最重要的信息是与政府活动相关的信息,而这些活动信息又最集中、准确地反映在政府的财政收支上。因为无论政府开展什么活动都必须花费资金,没有钱什么活动都不可能开展。

从本质上讲,公共预算是政府财政活动的行动指南,反映了政府的政策选择、未来某一时期将会开展的政治活动,以及政府最终将会提供哪些公共服务和公共产品,如何提供、提供多少。基于现代公共预算制度编制的预算应当全面、详细、准确地反映政府的活动。如果将这样的预算向公民和公民代表公开,公民和公民代表就能够详细、准确地了解政府准备开展的全部活动,进而审查这些活动是否服务于公共目的,以否决那些不合理的活动,批准那些合理

---

❶ 邓研华,叶娟丽. 公共预算中的政治:对权力与民主的审视 [J]. 深圳大学学报(人文社会科学版), 2012, 29(2):94-99.

❷ 马骏. 实现政治问责的三条道路 [J]. 中国社会科学, 2010(5):103-120, 222.

的活动。如此一来，通过对预算的审查、批准，就能够最大限度地防止决策者将公共资金用于私人目的，以确保公共资金服务于公共目的。

2. 议会监督

现代预算制度的建立，使将政府的所有财政资金均纳入统一的预算控制程序，编制一个能够详细、准确地反映政府及其各个部门所有活动的政府预算不再束之高阁，促使基于立法机构审查、批准，由立法机构从外部监督政府的财政收支活动成为可能，进而为形塑一个看得见的、处于被监督之下的政府注入新的活力。

通过审查政府的预算，有助于迫使行政人员在公众及其代表面前陈述他们将开展哪些活动，以及为什么要开展这些活动。公众及其代表将基于行政人员的陈述审查政府的预算活动是否必要，成本是否合理，权力机关则相应做出同意或不同意的决定。基于此，预算制度成了一个行之有效的，对权力的使用加以监督和约束的控制制度，并成了一个基本且重要的问责工具。❶

3. 参与式预算

一般说来，财政问责主要是在代议制民主的制度框架内展开的。因此，各种改革都将重点放在完善政府内部的预算约束机制、加强议会监督、完善审计制度等，❷公民通常不会直接介入预算决策。一般情况下，财政问责链条是通过各个政府机构在预算上对政府首脑负责，政府首脑通过向议会提交政府预算草案的形式对议会负责，而议会通过审查和批准政府预算、监督政府预算执行形成对公民负责的"垂直问责"模式。其中，选举是公民制约政治家的基本手段。议会监督与审计监督进一步建立了一套"水平问责"的制度对权力的行使进行制约。

---

❶ 马骏. 实现政治问责的三条道路 [J]. 中国社会科学，2010（5）：103-120，222.
❷ 陈捷，吕庆明. 预算民主的司法实现途径 [J]. 南方金融，2014（2）：92-95.

专栏3

中国地方人大预算监督

在现代各国,预算监督权力都是最重要的立法机构监督政府的工具,立法机构的预算监督也因此成为建立对人民负责的政府的关键手段。中国的宪法和法律明确赋予各级人民代表大会(以下简称"人大")及其常务委员会(以下简称"常委会")预算监督的权力。但是,在相当长的一段时间内,由于预算制度落后,各级人大及其常委会一直未能有效地行使这一权力。1999年,中国启动了预算改革,这也为加强人大预算监督创造了条件。以此为契机,各级各地人大纷纷开始加强预算监督。

立法机构是一个问责机构,它的核心职能是监督政府,促使政府对人民负责。在各种监督中,预算监督是最有效的手段。作为代表人民行使最高权力的机构,中国各级人大及其常委会通过监督政府预算,促使政府更好地对人民负责。因此,只有从政治问责的角度,才能准确地理解和定义人大预算监督。政治问责包含三个基本要素:信息、对话与强制。这三个要素也是我们理解和定义人大预算监督的关键。

人大预算监督的信息维度涉及人大在预算过程中,围绕预算的编制、执行和事后监督所展开的各种信息搜集行动,以及在此基础上对相关信息的掌握程度。这不仅包括人大被动地接受政府提供的信息,而且更主要的是强调人大主动地要求政府提供某方面的信息,并对信息本身提出自己的要求。

人大预算监督的对话维度涉及人大在预算过程中,围绕预算的编制、执行及决算与政府及其各部门所展开的各种沟通与对话。为了达致实质性的监督,对话必须是双向的,既包括人大就预算编制、执行和决算向政府及其相关部门提出要求、建议、询问,甚至质询,也包括政府及其相关部门对人大的要求、建议、询问和质询等做出回复和解释。人大预算监督的对话是否顺畅,既体现了政府及其部门在多大程度上自觉接受人大监督,也体现了人大开展预算监督的积极性、主动性程度。围绕预算展开的对话实质上是一种政治对话。在对话过程中,立法机构和政府双方都在履行自己对国家和人民所应负有的责任。立法机构通过询问,了解政府及其部门的活动选择是否恰当,活动成本的测算是否合理,以更好地监督政府;政府通过回答立法机构的询问,既可向人大提供解释,也可借此机会为自己的决策进行辩护。

人大预算监督的强制维度涉及人大在预算过程中,根据获得的信息,经过与政府及其相关部门的对话与沟通之后,对政府的预算决策采取的强制性措施。强制意味着权力的使用会受潜在的奖惩约束。因此,它同时包括奖励和惩罚两方面:奖励好的行动,制止和惩罚坏的行动。在预算审批阶段,如果立法机构认为政府的预算是合理的、可以接受的,就批准政府的预算；反之，则不予以批准。前者是奖励，后者是惩罚。同样地，在预算执行中，立法机构可以对政府某些不当的收支行为及时予以制止或者纠正，或者同意政府对预算进行必要的变更。在预算执行完毕后，立法机构需要审查政府的预算执行情况是否可以接受、是否达到预期效果等，并对其实施奖惩。立法机构的预算监督成效如何，归根结底要看它是否采取了强制性的行动，尤其是对不当的权力使用进行制止与纠正。当然，在现实中，这往往也是最难的。然而，唯其最难，才成为最能够衡量预算监督程度的指标。

随着预算改革的推进，人大预算监督的基本制度框架已经建立起来，一些地方人大已经开始从原来的程序性监督迈向实质性监督。但是，地方人大的预算监督仍然面临诸多挑战，在下一步的改革中，需要进一步加强人大预算监督，使其能更好地行使宪法和法律赋予的权力。

资料来源：林慕华，马骏.中国地方人民代表大会预算监督研究[J].中国社会科学，2012（6）：73-90，207.

参与式预算的出现主要是由于代议制民主固有的制度缺陷，包括公民信任度和政治参与度的持续低迷。这些选举产生的政治家们将他们自己从公民中"抽离"，具体表现如下：在某些政治活动中，他们将其所在利益集团的利益乃至个人的一己私利凌驾于公民的利益之上，借用"公权"谋取"私利"。在这种情况下，公民参与成为一种最狭隘的形式参与，所谓"公民"也不过是民意测验的答卷人和进入投票站的投票者的利益集团的"代表"，促使代议制民主陷入泥潭，难以真正取得成效。

公民参与预算是一种社会问责模式（Societal Accountability），在这种模式下，公民将积极参与预算过程，进而影响预算资金的分配和使用，促使政府更加公开、透明和负责。从理论上讲，公共预算的编制、决策及监督等任一阶段，公民都是可以参与的。但是，长期以来，公民一直是被排除在预算的绝大部分过程之外的。基于此，可以说，公民参与预算的兴起有效改变了这一局面，公民在预算过程中所体现的角色也逐渐从既往的旁观者向参与者甚至是决策者的身份转变。也就是说，公民不再是预算的"局外人"，而是"局内人"，凸显出了公共预算的公共性。

公共管理学

　　总的说来，各国的公民参与预算主要在地方政府开展，尤其是城市或县一级。出现上述情形有以下两方面原因：一是县市级地方政府直接面向公民。一方面，地方政府所供给的公共产品和公共服务的质量影响公民的生活品质；另一方面，地方政府应根据公民的需要提供相应的公共产品和公共服务。也就是说，公民既是服务的主要消费者，同时也是服务的资金供给者。因此，相较于其他层级政府，公民更有动机也更愿意参与到县市级地方政府的预算过程，以影响预算资金的分配和使用。二是在县市级地方政府开展公民参与预算的成本较低，可行性强。例如，过去几十年，在涌现出的公民问卷调查、公民大会乃至通过常设的公民参与机构等方式中的某一种或多种融会贯穿的形式，吸纳公民参与预算的编制、决策和监督等过程，切实有效地扩大了预算过程中的公民参与度，体现了公共预算的公共性。

> §信息链接2
>
> ### 巴西的公民参与式预算
>
> 　　巴西的公民参与预算不仅改变了巴西的预算与政治过程，而且影响了其他拉美国家，以及北美的加拿大、欧洲的英国、法国及亚洲和非洲一些国家的地方治理。1988年，巴西的劳工党开始在市政层面推行公民参与预算。当然，在此之前，巴西已有公民参与预算的实践。不过，作为一种产生了巨大国际影响的民主治理模式，不得不归功于左翼的劳工党。这一模式让公民团体直接参与决定地方的公共资金将如何支出，并让他们监督公共工程的实施及审查政府的账户。巴西的公民参与预算最先在累西腓（Re-cite）市开始，不过，最初不是很成功。1989年，劳工党在阿雷格里港（Porto Alegre）市推开公民参与预算，取得了最显著的效果。1990年，阿雷格里港的公民参与预算正式获得了"参与预算"的称号，阿雷格里港也开始逐渐发展成为参与预算的国际样板。从20世纪90年代早期开始，参与预算逐渐在劳工党控制的其他巴西城市推广。1996年，联合国伊斯坦布尔会议将阿雷格里港的参与预算确认为全球42个城市治理的最佳实践。2005年，大约180个巴西城市已经实行了参与预算。

6.3.2 中国的公共预算改革[1]

从 1949 年到 1978 年的计划经济时期,我国的预算主要是对计划的反映,计划委员会才是真正意义上的"核心预算机构"。这一时期,由于计划是跨部门制订的,因此,预算也就没有必要以部门为基础进行编制,而是基于预算支出的经济性质分类,从而实现预算编制的目的。

从 1978 年到 1999 年的预算改革是我国预算体制的一个过渡期,虽然传统的以计划为主导的财政资金配置体制在这一时期已经逐渐衰落,但是以财政收入为重点的财政改革制度,包括重建税收体系、政府债务体系,重新调整国家和国有企业之间的分配关系及中央和地方的收入分配关系,并没有将财政改革的重点放在支出上,使中国在这一时期未能建立一个行之有效的预算体制来填补计划体制衰落后所产生的预算管理真空。[2]

1994 年,第一部《中华人民共和国预算法》颁布,在一定程度上为建立一个新的预算体系奠定了法律基础。1999 年,中国开始的新一轮财政改革将改革的重点转到了支出管理上,旨在重新构造预算编制和执行过程,主要包括以下几方面内容:①部门预算改革,强调政府预算以部门为基础进行编制,部门的预算必须包括它所有的收入和支出(如预算外收入和支出),预算决策采用零基预算等。②国库集中收付体制改革,建立一个以单一账户为核心的集中型国库管理体制,在账户集中、现金余额集中、会计处理集中和交易监管集中的基础上,由财政部门从外部对各个部门的支出和决策行为进行控制。③政府采购,在集中型国库管理体制的基础上建立一个集中而透明的政府采购体制。[3]

部门预算是政府各部门根据国家相关政策规定及各部门行使职能的需要,

---

[1] 马骏. 中国公共预算改革:理性化与民主化[M]. 北京:中央编译出版社,2005:43-55.
[2] 马骏,赵早早. 中国预算改革的目标选择[J]. 华中师范大学学报(人文社会科学版),2005(3):33-42.
[3] 蔡定剑. 公共预算应推进透明化法治化民主化改革[J]. 法学,2007(5):3-6.

由基层预算单位编制，逐级上报、审核和汇总，经财政部门审核后报立法机关依法批准的涵盖部门各项收支的综合财政计划。与传统的功能预算相比，部门预算在编制内容和编制技术方面存在许多不同点。其中，功能预算是指在预算编制时，以政府的职能和经费性质为依据对所有开支进行分类，而非传统以预算部门为编制标准。与之相对应，部门预算则是以部门为分类标准，并根据部门行使职能的不同，安排相应的功能支出。❶它的优点很明显，一是一个部门行使各项职能所需的经费通过一本预算便能全部反映出来，使预算在形式上愈加完整。二是将部门的所有资金纳入预算编制过程，有效规避了既往部门借助财政预算外资金和自有资金行使职能所造成的经费脱离预算管理的情况，使预算在内容上更加全面。三是预算是从基层汇总形成，涵盖收支总数、收支单位及预算功能等，使预算编制更为详尽和细化。

通过部门预算的编制，将以前分散在各部门的预算分配权逐步集中到财政部门，使政府内部的行政控制力度及财政透明度增强。为构建符合公共财政管理要求的政府收支分类体系，财政部自 2007 年 1 月 1 日起实施政府收支分类改革。依据新的政府收支分类方法，收入分类不仅包括预算内收入，还包括预算外收入、社会保险基金收入等应属于政府收入范畴的各项收入，以全面反映政府收入的来源和性质。支出分类同时采用支出功能分类和支出经济分类。支出功能分类主要反映政府活动的政策目标和功能；支出经济分类主要反映政府支出的经济性质和具体用途。此次改革是中华人民共和国成立以来政府收支分类体系最为重大的一次调整，不仅有助于增强预算编制的透明度，也有助于提升预算管理的科学化与规范化。❷

我国在推动以部门预算改革为代表的一系列预算实践过程中，发现传统以"基数法"为核心的预算编制方法尚存在诸多弊端。为此，一些地方政府尝试将新的预算管理制度与编制方法引入本级预算管理实践，包括零基预算、滚动

---

❶ 贾康．中国财税改革 30 年：简要回顾与评述 [J]．财政研究，2008（10）：2-20．
❷ 彭健．中国公共预算制度：演进轨迹与发展取向 [J]．中州学刊，2012（5）：40．

预算和中期财政规划、绩效预算等。其中，这些改革以地方政府的自发性改革为主。

2003年，党的十六届三中全会通过的《中共中央关于完善社会主义市场经济体制若干问题的决定》，首次明确提出"建立预算绩效评价体系"。2004年和2005年，财政部先后印发《中央经济建设部门部门预算绩效考评管理办法（试行）》和《中央部门预算支出绩效考评管理办法（试行）》，推动中央层面试点，并鼓励地方试点。具体而言，2004年以部门预算为基础，在中央层面，就教育、科技项目开展试点评价；并在北京、上海、河北和广东等地方政府推行试点工作。直到2013年，财政部在总结过去改革实践经验的基础上，正式提出将绩效管理理念贯穿政府预算编制、执行和监督的全过程，以实现绩效管理与预算管理的有机结合。同时，财政部还将绩效理念和评价的方法从项目执行的事后评价，推动扩展至项目绩效目标的编制，并将绩效评价结果或绩效监督工作纳入预算监督范畴。2014年，我国修订完成《中华人民共和国预算法》，将"讲求绩效"的理念作为法定要求。2017年，党的十九大明确提出"全面实施绩效管理"。2018年，《中共中央 国务院印发的关于全面实施预算绩效管理的意见》，是预算绩效管理改革中里程碑式的文件，标志着中国预算体制正在向"绩效时代"迈进。在这一文件的指导下，预算绩效管理理念将继续围绕财政支出端发力，从以下三个方面持续发展：第一，利用绩效理念管理的或纳入绩效评价的财政资金类型拓展。除了一般公共预算，北京市、福建省等地方政府将政府投资基金正式纳入预算绩效管理范畴，要求对相关基金开展事后绩效评价，中央政府每年度也会选择个别重要的政府投资基金或引导类基金开展绩效评价。第二，预算绩效管理对象从单一的财政支出项目向具体的政府管理行为扩展。比如，2018年财政部印发《关于推进政府购买服务第三方绩效评价工作的指导意见》，要求各级财政部门将绩效管理贯穿政府购买服务全过程。第三，预算绩效管理和评价的制度建设不断优化。2020年和2021年，财政部先后印发《项目支出绩效评价管理办法》《中央部门项目支出核心绩效目标和指标设置及取值指引（试行）》，成为指引各类型财政资金开展绩效评价的重要参考文件。文件明确推进成本效益方法在绩效评价中的广泛应用，并将成本指标从二级指标变为一级指标，要求中央部门在2023年的基建工程类项目预算编报中，必须设立成本指标。在政府内部预算绩效管理改革不断推进的同时，中国各级人大也在持续关注并扩展基于绩效的预算监督工作。例如，全国人大颁布有关法规，指出要逐步扩大政府报送绩效评价结果或报告的范围和内容，一些地方人大也逐渐自主选择绩效评价的项目或政策领域，通过委托第三方机构的方式开展工作，以确保人大能够更有效地行使预算绩效监督权力。

思考题

1. 公共预算的内涵有哪些？
2. 公共预算的功能和目标是什么？
3. 公共预算的编制过程有哪些环节？什么是"两上两下"的预算过程？
4. 为什么要实行预算民主？预算民主有哪些形式？
5. 公共预算和国家治理的关系是什么？

参考文献

[1] CAROLYN W，WILDAVSKY A. A History of Taxation and Expenditure in the Western World [M]. New York：Simon and Schuster，1986.

[2] WILDAVSKY A. Budgeting [M]. Boston：Little，Brown and Co.，1975.

[3] 马骏.中国公共预算改革：理性化与民主化 [M]. 北京：中央编译出版社，2005.

[4] 马骏，等.走向"预算国家" [M]. 北京：中央编译出版社，2011.

[5] 阿伦·威尔达夫斯基，布莱登·斯瓦德洛.预算与治理 [M].苟燕楠，译.上海：上海财经大学出版社，2010.

[6] 马骏.治国与理财：公共预算与国家建设 [M]. 上海：三联书店，2011.

[7] ALLEN S. Capacity to Budget [M]. Washington，D.C.：The Urban Institute Press，1990.

[8] 乔纳森·卡恩.预算民主：美国的国家建设和公民权（1890—1928）[M].叶娟丽，等，译.上海：格致出版社、上海人民出版社，2008.

[9] 王雍君.公共预算管理（第2版）[M].北京：经济科学出版社，2010.

[10] ALLEN S. The road to PPB：The Stages of Budget Reform [J]. Public Administration Review，1966（26）.

[11] 希克.现代公共支出管理方法 [M].王卫星，译.北京：经济管理出版社，2000.

[12] 马骏，赵早早.公共预算：比较研究 [M].北京：中央编译出版社，2011.

[13] 姜竹.公共预算与管理 [M].北京：经济科学出版社，2009.

[14] 彭健.中国公共预算制度：演进轨迹与发展取向 [J].中州学刊，2012（5）.

[15] 林慕华，马骏.中国地方人民代表大会预算监督研究 [J].中国社会科学，2012（6）.

[16] 焦长权.从分税制到项目制：制度演进和组织机制 [J].社会，2019，39（6）.

[17] 赵早早，何达基.中国预算绩效管理的双重内涵——绩效预算理论"中国化"的创新、发展与反思 [J].财政研究，2023（2）.

[18] 蔡立辉，王乐夫.公共管理学（第3版）[M].北京：中国人民大学出版社，2022.

[19] 黄新华，何雷.面向国家治理现代化的公共预算改革研究 [J].福建论坛（人文社会科学版），2016（6）.

[20] 邓研华，叶娟丽.公共预算中的政治：对权力与民主的审视 [J].深圳大学学报（人文社会科学版），2012，29（2）.

[21] 马骏.实现政治问责的三条道路 [J].中国社会科学，2010（5）.

[22] 陈捷，吕庆明.预算民主的司法实现途径 [J].南方金融，2014（2）.

[23] 马骏，赵早早.中国预算改革的目标选择 [J].华中师范大学学报（人文社会科学版），2005（3）.

[24] 蔡定剑.公共预算应推进透明化法治化民主化改革 [J].法学，2007（5）.

[25] 贾康.中国财税改革30年：简要回顾与评述 [J].财政研究，2008（10）.

第 7 章　数字政府

要全面贯彻网络强国战略,把数字技术广泛应用于政府管理服务,推动政府数字化、智能化运行,为推进国家治理体系和治理能力现代化提供有力支撑。

——习近平

引　子

2017年12月8日下午,中共中央政治局就实施国家大数据战略进行第二次集体学习。中共中央总书记习近平在主持学习时强调,大数据发展日新月异,我们应该审时度势、精心谋划、超前布局、力争主动,深入了解大数据发展现状和趋势及其对经济社会发展的影响,分析我国大数据发展取得的成绩和存在的问题,推动实施国家大数据战略,加快完善数字基础设施,推进数据资源整合和开放共享,保障数据安全,加快建设数字中国,更好服务我国经济社会发展和人民生活改善。北京理工大学副校长、中国科学院院士梅宏就这个问题作了讲解,并谈了意见和建议。中共中央政治局各位同志认真听取了讲解,并进行了讨论。

习近平在主持学习时发表了讲话。他指出,大数据是信息化发展的新阶段。随着信息技术和人类生产生活交汇融合，互联网快速普及，全球数据呈现爆发增长、海量集聚的特点，对经济发展、社会治理、国家管理、人民生活都产生了重大影响。世界各国都把推进经济数字化作为实现创新发展的重要动能，在前沿技术研发、数据开放共享、隐私安全保护、人才培养等方面做了前瞻性布局。

习近平强调，要推动大数据技术产业创新发展。我国网络购物、移动支付、共享经济等数字经济新业态新模式蓬勃发展，走在了世界前列。我们要瞄准世界科技前沿，集中优势资源突破大数据核心技术，加快构建自主可控的大数据产业链、价值链和生态系统。要加快构建高速、移动、安全、泛在的新一代信息基础设施，统筹规划政务数据资源和社会数据资源，完善基础信息资源和重要领域信息资源建设，形成万物互联、人机交互、天地一体的网络空间。要发挥我国制度优势和市场优势，面向国家重大需求，面向国民经济发展主战场，全面实施促进大数据发展行动，完善大数据发展政策环境。要坚持数据开放、市场主导，以数据为纽带促进产学研深度融合，形成数据驱动型创新体系和发展模式，培育造就一批大数据领军企业，打造多层次、多类型的大数据人才队伍。

习近平指出，要构建以数据为关键要素的数字经济。建设现代化经济体系离不开大数据发展和应用。我们要坚持以供给侧结构性改革为主线，加快发展数字经济，推动实体经济和数字经济融合发展，推动互联网、大数据、人工智能同实体经济深度融合，继续做好信息化和工业化深度融合这篇大文章，推动制造业加速向数字化、网络化、智能化发展。要深入实施工业互联网创新发展战略，系统推进工业互联网基础设施和数据资源管理体系建设，发挥数据的基础资源作用和创新引擎作用，加快形成以创新为主要引领和支撑的数字经济。

习近平强调，要运用大数据提升国家治理现代化水平。要建立健全大数据辅助科学决策和社会治理的机制，推进政府管理和社会治理模式创新,实现政府决策科学化、社会治理精准化、公共服务高效化。要以推行电子政务、建设智慧城市等为抓手,以数据集中和共享为途径,推动技术融合、业务融合、数据融合,打通信息壁垒,形成覆盖全国、统筹利用、统一接入的数据共享大平台,构建全国信息资源共享体系,实现跨层级、跨地域、跨系统、跨部门、跨业务的协同管理和服务。要充分利用大数据平台,综合分析风险因素,提高对风险因素的感知、预测、防范能力。要加强政企合作、多方参与,加快公共服务领域数据集中和共享,推进同企业积累的社会数据进行平台对接,形成社会治理强大合力。要加强互联网内容建设,建立网络综合治理体系,营造清朗的网络空间。

习近平指出,要运用大数据促进保障和改善民生。大数据在保障和改善民生方面大有作为。要坚持以人民为中心的发展思想,推进"互联网+教育""互联网+医疗""互联网+文化"等,让百姓少跑腿、数据多跑路,不断提升公共服务均等化、普惠化、便捷化水平。要坚持问题导向,抓住民生领域的突出矛盾和问题,强化民生服务,弥补民生短板,推进教育、就业、社保、医药卫生、住房、交通等领域大数据普及应用,深度开发各类便民应用。要加强精准扶贫、生态环境领域的大数据运用,为打赢脱贫攻坚战助力,为加快改善生态环境助力。

习近平强调,要切实保障国家数据安全。要加强关键信息基础设施安全保护,强化国家关键数据资源保护能力,增强数据安全预警和溯源能力。要加强政策、监管、法律的统筹协调,加快法规制度建设。要制定数据资源确权、开放、流通、交易相关制度,完善数据产权保护制度。要加大对技术专利、数字版权、数字内容产品及个人隐私等的保护力度,维护广大人民群众利益、社会稳定、国家安全。要加强国际数据治理政策储备和治理规则研究,提出中国方案。

习近平指出,善于获取数据、分析数据、运用数据,是领导干部做好工作的基本功。各级领导干部要加强学习,懂得大数据,用好大数据,增

第 7 章 数字政府

强利用数据推进各项工作的本领，不断提高对大数据发展规律的把握能力，使大数据在各项工作中发挥更大作用。

资料来源：新华社．习近平主持中共中央政治局第二次集体学习并讲话 [EB/OL]. [2017-12-09]. https://www.gov.cn/xinwen/2017-12/09/content_5245520.htm.

重点问题

» 数字政府的概念内涵
» 数字技术对科层组织结构的影响
» 政府数字化转型的驱动因素
» 数字政府面临的监管挑战

7.1　数字政府概述

随着发展，信息和通信技术已成为政府在政治和行政操作过程中普遍使用的服务基础设施，各国政府已完全依赖于信息和通信技术向社会与市场提供服务，而电子政务（E-government）或数字政府（Digital Government）已成为现代政府的代名词。在美国，电子政务与数字政府被视为同一概念，等同使用。我国也并未对这两个概念做出严格区分，本书将两者视为同一概念。

7.1.1　数字政府作为一个概念的简短历史

数字政府作为一个概念直到 20 世纪 90 年代末才出现。电子政务这个概念在 20 世纪 90 年代初公共互联网出现后不久就出现了。当第一批电子商务应用程序在万维网（WWW）上启动时，各国政府也对以类似的方式将这种新的互联网技术用于电子政务产生了兴趣。因此，在 1993 年，美国联邦政府率先提出使用互联网创造未来政府的愿景：这种电子政务可以克服时间和距离的障碍，为公民提供全天候的公共信息和服务，无论他们身在何处。

数字政府这一概念由于新公共管理思维的流行而逐渐普及：许多政府看到使用电子政务可以实现新公共管理的目标的潜力——改善政府的客户导向，并提供更有效的公共服务❶，但当时电子政务只与提供互联网公共服务相联系。随着技术的发展，学界和实践界看到了一个额外的机会来研究或试验由互联网来进一步实现"电子民主"的一系列新的民主创新。电子民主的研究旨趣，包括在线讨论小组和社区、将互联网作为公共领域、电子市政厅、数字城市、技术支持政治代表、加强公民参与和审议，以及新形式的直接民主、电子市政厅、数字城市、对政治代表的技术支持、加强公民参与和审议的形式、提高选举的投票率和新的直接民主形式。

1999年，美国国家科学基金会开始采用"数字政府"一词作为总括概念涵盖电子政务和电子民主两个方面，包括使用数字技术提供公共服务、支持公共政策、改善政府运作和公民参与。❷ 从那时起，学者们认为，数字政府应被理解为一个更广泛的概念，涵盖所有的政府职能和活动，以及与所有外部利益相关者，包括公民、企业和公民社会的关系。❸ 一些学者还使用"电子政务"一词来明确区分早期更狭隘的电子政务概念和承认需要更广泛的民主改革概念。

过去二十年，随着数字技术的不断发展，包括移动技术、智能技术、人工智能和机器人，成为政府的兴趣，数字政府这一概念进一步扩大。此外，由于大数据的不断应用，各国政府正在抓住新的公共部门改革机会，以期成为开放和透明的政府或智能政府。

---

❶ HOMBURG, VINCENT. Understanding E-government：Information Systems in Public Administration [M]. London：Routledge Taylor and Francis Group, 2008：256.

❷ SHARON D S. The Evolution and Continuing Challenges of E-Governance [J]. Public Administration Review, 2008：86-102.

❸ GARSON G DAVID. Public Information Technology and E-Governance：Managing the Virtual State [M]. London：Jones & Bartlett Learning, 2006：43-46.

7.1.2 数字政府内涵

自2002年以来,文献中电子政务和数字政府定义的数量显著增加。随着新的数字技术,特别是物联网、人工智能、大数据和云计算等技术的使用,数字政府这一术语受到工商管理、通信、政治学、社会学和公共管理等多个学科的关注。

西尔科克(Silcock)在2001年,将电子政务定义为利用科技,让政府更好地为市民、商业伙伴和雇员提供服务。❶

联合国公共经济和公共管理部门和美国公共行政学会在2002年,将电子政务定位为政府利用互联网和万维网向公民提供信息和服务。

希克斯(Heeks)在2005年,认为广义电子政务是指公共部门使用的所有信息和通信技术。它涵盖大量的管理事项:从高级战略到具体战术;从数据流的技术细节到与电子政务中政治有关的过程映射。❷

埃文斯(Evans)和延(Yen)在2006年,认为电子政务意味着政府和公民之间通过电脑和网络进行沟通,在及时性、响应性和成本控制方面具有突出优势。❸

斯皮拉基斯(Spirakis)等在2010年,认为电子政务是利用信息通信技术进行政府转型;以提高信息的可及性、有效性和责任性为主要目标,以信息的传播和信息政策的制定为基础。电子政务引导公民参与和公民积极发展,影响民主机制。❹

经济合作和发展组织在2014年,将数字政府定义为政府利用数字技术以作为政府现代化战略的一个组成部分,目的在于创造公共价值。

维特(Veit)与亨格伯斯(Huntgeburth)在2014年,将数字政府定义为使用

---

❶ SILCOCK R. What is E-Government [J]. Parliamentary Affairs, 2001 (1): 88-101.

❷ HEEKS R. E-Government as a Carrier of Context [J]. Journal of Public Policy, 2005 (1): 51-74.

❸ EVANS D, YEN D C. E-Government: Evolving Relationship of Citizens and Government, Domestic, and International Development [J]. Government Information Quarterly, 2006 (2): 207-235.

❹ SPIRAKIS G, SPIRAKI C, NIKOLOPOULOS K. The Impact of Electronic Government on Democracy: E-Democracy Through E-Participation [J]. Electronic Government, an International Journal, 2010 (1): 75-88.

信息和通信技术，特别是互联网，以积极的方式改变政府和社会之间的关系。❶

清华大学黄璜教授认为，数字政府归根结底是政府的数据服务、信息服务和知识服务，其根本目标不是帮助政府实现或拥有某种数字技术，而是利用新生产力帮助政府获得和传递更多的数据、信息和知识，最终仍然是为政府治理目标服务❷。

耶夫瓦（Yavwa）与特温诺明兹（Twinomurinzi）在 2019 年，将数字政府定义为一种社会技术现象或机制，政府利用信息通信技术以无缝和接口的方式提供高效服务。❸

维尔茨（Wirtz）在 2022 年，将数字政府定义为，在政府活动的背景下，通过信息和通信技术以电子方式处理行政和民主过程，以有效地支持公共职责。❹

综合来看，以上数字政府定义有以下相似之处：一是假设一种技术驱动型政府；二是使用的工具和手段是信息技术及网络等信息服务设施；三是可及性、问责性、效率、有效性和政府与利益相关者的互动都受到积极影响。因此，数字政府构成了政府或公共部门治理模式的技术支持部分，它允许无人值守的公共利益相关者获得信息和服务，改善政府与利益相关者的互动，促进问责制、效率和有效性，并从技术角度构建了电子民主的基础。

7.1.3　数字政府发展阶段

按照发展规律，数字政府会经历由小范围到大规模、由初级应用到高级整合的演化过程。基于此，不少人提出了用数字政府发展模型来预测数字政府将

---

❶ VEIT D, HUNTGEBURTH J. Foundations of Digital Government [J]. Leading and Managing in the Digital Era，2014：6.

❷ 黄璜. 数字政府的概念结构：信息能力、数据流动与知识应用——兼论 DIKW 模型与 IDK 原则 [J]. 学海，2018（4）：158-167.

❸ YAVWA Y, TWINOMURINZI H. The Moderating Effect of Spirituality on Digital Government in Low-income Countries：A Case of SMEs in Zambia [C]. In Proceedings Annual Workshop of the AISSpecial Interest Group for ICT in Global Development，2019（12）：1-25.

❹ WIRTZ B W. Digital Government：Strategy, Government Models and Technology [M]. Cham：Springer Nature，2022：7-13

在实践中如何发展。一般而言，政府会首先会建立一个门户网站。其次，数字政府会过渡到更多交互式的工具，如电子邮件、论坛或社交网站。再次，政府一般会努力提高为公民和企业提供事务性服务的能力。最后，数字政府被描述为政府服务的无缝交付、电子参与、电子民主或政府数字化转型。下面介绍两个影响力较大的数字政府发展模型。

7.1.3.1　莱恩（Layne）和李（Lee）的电子政务发展模型

2001 年，莱恩（Layne）和李（Lee）在《政府信息季刊》(*Government Information Quarterly*) 期刊上发布了他们的电子政务发展模型[1]。

（1）发布阶段（Cataloguing）。这一阶段，政府一般会创建政府网站，并在上面发布相关信息。政府在这个阶段一般没有太多的互联网专业知识，也没有对政府的组织结构和流程产生太多影响，主要针对媒体、要求苛刻的人和其他利益相关者提供政府信息。

（2）互动阶段（Transaction）。随着政府网站的发展，官员和公民都开始意识到互联网这一服务渠道的价值，开始改变人们与政府互动的方式。电子政务作为一个变革实体，使公民能够随时在网上与政府进行沟通，节省了文书工作和公民前往政府部门排队的时间。

（3）纵向一体化阶段（Vertical Integration）。这一阶段关注的重点是转向政府服务的转型，而非将现有流程自动化和数字化。一个自然的进展是将不同层次（垂直）和政府服务的不同功能（水平）的分散系统的整合。

（4）横向一体化阶段（Horizontal Integration）。这一阶段是指跨不同功能的横向整合，需要在一些地方提供一站式服务中心。在理想的状态下，需要实现不同部门间的共享信息，这样一个机构获得的信息就能在所有职能部门间进行传播。政府服务在政府不同职能之间的横向整合：一方面，受到信息技术

---

[1] KAREN L, LEE J. Developing Fully Functional E-Government: A Four Stage Model [J]. Government Information Quarterly, 2001, 18 (2): 122-136.

使用效率和有效性这一愿景的推动；另一方面，受到公民对政府职能"由内而外"转变为更注重服务这一要求的推动。

7.1.3.2 雅诺夫斯基（Janowski）的数字政府发展模型

2015年，雅诺夫斯基在《政府信息季刊》期刊上发表了他的数字政府发展模型❶。表7-1总结了每个阶段的主题特征。

（1）数字化（Digitization）或政府技术（Technology in Government）阶段。该阶段开始向政府组织内部的工作人员、合作伙伴和其他利益相关者提供数字信息（以前以物质形式提供这种信息）。原则上，数字化阶段不涉及重新设计、改进或以任何方式改变现有的流程、服务实践，而仅仅是将已经存在的内容数字化和自动化，并通过数字网络向相同的利益相关者和客户提供结果。

（2）转型（Transformation）或电子政务（Electronic Government）阶段。这一阶段旨在通过应用数字技术来改善政府组织的内部流程、结构和工作实践，推进政府开展无缝隙服务，开展无缝隙服务。

（3）参与（Engagement）或电子治理（Electronic Governance）阶段。这一阶段旨在利用数字技术改变政府与公民、企业和其他非政府行动者之间的关系。这一转变旨在提高公共服务提供系统的获取性、便利性和有效性，让公民参与政治和民政事务，发展以知识为基础的社会和经济，并追求其他高价值的公共政策目标。

（4）情境化（Contextualization）或政策驱动的电子治理（Policy-Driven Electronic Governance）。这一阶段不仅侧重于改善政府与公民、利益相关者之间的关系，以期符合所处国家、地区、城市和其他领土单位及其人民的需要和愿望的发展。与数字政府发展的早期阶段不同，语境化定义的目标远远超出了政府本身的需要。

---

❶ JANOWSKI, TOMASZ. Digital Government Evolution：From Transformation to Contextualization [J]. Government Information Quarterly，2015，32（3）：221-236.

第7章 数字政府

表 7-1 数字政府的发展阶段和主题

阶段	发生的情境	主题
数字化或政府技术	技术层面	以电子格式获取政府信息
		开发、分析和运营政府网站
		数字政府的技术基础设施
转型或电子政务	组织层面	组织变革和管理变更
		项目、计划和投资组合管理
		根据成长阶段调整发展
		信息共享与协作
参与或电子治理	社会经济层面	引导公民进入电子渠道、增加公民的使用
		增加公民参与、推动共同生产
		建立透明的、有责任的和开放的政府
		文化变革与信任建设
情境化或政策驱动的电子治理	特定情境或背景	数字政府所在地的政治、文化、经济等方面背景
		数字政府所在地的国家背景
		数字政府所在部门背景
		从数字政府到发展具体目标
		解决政策相关的问题
		满足弱势群体的需要

7.1.4 数字政府发展指数

为了解现实中政府在数字政府建设方面的具体表现，需要一套科学的指标对其进行测量。在不同层面，数字政府发展指数有不同的指数。世界上，不少机构都发布了数字政府发展指数。例如，世界银行自2016年起便针对全世界大部分经济体发布政府技术采纳指数（2020年起变为政府技术成熟度指数），经济合作与发展组织自2020年起针对成员国发布数字政府指数。

7.1.4.1 清华大学数据治理研究中心数字政府发展指数

在省、市层面，清华大学数据治理研究中心自2020年以来围绕组织机构、制度体系、治理能力和治理效果四个维度构建了数字政府发展指数的一级指标,连续多年出台《中国数字政府发展指数报告》。下面重点介绍各级指标情况。表 7-2 呈现了清华大学数据治理研究中心数字政府发展指数设计框架。

表 7-2 清华大学数据治理研究中心数字政府发展指数设计框架

一级指标	指标占比	设置目标	指标内涵
组织机构	15%	衡量数字政府发展过程中不同类型组织的发展水平和完备程度	与数字政府发展相关的党的领导机构、政府机构、社会组织等
制度体系	15%	衡量数字政府不同领域政策法规建设的发展水平与完备程度	与数字政府发展相关涉的政府治理、数据治理、经济治理和民生服务等领域的政策法规
治理能力	40%	与数字政府发展相关涉的政府治理、数据治理、经济治理和民生服务等领域的政策法规	政府数字化转型对信息汲取、数据治理、平台治理、政民互动、政务服务、政治传播等能力提升的情况
治理效果	30%	衡量数字政府促进治理现代化的成效	数字政府促进治理现代化、提升政务服务质量和效果的情况,以及相应的公众评价

组织机构维度侧重评估数字政府发展的参与主体。二级指标主要是我国党政机构和社会组织共同构成数字治理的组织基础。三级指标主要测量这些组织的发展现状。

制度体系维度侧重评估数字政府发展的相关政策措施。二级指标是数字政府和数字生态,三级指标是考察数字政府的总体性政策和数据管理、数据标准、数据安全、互联网监管、"互联网+"政务等各方面的政策颁布情况,数字生态三级指标主要是数字经济、智慧城市、人工智能、大数据发展、"互联网+"产业、"互联网+"民生方面政策。

治理能力维度侧重分析政府利用数字化平台提供公共服务、开展政民互动的能力。二级指标包括平台管理、数据开放、政务服务和政民互动四项。平台管理指标考察政府门户网站的建设质量与标准化程度，分别考察网站平台是否具备隐私保护、搜索栏目、网站地图、语言设置、市民个人网页等功能。数据开放指标考察数据开放平台的建设情况。政务服务指标考察政府利用数字化平台为公众提供便民服务和为企业提供商事服务的水平，包含开通政务App、政务小程序、网上政务服务大厅、"最多跑一次"的情况。政民互动指标考察地方政府是否借助数字技术，为政府和公众之间的互动开辟多元、有效的渠道，涉及政府信息公开、政务数据开放、公众诉求表达和公众政策参与等多个方面，共包含是否开通政务微博、网络问政平台、建立网上投诉举报渠道、是否开通12345政务热线、政府门户网站是否设有政策解读板块等共11个三级指标。

治理效果维度侧重分析数字政府发展与提高人民满意度和获得感之间的关系。二级指标是以各类数字政府功能载体的覆盖度、渗透度、回应度和满意度作为衡量治理效果的。覆盖度指的是数字化公共服务的普及程度，考察政务App、政务微博、政务微信公众号、政务抖音这四类线上数字政府载体，将实际数量、安装次数、关注人数、发布篇数等客观数据作为三级指标。渗透度指的是数字化公共服务在公众生活中受到关注和使用的程度，三级指标关注百度搜索指数热度、支付宝服务的渗透度、支付宝城市服务发展情况和微信城市服务的发展情况。回应度指标考察政府官员征集民意、回应诉求的情况，考察在人民网地方领导留言板中地方党政干部一把手的回帖比和历史回帖比，以及地方政府门户网站中民意征集、政策解读、在线访谈的数量。满意度指标考察公众对数字政府发展的满意程度，三级指标是将公众对政务抖音的点赞数和政务App的评分。

7.1.4.2 公共部门组织的数字化指数

现有数字政府指数主要针对某一国家或某一地区的数字化成熟度进行研究，但针对某一特定公共部门组织数字化指数较少。那么，怎样单独测量某一公共机构的数字化程度？国外弗拉赫（Frach）、费尔曼（Fehrmann）和潘尼斯（Pfannes）在 2017 年，设计了公共部门组织的数字化指数（见表 7-3）。❶ 一级指标主要分为数字化战略、数字化服务、数字化运营三个维度。

表 7-3 公共部门组织数字化指数

一级指标	二级指标	指标内涵
数字化战略	战略趋势	数字化在组织战略中的反应程度
	战略目标	战略目标中数字化，尤其是公共服务数字化转型程度
	领导力	清晰和有效的治理，领导层主要执行数字化战略
	战略影响	具有可衡量的结果和清晰的治理结构倡议
数字化服务	转换性解决方案	超越传统服务供给的智慧数字解决方案、公共服务
	数字化服务达成	组织服务的数字化程度
	公民参与	组织和公民的互动情况
	以用户为中心	数字化服务的便捷性、易用性
数字化运营	组织和员工转型	数字化被用于创造富有成效和协作性的工作环境和工作岗位程度
	转型过程	组织内部流程的数字化转换程度
	数据驱动	数据的使用、利用程度
	数据安全	组织政策和实践中对公民数据的保护程度

7.2　数字政府的影响

7.2.1　数字技术和科层制转变

不少人认为，公共部门有义务探索新技术，投资研发新项目并领导新产业

---

❶ FRACH L, FEHRMANN T, PETER P. Measuring Digital Government: How to Assess and Compare Digitalisation in Public Sector Organisations [M]// FALK S, RÖMMELE A, SILVERMAN M. Digital Government [M]. Cham: Springer, 2017: 25-38.

的创建。公共行政部门和其他部门的行政一样,已被信息和计算机技术深刻影响,这些技术使科层组织结构的运作方式发生了以下变化。

7.2.1.1 组织内部运行更快

记录保存(Record-keeping)是科层制的一个基本要素。数字技术快速访问、更新和交叉引用数据的能力,能提高所有的行政管理速度。相比以往,执法机构、监管机构和行政人员能更快、更多地获取完成工作所需信息,下级工作人员也能更加及时、精准地获取政策文件并尽快执行相应政策。此外,公务人员不再需要将所有纸质文件存放在文件柜里,更不必再花费大量资源来维护文件的储存,从而就不会再浪费大量人力资源寻找、翻阅相关文件。

7.2.1.2 用户界面使用更便捷

许多国家,政府服务正越来越多地、尽可能地转向电子格式,这种做法有时被称为电子政务。随着传统纸墨形式表格的减少与消失,公民现在可以在家里通过个人电脑或手机注册和申请各种服务,如出生证明、商务登记、获得税收减免、获取补贴和福利,申请建筑许可证等,而不必再前往各个政府部门办理。电子政府服务已经可以使公众与政府机构进行快速、便捷的互动,而不必再让人们花费大量时间与精力填写烦琐的文件以申请或解决相关问题。

7.2.1.3 更好的数据

相比以往,技术的进步使政府能够以前所未有的数量和详细程度收集与政策制定相关的信息。在国防、安全和生态环境层面,政府可以使用北斗卫星获取全球定位和卫星图像以获取决策所需信息。在公民个人层面,政府可通过手机和个人电脑应用(社交媒体)直接、实时地从公民那里收集可靠的数据,这将使提供服务的决策比以往任何时候都更有针对性、更有效、更及时。

7.2.1.4　政府更加透明

相比以往,政府向公众发布各种信息从来没有这么容易过。新冠病毒大流行期间,国内某地一旦出现疫情,当地政府便会召开发布会公开最新疫情信息。这些信息不仅可以在电视上播出,还可以直接通过电脑或手机进行在线媒体播放。在信息丰富的环境中,政府工作人员可以使用许多渠道来接触公众受众。传统媒体,如电视、印刷品和广播仍然存在,但还有更直接的渠道,如通过短信、直播和手机通知。另外,社交媒体的广泛使用对政府透明度建设提出了新的要求,一旦政府部门发布不实信息,便有可能在网络上形成舆论风暴。

7.2.1.5　政府问责得到加强

官方记录技术的改进能大大提高对公职人员问责的标准。政务大厅、法庭和执法人员制服上的摄像机,可以记录各项行政和执法活动,并便于核查。文件和录音都被归档在电子数据库中,再加上区块链的使用,可保障数据不可篡改,既可以方便人们在任何地点进行搜索和访问相关数据,又可以对权力运行进行规范和监督。访问包含政策、法律、会议记录、计划和联系信息的可搜索数据库,使公众对政府加强问责成为可能。随着数据收集和保留技术的进步,政府部门之间的数据共享得到改善,公民和政府之间的互动可能会变得越来越个性化,用户所需的时间和精力也会减少。

7.2.2　人工智能的到来

由无线通信和互联网带来的"数字"革命即将被人工智能革命所取代,在人工智能革命中,具有先进决策能力的计算机有可能使许多人类任务变得不必要。"人工智能"一词并没有具体的定义,在一定意义上是旨在复制人类智能的各种计算机操作的松散描述。通常意义上讲，人工智能是指模仿人类决策的计算机程序和系统，它们根据以往的经验学习新的规则和决策路径，使用匹配算法进行有根据的猜测。它是一组更大的计算技术的组成部分，包括自动决策制定、高级算法和大规模数据处理。考虑到这一点，下一场革命可以通过几种方式改变公共行政。

7.2.2.1 自动化

过去公务员所做的工作，现在越来越容易由计算机来完成。一个很好的例子就是自动通知。如果某地水质出现问题，或者紧急公共工程导致住宅街道关闭，或者出现债务逾期，计算机程序便可识别受此问题影响的个人，然后通过直接发送到他们手机的个性化短信，通知他们出现的问题及如何处理它。在几分钟内，自动通知就可以到达成千上万的人，而人工完成相同工作可能需要数百个小时。自动化已经实现了电子所得税申报、通过直接使用数码相机技术在道路上执行速度限制、使用天眼系统自动识别犯罪分子及无人驾驶公共交通工具等诸多功能。

公共部门进一步自动化的潜力非常巨大。在不久的将来，人们可能会想象一个完全计算机化的全国人口普查、自动飞行的无人机投递邮件、医疗保健资源的自动化供应链管理等。所有这些应用程序通过在比人类工作者可能需要的更短的时间内完成大量工作来最大限度地降低成本。

7.2.2.2 规范化

公共部门的一个关键责任，是支持向公民公平和公平地分配公共服务。这一目标是通过尽量减少人为错误和偏见并确保所有公民在获得服务方面受到相同的一致和可预测的条件，这一科层制规则和程序实现的。如果规则和程序没有规范化的司法管辖区，就很容易出现系统性腐败。随着发展，信息技术已经可以通过将复杂的或多步骤的决策过程系统化来实现规范化。例如，计算机算法可以使决策更加一致和可靠。当然，这种公平性取决于算法是如何编写的，因此它受限于编写程序的人的道德意识。

7.2.2.3 复杂分析

计算机允许同时考虑多个变量，这是人类思维无法做到的。这种深度的分析可以提供更精确、更准确、更明智的公共部门决策。在国外，计算机辅助分析已经广泛应用于公共卫生建模、灾害响应和公共交通规划等多个领域。在其他领域，如住房、教育、废物管理、自然资源管理等，计算机可以帮助决策者解决复杂的政策问题。

7.2.2.4 大数据

随着数据体量的不断扩大，计算机还可以对广泛的信息进行分析。人工智能大模型在检测涉及数百万个甚至数十亿个数据点的数据，将有助于改进政策战略和前瞻性规划。随着数据存储和处理能力的提高，在就业、福利、教育、能源使用及等政策领域，大数据可能会出现进一步的应用。但有一个值得警惕的问题是，数据安全和隐私保护的问题，在大数据使用该过程中，就曾经出现过训练样本中的个人信息遭到泄露的先例。

人工智能可能代表了技术用于提高公共部门绩效的方式的一步式转变。自动化操作、独立决策、复杂的分析及更大、更好的数据收集，都有可能进一步推动过去二十年数字革命的进步。

7.2.3 数字时代和公共部门的改革

进入数字时代，公共部门开始高度依赖信息技术。数字政府并不是简单地将传统政府管理模式原封不动地搬到互联网上，而是需要完全不同的思维方式、文化和组织治理的特征模式。邓利维等人认为,数字时代对政府实践的影响主要表现在重新整合(Reintegration)、整体论和数字化三个方面。❶❷

7.2.3.1 重新整合

信息和通信技术使人们能够将行政程序重新纳入公共行政。新公共管理运动的一个关键特征是分解和外包行政职能,而重新整合可以看作对职能分解问题的一种回答。具体而言,重新整合概括了联合治理(Joined-up Governance)的概念,涉及代理制的回退(Rollback of Agencification)、采购活动的集中、重新整合的服务外包(Reintegrative Outsourcing)、共享服务和服务供给链的简化(Simplified Service-Delivery Chains)。对应重新整合,学术界出现了转型政府(Transformational Government),即"信息通信技术主导的政府运作、内部和外部流程和结构的转型,以实现满足公共部门目标的服务"❸。

7.2.3.2 以需求为基础整体论

整体改革力求简化和改变各公共机构与服务对象之间的整体关系。创建更大、更广泛的管理集团的任务与流程的"端到端"再造联系在一起,剥离不必要的步骤、遵从性成本、检查和表单。它还强调发展一个更敏捷的政府,能够迅速灵活地应对社会环境的变化。在实践中,像西方国家的一站式政府(Online One-Stop Government)和浙江的"最多跑一次"改革,都是政府以需

---

❶ DUNLEAVY, PATRICK, et al. New Public Management is Dead—Long Live Digital-era Governance [J]. Journal of Public Administration Research and Theory, 2006, 16(3): 467-494.

❷ MARGETTS H, DUNLEAVY P. The Second Wave of Digital-era Governance: A Quasi-paradigm for Government on the Web [J]. Philosophical Transactions of the Royal Society A: Mathematical, Physical and Engineering Sciences, 2013: 1-17.

❸ VISHANTH W, JANSSEN M, DWIVEDI Y K. Transformational Change and Business Process Reengineering(BPR): Lessons from the British and Dutch public sector [J]. Government Information Quarterly, 2011, 28(3): 320-328.

求为基础整体论进行的政府创新。在学术界，也出现了整体性政府（Whole of Government），"公共服务机构跨越投资组合边界（部门职能边界）联合工作，以实现共同目标并对特定问题的整体性政府回应"❶。

7.2.3.3 数字化

数字化是对"没有任何缓和迹象的无情的技术和社会变革浪潮"的一种回应。电子渠道不再被看作传统管理和业务流程的补充，而是真正具有变革性，朝着机构"成为其网站"的方向发展。行政管理的数字化还使新的概念成为可能，如与私营企业合作生产或开放式创新，以及向更加开放和透明的公共服务提供迈进。事实上，数字化进程的主要影响是通过政府部门内部的组织和文化变革，以及外部公民社会行动者的行为转变来实现的——在这些变化中，技术变革发挥了相对较小的关键作用。

7.2.4 政府数字化转型的驱动因素

数字技术本身不足以带来数字政府，它必须与多个因素（如必要的领导、数字能力、明确的战略及支持数字政府的文化等）相互配合，才有可能推动政府的数字化转型。下面，本书将从外部层面、组织层面和个人层面，对政府数字化转型的驱动因素进行系统介绍。

7.2.4.1 政府数字化转型的外部层面因素

1. 公民需求推动政府数字化转型

在数字化进程中，公民需求扮演着重要角色。一方面，人们日益增长的物质文化需要要求政府不断完善和优化其公共服务提供方式，这一需求与信息通信技术相配合推动政府转向数字政府；另一方面，公民数字素养的提升，要求

---

❶ TOM C, PER LÆGREID. The Whole-of-Government Approach to Public Sector Reform [J]. Public Administration Review, 2007, 67（6）：1059-1066.

政府需不断提高数字公共服务质量,并要求政府在设计数字服务时需征求其意见。需要说明的是,政府如果不能适应公民需求提供数字化公共服务,那么数字政府将毫无用处。这就需要政府乃至社会努力缩小数字鸿沟,以提高公民的数字素养,使在线服务变得有意义。

2. 信息和通信技术进步推动了政府增量变化和转型

迄今为止,人类历史上先后经历了三次工业革命,每一次工业革命中随着新技术的出现都会引发生产范式和创新组织的变革。以数字技术为核心支撑技术的新型基础设施建设,加快整个社会的运作流程、减少浪费和成本,推动创新生态系统向开放、协同、共享的创新组织形态转变。例如,随着第四次工业革命相关的技术,如人工智能、增强现实、物联网和大数据等技术的不断发展,地方性知识和区域性知识的不断生产,未来政府将有机会针对不同地区、不同群体制定差异化政策、提供针对性的服务。

3. 政治体制

数字化引发变革的第三个外部驱动因素是政府部门组织运作的政治体制(Political System)。政治体制是关于资源的使用、生产和分配决策的正式或非正式的政治过程,即政府的决策流程。毫无疑问,政治局势、官僚传统、文化和规范影响着数字服务的采用和实施。实证研究结果还表明,政治和高级行政领导人的压力和支持,可以加速数字化政府建设和数字服务提供;若缺乏足够的支持或不构成政治优先事项,数字变革则可能会受到阻碍。❶

4. 经济状况

经济状况与数字化建设存在双向互促的作用。一方面,国家或地区经济发展良好使国家或地区有更多资源投入互联网接入、物联网与智慧城市建设、大数据分析等方面,进而建设数字政府;另一方面,随着数字政府建设,它在优

---

❶ LUCÍA L, SØRENSEN K H. Consumer, Client or Citizen? How Norwegian Local Governments Domesticate Website Technology and Configure Their Users [J]. Information, Communication & Society, 2015, 18(7): 733-746.

政善治、惠民便民、兴业利企、强基筑底等领域发挥了重要作用,能实现以数字政府建设引领更加全面、更加深刻的经济社会高质量发展。

7.2.4.2 政府数字化转型的组织层面因素

1. 组织特征

驱动数字化变革的组织特征包括规模、财务资源或集中化程度。一方面,这意味着组织需要有足够的财政资源,以确保持续的财政预算信心,推动组织信息通信技术基础设施建设;另一方面,这意味着组织需要重新思考和重新设计组织的业务流程、简化程序形成无缝隙衔接,并创建与公共利益相关者沟通和参与的新渠道。其中,最关键的是,在组织层面通过标准化建设实现信息共享和自动化,并推动数字化这一过程。

2. 组织文化

组织文化决定了公共组织对待数字技术使用、数字政府建设的态度和方式,也决定了公共组织目标的确立。若没有与数字化建设相兼容的开放、创新文化,很难想象某一公共组织能实现数字化转型。在数字化转型过程中,组织内部需要有支持数字政府建设的文化。这种文化具有以下几个特点:一是组织在看到业务效率与服务效益显著提升时,有不断采用数字技术的意愿。二是组织文化需要以公民为导向,因为公共组织应该倾听公民的意见,并与公民接触。三是组织需要培养一种创业文化,即使数字技术无法在公共服务供给方面达到预期效果,也愿意进行尝试与试验。

3. 组织战略

清晰明确的数字战略对数字政府迁移至关重要,因为它可以使公共服务部门能够迅速应对各种威胁和机会。在数字化转型过程中,该战略一般具有以下特征:一是数字化战略从全局性、长远性和谋略性层面,对组织流程和结构方面的转变进行规划;二是数字战略往往提倡全面数字化,以提升公民体验感;三是实施数字战略的路线图应解决文化、领导能力、劳动力和采购等方面的关键问题；四是数字战略要识别出可能阻碍数字转型的障碍，并有应对策略。

4. 内部和外部利益相关者之间的协作

实施数字变革的过程包括政府部门间的协作和与外部利益相关者的协作。这种合作以往被描述为伙伴关系，其中协同效应、资源交换及权力和责任分配都有助于效益和效率提高。然而，一旦出现协作不当、责任不明确或权力等级差异持续存在，那么数字变革将很难实施。除政府部门间的协作，与利益相关者的外部协作也会影响数字化建设。这些外部利益相关者，包括提供软件解决方案的私营公司，或者作为战略合作伙伴并影响服务实施的公民等内部和外部用户。技术提供者作为利益相关者，通过提供实现个人服务或软件产品数字化所需的专业知识，为技术基础设施的发展作出贡献，而公共部门组织通常不具备做出这些决策的专业知识。

7.2.4.3　政府数字化转型的个人层面因素

1. 领导

各国推动数字政府建设的经验表明，数字议程必须由最高政治和官僚领导层决定。只有政治领导人对数字议程进行政治承诺，才能在实施变革中持续应对利益集团或官僚主义的抵制。从以往经验来看，领导者既需要认识到技术在提高运营效率和实现组织成果方面的作用，也需要运营效果不理想时说服整个公共部门向数字治理模式的变革持续前进。行政及行政领导还必须发挥统筹作用，与公共部门的行政领导紧密合作，把设计和提供高质量公共服务纳入公务员的日常工作。

2. 数字素养足够的工作人员

精通技术的员工队伍，对于任何组织的数字化转型战略及其执行都是不可或缺的。鉴于数字技术的快速发展，政府雇员需要在信息和通信技术方面拥有足够的数字素养，以实现组织运营和公共服务供给的数字化。此外，IT供应商和公职人员之间容易形成信息不对称，这就需要公职人员具备相应数字素养，以减少服务开发的时间成本。当然，若当前公职人员数字素养不足，也可通过数字化转型培训提高相应能力。

7.3 数字时代的治理

7.3.1 数字鸿沟

由于数字鸿沟对社会公平和经济发展存在重要影响，学界与实践界一直关注数字鸿沟这一问题。最初几年，数字鸿沟被理解为可以网上冲浪和不能上网的人之间的接入（Access）鸿沟。随着技术的普及和时间的推移，数字鸿沟的内涵拓展到了信息主体能力和技能上。

7.3.1.1 数字鸿沟的三个层面

随着时间的发展，人们逐渐关注到数字鸿沟存在"第一道数字鸿沟""第二道数字鸿沟"和"第三道数字鸿沟"。

（1）第一道数字鸿沟。它主要是指接入沟，即不同国家、地区实际能接触互联网方面的差距，其核心是物理接入（Access）差距。一般而言，人们主要通过信息通信技术设备的拥有量和网络连接可获得性两个维度，来解析第一道数字鸿沟。

（2）第二道数字鸿沟。它主要是指使用沟，也指个人所拥有的数字知识和技能水平差异，其核心是人们在互联网所需的技能方面的使用差距。换言之，拥有同样的物理接入并不一定意味着人们能够以完全相同的方式或相同的程度来使用互联网。

（3）第三道数字鸿沟。它主要是指知识沟，即互联网使用的后果，主要指的是人们使用互联网的不同方式，以及某些人比其他人更能从互联网获取所需知识的鸿沟。一般而言，人们主要通过知识获取、学习表现和个人发展几个维度来解析第三道数字鸿沟。

7.3.1.2 数字鸿沟对数字政府的影响

互联网在生活的许多方面都是越来越重要的资源，如教育、就业、政府、商业、医疗保健和娱乐等。数字鸿沟对公共服务和政治决策过程的实施、管理、使用和结果也有重要影响。

1. 数字鸿沟对公共服务提供的影响

与传统的公共服务提供方式不同，数字公共服务提供方式允许公民和企业在任何地方每天 24 小时获得公共服务。因此，用户可以从节省的大量成本和时间中获益。但是，只有能够使用信息和通信技术并能够构思公共部门领域的技术术语的客户，才能利用机会访问和使用数字公共服务。这对提供公共服务的需求方和供给方都有影响。因此，供给方必须始终为无法获得数字内容和服务的弱势群体提供传统的服务。然而，同时运行两个渠道——线下和线上，往往会消耗通过引入数字公共服务提供所获得的效率。由于许多弱势群体是最依赖公共服务支持的群体，所以将所有公共服务转移到互联网上在经济上是低效的。相反，公共管理部门不应只在绝大多数用户可以完全使用这些服务的情况下提供数字服务，而应把重点放在其余服务的后台流程数字化上。

对于需求方而言，数字鸿沟意味着用户在公共服务方面有不同的结果。那些可以访问公共数字内容和服务的公共管理部门的客户，可以从更高的灵活性及大量的时间和成本节约中受益。因此，他们可以将时间和资源投入其他有价值的活动中，而不是在公共办公室等待。此外，能够将公共服务集成到自己的业务流程中的企业，可能比 IT 成熟度较低的企业更具竞争优势。在实施和管理公共服务提供时，必须考虑到这些结果差异。

2. 数字鸿沟对政治进程的影响

虽然数字鸿沟现象可以通过维持公共服务提供的离线和在线渠道来解决，

但数字鸿沟对政治决策过程的影响要难以估计得多。在互联网出现之前，大众媒体、市政厅会议或投票，通常是表达和交换对政治问题的看法，以及动员政治团体的主要渠道。如今，公民有了更多的政治渠道。例如，社交网站创造了在互联网上进行社交和互动的新方式。在获取信息和通信技术方面不平等的一个可能后果是，处于不利地位的群体在政治话语中失去影响力。虽然受过高等教育的年轻人可以在互联网上宣传他们的想法，并可以在世界各地找到志同道合的人，但弱势群体仍然必须依靠传统的政治渠道，如选举或市政厅会议。如前所述，公民在社交网站上扮演的角色会影响他们对同伴用户的影响。此外，公民生产和生成内容的能力，不仅仅是处理内容的能力，而是政治权力不平等的另一个根源。

简而言之，每当政治行为者或机构利用互联网交换想法和意见，甚至做出具有法律约束力的决定时，他们必须考虑到弱势群体的声音可能被忽视。因此，政治决策者不应过分强调社交网络平台上的情绪，尽管这些信息比从市政厅会议或民意调查等线下渠道更容易获得。

7.3.2 数字政府与公共服务提供

政府最关键的职责之一是公共服务提供，各国在推动数字政府建设过程中也在持续提升公共服务数字化水平。我国《"十四五"数字经济发展规划》中，便提出要持续提升公共服务数字化水平，促进公共服务更加普惠均等。

7.3.2.1 数字技术与公共服务

数字技术具有数字化、迭代快和创新叠加等特点，在加快信息流动和共享的基础上能够推动企业和公共部门的管理流程改造与重塑，这有利于公共服务过程和体系的优化发展。

1. 数字技术拓展了公共服务外延

传统上，公共服务是公共部门生产供给、群众被动消费的单向过程。在这个过程中，公共部门往往难以准确了解群众的服务需求，也难以准确感知群众的消费体验和满意度。数字技术的引入使这种传统公共服务模式产生了重大革新。特别是互联网、大数据和云计算等技术，使政府能够更好地获取和管理大量数据信息，使公共服务能更深地扎根群众，促进政府更深入、全面地了解并解决民众的公共服务需求。例如，在智慧社区建设中，老年、幼儿和残疾人等群体的生活、医疗、康复和照护等需求能通过数字基础设施快速传递，被管理中枢准确、及时感知，并派单给服务方，产生公共服务过程。同时，数字技术在政府与企业间建立了更便捷、顺畅的信息通道，既可以通过业务流程优化拉近政府与企业在公共服务供给过程中的沟通距离、扩充公共服务供给力量，又可以通过数字技术对参与公共服务的企业主体进行动态监管，保障公共服务供给质量。

2. 数字技术提升了公共服务的效率

数字技术的应用能够简化公共服务流程，让政务沟通、政务决策与服务回应更加快捷，通过数据流动打破部门之间、地区之间的藩篱，实现让数据"多跑路"，让群众"少跑腿"。不同于传统纸质办公和并联式工作流程，数字技术有效缩短了公共服务的时空传输距离，"一网通办"等一体化公共政务服务模式，不仅促进了公共服务供给的跨域传递，还形成了串联式工作流程，提高了工作效率。尤其是在公共服务领域多元化背景下，数字技术能为物资、人力和管理等资源的协调提供算力支撑，促进政务服务快速传递和处理，优化公共服务业务流程，强化公共服务业务协同水平。

3. 数字技术降低了公共服务的交互成本

数字技术为政府部门基于数据流动实现"区域通办""跨省通办"等公共服务供给目标提供了技术基础。数据流动可以降低公共服务供给业务协同成本，并通过民众需求数据源实现业务导向的政民互动。数字化公共服务模式在民众与公共服务供给部门之间建立了一条虚拟、直接、快速的信息通道，这有利于提升民众反馈服务需求的积极性，为政民互动提供更直观的交互流程视窗，从而降低供需交互成本，提高交互效率，扩大公民参与和社会协同。

4. 数字技术有助于公共服务的合作生产

在数字时代，公共服务的需求、体验、满意度等主观价值，以及数量、规模、质量、分布等客观价值，都可以在一定程度上被数字化，进而在不同公共服务主体之间形成共享和流动。这种新型的技术形态能够改变传统公共服务"政府提供—公民消费"的单向模式，广大群众引进公共服务流程，充分表达需求、提出意愿、参与评价等，以促进公众与政府之间的沟通和互动，提高公共服务的针对性和有效性。公民甚至可以用"众筹""众包"等方式开展自我服务、互助服务，相互交流、分享经验和提出建议，以促进公众之间的合作和互助，提高公共服务的效率和水平。

5. 数字技术促进公共服务优质均衡发展

数字技术可以促进公共服务供给实现资源的精准分流，数字技术带来的大数据画像为政府分析民众公共服务需求提供了有效工具，为政府部门建立健全多类型、多群体、精准化的公共服务供给模式夯实了技术保障，从而能够为满足不同民众的多样化需求提供更为优质的公共服务。数字技术的发展与普及使公共服务的提供更加便捷与包容，政府能够为全体人民提供更加均等的公共服务环境，智慧教育、智慧医疗、智慧文旅和智慧社区等数字化公共服务的持续发展，可以极大促进优质公共服务资源的深化应用与多路复用，有利于推进公共服务的均等化建设。

7.3.2.2 公共服务数字化的原则

经合组织在研究了澳大利亚、加拿大、丹麦、芬兰、法国、德国、意大利、墨西哥、荷兰、新西兰、苏格兰、新加坡、英国和美国等国家的数字政府建设经验后，得出了以下公共服务数字化指导原则。该原则共分为三大类，每类原则包含以下三点内容。

（1）建立无障碍、合乎道德和公平的公共服务，优先考虑用户需求而非政府需求。第一，了解用户和他们的需求。第二，使公共服务的设计和提供成为一个参与性和包容性的过程。第三，确保一致、无缝和高质量的公共服务

（2）大规模、快速提供具有影响力的公共服务。第一，创造条件，帮助团队设计和提供高质量的公共服务。第二，制定前后一致的公共服务提供方法。第三，打造一个包含支持工具、实践和资源的生态系统。

（3）在设计和提供公共服务时保持负责任和透明，以增强公众信任。第一，在公共服务的设计和提供方面保持开放和透明。第二，确保数字工具和数据的使用值得信赖且符合道德规范。第三，为公共服务设计和交付的文化和实践建立有利环境。

7.3.3 电子参与

电子参与是一个术语，描述利用信息和通信技术使公民能够参与政治决策过程。

7.3.3.1 电子参与层次

互联网给人们提供了一个表达和交换观点的新机会，政府部门也看到了互联网推动电子参与实现民主政治的巨大潜力。同时，政府部门推动电子参与也显示了对公民参与治理权利的一种尊重。一般而言，政府使用互联网推动政治讨论和参与有以下五个层次。

（1）第一层次——原始信息提供（Raw Information Provision）。许多地方政府都有自己的官方网站，并在网站提供有关部门的服务信息，提供联系电话号码和（较少的）电子邮件地址。但实践中，大多数地方政府仍然根据现有的等级结构而不是以公民为中心提供信息。

（2）第二层次——互动（Interaction）。这一层次电子参与最典型的是市长、书记信箱，任何网民都可向市长、书记信箱发送信息，政府部门里也有专人对每一条信息进行标准回复。当然，为确保网民在官方信箱里提供的信息真实有效，需要确保网民提供真实的身份信息。

（3）第三层次——非正式讨论（Informal Discussion）。地方政府官员和政治家参与与公众的基层讨论。他们不试图就问题达成一致，但审议可能影响决定的结果。讨论小组成员包括员工、民选成员和公众。

（4）第四层次——正式咨询（Formal Consultation）。在这个层面上，地方政府利用在线技术，通过问卷调查、结构化讨论和投票，咨询公民对拟议的政策变更的意见。在这个层面上，几乎不可能避免讨论直接在线投票。

（5）第五层次——民主社区（Democratic Community）。这代表了一个真实空间到网络空间的映射。关键的地方组织必须同意创建一个跨部门的本地战略，为公共在线环境提供一个连贯的信息界面。在这个环境中，整个社区可以分享信息、交流、做生意、学习和享受乐趣。

在第一和第二两个层面上，政府告诉公民它认为他们需要知道的事情，有点类似"新瓶装旧酒"；第三、第四两个层面主要涉及公民和官员的沟通、对话；最后一个层面是在重建过程中与社区充分合作。这些层面不仅代表了技术复杂性的等级，而且代表了公共行政人员愿意使用信息通信技术与公民接触的意愿，以及公民对政府的一种信任。当然，这些层面的电子参与应该同时开发，而不是按顺序开发。

7.3.3.2 社交媒体：电子参与的重要形式

随着脸书（Facebook）、油管（YouTube）、抖音、推特（Twitter）、QQ、微信、哔哩哔哩、微博和快手等社交媒体平台的出现，不少学者看到了社交媒体促进电子参与和民主治理的潜力。社交媒体也被称为社交技术或者叫网络，用来描述允许用户创建在线档案，并支持用户生成内容、众包和在线协作的网络平台。与过去相比，社交媒体在信息和媒体生态方面出现了以下新变化。

（1）信息的急剧增长。越来越多的信息快速生成和传播。

（2）信息使用的差异化。所有这些信息材料都在网上展示和传播，移动设备和云计算使互联网用户可以随时随地访问媒体和数据，因此用户在媒体消费上有了更多的选择。

（3）信息更加多样化。一方面，能控制社交媒体的组织相比传统媒体更少，从而导致其多样化程度增加；另一方面，互联网和移动新闻应用程序增强了人们获取多样化信息的能力，人们对多种社交网络的参与也强化了这一情况。

（4）信息流动加速。随着高速宽带和随时可用的移动设备的出现，信息在人们生活中的流动速度比以往任何时候都要快。

（5）更轻松地查找相关信息。谷歌、百度等搜索引擎、维基百科、百度百科等信息中心及其他易于访问的资源平台，不仅使人们能够立即收集和查询热点信息，还有助于人们设置通知接收与其个人喜好和品位相关的个性化信息。

（6）值得信赖的新路标不断涌现。主要包括使用排名、评分、评论、标签系统，抖音的"喜欢"和"推荐"按钮，以及基于聚合用户数据和算法的个性化推荐系统。

（7）信息和通信的交织。人们消费网络信息的社会体验也与通信有着深刻的联系。这也改变和深化了信息流的相互作用，特别是机构信息和人际信息之间的反馈过程，成为一个连续的循环来确定和评估信息（例如，人们从朋友那里获取信息后，可上网查看并评估相关信息再与朋友进行讨论等）。

（8）人们可使用多种策略来管理在线和离线的大量信息。策略包括人们对搜索引擎、书签和标签的依赖；人们想出一些方法来提醒他们有关对他们来说重要的问题的新信息；人们建立带有定制信息的网站，并在社交网站上选择他们想要关注的人。此外，人们利用机构和人际信息来帮助他们做出日常决策。

社交媒体以上特点给了公民更多发声渠道，也使其有了超越代议制民主的潜力。

（1）社交媒体有可能重新配置传播权力关系。通过利用日益便捷的社交网络和以用户为中心的创新，公民能够挑战国家和商业机构对媒体生产和传播的垄断控制。

（2）大多数公民都可以使用社交媒体。一般来说，生活在先进社会的大多数公民都认为并不存在技术上、经济上和法律上使用社交媒体的困难。

（3）社交媒体使公民能够分享和发表自己的观点。民众不再是政府信息或大众媒体新闻的被动消费者，而有机会挑战官方话语、分享并发表自己的观点。

（4）社交媒体可以推进公民和政府机构的大规模合作。社交媒体平台的开放性使其具有推进公民和政府组织大规模合作的潜力，成为民主实践中创新的源泉。

7.3.4 数字政府面临的监管挑战

与数字政府相关的电子信息的收集、存储和传播，是一项艰巨的任务。另外，信息通信技术的发展速度往往超过了政府对这些技术的监管能力，如何监管便成了一个巨大难题。

7.3.4.1 个人隐私保护

公共和私人组织收集的大量组织和个人信息，以及新技术侵入人们日常生活的能力，促使人们呼吁提高警惕和保护自己。隐私涵盖了广泛的担忧：儿童在聊天室和互联网上的安全，电子邮件的隐私，网络用户的互联网使用被跟踪的脆弱性，以及人们匿名交谈和发布信息的自由。

对于数字政府而言，隐私问题涉及公共和私人实体的许多复杂、重要和敏感问题。例如，在线收集数据提供者的个人信息时，什么程度的同意才算足够？何时必须提供？人们何时决定"选择加入"或"选择退出"提供信息？将采取哪些措施来保护信息？随着信息的跨国流动，数字政府必须制定信息跨境传输政策，以保护公民隐私。例如，欧盟对在欧洲经济区之外传输个人数据有严格的要求，谁可能会收到这些信息，以及在什么情况下会造成重大问题？新的欧盟互联网隐私法要求网站提供商在计算机、智能手机或平板电脑上存储或检索任何信息之前必须获得访问者的同意。

对于数字政府来说，解决隐私问题至关重要。公民的日常生活受到能够跟踪和记录个人日常活动的技术的影响。这些选择是严峻而复杂的：寻求平衡公民的权利、安全和隐私，以及这些新技术为政府保护自己的自身利益提供的巨大潜力。

7.3.4.2 网络安全

网络安全包括网络设备安全、网络信息安全和网络软件安全。美国互联网协会2015年进行的一项全球调查显示，86%的受访者表示，网络安全是当今互联网社区面临的最重要的问题。在我国，仅2022年公安机关网安部门就破获"侵犯公民个人信息案件"1.6万余起、"网络水军"案件550余起。

为了应对防范网络威胁的需求，数字政府将不得不考虑采取各种措施来保护其公民和资产。鉴于这些威胁的性质，网络安全战略必须是跨学科的，并包括多个利益相关者（公共和私营部门，加强国际合作）。通过这些举措，数字政府可以提高其风险管理能力，以应对漏洞和威胁，并修复潜在的弱点。这些举措需要确保关键信息基础设施具有预防、检测和管理事件的能力，并且对事件和恢复有协调的响应。除了战略和政策，还必须应用技术帮助政府监测、收集和分析信息，并识别表明违反或企图违反网络安全的模式。至关重要的是，数字政府必须获得公民和机构的信任和信心，以保护他们的信息安全。

7.3.4.3 网络内容控制

互联网在分享和传播信息方面具有传播多元化、个性化、快速性和广泛性等特点。然而，人们不能毫无限制地在互联网上传播信息。各国基于自身国家的文化、宗教和政治规范，已在隐私、国家安全信息、儿童色情等领域采取行动规范互联网的使用和内容。

随着互联网的普及和发展，各种网络犯罪、网络欺诈、网络侵权问题层出不穷。各国为了保证国家政权稳定，人们的生命财产安全不受侵害，越来越多的政府已经采取了非常严格的措施来控制互联网内容。以德国为例，德国政府成立了"网上巡警"调查机构，对网络信息进行 24 小时跟踪、监控和分析；2017 年 6 月通过《改进社交网络中法律执行的法案》要求社交网络平台必须及时关注并清理平台上的暴力恐怖、极端、仇恨和谣言。

7.3.4.4 所有权问题

鉴于互联网在未来数字政府中的关键作用，谁"拥有"互联网的问题越来越重要。事实上，为反映互联网的开放性和国际化运作及其工程起源，互联网的监管最初被分散在由国际和国家政府、自律组织或多利益相关者组成的复杂结构中。但在 2012 年由国际电联主办的世界信息技术大会上，就国际电联在互联网治理中的作用引发了争议，美国众议院和奥巴马政府反对将互联网的任何控制权都交给联合国。2012 年，美国众议院一致通过了敦促奥巴马政府反对让联合国机构控制互联网的努力。随着美国的这一举动，世界各国开始越来越重视对互联网治理的所有权问题。

当然，多数国家立法中都未确认数据中存在特定的所有权。如数据所有权问题（如数据归谁管理、归谁使用、创造的利益归谁分配、如何分配），就没有明确规定。

思考题

1. 数字政府的概念内涵是什么?
2. 政府数字化转型主要体现在哪些方面?
3. 数字技术对科层制组织的影响主要体现在哪些方面?
4. 数字技术对公共服务的影响主要体现在哪些方面?
5. 数字政府面临的监管挑战主要有哪些?

参考文献

[1] 黄璜. 数字政府的概念结构:信息能力、数据流动与知识应用——兼论 DIKW 模型与 IDK 原则 [J]. 学海,2018(4).

[2] HOMBURG,VINCENT. Understanding E-Government:Information Systems in Public Administration [M]. London:Routledge Taylor and Francis Group,2008.

[3] SHARON D S. The Evolution and Continuing Challenges of E-Governance [J]. Public Administration Review,2008.

[4] JANOWSKI,TOMASZ. Digital Government Evolution:From Transformation to Contextualization [J]. Government Information Quarterly,2015,32(3).

[5] FALK S,RÖMMELE A,SILVERMAN M. Digital Government:Leveraging Innovation to Improve Public Sector Performance and Outcomes for Citizens [M]. Cham:Springer,2017.

第 8 章 公共部门人力资源管理

在世界的前进中起作用的不是我们的才能,而是我们如何运用才能。

——布雷斯福德·罗伯逊

引 子

党的二十届二中全会通过了《党和国家机构改革方案》,以习近平新时代中国特色社会主义思想为指导,以加强党中央集中统一领导为统领,以推进国家治理体系和治理能力现代化为导向,坚持稳中求进工作总基调,适应统筹推进"五位一体"总体布局、协调推进"四个全面"战略布局的要求,适应构建新发展格局、推动高质量发展的需要,加强科学技术、金融监管、数据管理、乡村振兴、知识产权、老龄工作等重点领域的机构职责优化和调整,转变政府职能,加快建设法治政府,为全面建设社会主义现代化国家、全面推进中华民族伟大复兴提供有力保障。

公共人力资源被视为至关重要的公共资源,而公共人力资源管理则构成公共管理的核心内容。在20世纪60年代后,人力资源管理逐渐取代了传统的人事管理,从而对人员管理的理念和内涵产生了深刻的变革。这一变革不仅在私营部门得到体现,同时也在公共管理领域得以扩展。本章将

第 8 章 公共部门人力资源管理

围绕公共人力资源管理的含义与特点、其变革历程、主要内容、公务员制度及公务员的能力与素养等方面展开阐述。

 重点问题

» 公共人力资源管理的含义与特点

» 公共人力资源管理的主要内容

» 公共人力资源管理的变革

» 公务员制度

» 公务员能力与公共领导力

8.1 公共部门人力资源管理概述

8.1.1 人力资源的含义及特点

8.1.1.1 人力资源的含义

关于人力资源的定义存在差异,各类文献和专业领域的学者对此有不同的界定。通常而言,人力资源(Human Resources,HR)又被称为劳动力资源或劳动力,它指的是能够推动一定区域内经济和社会发展的人口总体,其劳动能力涵盖了智力劳动和体力劳动的复合能力。❶ 与简单的人口统计不同,人力资源更注重这一人口总体的劳动潜力和贡献。

从上述定义中可见,人力资源的核心方面包括数量和质量。数量方面牵涉拥有劳动能力的人口总数、从事有意义工作的比例及实际劳动量等。而质量方面则包括生理素质和科学文化素质,这两者的结合反映了人的体力和脑力状

---

❶ 蔡立辉,王乐夫.公共管理学(第 3 版)[M].北京:中国人民大学出版社,2022:200.

况。在经济与社会发展的进程中,数量和质量都是至关重要的考虑因素。数量是基础,但质量才是关键。在人力资源管理层面,组织需要追求规模效益,然而一旦规模达到一定水平,就必须将关注点移向提升人力资源质量上。这是因为在当代社会,人力资源的质量对于创造社会财富至关重要。缺乏高质量的人力资源可能会给组织带来负担。因此,数量与质量需要相互融合,即保持适度的数量同时提升素质,这是人力资源管理的关键目标之一。通过全面考虑数量和质量,组织可以更有效地利用人力资源,推动经济和社会的可持续发展。❶

8.1.1.2 人力资源的特点

人类本身具备生物性、能动性、智力性和社会性,赋予人力资源相较于物质和其他生物资源的独特特征。

(1)生物性。人力资源的载体是生命个体,使其成为有生命的资源,紧密联系于人的自然生理特征。

(2)能动性。人力资源是主体性或能动性资源。个体拥有思想和感情,具备主观能动性,能有目的、有意识地展开活动,在经济活动中充当主导角色。

(3)时效性。人力资源的全周期受到时间方面的限制,需考虑个体生命周期和社会发展阶段的时效性,以保持动态平衡。

(4)智力性。人类通过劳动创造机器和工具,以期以智力开发自身功能。智力具有继承性,随时间的推移而增强。

(5)再生性。人力资源通过人口个体的不断更替及劳动力的再生产实现,呈现再生性。其特点受到人类意识和活动的影响,不同于其他生物资源。

(6)社会性。从微观视角来看,在社会活动中,劳动者通常聚集在劳动集体中,形成人力资源的群体性基础。从宏观视角来看,人力资源始终与社会环境相互联系,与社会环境和实践紧密相连。

---

❶ 赵曙明,张敏,赵宜萱.人力资源管理百年:演变与发展[J].外国经济与管理,2019(1):1-14.

(7）资本性。作为特殊的资本性资源，人力资源是公共社会、企业等投资的产物，质量主要取决于投资程度，能够带来持续收益。人力资本（Human Capital）是西方经济学概念，也称"非物质资本"，与"物质资本"相对，是体现在劳动者身上的资本，如劳动者的知识技能、文化技术水平等。其主要特点在于它与人身自由联系在一起，不随产品的卖出而转移。

（8）高增值性。在国民经济中，人力资源的收益份额占比逐渐超越自然资源和资本资源，其投资回报不断提升，高质量与低质量人力资源的收入差距逐渐扩大。

由此类推，人力资源有如下几方面性质。

（1）人力资源生成过程的时代性。人力资源的发展与成熟都受到特定时代背景的制约。经济、教育和文化等方面的社会条件在塑造人才发展中发挥着重要作用。这意味着人力资源管理需要考虑其管理对象的时代性，明确其长处和不足，以确立目标和方向。

（2）人力资源的能动性。与其他资源不同，人力资源以其能动性为特征。其参与生产过程，引导、操纵和控制其他资源，彰显创造性，促进社会发展。人力资源管理旨在通过有效激励和开发机制，拓展其创新潜能。

（3）人力资源使用过程中的时效性。每个个体发展的某个时期都会经历生理与心理都较成熟的阶段。在这个时期，人力资源的能力达到巅峰，需要及时开发和使用。忽视时效性可能导致人力资源的浪费，影响组织工作的绩效和发展目标的实现。

（4）人力资源开发过程的持续性。与物质资源不同，人力资源可以在后续的成长和利用过程中不断进行开发。持续性表明人力资源本身具有多种潜在素质，组织通过各种渠道和方式促使其在使用过程中不断被开发出来。

（5）人力资源闲置时期的消耗性。即使人力资源闲置，也需消耗其他物质资源以维持其生存。这种消耗性负担意味着组织或社会必须为其提供经济补偿和物质保障。

（6）人力资源的特殊资本性。人力资源作为一种经济资源，虽然具备资本属性，但与一般的资本有着明显的区别。其高增值性体现在经济价值持续增长的趋势中，与一般形态的资本不同，人力资源的收益递增规律更为显著。

（7）人力资源的高增值性。人力资源的经济价值在生产使用过程中呈不断上升的趋势，具体表现为市场价格、投资收益率和个体可支配收入都在上升。高质量人力资源与低质量人力资源的收入差距显著扩大。

8.1.2 从人事管理到人力资源管理

人事管理（Personal Management）与人力资源管理（Human Resource Management）在一定程度上有相似之处，均是一套系统的制度、法规、程序和方法，旨在有效地开发、合理配置、充分利用和科学管理涉及的人或人事，以实现管理目标。"人事管理"这一术语在之前经常使用，但随着时间的推移和时代的演进，对管理认知内涵、外延、理念和方法的不断变化，人们发现"人事管理"已不足以准确表述其工作内容，逐渐演变为"人力资源管理"。传统人事管理与现代人力资源管理存在基本差异，见表8-1。

表8-1 人事管理与人力资源管理的主要区别

区别项目	人事管理	人力资源管理
人性的假定	将人视为成本	将人视为核心资本
工作的性质	行政事务性工作 短期导向	组织战略决策 长期导向
管理内容	雇佣关系的运动过程	全方位管理
管理部门的地位	地位较低	地位较高
管理的方式和手段	标准化管理，刚性手段	人性化管理，柔性手段

（1）人性的假定。传统人事管理将人视为成本，强调如何降低人工成本；

而现代人力资源管理将人视为核心资本，认为人力资本的投资回报高于其他形式的资本，将人力资源视为支配和利用其他资源的关键性资源。

（2）工作的性质。传统人事管理主要处理行政事务，侧重短期目标，由人事部门执行，较少涉及组织高层战略决策；而现代人力资源管理注重对人的能力、创造力和智慧潜力的开发和发挥，扮演着增加产出的角色，更多涉及组织战略决策领域。

（3）管理内容。传统人事管理主要涉及雇佣关系的运动过程，包括招聘、录用和奖惩等；而现代人力资源管理在此基础上拓宽了范围，包括员工援助计划、知识管理和文化管理等内容。

（4）管理部门的地位。传统人事管理将人事部门视为非生产、非效益部门，地位较低；而现代人力资源管理部门成长为具有咨询专业技术的中枢性机构，管理者能够进入高层领导。

（5）管理的方式和手段。传统人事管理强调标准化的管理，较为刚性，主要运用行政命令；而现代人力资源管理强调管理的人性化，采取柔性的、参与式的民主管理，注重人文关怀。

在传统上，人事管理被定义为将员工配置到组织中适当职位的一套具体程序或功能。这一观点强调了传统人事管理的任务，包括工作分析、职位分类、人员安排、岗位培训和工作岗位重新设计。然而，在政府工作环境中，人事职能已经逐渐演变为人力资源管理，超越了传统内涵，甚至在名称上发生了改变。现代人力资源管理与传统人事管理的差异主要有以下几方面：传统人事制度强调制度公正，现代人力资源管理则注重服务管理者；传统人事制度强调控制，而现代人力资源管理注重灵活性；传统人事制度关注程序的统一，现代人力资源管理关注目标的实现；传统人事制度把员工看作劳动力，而现代人力资源管理将员工视为组织的关键资源，管理制度的角色逐渐由保护者转变为激励者。这些变化体现了人力资源管理在理念、目标和方法上的不断演进。

8.1.3　公共部门人力资源管理的含义与特性

8.1.3.1　公共部门人力资源管理的内涵

我国公共管理部门在西方"新公共管理运动"的影响下，逐步融入了人力资源管理的理念和方法。如今，非营利性组织、公共事业单位等广泛采用该概念。尽管学者早在 2004 年就从理论角度对中国政府的人力资源管理进行了定义，但政府部门在公务员管理实践中尚未明确表述为"人力资源管理"[1]。本书选择公共部门人力资源管理这一概念主要是基于以下考虑。首先，国家行政组织在公共部门中的地位逐渐增重，其人力资源管理涉及公共部门人力资源管理的一般性和代表性方面，如人力资源规划、人才甄选录用、人力资源开发和培训等。其次，随着行政组织社会公共事务管理范围的扩大，行政组织中人力资源的数量、种类和专业呈现出复杂趋势。政府不仅雇用行政事务管理人员，还更多地雇用各类专业技术人员。因此，本书选择将政府作为公共部门人力资源管理的典型代表，力求深刻理解公共部门人力资源管理的特性与本质。当然，本书也没有忽视其他公共部门组织体系在人力资源管理方面独具特色的方式、措施与手段。

本书将公共部门人力资源管理定义为，以国家行政组织和相关的国有企事业单位人力资源为主要分析对象。本书将研究管理机关依据法律规定对其所属的人力资源进行规划、录用、任用和薪酬保障等管理活动和过程的总和。这一定义旨在聚焦国家行政组织，同时也兼顾其他公共部门组织体系在人力资源管理方面的特殊方式。

公共部门人力资源管理涵盖宏观和微观两个管理方向。宏观管理指整个公共组织系统在中长期层面进行统计、预测和规划，以确保工作性质与人力资源结构相协调，制定基本制度、政策和管理标准，为发展创造良好环境。微观管理涵盖了各个具体行政机构、政府部门及其他相关企事业单位在法律框架内，

---

[1] 陈国元.政府应如何进行人力资源管理 [J].人民论坛，2016（34）：52-53.

对内部人力资源进行具体活动的开发和管理。这两个方向相辅相成，共同搭建公共部门人力资源管理系统。

在过去，公共部门一般采用"人事行政管理"一词，而如今选择"公共部门人力资源管理"并非追求潮流，而是建立在全新理论和管理思维上。这一概念的引入为公共部门人事管理理论和实践观念带来了全面更新。

（1）人事行政管理将人员视为一种成本或生产、技术要素，主要是对组织资本资源的消耗，着重在满足工作需求的基础上对人员进行管理。相比之下，人力资源管理将人本身视为一种可持续不断开发和有效利用的资源，强调发挥人员潜力、提升员工价值，以实现组织的长期发展和利益最大化。

（2）人事行政管理倾向将员工视为被动的工具，主要目的是满足组织工作的需要，强调执行和控制。相比之下，人力资源管理将组织中的人视为组织发展的核心，强调营造良好的工作环境和文化，尊重员工的主体地位，通过引导和开发的管理方式激发员工潜力，从而实现组织与员工的双赢。

（3）人事行政管理主要涉及基础的管理活动，如录用、考核、奖惩和薪酬保障等，而人力资源管理的范围更为广泛和深入，除了基础管理活动，还包括预测与规划、人员测评与甄选、人才开发培养、投资收益分析等现代化管理内容，以更好地适应当代社会和人力资源发展的需求，实现与组织发展的紧密结合。

（4）人事行政管理侧重管理现有人员的工作状态，着重对人员的使用和调配，而较少关注员工的潜力开发。相反，现代的人力资源管理强调充分发挥员工的潜力和才能，致力于挖掘员工的潜能，使其在未来发展中具备更大的适应性和灵活性，以实现全方位的人力资源开发和管理。

8.1.3.2 公共部门人力资源及其管理的性质

公共部门的人力资源是国家人力资源总体结构的一部分，因此它具备一般

---

❶ 倪星，揭建旺.试论政府人事管理的治道变革：从传统人事管理到现代公共人力资源管理[J].探索，2003（5）：38-41.

人力资源的基本性质。但公共部门的人力资源在国家政权组织自身性质的影响下，除了一般性质，还具有一些特殊性质。这种特殊性质主要表现在，公共部门人力资源的政治性和道德品质较高，超过国家人力资源整体水平。

公共部门人力资源管理具有至关重要的职能，作为执行国家法律和政策的核心力量，其在社会价值分配中具有权威性和决定性作用。公共部门人力资源的行为和成果直接影响着政府形象和合法性。在获取、使用和发展公共部门人力资源的过程中，高度的政治素养和道德品质至关重要。这体现在公共部门人力资源必须具备高水平的理论、政策、法律观念、政治品质、道德觉悟和为公众服务的热情，以及端正的工作态度和良好的工作作风。这些要求不仅是对公共部门的人力资源管理机制和方法的意义，而且是对公共部门人力资源管理内在本质的追求。❶

公共部门人力资源管理不仅具有一般管理性质，同时也具有作为公共部门组织形态的特殊管理性质。一方面，人力资源管理的一般性体现了各种组织在人事管理上的共同性，包括在管理过程中的各环节划分、竞争、激励、保障和开发等机制。这些共同性在各种组织的人事管理中表现出一致性，反映了对人力资源管理一般属性的共同认识。另一方面，公共组织本身的特性和公共部门人力资源的特殊性，使公共部门人力资源管理具有独特性。这体现在公共部门是一个庞大的组织结构，按照完整统一的原则建立，要求合理划分职责与权力，建立相关的管理制度。公共部门人力资源管理具有如下特点。

（1）权威性。公共部门人力资源管理具备法定权威，其职责涉及国家或政府的重要职能和权力，必须依法行使管理职责，以确保管理活动的合法性和权威性。这种权威性体现在公共部门对人力资源的选拔、任用和晋升等方面，以确保公务员队伍的素质和能力达到国家标准，服务国家和社会的发展。

（2）公益性。公共部门人力资源管理的核心目标是公共利益和社会福祉。在人才的选拔和使用中，公共部门人力资源管理注重以满足公众需求和提升社

---

❶ 宋衍涛. 论政府机关人力资源管理中的以人为本[J]. 中国行政管理，2007（4）：46-49.

以福祉为导向，通过优化人才配置、促进人才成长，为实现国家发展目标、维护社会稳定和提升公共服务水平贡献力量。

（3）复杂性。公共部门所涉及的职能和服务范围广泛，管理面临多方利益和复杂情况。在人力资源管理过程中，需要综合考虑各方利益，协调资源的配置和利用，制定符合实际情况的管理策略和措施，以确保管理决策的科学性和有效性。

（4）法治性。公共部门人力资源管理活动必须严格依法进行，受法律和规章制度的约束和规范。在管理过程中，必须遵循法律法规，保障公平公正，维护公共利益和社会正义，以确保管理活动的合法性、公正性和透明度，促进公共部门人力资源管理体系的健康发展。

8.1.3.3 公共部门人力资源管理的基本原理与目标

现代人力资源管理理念经过实践逐渐形成基本规律与运行规则，适用公共部门❶，应将其视为人力资源管理的基本原理贯彻在管理活动中。

1. 强化人力资源战略管理原理

人力资源管理扮演着实现组织长远目标的关键角色。通过确立以能力为核心的人力资源战略框架，将人力资源战略与组织愿景相结合，是战略性人力资源管理的核心。管理者应深入了解内外部环境，分析发展趋势，满足各方需求，以提升组织的人力资源能力和绩效，同时创造有利于工作和人才发展的良好环境。

2. 要素有用、同素异构原理

在组织中，每位成员都具备独特的性格、能力、情感和意志等特质。管理者和员工应认识到这些个体特质的重要性，最大限度发挥其优势，避免其弱点对组织造成不利影响。要素有用原理强调管理者应了解员工的特质，以实现人

---

❶ 赵源. 新时代地方政府人力资源管理评价体系研究 [J]. 中国行政管理，2019（5）：96-100.

力资源的有效开发和利用。同时，同素异构原理指出，不同要素排列或结构会导致不同的组合效果，因此管理者应根据工作性质和组织目标，合理组合各种要素，以实现协同作用和优势叠加。

3. 德才素质统一原理

德才兼备原理要求在人力资源管理活动中，将组织成员的德行与才能有机地结合起来。德行品质包括政治品德、伦理道德和个性品质等，而才能能力则包括智力、知识、专业技能和综合能力等方面。德才兼备的统一意味着在组织的人力资源使用和开发过程中，公职人员的德行和才能条件同等重要，不能偏废其中之一，而是应该互相促进、相辅相成。管理者需要了解员工能力的差异，将能力与工作性质的有机组合要求作为基础，实现德才兼备，使德以才附、才以德领。

4. 能级匹配、适才适用原理

能级匹配、适才适用原理要求根据员工个体能力水平和种类，科学地将其安排到适合其能力水平的工作岗位上，实现人尽其才、各尽所能的管理目的。管理者需要准确、全面地了解下属的能力结构和特长，突破思维习惯和惯例的约束，充分发挥员工的特长，真正调动员工的积极性。

5. 开发与使用并重原理

开发与使用并重原理强调人力资源的开发与使用应该相辅相成，相互联系。人力资源的开发旨在为其使用提供支持，而人力资源的使用则指导着开发的方向。管理者应充分认识到人力资源开发与使用的双重增值作用，以促进组织和人力资源的健康发展。

6. 激励竞争、动力发展原理

激励竞争、动力发展原理要求管理者了解人员为组织工作的动力源泉。激发、鼓励员工充分发挥积极性、主动性和创造性，展示潜能，是保证人力资源发展的重要机制。激励管理有助于公共部门创造组织与人力资源的活力和发展。

8.1.3.4 公共部门人力资源管理的目标与基本任务

公共部门人力资源管理的目标，紧紧围绕政府组织社会服务与社会管理的目标。人力资源管理的目标定位应是获取与开发政府行政管理工作所需的各类、各层次人才，建立政府组织与公职人员之间的良好合作关系，以满足社会经济发展对政府提出的要求，满足政府组织管理和发展的目标，并同时满足公职人员个人成长和发展的需求。❶❷

现代公共部门人力资源管理的基本任务涉及以下几个方面。

（1）选才。建立、拓展和完善公共部门人力资源管理秩序和环境，包括管理原则、选拔标准等。现代化公共部门人力资源管理确立法治化规则，创造公正环境。通过合理划分权责，保证管理有效履行，以及设计发展路径和资格，提供积极动力，是现代公共部门人力资源管理的关键要素。

（2）求才。公共部门人力资源管理机构通过多种途径选拔政府所需的杰出人才，包括公开考试、公平竞争和优先录用等方式。对于表现优秀者，通过功绩评估和唯才晋升等路径赋予他们更重要的职责。

（3）用才。通过合理的管理措施，充分发挥已获得和选用的人才的潜能。通过职位分类、人事任用、考核、职务升降和奖惩等管理环节，确保用人公正合理，提高公职人员的工作积极性和效率。

（4）育才。在使用人力资源的同时，通过人力资源的培训和继续教育不断开发和培养人才，使其适应社会发展与政府发展的需要。公共部门通过开展各种培训项目、组织专业知识的学习交流及提供广阔的职业发展平台，促进员工不断提升自身素质和专业技能。这种持续的育才机制不仅有助于个人的成长，也为公共部门的长远发展提供了人才保障和后备力量。

（5）留才。通过有效的管理措施，防止政府人才外流，确保优秀人才留在公共部门。建立健全激励机制，为优秀人才提供成长和发展的空间与动力。留

---

❶ 萧鸣政.中国政府人力资源开发概论[M].北京：北京大学出版社，2004：5-6.
❷ 周长伟.论如何提高政府部门人力资源管理效能[J].商业时代，2010（5）：71-72.

才是对上述几项管理任务实现状况的综合评价,如果管理部门没有完成求才、用才、育才等管理任务,政府就难以留住人才。因此,人力资源管理的各项任务应相互协调,以实现整体管理的成功。

8.1.3.5 公共部门人力资源管理中的公共服务动机

公共服务动机理论提出以前,"经济人假设"被广泛应用于动机研究。[1]1979年,撒切尔夫人担任英国首相之后开始改革,英国政府引入民间资本介入由政府主导的公共事业,其目的是通过竞争激励公共部门员工的积极性,以提高政府公共服务绩效,然而这一举措并未取得长期稳定的实质性效果。20世纪80年代,美国学者面对政府公共服务绩效与公众对政府信任不断下降的现象,开始反思"经济人假设"理论及其管理实践的弊端,提出公共服务动机的概念。最初,学者们认为公共服务动机源自一种内在的心理动机,是基于对公共服务事业的喜好,从而产生公共服务的根本性动力。换言之,只有公共服务动机水平高的个体,在良性的组织环境内才能展现出人与组织相匹配的情景,才能更好地做出公共服务行为。[2]然而,随着实践的发展,公共服务动机在过去30年的发展中已成为研究工作动机,尤其是公共部门雇员工作动机的重要概念。[3]公共服务动机逐渐被界定为"个人主要或完全基于公共制度与组织的动机所驱使的倾向",分为理性动机(对个人效用最大化的考量)、规范动机(对规范规则的遵守)和情感动机(在某些特定社会背景下的情感反应)三类。[4]具体测量维度为渴望参与政策制定、对公共利益的承诺、同情及自我牺牲精神。公共服

---

[1] 林亚清,蓝浦城.公务员公共服务动机何以影响其变革行为?——工作重塑的中介作用和变革型领导的调节作用[J].公共管理与政策评论,2023,12(4):80-96.

[2] CHRISTENSENRK, PAARLBERGL, PERRYJL. Public Service Motivation Research: Lessonsfor Practice [J]. Public Administration Review, 2017, 77(4): 529-542.

[3] 张书维,张晓会,张金凤.公共服务动机的曲线效应:个体—组织匹配的调节作用[J].中国行政管理,2023,39(9):63-72.

[4] RITZ A, BREWERG A, NEUMANN O. Public Service Motivation: A Systematic Literature Review and Outlook [J]. Public Administration Review, 2016, 76(3): 414-426.

务动机通常被认为可以显著正向影响个体工作满意度、组织公民行为、工作绩效、建言行为和职业幸福感等❶，但近年来公共服务动机的消极方面也开始受到关注❷，其中一个典型的例子就是政府"漂绿"（Green Washing）。

8.1.4 公共部门人力资源管理的主要内容

8.1.4.1 职务分析

职务分析是对特定职位工作内容和工作规范进行描述和研究的过程。它旨在系统地制定职务说明书和职务规范，以使组织能够清楚地了解每个职位所需的技能、责任和资格。通过职务分析，组织可以更好地管理人员，提高工作效率和绩效。这一过程涉及以下两个方面：一是工作内容描述，职务分析需要准确描述每个职位的工作内容，包括任务、职责、目标和所需技能；二是工作规范制定，通过职务分析，确定每个职位所需的资格条件和技能要求，从而制定相应的工作规范和标准。

职务分析的过程通常包括以下几个步骤：①目标选择与组织。在进行职务分析之前，需要明确分析的目标，并组织好分析所需的资源和人员。②制订职务分析的计划和方案。制订详细的职务分析计划，包括确定分析的范围、方法和时间安排等。③信息的收集和分析。通过多种方法收集与特定职位相关的信息，包括工作实践、观察、访谈和问卷调查等。需要对收集到的信息进行整理和分析。④结果表达。将分析结果清晰地表达出来，包括工作内容描述、所需技能、资格要求等，通常以职务说明书的形式呈现。⑤结果的运用。利用职务分析的结果指导人力资源管理的各个方面，包括招聘、培训和绩效评价等，以确保人员与职位要求相匹配。

---

❶ PERRY J L, VANDENABEELE W. Public Service Motivation Research: Achievements, Challenges, and Future Directions [J]. Public Administration Review, 2015, 75（5）: 692-699.

❷ SCHOTT C, RITZ A. The Dark Sides of Public Service Motivation: A Multi-Level Theoretical Framework [J]. Perspectives on Public Management and Governance, 2018, 1（1）: 29-42.

在进行职务分析时,可以采用多种方法,常见的有以下几种:①工作实践法。观察和记录员工在实际工作中所执行的任务和行为,从中获取关于工作内容和要求的信息。②观察法。直接观察员工在工作岗位上的表现和工作流程,以了解工作内容和所需技能。③访谈法。与岗位相关的员工、直接主管或其他相关人员进行面对面的访谈,收集关于工作内容和要求的信息。④问卷法。向员工、主管或专家发送问卷,收集他们对工作内容和要求的看法与评价。⑤典型事例法。通过分析过往的工作案例和经验,了解特定职位可能面临的情况和挑战,从而确定工作要求。⑥工作日志法。要求员工记录他们在工作中所做的事情和遇到的问题,以便了解工作内容和过程。⑦定量分析方法。利用统计数据和定量分析工具对工作进行量化分析,如工作量、时间分配等,以便更全面地了解工作特征。

8.1.4.2 人员招聘

在公共部门的人力资源管理中,人员招聘是确保组织运转和服务效能的重要环节。本书将深入探讨公共部门人员招聘的关键内容,包括招聘过程管理、招聘渠道类型及招聘筛选方法,以帮助公共部门更有效地管理人力资源。

招聘过程管理包含以下五个方面:①组织的用人策略。在进行招聘之前,公共部门需要明确用人策略,即确定招聘的岗位需求、人员数量及所需的技能和素质。这有助于确保招聘与公共部门的战略目标和服务需求相一致。②招聘人员的选择。根据组织的用人策略,公共部门需要制定招聘人员的选择标准,以筛选出最符合岗位要求的候选人。这些标准可以包括教育背景、专业技能和工作经验等。③真实的工作预览。在招聘过程中,为求职者提供关于工作内容、工作环境和职业发展等方面的真实信息,以帮助他们了解工作职责和预期,从而做出更好的职业选择。④招聘的一般程序。招聘过程的一般程序包括发布招聘通知、收集求职申请、筛选简历、进行面试和提供聘用意向等步骤。公共部门需要确保招聘程序的透明和公正。⑤招聘工作责任的划分。在招聘过程中，明确招聘工作的责任划分，包括招聘团队成员的角色和职责，以确保招聘工作的质量。

招聘渠道的类型分为以下两种：①内部招聘。公共部门可以通过内部招聘渠道选拔现有员工晋升或调动至新岗位。这不仅有助于激励员工、提升工作积极性，而且可以节省培训成本。②外部招聘。外部招聘是指通过外部渠道吸引新的人才加入公共部门，包括发布招聘广告、参加招聘会、利用招聘网站等方式，以扩大人才搜寻范围。

招聘筛选的方法有如下四点：①求职申请表的筛选。公共部门可以通过对求职者提交的求职申请表进行筛选，初步了解其教育背景、工作经历等基本信息，以确定是否符合岗位要求。②测试。对求职者进行相关技能、知识或能力的测试，以验证其实际水平和适应能力。测试可以通过笔试、技能测试等形式进行。③面试。面试是招聘过程中最常用的筛选方法之一。公共部门可以通过面试与求职者深入交流，了解其专业能力、沟通技巧等方面的表现。④对求职者的背景调查。在面试之后，对进入最后阶段的求职者进行背景调查，确认其提供的信息的真实性和准确性，以确保招聘决策的可靠性。

8.1.4.3　人员培训与开发

在公共部门的人力资源管理中，人员培训与开发是确保组织持续发展和服务提升的重要环节。本节将深入探讨公共部门人员培训与开发的主要内容，包括培训需求分析、培训计划、培训组织与实施，以及人员培训与开发的新趋势。

培训需求分析从以下几方面进行：①组织层面的分析。在进行培训需求分析时，需要从组织层面出发，了解组织的战略目标、业务需求和人才结构，以确定培训的总体方向和重点领域。②任务层面的分析。针对不同岗位和部门的具体任务和工作内容，进行任务层面的分析，确定哪些技能和知识需要通过培训加以提升和强化。③个人层面的分析。对个体员工的能力、素质和发展需求进行个人层面的分析，以制订个性化的培训计划和发展路径。

培训计划分为以下两类：第一类，从横向上看，培训计划可以涵盖不同岗位和部门的通用技能培训、专业技能提升培训、领导力发展培训等内容，以满足不同层次和类型员工的培训需求。第二类，从纵向上看，培训计划可以根据员工职业生涯发展阶段制订，包括新员工培训、晋升培训、职业发展规划培训等，以促进员工的职业成长和发展。

在培训的组织与实施阶段，需要依次进行以下步骤：确定培训目标；拟定培训计划；选择受训者；选择培训者；选择培训方式和方法；实施培训计划；进行培训效果评估；制定培训激励政策。

人员培训与开发逐渐展现出以下新的趋势：①组织借助培训和教育的功能。公共部门越来越重视培训和教育的功能，将其作为组织发展和绩效提升的重要手段。②培训呈现高科技和高投入趋势。随着科技的发展，培训方式和工具日益多样化和智能化，培训投入也越来越大。③培训日益走向社会化。公共部门开始借助外部资源和平台，开展社会化培训，加强与其他机构和组织的合作。④培训向纵深发展。培训不仅包括传授技能和知识，还包括关注员工的心理健康、团队协作能力等方面的提升。⑤培训质量成为培训的生命力。培训质量成为评价培训效果和持续发展的重要指标，公共部门将更加注重培训质量和效果的提升。

8.1.4.4 绩效评估

绩效评估是指运用综合的指标体系，对人员履行岗位职责所产生的工作业绩、工作能力、工作态度和工作效果进行考察、测定和评价的过程。它旨在客观地衡量员工的表现，为管理决策提供依据。在公共部门的人力资源管理中，绩效评估是确保组织有效运作和员工发展的重要环节。

绩效评估的功能包括以下几方面内容：①控制功能。绩效评估能够帮助管理者监控员工的工作表现，及时发现问题并采取相应措施。②激励功能。通过绩效评估，优秀员工可以获得相应的奖励和晋升机会，从而激励其提高工作绩效。③开发功能。绩效评估可以帮助员工了解自己的优势和不足,为个人职业发展提供指导和支持。④沟通功能。通过绩效评估,管理者和员工之间可以进行有效的沟通和反馈,促进双方的理解和合作。

为了确保绩效评估的有效性和公正性,绩效评估系统需要具备以下几点要求:①敏感性。绩效评估结果能够敏锐地捕捉到员工的工作表现和变化,反映出真实的工作状态。②可靠性。绩效评估结果具有一致性和稳定性,不会受到随机因素的影响。③准确性。绩效评估结果能够客观地反映员工的实际工作表现和能力水平。④可接受性。绩效评估制度应该公平、公正,并得到员工的认可和接受。⑤实用性。绩效评估结果能够为管理决策和人力资源管理提供有效的参考和支持。

在进行绩效评估时,可以采用多种方法,包括排序法、量表法、关键事件法、行为对照表法、行为锚定评价法、目标管理评估法和360度评估法等。这些方法各有特点,可以根据实际情况和组织需求进行选择和结合运用。

绩效评估的实施包含以下五个方面:①实施绩效评估过程中的职责分工。确定绩效评估过程中各个参与者的职责和角色,包括评估者、被评估者和人力资源部门等。②考评者的选择。选择具有丰富经验和专业能力的考评者,以确保绩效评估的客观性和公正性。③培训考评者。为考评者提供相关的培训和指导,使其能够正确、公正地进行绩效评估。④评估时间的确定。确定绩效评估的时间节点和周期,以保证评估过程的及时性和有效性。⑤绩效面谈。在完成绩效评估后,进行绩效面谈,与被评估者共同讨论评估结果和个人发展计划,促进员工的职业成长和组织发展的协同。

8.1.4.5 薪酬管理

在公共部门人力资源管理中,薪酬管理是组织内部稳定运作和员工积极性的重要保障。其基本原则包括公平性、竞争性、激励性、经济性和合法性。公平性确保薪酬分配的公正性和员工的满意度,竞争性使薪酬水平能够吸引并留住优秀人才,激励性则促使员工更加努力地工作,经济性和合法性则保证了薪酬支出的可持续性和合法性。

影响薪酬制定的主要因素涵盖外在因素和内在因素。外在因素包括市场供需状况、行业薪酬水平及地区经济发展情况等，而内在因素则涉及员工的工作表现、能力和岗位需求等。这些因素相互作用，共同影响着薪酬制度的制定和调整，需要综合考虑并加以平衡。

薪酬构成是薪酬管理的重要内容，它包括经济性薪酬和非经济性薪酬两个方面。经济性薪酬主要包括基本工资、绩效奖金等直接与员工工作业绩相关的薪酬部分，而非经济性薪酬则包括员工福利、培训发展机会、晋升机会等间接激励员工的因素。这些构成要素共同构建了一个全面的薪酬体系，旨在满足员工的各种需求，激发其工作动力和创造力。

薪酬制度设计的基本过程是确保薪酬体系的科学性和有效性的重要环节。这一过程涉及付酬原则与策略的确定、职务分析和评价、薪酬率设计、外部薪酬调查、定薪和执行薪酬制度等步骤。通过科学地分析和评估，能够制定出符合组织需求和员工期望的薪酬制度，从而提升员工的满意度和工作效率。

§ 知识链接

"漂绿"一词由杰德·格里尔（Jed Greer）和肯尼·布鲁诺（Kenny Bruno）于 1996 年提出，它是由"绿色"（Green）和"漂白"（Whitewash）综合而成的复合型术语，指的是企业披露经过粉饰的、被美化的环保信息的行为。"漂绿"作为一种企业粉饰环境信息的策略性行为，扭曲了市场与企业之间的正常信息交换，加重了外部利益相关者与企业之间环保信息的不对称程度。经过十余年的发展，"漂绿"这一术语已从企业领域逐渐运用到了政府领域。在国家大力推行可持续发展蓝图的背景下，地方政府有责任向公众披露必要的环境信息（如空气、土壤和水污染信息等）。环境信息公开是地方政府最常见、最主要的环境沟通工具之一，最有可能被用作政府"漂绿"的工具。特别是，随着中央政府和其他环境利益相关者对环境影响指数透明度的要求越来越严格，地方政府面临的环境影响指数相关压力急剧增加。面对法律要求，环境绩效不佳的地方政府不得不披露更多利己主义的环境信息。一方面，它可以覆盖现实，加强印象管理，避免中央政府的处罚和其他环境利益相关者的大规模抗议；另一方面，它有助于获得更多晋升地方官员的机会。因此，政府"漂绿"行为越来越受到关注。

8.2 国家公务员制度

8.2.1 我国公务员制度发展历程

8.2.1.1 公务员制度早期探索阶段（1949—1979年）

中华人民共和国成立初期，与计划经济体制相适应，实行"大一统"的干部人事制度，机关、企业、事业单位的所有干部统称为"国家干部"，用一种方式进行集中统一管理。干部录用工作主要采取以下三种形式：一是由国家指令性分配，各机关接收大、中专毕业生；二是通过国家统一分配的方式，安置军队转业干部；三是有计划地从社会上符合条件的人员中吸收。前两种形式是我国干部的主要来源渠道，相对独立和固定，而第三种形式则随着时代的发展呈现出不同的特征。

8.2.1.2 公务员制度研究试点阶段（1980—1992年）

改革开放以后，随着经济体制的改革和各项改革的展开，社会主义市场经济体制逐步建立，依法治国与依法行政全面实施，原有干部人事制度不适应市场经济发展和民主政治建设的矛盾日益凸显，如管理权限过分集中，录用的标准不统一，随意性大，用人单位缺乏自主权，竞争和监督机制不健全，管理方式单一等。党的十一届三中全会以后，邓小平发表《论党和国家领导制度的改革》的重要讲话，对当时干部人事制度存在的问题提出了一系列重要的改革思想。他指出，"要打破老框框，勇于改革不合时宜的组织制度、人事制度""要健全干部的选举、招考、任免、考核、弹劾和轮换制度""随着建设事业的发展，还要制定各个行业提升干部和使用人才的新要求、新方法"。1987年党的十三大正式提出，要对干部实行科学分类，建立机关、企业、事业单位各具特色的管理制度，建立和推行国家公务员制度。1988年，为进一步加强政府人事工作，更好地推行公务员制度，中央决定成立人事部。1989年年初，我国在审计署、海关总署等部门进行公务员制度试点工作，1990年又在哈尔滨市和深圳市进行试点工作。

8.2.1.3　公务员制度建立健全阶段（1993—2005年）

1993年，国务院正式颁布了《国家公务员暂行条例》，在各级国家行政机关实施，标志着我国公务员制度的正式建立，首次对公务员的招聘选拔、录用、绩效考核、培训、奖惩和工资等人力资源管理中的重要模块进行了区分和规定。运行中立法层次低、公务员范围确定不科学、管理体系不适应等问题凸显出来。2002年，党的十六大提出健全公务员制度。2005年，十届全国人大常委会第十五次会议审议通过了公务员法。

8.2.1.4　公务员制度发展完善阶段（2006年至今）

公务员制度经过12年的运行，许多改革成果需要以更高的立法层次确立和巩固。2006年，《中华人民共和国公务员法》正式施行，标志着公务员制度已经形成，各个管理环节配套法规相继出台。公务员法是我国干部人事管理的第一部基础法律，是公务员管理的基本依据，是改革开放以来党政机关干部人事制度改革成果的集中体现，在我国干部人事制度发展史上具有里程碑的意义。公务员法的颁布实施，进一步健全了我国公务员管理法律法规体系，为科学、民主、依法管理公务员队伍提供了重要依据；进一步明确了公务员的义务和权利，为提高广大公务员的依法执政、依法行政、依法办事能力提供了重要保障；进一步完善了公务员管理体制机制，为深化干部人事制度改革提供了重要支撑。2018年12月29日，新修订的《中华人民共和国公务员法（修订草案）》

颁布，2019年6月1日起新《中华人民共和国公务员法》施行，标志着我国公务员管理进入法治化、规范化、科学化的新阶段，较为完备的公务员法律法规体系基本完成。

8.2.2 公务员的概念及公务员制度的基本原则

8.2.2.1 公务员的概念

《中华人民共和国公务员法》第二条明确了公务员的定义，指的是那些依法履行公职、纳入国家行政编制、由国家财政负担工资福利的工作人员。公务员在干部队伍中扮演着关键角色，是社会主义事业的核心力量，也是人民的仆人。对于公务员的界定，有以下三个关键标准。

首先，依法履行公职。这意味着公务员是指依法履行公职职责并参与公共事务的人员，其服务对象是以法律为依据的国家机构和公共利益。根据宪法确立了中国共产党的领导地位，党派机关及其工作人员参与国家政治、经济和社会事务的决策和实施也被视为公职行为的一部分。

其次，纳入国家行政编制。仅以履行公职为标准可能不足以准确确定其范围。有些事业单位的工作人员虽然从事公务活动，但因未纳入行政编制序列，不能被视为公务员。公务员必须被纳入国家的行政编制序列才能履行公职。"编制"指的是各种由国家编制管理机关管理的机构和人员，不仅仅限于行政机关编制。

最后，由国家财政负担工资福利是公务员的重要特征之一。换句话说，公务员的工资、退休金和福利等由国家提供保障。尽管公务员属于由国家财政负担工资福利的人员，但并非所有由国家负担的人员都属于公务员范畴。在财政负担的人员中，如公立学校的教师、科研机构的科研人员等，虽然其工资福利由国家负担，但并不被视为公务员。

在全球范围内，公务员的定义存在差异，可以分为以下三种主要类型。

第一种是狭义范围的，公务员仅指中央政府系统中非选举产生和非政治任命的事务官。这一范围不包括内阁成员、政务次官、政治秘书等政府官员，他们通常是由选举或政治任命产生的。这种狭义范围定义的公务员与许多国家的法律规定相符，如英国和其他一些英联邦国家。

第二种是中等范围的，在中央政府中所有职位任职的人员都可以被称为公务员，包括政务官和事务官。然而，尽管所有这些人都是公务员，但只有事务官才适用公务员法规。美国和德国的公务员主要属于这一类型，如美国《公务员法》(《彭德尔顿法》)的适用范围仅限于事务官的范围。

第三种是广义范围的，涵盖了从中央政府到地方政府机关的公职人员，除国会除议员以外的工作人员、审判官和检察官，以及国有企业和事业单位的工作人员。这意味着公务员不仅包括政府机关的工作人员，还包括其他领域中与公共事务有关的人员。在这一类中，又分为国家公务员和地方公务员，同时还有"特别职"和"一般职"的区分。"一般职"公务员是指政府系统中非选举产生和非政府任命的工作人员，属于国家政府系统中的事务官，公务员法规仅适用于这类人员。日本和法国基本上属于这一类型。

尽管各国的公务员范围存在差异，这些范围主要是根据本国的政治体制、文化传统及人事管理的实际情况确定的，但是，在确定公务员范围方面，各国通常都遵循以下三项标准。首先是职能标准，即公务员是从事国家公务活动的人员，这意味着他们在执行政府职能和服务社会方面起着重要作用。其次是编制标准，公务员必须严格执行国家的编制限额，这意味着政府有关部门根据需要对公务员数量进行控制和管理。最后是经费标准，公务员的工资、福利和保险都必须由国家财政支付，这确保了公务员的稳定薪酬和福利待遇，同时体现了国家对公务员的责任和承诺。

在我国，根据《中华人民共和国公务员法》和《公务员范围规定》可知，我国公务员的范围被明确定义为各类国家机关系统的工作人员。与日本、法国等国家不同，我国没有将所有公职人员都纳入公务员的范畴。此外，与英国不同，我国的公务员范围不仅包括副部长以下的政府机关工作人员，还涵盖由各级人民代表大会及其常务委员会选举产生或决定任命的政府组成人员。这一设定的原因如下：首先，我国坚持中国共产党领导的多党合作和政治协商制度，不存在多党竞争和内阁更替的情况。在这样的体制下，政府组成人员的稳定性和连续性对于保障国家行政管理的顺畅运作至关重要。其次，我国各级政府的领导人员与其他政府机关的工作人员之间保持着密切的联系和广泛的交流。这种联系和交流的特点与国外政务官和事务官相互分离的情况截然不同。最后，我国的公务员范围涵盖从中央到地方的完整系统，而非仅限于中央一层，反映了我国公务员管理的全面性和系统性。

8.2.2.2 公务员制度的含义

公务员制度是国家行政管理的核心组成部分，是对公务员进行全面管理的法律、法规和规章制度的综合体。这一制度涵盖了诸多方面，包括公务员的选拔、录用、考核、奖惩、待遇、培训、晋升、调动、解职、退休及分类管理等各个环节，旨在确保公务员队伍稳定、高效和廉洁地运行。公务员制度的实质在于将管理过程制度化、法律化，通过严格的程序和规范的制度约束，保障公务员行为的合法性和规范性。

随着社会发展和国家治理的不断完善，公务员制度也在不断演进和规范化。这是一个逐步规范化和程序化的法律制度，通过持续的改革和完善，不断提升公务员管理的科学性和效率。在这一过程中，公务员制度不断吸收和借鉴国际先进管理经验，逐步形成了适应中国国情的独特管理模式，为国家治理提供了有力支撑。

公务员制度是国家依法管理公务员的依据和规则，是保障公务员队伍健康发展和国家长治久安的重要保障。依法管理公务员，既是对公务员队伍的一种约束和规范，又是对公民权利的一种保障。通过公务员制度的健全和完善，可以更好地发挥公务员队伍的作用，为国家的发展和社会的进步作出更大的贡献。

8.2.2.3 公务员制度的基本原则

确立公务员制度，必须坚持党的以经济建设为中心、坚持四项基本原则、坚持改革开放的基本路线；同时，要坚持以马克思列宁主义、毛泽东思想、邓小平理论、"三个代表"重要思想、科学发展观及习近平新时代中国特色社会主义思想为指导。应继承和发扬我国干部人事管理的优良传统，吸收我国干部人事制度改革的成功经验，全面贯彻落实新时代中国共产党的组织路线，坚持党管干部的原则；同时，也应根据我国的国情，学习和借鉴国外人事管理方面的有益经验和做法。

上述要求将我国公务员制度塑造成为一套完整的国家机关工作人员管理体系。该体系涵盖了国家机关的职位分类制度，公务员的选拔过程采用法定考试、公开竞争和择优录用，奖惩措施按照规定的标准和程序执行。在考核与职务晋升方面，要充分重视政治思想，以工作实绩为主要评判标准。此外，培训、工资、福利和退休权利由法律予以保障，涵盖了多个方面。这些原则贯穿并体现了我国公务员管理的核心理念，具体包括以下六个方面内容。

1. 公平竞争原则

公平竞争原则是指公开、平等、竞争、择优的准则，是我国公务员制度的核心之一，也是社会主义民主政治在干部人事管理中的具体实践。这一原则贯穿在公务员制度的各方面和管理环节，旨在推动卓越人才脱颖而出，实现人尽其才、才尽其用，最大化调动公务员的积极性。在我国公务员制度中，公平竞争原则具体表现在以下几个方面。

（1）信息公开。将有关公务员制度的法律、法规和政策向社会公开，包括录用和选拔的职位、报考资格条件、考试内容、考试成绩、录用或选拔结果等信息。此外，公务员的考核、奖惩、职务升降、竞争上岗和辞职辞退等工作也要进行公开，包括相关标准、依据和程序。这样做有助于确保公务员选拔过程的公正、公开和透明，维护制度的公信力和可信度。

（2）平等享有权利。在承认人的知识、能力等差异的基础上，确保所有符合法定条件的公民都有平等的机会和权利担任公务员。在进入公务员队伍后，平等地享有在考核、培训、奖励、职务升降、工资福利和退休等方面的权利。在同等条件下享受同等待遇，这一原则的实施旨在保障公务员队伍的公平性和正义性，促进公务员队伍的多样性和包容性，增强其凝聚力和稳定性。

（3）引入竞争机制。在公务员管理中，尤其是在录用和职务晋升等方面，引入竞争机制是至关重要的。在确保公开、平等的基础上，竞争机制实现了优胜劣汰、优者晋升、劣者降职的原则，以及在竞争中选拔最优秀人才的目标。通过竞争机制，可以促使公务员队伍的整体素质不断提升，激发公务员的工作积极性和创造性，推动公务员队伍更高质量地发展。

（4）择优录用和择优任用。对一个职位的多人报考情况，通过公正的评定将最优秀的报考者择优录用为公务员。根据德才兼备的原则，采取竞争上岗、公开选拔等方式，选拔具备优秀品德和能力的人员，确保每个职位都被最适合的人选所担任。这种做法旨在优化人才配置，提高公务员队伍的整体素质，有效推动公共事务的高效运行。

这些措施旨在建立一个公正、透明、竞争激烈的选拔和管理体系，确保公务员队伍中的人才能够充分发挥其潜力，同时保障每个公民在公务员选拔中享有平等的机会。

2. 监督约束与激励保障并重的原则

监督约束与激励保障的双重原则，既是公务员制度的基本原则，也是激发公务员工作积极性、保持队伍廉洁高效的重要手段。这一原则强调对公务员的双向引导，同时加强监督和提供激励保障，确保相互联系、相互依存，具体表现在以下几个方面。

（1）监督约束。公务员是国家公职人员，拥有和行使公共权力，代表机关形象。为防止滥用权力谋取私利的腐败现象，必须强化对公务员的监督约束。

例如，设立监督制度，包括考核、惩戒、辞职辞退和退休等，以确保公务员正确行使权力，忠于职守、勤勉尽责，真正为人民服务。

（2）激励保障。加强对公务员的监督必须与提供激励保障相结合。为了吸引各类优秀人才加入公务员队伍，维护队伍的稳定，应健全各种激励保障机制。公务员法在激励保障方面有明确规定，注重工作实绩，规定了奖励、培训、工资福利和退休等制度，同时设立申诉、控告制度，以保护公务员的合法权益。

监督约束和激励保障是相互联系、相互依存的，应两者并重，不能偏废其中之一。通过协同作用、监督约束可以避免腐败现象，激励保障则能激发公务员的积极性，两者共同确保公务员队伍的廉洁、高效运转。这一双重原则的实施有助于建立健全的公务员制度，提高公务员队伍的整体素质和执行力。

3. 任人唯贤、德才兼备，注重工作实绩的原则

功绩制原则起源于西方国家，旨在反对封建特权和"政党分肥制"，实现公职机会的均等。我国有关公务员任用原则，包括以下两个方面。

（1）任人唯贤、德才兼备。"任人唯贤"要求选拔干部时，以坚决执行党的路线、服从党的纪律、与群众有密切联系、具备独立工作能力、积极肯干、不谋私利为标准。"德才兼备"是提拔干部的条件，要求干部既要在政治上可信可靠、作风坚定，又要在工作上具备才能。制度性规定包括公开考试、严格考察、平等竞争和择优录用等方式。在晋升方面，要考察公务员在执行党的基本路线中的表现，注重工作实绩。在考核方面，要坚持全面考核德、能、勤、绩、廉等方面。

（2）注重工作实绩。以工作实绩为评价公务员的主要依据，是对功绩制原则的具体体现。否定将年资高低、亲疏关系、家庭背景等条件作为录用和晋升标准。强调德才与实绩相统一，通过具体的工作实绩来验证德才。制定科学的实绩考核标准和指标体系，根据不同职位的职责要求进行科学分析和准确评价。

这些原则的制定旨在建立公正、公平的公务员制度，确保选拔、任用、晋升过程中真正体现出优秀人才的德才兼备和工作实绩。

4. 分类管理的原则

分类管理是一种科学的公务员制度管理方法，也是国家实行公务员制度的基本做法。尽管各国对公务员分类的标准和内容存在差异，但几乎都体现了分类管理的核心思想。公务员制度的建立本身就是分类管理的产物。

《中华人民共和国公务员法》在贯彻分类管理思想和原则上体现在如下方面。

（1）职位分类。根据职位的性质、特点和管理需求，将公务员职位划分为综合管理类、专业技术类和行政执法类等不同类别，并在每个类别中设置不同的职务序列，以适应各类职位的管理需求。

（2）职务与职级并行。实行公务员职务与职级并行制度，根据职位和职责设置不同的公务员领导职务和职级序列，在管理层面存在相应的差异。

（3）任用方式分类。根据不同的任用方式，将公务员分为委任制公务员和聘任制公务员，还有一部分领导成员是通过选举产生的。对聘任制公务员的管理方法，《中华人民共和国公务员法》做了明确规定，强调了与委任制公务员管理的差异。

这些分类管理的原则和措施旨在更好地适应不同职位的性质和管理需求，以确保公务员制度更为灵活、高效地运行。

5. 依法管理的原则

法治原则是公务员制度的基本特征，也是我国人事管理制度法治化和科学化的重要标志。公务员制度需要建立健全的法律体系和行政法规体系，以规范公务员的行为。在这一基础上，必须贯彻有法可依、有法必依、执法必严、违法必究的原则。法治原则贯穿于公务员制度的各个环节，主要体现在以下两个方面。

（1）确保管理工作有明确的法律依据。在公务员的录用、考核、晋升、培训、工资、福利和退休等方面，必须依据严格的法律规定进行，以保障管理工作的合法性和公正性。

（2）要求公务员在行使权力和履行职责时遵守法律规定，实行依法行政。公务员的行政行为必须在法律范围内进行，违法或超越权限的行为将受到相应制裁。同时，每位公务员都享有一定的法律地位、权利和待遇，并受到国家法律的保护。

通过坚持法治原则，公务员制度得以规范化、制度化，确保公务员的权利和义务在法律框架内得到明确定义和平衡，从而维护制度的公正性和合法性。

6. 党管干部原则

《中国共产党章程》规定："党必须按照总揽全局、协调各方的原则，在同级各种组织中发挥领导核心作用。"党管干部原则是我国公务员制度的基本原则，也是党的组织路线为政治路线服务的重要保障。《中共中央关于加强和改进新形势下党的建设若干重大问题的决定》强调，要坚持党管干部的原则。习近平总书记在党的十九大报告中强调："坚定不移全面从严治党，不断提高党的执政能力和领导水平。中国特色社会主义进入新时代，我们党一定要有新气象新作为，打铁必须自身硬。党要团结带领人民进行伟大斗争、推进伟大事业、实现伟大梦想，必须毫不动摇坚持和完善党的领导，毫不动摇把党建设得更加坚强有力。"

在民主集中制的基础上，各级党委要坚持贯彻执行党的干部路线、方针和政策，严格推荐、培养、选拔、任用和考核干部，并对各级各类干部进行有效管理和监督。我国公务员队伍要自觉接受中国共产党的领导，坚持社会主义方向，决不搞所谓的"政治中立"。这体现了党管干部原则在公务员队伍中的贯彻和要求。

8.2.3 我国国家公务员制度存在的问题与改革思路

8.2.3.1 我国公务员制度存在的问题

自《国家公务员暂行条例》到2006年的公务员法，再到2018年修订的公务员法，中国的公务员管理在取得巨大成效的同时，仍未完全跳出传统人事管理的框框，还面临一系列管理问题。第一，缺乏全面的人力资源管理体系，导致管理工作支离破碎，难以在组织管理中实现系统整合和效能提升。第二，人力资源管理的基础工作薄弱，难以实现规范和科学化管理，制约管理深化改革。例如，职位分析缺乏系统和规范，制约了人员编制、招聘管理、业务能力培训、职业生涯规划、薪酬设计和绩效评估等方面的开展；人员测评体系因专业支持不足、手段单一、规范化水平低，甚至呈现千篇一律的现象，降低了测评结果的信度和效度；考核过于定性、表面和盲目，无法合理评价员工的贡献；薪酬制度存在平均主义。第三，尚未形成以绩效为本的现代人力资源管理理念，偏重过程而轻视结果，不重视有功而偏向无过，表现为绩效管理工作缺乏重视和认同，评估缺乏科学指标体系，立法滞后，评估目标不明确，评估过程缺乏规范，主体单一，缺乏正确引导和完善的动力机制。第四，仍然存在重视使用而轻视开发的传统用人观念，这种观念限制了员工的职业发展和个人成长，使人才的培养和持续发展受到阻碍。第五，人事管理权力过于集中，管人与管事相脱节，用人单位缺乏调节和激励员工行为的必要手段，组织活力受到影响，进而影响工作效率和绩效水平。第六，业务部门主管缺乏人力资源管理的技能，人力资源管理的专业性不足，影响组织的人才储备和绩效管理水平的提升。第七，平时考核的制度设计与实施有待完善，基础工作不够扎实，操作趋向简单化，难点问题重视不够，作用未得到有效发挥。这些问题反映了在公务员管理中需要进一步推进现代化、规范化和科学化的方向。

8.2.3.2 我国公务员制度的改革思路

为了解决公务员管理中的问题，以适应中国特色社会主义建设的需要，我国正在推动公务员制度由传统人事管理向现代科学管理制度的转型。

1. 强化党的领导和党管干部的原则

与西方国家相比，我国的公务员制度是在中国的内外环境、经济社会、历史文化和政治制度等基础上构建和完善的。这一制度旨在适应中国特色社会主义制度和市场经济的发展，是"中国式治理"的体现。相对于西方国家的公务员制度，中国的改革原则主要体现在强调党的领导和党管干部的要求上。

首先，公务员制度改革要坚持中国共产党的领导。中国特色社会主义最核心的特征是中国共产党的领导。中国共产党是中国特色社会主义事业的领导核心。在国家治理方面，党的领导不仅表现在对国家机构的指导上，还表现在对国家公务员的领导上。《中华人民共和国公务员法（修订草案）》第四条明确规定："公务员制度坚持中国共产党领导，以马克思列宁主义、毛泽东思想、邓小平理论、'三个代表'重要思想、科学发展观、习近平新时代中国特色社会主义思想为指导。"党的领导是尊重中国国家治理事实、发挥中国国家制度优势、体现中国特色治理工具、切实谋求人民利益的保障。

其次，公务员制度改革要坚持党管干部原则。贯彻社会主义初级阶段的基本路线，贯彻新时代中国共产党的组织路线，坚持党管干部原则是中国公务员管理的重要特征。根据《中国共产党章程》的规定，党的领导主要是政治、思想和组织的领导。强化组织领导是加强党对干部和公务员队伍的领导。党管干部原则是我国公务员制度的基本原则，也是党的组织路线为政治路线服务的重要保障。《中共中央关于加强和改进新形势下党的建设若干重大问题的决定》强调，在公务员管理中要坚持党管干部原则。党的十九大报告强调，坚定不移全面从严治党，不断提高党的执政能力和领导水平，这是加强党的长期执政能力建设、巩固党执政地位、实现执政使命必须解决好的重大课题。要坚持党管干部原则，坚持德才兼备、以德为先，注重选用有贤德之人，坚持事业为上、公道正派的标准。我国公务员队伍要自觉接受中国共产党的领导，坚持社会主义道路，不搞政治中立。

2. 引入先进的管理理念

引入先进的管理理念，将传统的人事管理转变为现代化的人力资源管理是我国公务员管理的重要任务。传统人事管理将人视为被管理对象和成本，而现代人力资源管理强调人力资本是社会发展的核心资本，个体视为具有无限增值潜力的重要资源，而不再是制度的被动附属或被视为成本。现代人力资源管理的核心在于开发和激励人力资源，释放每个个体的潜能，以实现其自我价值。这意味着政府人事管理的重点已经转向更加关注个体的发展和成长。

传统人事管理通常在组织确立基本使命和战略目标后开始，人事管理部门在组织中扮演普通部门的角色，主要是行政性的。在制定战略规划时，往往不考虑组织现有的人力资源是否满足未来发展的需要。现代人力资源管理的一个突出特点是其成为组织战略管理不可或缺的一环。它在提高组织核心竞争能力、获得持续竞争优势、实现战略目标等方面发挥更为重要的作用。因此，在公共部门进行战略规划时，应将人力资源视为首要因素，以确保组织层面的人力资源管理与战略规划密切契合。

此外，现代管理理念的不断发展和应用，如"以人为本的管理"、文化管理、注重满足员工需求、柔性管理、弹性管理、人情味管理和诱导式管理等，凸显了现代管理模式的人文关怀，与传统的严谨人事管理形成鲜明对比。在管理转型中，应重视人文因素，使传统刚性模式与人性化因素相互融合。在提升人力资源管理的价值上，应坚持人性化与规范化同步、柔性管理与刚性管理并重，以适应我国国情的人力资源管理理念。

3. 从管理的基础工作抓起，整体配套，系统推进

目前，我国虽然在公务员制度中实行了分类管理，但直到现在仍未对政府公务活动进行全面系统的工作分析，也没有制定科学、规范的职位说明书，导致公务员管理中的录用、考核、升迁和薪资管理等环节出现问题。我国长期以来未能实施科学的政府职位分类，主要是因为对传统工业经济下的繁文缛节有所顾虑，并长期忽视了私人部门对职位分类和工作分析的成就。此外，一些基础性工作如岗位测评、人才甄选技术、市场薪酬调查等，在公务员管理中都不够完善。

因此，需要从这些基础工作入手，构建一个规范的人力资源管理操作平台。同时，应将人力资源管理视为一个系统来建设，克服急功近利和断章取义的取向。只有坚持不懈、系统推进，才能逐渐建立和完善人力资源管理系统，发挥其应有的效能。

4. 下放人事管理权力

我国的成功改革开放已经历了40多年，其中下放权力是一个重要的成功因素。因此，在改革过程中，根据人事财权相适应的原则，适当下放人事管理权力是不可避免的选择。当然，在我国这种单一制度的国家结构下，需要在一定程度上保持相对集中，以确保全国公共管理的基本规范，如有关公务员管理的原则、基本政策（如职位分类、公职人员的基本权利与义务），以及公职人员的基本行为规范等。但在具体的公务员管理执行和操作层面上，是可以适度下放制度和办法方面的权力的。我国公共管理覆盖的范围广泛，各地区、各行业情况各异，过于统一的管理思维已经脱离了中国公务员管理的实际情境。

5. 有选择地借鉴企业和市场化方法，提升公务员管理效能

为了实现更加灵活和适应性强的公务员管理，可以借鉴私人部门的管理理念和技术，以弥补传统人事管理制度的不足。这不仅是西方各国政府改革的重要方向，也是我国公务员管理改革的趋势之一。一些引人瞩目的改革措施，包括改变国家公务员的终身雇佣制度，逐步实行有弹性的任职和离职制度等。此外，采用合同雇佣制和临时聘用制度，已成为公共部门用人的常见方式。对传统的等级工资制度进行改革，实行以绩效工资为主的灵活工资制度，并建立以工作表现为基础的激励制度也是其中之一。在人事录用、职位分类、员工培训等方面，可以通过放松规制、减少层级控制等措施来提高效率和增强灵活性。

然而，公共部门与私人部门存在显著差异，包括公益性目的、公平的价值观、法治化的管理和非刚性的绩效标准等。因此，公务员管理不宜完全照搬私

人部门的方法。在一些领域，需要实行职务常任制，如一些公务员和教师等。对于公职人员的考核，也不能一味地强调量化考核并以此决定其报酬。因此，应该灵活运用两种管理机制，根据实际需要和条件，而不是绝对化和全盘照搬的方式。

6. 树立以绩效为导向的管理理念

制定科学、客观、公平的绩效评估制度体系，建立以绩效为导向的公务员评估与激励机制，发挥考核评价的关键作用，以激发公务员的工作动机，提高工作积极性和主动性，是公务员制度改革的出发点。在这一过程中，有以下几个值得关注的方面：第一，要提高工作认识，积极倡导实事求是、务实高效的工作作风，塑造以绩效为基础的管理文化；第二，需要进行有效的岗位分析，简化工作程序，制定清晰的工作标准和服务承诺；第三，要实施绩效评估；第四，将绩效与报酬、培训、职务升迁等挂钩。需要强调的是，以绩效为本并不意味着忽视规则。在公共管理领域，规则是必不可少的，它是防范公共权力滥用和维护公平价值观的关键保障。我们主张绩效与规则的辩证统一，即在制定规则时应以绩效为导向。即便规则再完善，如果不能提高公共管理效果，那么这些规则就会失去实际价值，无法产生实际效果。

7. 实施立足能力和素质的公共部门人力资源开发模式

第一，要构建学习型组织，这是适应信息时代的迫切需求。由于社会生活的快速变化，为了保持组织的生气和活力，并及时进行变革，必须不断学习。通过团队学习，组织成员在共同工作中面对不断变化的环境时，能够探讨新的对策，形成共同语言，从而提高适应能力。第二，要改变传统的集中运动式培训方式。有效的培训应该具有个性化的特点，立足于公职人员的能力提升。为实现这一目标，要对任职人员的能力结构进行定位，然后有针对性地实施培训。第三，为了应对不断变化的外部环境，现代组织结构倾向于更加扁平和灵活，强调整体性工作和团队合作。这表明，组织成员需要具备比过去更为全面的技能和素质。因此，培训的重点应该是提升员工的综合素质。培训不仅仅应该关注当前岗位所需的技能，还应该注重未来发展的需要，致力于培养员工的综合素质。

8. 加快数字化转型

数字化影响着社会生活的各个方面，整个社会正在经历着包括工作模式、生活方式等重大的数字化转型。数字技术的崛起对公共部门同样产生了巨大的影响，公共部门也不可避免地面临着复杂的转型。应加强信息化建设，建立数字化人事管理系统，加强数据管理和分析，利用大数据技术优化人才选拔、绩效评估等环节，实现精准管理和智能决策，以及招录、考核和晋升等全过程数字化管理。应通过推动政务服务数字化提升公务员的工作效率和服务水平。加强数字化技能培训，培养人力资源管理者和员工的数字化意识和能力，促进管理模式和思维方式的创新。加强网络安全意识和能力建设，建立健全的个人信息保护制度和安全措施，以确保数字化转型的顺利进行。

8.3 公务员能力与公共领导力

8.3.1 公务员能力与素质

党的十八届三中全会明确了全面深化改革的总目标，即完善和发展中国特色社会主义制度，推动国家治理体系和治理能力现代化。实现国家治理能力的现代化关键在于现代化治理中参与的个体的能力。作为治国理政的主体，公务员在行使公共权力和提供公共服务方面的能力素质，成为国家治理能力体系的核心要素。公务员的能力提升是国家治理体系和治理能力提升的重要环节。随着国家治理体系和治理能力现代化的不断推进，对公务员队伍的能力提出了更高的要求。在实现政府治理现代化的语境下，公务员的能力不仅在我国政府实践中得到广泛重视，也成为公共管理学科领域研究者关注的重要议题。因此，认识公务员的能力与素质是公共管理学科的一个不可忽视的要点。

8.3.1.1 公务员能力

自 2003 年起，我国制定了《国家公务员通用能力标准框架（试行）》，规定了公务员应具备的九大通用能力。此后，各级组织部门进行了大量研究和实践活动，包括培训、挂职锻炼等。2005 年，《中华人民共和国公务员法》提出了对公务员能力和素质的要求。随着时代的发展，党的十八届三中全会和党的十九大进一步强调对公务员队伍建设的新要求，包括加快公务员分类改革和提升专业能力、适应新时代要求的能力。概括而言，国家公务员通常需要具备以下五种主要能力：政治能力、行政能力、法治能力、治理能力和信息技术能力。❶

1. 公务员的政治能力

我国是中国共产党领导的社会主义国家，各级公务员是中央大政方针的主要执行力量，公务员的政治能力越强，党和国家的战略与计划就会执行得越好。自党的十八大以来，政治能力在公务员培养中变得更为突出。2019 年，《中共中央关于加强党的政治建设的意见》强调党员干部，特别是领导干部应加强政治能力训练和政治实践历练，切实提高辨别政治是非、保持政治定力、驾驭政治局面、防范政治风险的能力。提升党员的政治品质有助于提高执政能力。有关公务员政治能力的研究主要集中在具体内涵与内容要素、政治能力建设、政治素质考评三个方面。首先，关于公务员政治能力的具体内涵和内容要素，有学者认为公务员的政治能力即"政治才能"，对应的是政治品德。还有学者从思想品质、价值态度和技术本领三个层面来结构化理解领导干部的政治能力。此外，习近平总书记在多次重要讲话中提到各级领导干部要"讲政治"，要不断提高政治判断力、政治领悟力、政治执行力。自首次提出"政治三力"以来，有学者从根基性、核心性和保障性三大要素方面对"政治三力"作出界定。其次，政治素质考评包括政治素质评价标准与方法、考核机制。政治素质

---
❶ 张红春，张蝶. 总结与前瞻：国内公务员能力研究的知识趋势分析 [J]. 2024（2）：80-95.

评价的考核方式是多元的，包含多种方法、角度和方面。最后，公务员政治能力的建设路径也备受关注。在我国国内环境不断变化的情况下，公务员代表国家管理公共事务，其政治能力的提升对防范各种风险至关重要。然而，在实践过程中，年轻干部的政治能力存在不足的问题，因此，提升公务员的政治能力显得尤为迫切。

2. 公务员的行政能力

公务员的行政能力呈现综合性特点，指的是在政府组织高效运转中，公务员展现的全面管理素质，是胜任行政管理工作的基本前提。行政能力涵盖了多个方面，包括领导能力、决策能力和创新能力等。领导能力是公务员从事组织和公共领导工作时必备的素质，具备胜任领导工作的能力至关重要。决策能力则涉及决策的科学水平，其提升路径可以从认知、价值观和制度等多个角度加以研究。随着政府治理创新的不断涌现，创新素质也成为公务员关注的焦点，包括创新思维、学习和实践能力。此外，行政心理素质也是行政能力中的重要组成部分。作为社会治理和公共服务工作的主要从业者，公务员的心理状态不仅影响个体的工作效能，而且影响社会治理的整体成效。

3. 公务员的法治能力

建设法治政府是我国政府治理现代化的目标之一。公务员作为推动党和国家法律政策执行的执行者，其是否具备法治能力直接关系到依法治国能否有效实施。因此，公务员法治能力成为其整体能力的关键组成部分。学者邱霈恩早在1995年就提出了强调公务员法治观念的重要性。最近的研究主要聚焦在法治能力的内涵与意义及如何提升法治能力这两个方面。

首先，公务员法治能力的内涵，包括其运用法治方式和法律方法解决社会矛盾的能力，是综合运用法律素质的体现。这表现为公务员在政治、经济、社会管理和日常生活决策中的正当性和合法性，涵盖法治思维与法治方式两个要素。培育法治能力有助于提高公务员行政的规范性和合法性，具备法律和政治功能意义。

其次，公务员法治能力的提升是一个重要课题。尽管党员领导干部的法治思维和能力有所提升，但公务员的法治能力仍有不足，需要继续加强。提升法治能力可以从法律制度完善、法治理念培育、法律执行、法治精神等多个角度入手。在公务员法治能力系统中，依法行政能力备受关注，涵盖法治思维、科学行政立法、科学民主决策、执法、监督和法治方式运用等多方面。然而，在实践中，公务员在依法行政过程中仍存在法治意识薄弱、法治思维欠缺、法治方式不当、法治程序意识缺失等问题，需要进一步提升领导干部的依法行政能力。

4. 公务员的治理能力

自党的十八届三中全会提出全面深化改革的总目标，即推进国家治理体系和治理能力现代化以来，对国家层面、政府层面及公务员层面的治理能力都引起了广泛关注。治理能力的内涵在于反映一个国家制度和制度执行能力的综合表现。公务员作为微观治理主体，其治理能力的高低直接影响国家治理现代化的进程。在国家治理体系与治理能力现代化的大背景下，公务员治理能力面临"能力堕距"的问题，需要解决公务员治理能力的瓶颈，以推动基层治理现代化和政府治理现代化。可以通过完善相关的考评和培训制度来提升公务员队伍的治理能力，以及加强应对重大突发事件的能力等具体治理能力，实现治理能力的提升。此外，提供公共产品和公共服务是公务员的核心职责，而公共服务能力的高低直接关系到政府职能与使命的履行。

5. 公务员的信息技术能力

随着信息技术革命的深入，信息技术的迅猛发展不仅改变了生活方式，也颠覆了政府传统的治理模式。在信息技术不断应用于政府治理实践的过程中，公务员面临着适应信息技术的素养需求。早在2004年的电子政务建设初期，学界就提出，在信息化时代，公务员应具备信息意识、信息能力和信息道德等方面的信息素养。近年来，随着互联网、物联网、大数据和人工智能等新型信息技术的不断创新，数字政府、"互联网＋政务服务"、智慧城市等信息技术驱动的政府治理创新迅猛发展，公务员对新型信息技术的熟练运用能力再次成为焦点。

8.3.1.2 公务员的基本素质

国家公务员应具备以下四项基本素质：①政治素质。怀揣共产主义理想，坚守中国特色社会主义信仰，以习近平新时代中国特色社会主义思想为指导，贯彻"两个维护"，坚定"四个自信"；全心全意为人民服务，与群众紧密相连，捍卫人民权益；奉行求真务实工作作风，解放思想，实事求是，大胆开拓；遵纪守法，廉洁奉公，勤学苦练，不断丰富知识和经验储备。②专业知识。涵盖本专业基本概念、理论、框架和常识，了解专业发展历程和动态。③智力素质。智力是公务员基本素质之一，直接影响对问题的观察、理解和思考，包括观察力、记忆力、思考力和想象力。个体差异导致一些人擅长抽象逻辑思维，而另一些更注重形象思维，还有一些人在观察力和反应速度方面更为敏锐。④心理素质。在内外环境的影响下形成的意志、情感等方面，包括情绪的稳定性、团结协作性、工作创新性、服务对象的谦和态度及对心理的自我调适等。

8.3.2 公共领导力

8.3.2.1 含义和特点

领导是领导者在各种环境中系统地影响组织成员行为，以达到组织目标的过程。也就是说，领导是与组织成员之间相互影响关系的确立过程，领导能够激励并带领他人一起去实现大家共同的目标。因公共领域中领导力的界定多偏向组织层面，侧重非人格化的集体领导，故在表述上除了"公共领导力"，还有"公共领导"或"公共部门的领导力"等说法。公共领导是指公共组织的领导者在一定的环境下，为确定和实现公共目标，通过对各种社会资源进行合理配置，对组织成员和公众进行指引的行为过程。❶ 公共领导的特点：公共领导者赖以发挥其领导作用的组织依托是公共部门。公共领导职权的公共性、服务性，公共领导职权的来源、使用和后果，都具有公共性、决策的"公断性"。与此相对应的是权力运作的民主性和公开性。公共领导的价值取向是公共利益，由此延伸，领导力是指领导者在组织中影响他人的能力，是组织走向成功的关键因素之一。领导者可以通过不同的方式来影响团队成员，从而实现组织目标。在已有研究中，领导力的界定多从两个层面入手：一是领导者与追随者之间的相互影响过程及其产生的结果；二是从领导者的性格特征与行为、追随者的认知与特质及情境因素等方面来解释上述影响过程。公共领导力不同于私人领导力，是为了有效面对和解决新时代多变环境中更为复杂的公共问题，以及更好地维护公共利益和实现公共价值，公共部门领导者所需具备的能力。

> § 知识链接
>
> 领导者可以通过不同的方式来影响团队成员，从而实现组织目标，而在不同的领导方式之下存在不同领导力类型。其中，领导方式是指在特定环境中领导者采用的作用于被领导者的行为方式，具有策略性和指向性。领导者的行为方式既受被领导者的制约和影响，又受一定环境的制约。领导方式具有指示组织操作层面工作基本方向的功能，而在什么情况下采用什么样的领导方式才能达到预期效果，又是一个动态的策略性问题。
>
> 一般来说，领导方式可以分为三种类型：集权型、民主型和放任型。
>
> 集权型领导方式指领导者个人决定一切，要求下属绝对服从，以完成任务为直接目的，以权力控制手段为主要形式的一种方式。在这种类型的领导方式下，领导力一般体现为命令型领导力，俗称"一言堂"，即被领导者只能按照领导的指示执行。命令型领导力有助于在特殊的情况下（如企业陷入僵局，急需扭转形势等），打破过去束缚的条条框框，鞭策被领导者采用新的工作方式来实现组织目标。但这种风格灵活性较差，不利于创新思想，被领导者的感受无法被尊重，使之失去工作积极性，难以提高被领导者的责任感和正向激励。

---

❶ 白洁，李秀峰. 公共领导力：概念界定与构成维度——基于领导力理论与中国情境的探索[J]. 党政研究，2021（5）：101-109.

公共管理学

> 民主型领导方式指领导者发动下属参与讨论、共同商量、集思广益，然后进行决策，做到上下融洽、和谐一致地工作。这种领导方式以调动人的主动性为直接目的，以激励手段为主要形式，表现为被领导者对决策目标的自觉接受、对决策实施方法的自主选择。领导者"同别人一起行使权力，而不是对别人行使权力"，是一种以依靠、激励下级和群众能动性为主的领导方式。在这种领导方式下，领导者经常会表现出多种不同类型的领导力，如事务型领导力、变革型领导力、服务型领导力、教练型领导力和情感型领导力等。事务型领导力注重规划目标、制订计划和监督执行。这种领导力常适用组织工作中需要明确指令和明确期望的情况。事务型领导者通常会关注绩效，通过奖惩机制来激励被领导者，体现了民主型领导方式中激发下级和群众能动性的领导特征。变革型领导力致力于改变组织文化和实践，以提高组织效率和被领导者的满意度。这种领导力常适用于组织需要创新和变革的情况。变革型领导者鼓励被领导者参与决策过程，并为他们提供决策资源。服务型领导力强调为组织及被领导者提供服务。这种领导力适用于需要关注员工幸福感和构建新型组织文化的情况。服务型领导者通常会倾听被领导者的需求和建议，并采取措施来改善他们的工作环境。教练型领导力主要关注的是如何发展被领导者的能力和潜力，常适用组织需培养信任和团队成员能力的情况。教练型领导者通常会定期对被领导者的表现进行反馈和评估，以帮助其不断进步。情感型领导力指领导者注重与被领导者建立亲密关系，以增强组织凝聚力和信任度。这种领导力适用于组织工作中需要建立高度合作和信任的情况。情感型领导者通常会关注被领导者的个人生活及他们在组织中的角色。
>
> 放任型领导方式是指领导者撒手不管，下属享有完全自由，领导者的职责仅是为下属提供信息并与外部联系。这种领导方式俗称"无为而治"，即领导者超脱于具体事务之上，只管带有全局性、方向性、关键性的大事情，在具体的操作上绝不干预，是一种高超的领导艺术。在这领导方式下，领导力一般体现为授权型领导力，强调赋予下属自主权和责任感，适用具有高度自我动机和能够承担责任的被领导者。
>
> 上述领导力类型无关乎优劣之分，任何领导力都可能有效，主要取决于领导力与组织发展环境是否相适应。

领导能力是领导者的个体素质、思维方式、实践经验及对领导方法等的把握程度等，影响具体领导活动效果的个性心理特性的总和，它是领导者素质的核心。发挥领导能力的基本条件在于在特定的环境和组织结构中进行。领导者需要明确组织的目标、责任与价值，这是发挥领导能力的关键。同时，领导者的基本素养也至关重要,包括政治素养、知识素养、能力素养和心理素养。这些条件共同构成了领导者发挥其领导能力的基础,对于组织的有效运作和目标的实现具有重要意义。

8.3.2.2 公共领导力的作用

(1)通过民主、准确、合理的决断能力的发挥,可以增加公共政策的科学性和公共性,减少政府部门的工作失误,提高工作效率。

(2)组织能力的发挥,有助于合理地安排各种资源,提高下属的工作积极性,使部门工作人员通力合作,使工作条理清晰,保证组织工作的协调统一,同时增强整个部门的凝聚力,进而解决公共组织工作中一直存在的僵化俗套、领导效率低下等问题。

(3)领导者具备良好的指导能力,可以主动给予下属指导,使其更好地完成工作,提高整个部门的绩效水平和领导效能,实现良好的工作和社会效益。

(4)通过领导协调能力的发挥,与下属实现良好的交流沟通,有利于做好各种协调工作。通过制定各种活动程序来控制组织成员,与下属建立起良好的互动关系。整合各单位、各部门之间的利益,有利于政策措施的顺利推行。

8.3.2.3 公共领导力的主要内容

创新能力是一个国家繁荣发展的不竭动力,是领导者必备的素质之一。公共领导创新旨在适应公共管理与环境的需要,积极转变观念与职能,探索新的方法与途径,以提高公共领导效率,更好地履行政府职责。领导者的创新能力体现在对环境变化的敏感感知和及时提出新观念、新方案和新办法的能力上。他们需要具备广阔的知识面、敏锐的问题意识、全新的思想观念,以及良好的精神状态和敢于承担风险的胆识。这些特质使领导者能够在不断变化的环境中敏锐捕捉信息,积极创造性地应对挑战,推动组织不断向前发展。

战略思维能力是指领导者在处理问题时，能够从全局和长远的角度出发进行观察、思考和决策的能力，是领导者必备的关键素质之一。其内涵包括战略洞察力和判断力、战略分析力与综合力、战略预见力和创新力，以及战略统筹力和决断力。领导者应具备这些能力，以便能够在复杂多变的环境中做出明智的战略选择，并有效地引领团队朝着既定目标前进。

执政能力是指领导者通过行使权力，有效管理公共事务的能力。其发挥受到几个关键因素的制约：政府的强制力，即通过军队等暴力机构支持政府政策的执行；政府的合法性，只有得到民众接受并具备合法性，才能有效施政；政府合法性的来源在于民众的支持和政绩，只有回馈良好政绩，政府才能长期存在并加强执政能力。执政能力包含多个方面：推动社会主义物质、政治和精神文明协调发展；驾驭社会主义市场经济；发展社会主义民主政治，实行以人为本的执政理念；建设社会主义先进文化，提高人民科学文化素质；构建社会主义和谐社会，解决社会矛盾；应对国际局势，处理国际事务，具备国际视野。

8.4　本章小结

本章对人力资源管理进行了总览，解释了人力资源的含义和特点，详细描述了从人事管理到人力资源管理的发展历程，并阐述了公共部门人力资源管理的核心内容。基于公务员法，对公务员的概念进行了明确定义，强调了我国公务员制度的基本原则，深入探讨了我国国家公务员制度所面临的主要问题和改革方向，并对我国公务员所需具备的能力和素质进行了深入分析，对公共领导力的内涵进行了解释。

思考题

1. 传统人事管理与现代人力资源管理的差异性有哪些？
2. 联系实际，分析我国公务员制度未来改革的重点应是什么？
3. 延伸思考，我国公务员制度与西方公务员制度的相似性与差异性。
4. 公共领导力与私人领导力的主要区别是什么？

参考文献

[1] RITZ A，BREWER G A，NEUMANN O. Public Service Motivation：A Systematic Literature Review and Outlook [J]. Public Administration Review，2016，76（3）.

[2] PERRY J L，VANDENABEELE W. Public Service Motivation Research：Achievements，Challenges，and Future Directions [J]. Public Administration Review，2015，75（5）.

[3] MONTGOMERY V M. Public-Sector Leadership Theory：An Assessment [J]. Public Administration Review，2003，63（2）.

[4] SCHOTT C，RITZ A. The Dark Sides of Public Service Motivation：A Multi-Level Theoretical Framework [J]. Perspectives on Public Management and Governance，2018，1（1）.

[5] 邓玲.略论西部地区人才开发问题 [J].管理世界，2002（11）.

[6] 李哲."多言寡行"的环境披露模式是否会被信息使用者摒弃 [J].世界经济，2018，41（12）.

[7] 林亚清，蓝浦城.公务员公共服务动机何以影响其变革行为？——工作重塑的中介作用和变革型领导的调节作用 [J].公共管理与政策评论，2023，12（4）.

[8] 彭秋萍，刘善仕，葛淳棉，等.内部流动形态如何影响人力资本增值？[J].管理世界 2023，39（6）.

[9] 尚航标，杨学磊，李卫宁.战略人力资源管理策略如何影响组织惯例更新——基于员工情感反应视角的解释 [J].管理世界，2022，38（3）.

第 9 章 公共危机管理

预防是解决危机的最好方法。

——迈克尔·里杰斯特

引 子

2021年7月17日至23日，河南省多地遭遇极端强降雨事件，其中18日至22日郑州市发生特大暴雨。这场特大暴雨导致城市面临前所未有的公共危机，对城市基础设施、人员安全和经济造成了巨大影响。在暴雨过程中，郑州市遭受到短时间内极高的降雨量和持续时间较长的降水，给这座人口超千万人的现代化特大城市带来了极大的损失和挑战。城镇街道积涝严重，公共设施受损，地面交通停运、航班取消，道路严重积水，多处路面塌陷、损毁，市内公交线路临时停运、地铁及出行车辆暂停运营服务。河流水库水位猛涨，基础设施损毁严重，山洪、泥石流等地质灾害频发，水利工程水毁严重，村庄被冲毁，桥梁垮塌，直接威胁着城市区域和重要基础设施的安全。此外，暴雨还导致大量人员伤亡，房屋倒塌，农作物受灾严重，农业经济遭受重大损失。这场特大暴雨事件无疑给郑州市带来了前所未有的公共危机，对城市的防洪排涝能力提出了巨大挑战。在面对如此严峻的情况下,公共危机管理显得尤为重要。如何有效组织救援行动、疏导交通、保障人员安全、恢复基础设施,成为当务之急。

在当下的社会危机背景下,"危机"已经成为家喻户晓的词汇,诸如新冠疫情、俄乌冲突、甘肃地震等不断涌现。面对社会频繁发生的公共危机,我们需要从深入剖析"危机"开始研究公共危机管理。本章重点介绍了公共危机与公共危机管理的基础知识。

重点问题

» 公共危机的含义
» 公共危机管理的主要内容
» 公共危机管理的过程与模型
» 公共危机管理的体系
» 公共危机管理改进

9.1 公共危机管理概述

9.1.1 公共危机

9.1.1.1 公共危机的含义

我国部分学者认为,"公共危机"指的是那些突然发生、涉及公共利益、对组织生存与发展造成巨大影响、需要管理者迅速应对的事件"。❶ 与一般的危机不同,公共危机并非指某一具体事件,而是指某一情境;它并非突然发

---

❶ 杜宝贵,张韬.正确认识公共危机管理中的几个关系[J].东北大学学报(社会科学版),2003(5):361-363.

生，其演进过程可能是逐渐的，但确实令人意外；公共危机不仅是组织危机，更涉及整个社会系统正常运行；由于其紧急性，人们需要迅速且准确地做出决断。公共危机是一种高度不确定的情境，由于缺乏准确预测或有效预防而发生，严重威胁公共利益。公共危机的发生通常以重大突发事件为标志，影响社会正常运作、对公众的生命财产及环境等造成威胁损害，且超出了政府和社会常态的管理能力，对社会系统的核心价值与运行功能提出严峻挑战，要求危机管理者在巨大的时间压力与心理压力下，在短时间内作出尽可能正确的决策。我国学者之所以使用"公共危机"的概念，主要是强调其与国际危机、企业危机的差异，凸显其公共性。❶

公共危机不同于国际危机，其焦点在于国内发生危及社会公众生命、健康与财产安全的危机，而非国家间关系的危机。同时，公共危机也不同于企业危机，两者关注的侧重点有所不同。例如，企业危机关注产品的品牌及形象，而公共危机则关注企业拙劣产品的负面外部效应。然而，在当前经济全球化的背景下，国际危机、公共危机与企业危机之间的界限与区分相对模糊，因为企业内部的危机有可能扩散到企业外部，给社会公众的生命、健康与财产安全带来严重损害；反之，如果对公共危机控制不力，也可能导致企业正常的生产、经营中断。同样，国内的公共危机可能演变为国际危机，国际危机也有可能引发国内危机。❷

公共危机通常都具有三个共同要素：①突然爆发的一种意外或非常态的社会情境，人们未曾料到。②具有严重的危害与社会影响。③在情况急剧转变前，可供反应的时间有限。

公共危机的发生原因多种多样，涉及社会、组织和个人层面。在社会及组织层面，经济发展的不均衡性、政治体制改革的滞后性及传统道德文化体系的

---

❶ 任宗哲，李笑宇. 我国公共危机治理的演进、问题与优化 [J]. 西北大学学报（哲学社会科学版），2022，52（5）：60-72.

❷ 王惠岩. 行政管理学 [M]. 北京：高等教育出版社，2011：2.

失衡，被认为是危机产生的主要原因之一。这些因素可能导致社会的不稳定和紧张氛围，为危机事件的发生提供土壤。在个人行为层面，近年来，在贫富差距、社会风气和就业形势等因素的影响下，这些情绪积聚的个体可能成为破坏社会稳定的"燃烧物质"，在突发事件的"导火索"作用下，可能引发破坏性的危机事件，如近年来的某些群体性事件。从当前的现实情况来看，以下因素的存在及其相互作用，增加了各种灾害和危机发生的可能性：人口的增长和人口密度的增加、全球气候的变化、环境的破坏和恶化、科技发展所带来的负面作用和影响、恐怖主义及社会压力和冲突的增加。这些因素的复杂交互作用，可能导致危机事件的爆发和扩大，对社会稳定和安全构成威胁。了解并分析这些潜在的危机因素是非常重要的，以便采取适当的措施来预防和应对危机事件的发生。

9.1.1.2 公共危机的特征

一般而言，公共危机具有以下基本特征。

1. 公共威胁性

公共危机对正常的社会秩序构成威胁，可能危及公共利益和安全，对社会运行造成严重影响。这种危机可能导致社会公众的生命、健康和财产受到巨大损害，对社会系统的基本价值和行为准则造成严重威胁。以 2008 年 11 月 26—29 日，印度孟买发生的长达 59 个小时的多次恐怖袭击为例，这一事件造成至少 195 人死亡，近 300 人受伤。此次恐怖袭击事件不仅对当地民众的生命安全造成直接威胁，而且对整个社会的稳定和安全形成了严重挑战。由于政府的不力应对，2008 年 12 月 3 日晚，近万名公众聚集在泰姬玛哈饭店前举行抗议活动。

2. 不确定性

公共危机的状态和影响是不确定的，危机反应也是不确定的。在危机状态下，决策者获取所需信息的能力受到限制，主要原因包括信息缺失、信息过量和信息冲突。以上问题使危机情态扑朔迷离、难以把握。公共危机从始至终都处于不断变化的过程中，人们很难根据经验对其发展方向做出常识性的判断或进行有针对性的准备。在常规的管理措施与政策难以发挥作用的情况下，决策者往往会陷入困境，因为公众要求采取有效措施应对危机，而决策者在信息受限的情况下难以作出有效的决断。

在经济全球化的浪潮中，各种因素相互交织、相互影响，导致新型危机不断涌现，也增加了危机的不可预测性。一旦这些危机得不到有效控制，就可能引发"涟漪效应"，进而衍生出更多次生灾害和连锁反应。这种危机蔓延的过程可以加剧社会的不稳定性，以致对整个全球经济秩序造成严重影响。特别是许多公共危机都是由发生概率低、危害结果严重的极端事件引发的，处置起来非常棘手。

面对危机的不确定性，在危机决策的过程中，我们要在经验决策的基础上，注重科学决策。特别是要发挥危机管理人员的创新能力，这就要求危机管理者不仅要具备丰富的实践经验，还要具备较强的创新精神和创新能力。而创新精神则与危机管理组织是否具备宽容的组织文化密不可分。

3. 紧急性

危机发生后，危机管理人员必须在极大的时间和心理压力下，迅速调动一切可以掌控的人力、物力和财力，有效应对，控制事态发展，消除不利后果和影响。有人错误地认为，军事化的指挥控制模式在应对公共危机中最有效。这种模式在应对火灾等常规性紧急事件中是有效的，然而，在危机状态下，许多未知因素限制了这种模式的作用：在危机发生时，信息不足、沟通不畅、协调不力，导致行政机构很难控制一线响应者的活动。自下而上传递信息、自上而下发布命令，将影响响应行动的灵活性和效率。因此，我们要按照"藏富于民""不求所有、但求所用"的思想，开展危机社会动员，使政府、市场与社会力量形成应对危机的灵活网络，及时、有效地应对公共危机。

4. 跨界性

危机跨界性的含义包括两个方面：一是危机往往会突破地域限制，向更广范围的地理空间扩张；二是危机会引发次生灾害，形成一个灾害的链条。前者要求建立区域应急联动、流程应急联动，后者要求加强各个相关部门之间的危机合作与协调。国外学者指出："现代危机越来越复杂。它在空间上并不局限于一般的边界。危机发生后，会快速地与其他深层次的问题纠结在一起，其影响是深远的。"在经济全球化加速发展的时代背景下，密切的国际交往与频繁的人口跨国流动，使公共危机从一国蔓延与扩散到其他国家或地区，甚至波及全球。公共危机具有全球扩散性，因此不能孤立地分析、理解危机。因此，国外学者非常注重对跨界危机（Transboundary Crisis）的研究。它主要是指超越地理和职能界限的危机，其表现形式有两种：一是当一个系统出现问题并扩散到其他系统时，可能导致影响逐步升级，波及范围进一步扩大，形成更严重的连锁反应；二是外部威胁对多个系统同时造成影响时，这些系统之间可能相互交织、相互依存，使外部威胁的影响效果倍增，加剧系统面临的挑战和风险。

5. 政治化

公共危机越来越具有政治化的特点，考验着政府驾驭复杂局势的能力，关系着社会的稳定、政权的兴衰。例如，在"9·11"事件中，恐怖分子袭击象征美国经济霸权、军事霸权的世贸大厦和五角大楼，时任美国总统布什借助危机情境，高举"反恐""爱国"的旗帜，提升了自身的支持率。

6. 媒体化

在信息时代，媒体在公共危机中扮演着特殊角色，具有颠倒乾坤的力量。危机包含着人们主观评判的因素，而媒体左右着公众情感，可以说，今天的一切事实都是"媒介化的事实"。此外，媒体的作用加剧了危机的国际传染性。在媒介化影像及文字的冲击下，危机发生地的焦虑和情感被全世界分享。面对远方的危机，人们容易感到巨大的集体压力，有时甚至会产生模仿行为，把危机从国外引进到本国。在 2011 年，中东北非接连发生骚乱，西方某些国家的媒体起到了推波助澜的作用，这是公共危机媒体化的典型例证。

9.1.1.3 公共危机分类

目前，学术界对危机的定义并未达成一致，故对危机类型的划分也不相同。危机分类最基本的方式有两种：一是将危机分为人为（技术）型与自然型；二是将危机分为人为危机、自然危机与社会危机。由于致灾因子可分为自然、技术、生物和人为四类，我国也将突发事件分为四类：自然灾害、事故灾难、公共卫生事件和社会安全事件，见表 9-1。有些学者认为，公共危机也可以分为自然灾害、事故灾难、公共卫生危机和社会安全危机。按照最初诱发危机的原因，还可将公共危机更加确切地划分为自然型危机、技术型危机、生物型危机和人为型危机。

表 9-1 我国公共危机事件的分类

类型	基本特征	代表性事例
自然灾害	由于自然原因而引发危及公共生命财产安全的情况出现	气象灾害（暴雨、雪灾、沙尘暴、台风、干旱等）、地质灾害（地震、泥石流、火山喷发等）、海洋灾害（海啸、赤潮等）、重大生物灾害及森林草原火灾等
事故灾难	由于人为因素而导致严重损害公众利益的情形	工矿商贸等企业的各类安全事故、交通运输事故、公共设施和设备事故、环境污染和生态破坏事件等
公共卫生事件	由病毒或有害物质等引起的大面积疾病流行或食品安全事件	传染病疫情、群体性不明原因疾病、食品安全和职业危害、动物疫情等
社会安全事件	由人为主观意愿造成的危及公共安全的事件	恐怖袭击、群体性事件、经济安全事件、涉外突发事件、重大刑事案件等

根据《国家突发公共事件总体应急预案》，公共危机一般被分为四个级别，即 I 级（特别重大）、II 级（重大）、III 级（较大）和 IV 级（一般），分

别用红色、橙色、黄色和蓝色来标识,见表9-2。在应急管理中,不同级别的危机需要采取相应的措施和调动不同层级的资源来进行有效处置。Ⅰ级公共危机通常意味着后果极其严重,其影响超出地区范围,可能需要全省乃至中央政府的统一领导和协调来进行紧急处理。Ⅱ级公共危机规模较大,后果特别严重,涉及一个市内甚至波及多个市,因此需要动用省级有关部门的力量来予以控制。当面临Ⅲ级公共危机时,后果严重且影响范围广泛,发生在一个县内或者波及数个县,可能超出县级政府的控制能力,因此需要市级有关部门的介入和支持来共同应对。而Ⅳ级公共危机一般影响局限在社区和基层范围内,通常可由县级政府进行有效控制和处置。这样的分类体系和应对措施有助于在危机发生时快速、有效地展开相应的救援和应急工作,最大限度减少损失和影响。

表 9-2 我国公共危机事件等级响应机制

级别	危害程度	颜色	响应层级	主要特征
Ⅰ级	特别重大	红	国家	事态非常复杂、规模极大,影响范围很广,已经或很大可能造成重大损失,需要动用多省或中央力量
Ⅱ级	重大	橙	省级	事态复杂、规模大,后果特别严重,发生在一个市以上的区域,需要动用省级应急机构力量去应对
Ⅲ级	较大	黄	市级	事态较复杂、后果严重,发生在一个县以上的区域,需要动用市级相关专业机构力量去应对
Ⅳ级	一般	蓝	县级	影响较小,仅限于县辖区内较小范围,县级及以下级别政府或组织就可应对

9.1.2 公共危机管理

9.1.2.1 公共危机管理的含义

21世纪初的"9·11"事件与"非典"危机引起了我国政府对公共危机

管理的重视，推动了现代公共危机管理理论研究的兴起与发展。❶ 公共危机管理是指公共管理主体为避免或减少公共危机带来的损害而采取的一系列行动，包括危机预防、事件识别、紧急反应、应急决策、应急处理、评估和恢复等活动。其旨在提高对危机发生的预见能力，加强危机发生后的救治能力，以及提升事后的恢复能力。通过危机预防措施，公共管理主体可以在危机发生之前采取相应的预防措施，以减少危机发生的可能性。同时，及时识别和快速响应危机事件，也是公共危机管理的重要组成部分，确保在危机发生后能够迅速做出有效的应对决策和采取紧急处理措施。政府针对潜在或当前危机，在其发展的各个阶段，采取有组织、有计划、持续动态的管理过程，包括预防、处理和消弭危机。公共危机管理涵盖政府部门、非政府部门、企业和公民个人，以政府为核心，依法制定管理法规和应急方案，与其他组织和公众合作，通过预测、预警、监控、防范和应急处置减轻危机影响，进行危机善后和秩序重建。其运作机制包括监测预警、决策协调、信息报告、应急响应和社会参与等。

9.1.2.2 公共危机管理的原则

政府的首要职责在于确保社会公众的生命、健康及财产安全。公共危机管理提供的服务涉及公共安全，作为一种公共产品，其收益具有非排他性，且效用不可分割。具体而言，公共危机管理是指为保护人们的生命和财产安全，维护国家、社会和环境安全，维护社会秩序而进行的一系列活动。它包括预防和减少公共危机的发生，控制和减轻危机的社会危害，以及消除危机的负面影响。❷ 总体而言，公共危机管理的任务可以概括为两个方面：第一，在公共危机出现阶段，必须采取有效的预防措施并进行全面准备，以防止危机进一步恶

---

❶ 张小明. 从SARS事件看公共部门危机管理机制设计[J]. 北京科技大学学报（社会科学版），2003（3）：19-23, 35.

❷ 马建珍. 浅析政府危机管理[J]. 长江论坛，2003（5）：48-51.

化和扩大影响；第二，一旦危机发生，应该立即做出迅速反应并采取果断行动，以实现对危机的快速控制和处理，最大限度减少负面影响。❶

公共危机管理应该遵循以下原则。

（1）预防性原则。危机管理者需要秉持风险管理的相关原则，对潜在的灾因进行辨识、风险进行分析和影响进行评估，并采取切实可行的措施，以有效预防危机的发生。

（2）动态性原则。危机管理者应动态地审视危机发展的过程和趋势，时刻关注未来的危机，并有效采取预防和准备措施。不断总结经验教训，完善危机管理体系，以适应不断变化的环境和挑战。

（3）系统性原则。危机管理者需要以系统性思维角度来理解公共危机，全面考虑所有可能导致危机的因素、危机发展的各个阶段、相关利益相关者的需求和利益，以及与危机相关的所有潜在影响。危机管理者还需要审慎分析危机的根源和演变过程，将各种因素和影响进行综合考量，以全面把握危机事件的复杂性和多样性。

（4）协调性原则。在危机管理中，管理者需要在一个共同的目标下团结所有利益相关者，建立广泛而真诚的联系，促进个人和组织之间的信任，培养团队合作精神，达成共识，并加强沟通交流。此外，管理者还应积极推动各级政府和社会各界要素之间的协调配合，最大限度实现整体合作，共同应对危机挑战。

（5）灵活性原则。危机管理者应采用创造性或创新性的方法来迎接灾害的挑战，尤其是在预设方法无法应对危机情境时。考虑到许多公共危机是管理者以前未曾经历的，危机管理者特别需要具备灵活处置危机的能力。

（6）专业性原则。危机管理者应当遵循专业性原则，注重以科学知识为指导，强调采用基于事实和数据的方法。危机管理者还需要重视教育、培训和演

---

❶ 李泽洲. 构建危机时期的政府治理机制——谈政府如何应对突发性公共事件及其危机 [J]. 中国行政管理, 2003（6）: 6-10.

练，以不断提升专业技能和应急处置能力。此外，道德操守和公共服务精神也是专业性原则的重要组成部分。

9.1.2.3 公共危机管理的基本特征

在全球经济一体化的大背景下，传统安全因素和非传统安全因素交织在一起。同时，风险具有广泛扩散和关联性、极强危害性和不确定性的特点。因此，我们需要以系统思维来综合分析现代社会面临的各种风险，并调动社会各方的力量，采取一系列措施，包括减缓、准备、响应和恢复。

从整体看，综合性公共危机管理的特点在于全面参与、全面考虑风险和全程管理。公共危机管理需要全社会主体参与其中，共同承担责任、共同应对风险挑战。在管理过程中，需要全面考虑各种可能的风险因素，及时采取有效的应对措施，尽可能减少损失和影响。同时，公共危机管理需要贯穿整个危机发生、应对和恢复的过程，不断评估风险、完善措施，保障危机得以有效管控和解决。只有这样，才能更好地保障公共安全和社会稳定。❶

首先，公共危机管理是各国政府的关键职能。在成功的公共危机管理中，需要动员全社会的资源，构建一个包括公共机构、非营利组织和私人企业的全国性网络，以实现全民共同参与，形成自救、互救和公救并存的局面。这个网络能够在各种灾害发生的不同阶段提供服务，包括应急规划、废墟清理和心理咨询。现役或预备军队及国民警卫队，也可以提供医疗救护、临时住宅和食品，以及进行心理咨询。

其次，公共危机管理的范围已经扩大到涵盖多种风险，包括自然灾害、事故灾难、公共卫生事件和社会安全事件。在这样的背景下，建立政府为核心和主导的公共危机管理网络至关重要，协调政府、市场和第三部门的合作，形成强大的力量，以对抗不同类型的风险。随着社会联系的日益密切，各类风险的

---

❶ 吴兴军. 公共危机管理的基本特征与机制构建[J]. 华东经济管理，2004，18（3）：53-55.

扩散性和相互渗透性也在不断增加,因此公共危机管理需要不断适应新技术进步和生活方式变化带来的挑战和变化。在面对各种突发、频发的自然、技术和人为风险时,传统的灾害管理常常面临束手无策、无法应对的困境。

最后,公共危机管理是一种"全阶段"管理,包括减缓、准备、响应和恢复重建等阶段。这意味着政府需要调动全社会的力量,经过这些阶段完成对公共危机的全面应对和管理。其中,预防是这些阶段的核心,旨在使风险消失。在世界主要国家的经验中,公共危机管理发展呈现出多灾种综合应对、全过程管理和政府主导协调企业和第三部门力量的趋势。

9.1.2.4 公共危机管理组织结构

公共危机管理组织结构是危机管理体系中各机构之间的职责划分及协调关系的重要组成部分。在危机管理活动中,指挥、控制和沟通活动至关重要。危机管理指挥与协调机构扮演核心角色,统一指挥、协调各操作机构的行动;而危机管理实际操作机构则负责具体的应急响应工作。各部门根据职责履行自身责任,并相互协作、支持,共同应对公共危机。❶

9.1.2.5 政府在公共危机管理中的职能

(1)信息传达。公共危机虽然具有不确定性和突发性,但政府可以建立有效的预警和信息收集机制,利用多种途径及时准确地了解公共危机的规模和程度,以便及时做出决策。在危机期间,政府还需要履行信息公开的职责,理解民众的心理状态,使民众了解自己所处的境况。

(2)组织协调。政府需要建立有效的危机处理协调机构,特别是在当前社会结构日趋复杂的情况下,需要平衡不同利益群体之间的利益,做好再分配工作。在公共危机爆发时,政府可能需要采取一些不寻常的措施来缓解局势,这

---

❶ 张立荣,冷向明.协同治理与我国公共危机管理模式创新——基于协同理论的视角[J].华中师范大学学报(人文社会科学版),2008(2):11-19.

可能会伤害部分人的利益，给民众带来不便。因此，政府需要建立合理的利益补偿机制，以维护社会稳定。

（3）科学决策。科学决策在公共危机管理中起着至关重要的作用。决策系统要能够有效地动员、指挥和调度资源。在面对不确定性的情况下，决策的目标通常是无法量化的，但避免更大的灾害和伤亡始终是其核心目标。首先要考虑的是民众的生命，这是决策的基本前提条件。为了做出科学决策，需要充分收集信息、进行判断分析、遵循科学程序，并考虑各种因素包括经济、政治和社会心理等。

（4）加强合作。加强合作也是公共危机管理的重要方面。政府应该与科研机构合作，涉及的领域包括危险源的确定与监控、预案制定、提供设备与技术、现场施救及培训专业人员等。同时，政府还应该鼓励社会广大民众积极参与。❶

9.1.2.6　公共危机管理中的公民权利保障

在公共危机管理中，确保公民的权利至关重要。公共危机的发生意味着，政府可以通过紧急权力对公民权利进行必要的限制，这种权力更加权威和具有强制性。然而，不管是行使紧急权力还是限制公民权利，最终目的都是更好地保障人权。特别值得一提的是，我国第四次宪法修正案不仅包含了"紧急状态"条款，还强调了"国家尊重和保障人权"的原则，这个原则在非常态情况下同样适用。❷

在公共危机管理中，公民应当享有一系列不可剥夺的基本人权，包括知情权、监督权、紧急救助请求权、申请行政复议或提起行政诉讼权，以及补偿和赔偿请求权。这些权利的保障可以确保公民在危机事件中能够及时获取信息、监督政府行为、获取必要的紧急援助，并在必要时寻求合法补救。公民权利的

---

❶ 沙勇忠，解志元. 论公共危机的协同治理 [J]. 中国行政管理，2010（4）：73-77.

❷ 张成福. 公共危机管理：全面整合的模式和中国的战略选择 [J]. 中国行政管理，2003（7）：6-11.

保障不仅能增强社会的公正和透明，还能有效提高公共危机管理的效率和公信力。因此，建立健全的公民权利保障机制对于公共危机管理至关重要。公民的基本权利不应受到任何无端限制，而应在危机处理过程中得到充分尊重和保障，以确保其在社会生活中的地位和尊严不受到损害。

9.2 公共危机管理过程与模型

9.2.1 公共危机管理过程概述

一般来说，危机管理的过程可以分为四个流程：①危机爆发前的危机管理。②危机爆发时的危机管理。③危机爆发后的危机管理。④事态控制后的危机管理。以下详细解释这四个流程中包含的具体活动。

第一，危机事件爆发前的危机管理流程，主要涉及危机的预防和准备。具体活动包括以下方面：①动态预测、安全隐患排查。②危机管理体制机制的建设、危机管理机构的建立、危机管理预案的编撰。③危机预防的演练。④危机预防知识的普及和相关人员的培训。⑤危机救援支撑体系的构建等。❶

第二，危机事件爆发时的危机管理流程，涵盖从危机事件最初迹象的出现到危机事件开始引发可感知损失的整个过程。具体的危机管理活动包括以下内容：①迅速成立危机管理处置小组。②建立专业监测和社会监测相结合的危机管理监测体系、完善危机管理监测制度。③制订危机管理处置计划。④采取改善危机情境的控制技能和策略，包括终止、隔离、消除和利用策略。

第三，危机事件爆发后的危机管理流程，主要是应急响应阶段。活动包括以下内容：①信息报送与信息管理。②情况通报。③危机管理决策。④人员疏散。⑤应急联动。⑥急救与治疗。⑦外部救援等各种处置措施的采取。

---

❶ 张小明.公共危机预警机制设计与指标体系构建[J].中国行政管理，2006（7）：14-19.

第四，事态控制后的危机管理流程，即后期处置流程。活动包括以下内容：①实施善后处置工作，包括制订恢复重建计划和善后处置措施。②开展社会救助，处理灾民安置和生活救助工作。③调查评估，全面客观地调查、分析、评估危机事件的原因、影响范围和程度。④组织开展危机知识学习，总结经验教训，将教训凝练为知识，转化为制度。

9.2.2　公共危机管理模型的分类与应用

在当前风险社会中，危机管理模型广泛应用。无论是应对新冠疫情等突发公共卫生事件，处理天津滨海新区爆炸事故等公共安全事件，还是应对华北污水渗坑等环境危害事件，危机管理模型都被用于分析危机爆发的整个过程，并对其进行有效管理。通过对危机管理的实践经验进行学术研究，可以了解如何在未来对相同类型的危机进行预警和防控，以最小化各类危机可能带来的损失和伤害。

在当前学术研究和危机管理实践中，有 11 类危机管理模型常被用于分析，包括海因里希法则、冰山理论、马斯洛需求层次理论、杜邦经典管理理论、事故因果连锁理论模型、瑞士奶酪模型、蝴蝶结模型、事故致因理论、HSE 管理体系、鱼骨图和 "5 Whys" 模型。

海因里希法则，也称为海因里希安全法则或海因法则（见图 9-1），是由美国著名安全工程师海因里希（Herbert William Heinrich）提出的工业事故预防理论。该法则的核心内容如下：在工作场所，每一起严重事故的背后，必然有 29 次轻微事故和 300 起未遂征兆及事故隐患。这一法则旨在通过分析和预防轻度事故和潜在隐患，从而避免发生重大伤亡事故。海因里希法则强调，事故的发生往往是由多个小错误或失误的积累所导致的，强调量的积累可能最终引发质的严重后果。即使拥有先进的技术设备和完善的规章制度，若在实际操作中缺乏人员的高素质和责任心，依然无法有效防止事故的发生。它的应用旨在提醒人们在面对潜在风险时，应及时采取行动以预防可能的灾难性后果。此外，海因里希法则还提出了事故预防的四条基本原则，包括工程修改、说服和呼吁、人员调整和纪律，这些都是为了预防事故发生而设计的。综上所述，海因里希法则是一种重要的安全管理和风险管理工具，它通过对历史数据的分析，揭示安全管理的两个共性规律，即事故的发生是一个量变到质变的累积过程，以及在实际操作中，人的因素至关重要。通过遵循这些原则，可以有效减少事故的发生，保护员工生命安全和财产安全。

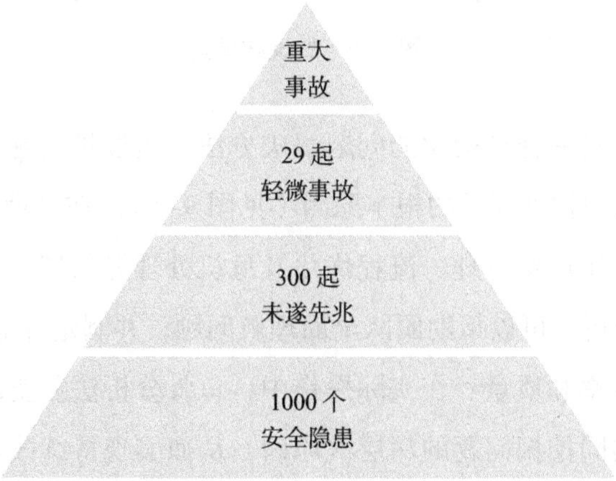

图9-1　海因里希法则

蝴蝶结模型（见图9-2）。2001年，欧洲多家研究机构和公司联合推出了风险分析的蝴蝶结模型。蝴蝶结模型综合运用了事故树分析方法和事件树分析方法，旨在全面分析特定事件的发生原因及事故发生后可能产生的后果。通过融合两种分析方法，蝴蝶结模型能够系统性地揭示事件发展的各个环节，并深入挖掘潜在的事故因素和影响因素。该模型不仅关注事故的发生过程，还着重考虑事故后可能出现的多种结果，有助于全面评估事件的可能性和严重性。蝴蝶结模型的综合分析方法为系统性地理解和管理各类事件提供了重要的参考依据，可帮助组织更好地预防事故发生，加强安全管理，提升整体应对能力。

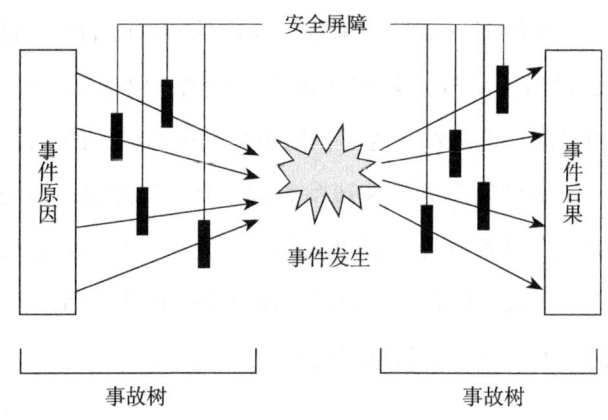

图 9-2 蝴蝶结模型

鱼骨分析法是一种结构化的问题解决方法,通过将问题分解成不同的影响因素,帮助人们找到问题的根本原因(见图 9-3)。在管理实践中,鱼骨分析法被广泛运用于质量管理、流程优化及危机处理等领域。通过对问题进行分类、归类和分析,可以帮助团队全面理解问题,并制定针对性的解决方案,从而提高工作效率和质量。在实际操作中,鱼骨分析法需要团队成员的积极参与和合作,共同挖掘问题的深层次原因,从而实现持续改进和问题预防的目标。鱼骨分析法因其形状如鱼骨而得名,它是一种透过现象看本质的分析方法。

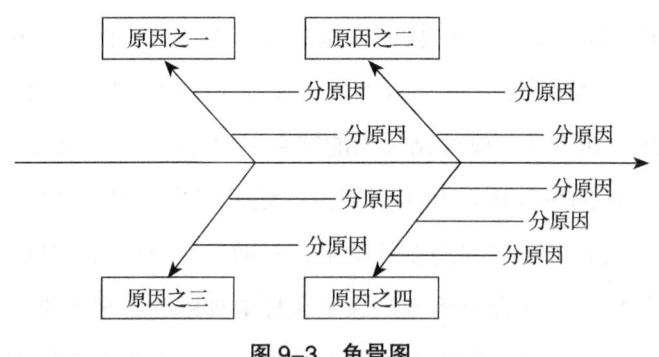

图 9-3 鱼骨图

这些模型大多具有一个共同的特点,采用链条型的过程分析,强调因果连锁反应。例如，在海因里希法则中提到："从第一张多米诺骨牌倒下开始就拉开了事故发生的序幕"，强调事故发展的因果关系。在这些模型中，瑞士奶酪模型是最为通俗易懂的。本节将对其进行重点解析，以使读者对危机管理模型有一个更加深入的了解。

瑞士奶酪模型，又称 Reason 模型（见图 9-4），瑞士奶酪模型提出了环境影响、不安全监督、不安全行为前兆和不安全操作行为四个因素，每个因素代表一个重要的防御体系。这些防御体系中存在着空洞，而当这些空洞排列在一条直线上时，就可能导致事故的发生。❶ 因此，瑞士奶酪模型强调了事故的发生通常是多重因素导致的结果，组织在管理安全事故时需要加强各个防御体系的完整性，以有效地预防事故的发生。❷

图 9-4　经典瑞士奶酪模型

瑞士奶酪模型以四层防御体系为基础，各层防御体系相互补充，共同防范可能导致系统出现意外或错误的缺陷或漏洞。只有当危险逾越了这四层防护体系时，才会真正引发问题。❸ 这个模型将现行失效和潜在失效视为个人失败导致系统出现意外或错误的重要组成部分。"现行失效"指与事故直接相关

---

❶ REASON J. Human Error [M]. Cambridge：Cambridge University Press，1990：69-80.
❷ REASON J. Human Error：Models and Management [J]. British Medical Journal, 2000, 320（7237）：768-770.
❸ LAROUZEE J，LE COZE J C. Good and Bad Reasons：The Swiss Cheese Model and its Critics [J]. Safety Science，2020（126）：104660.

的不安全行为，而"潜在失效"则指存在于组织结构中但事故发生后才显现的潜在危险因素。潜在失效与现行失效同时发挥作用，可以穿透瑞士奶酪模型的前三层，最终导致事故发生。这个全面作用的四层防御体系有助于人们意识到危险的存在，并及时发出警示以避免潜在风险。它提供了明确的安全指导，确保对现有危险和潜在损失进行安全防护，从而逐层预防危险事件的发生。[1]

为了使读者更好地理解瑞士奶酪模型，本节将通过尼泊尔一场客机空难事故进行分析，探讨四层防御体系是如何被逐层穿透，最终导致悲剧发生的。

从第一层防御体系——环境因素来看，在疫情的背景下，航空公司面临严重亏损。这种环境可能导致以下变化：①安全投入，包括维修维护费用可能被削减或挪用。②裁员可能导致安全管理人员不足。③薪资降低可能影响员工的工作心态。这些因素可能引发管理漏洞。

从第二层防御体系——管理层面来看，受环境因素影响可能出现的管理漏洞：安全教育培训是否充分？日常检查数量和质量是否下降？设备保养是否及时？这些不良因素可能导致安全隐患的产生。

对于第三层防御体系来说，由于管理漏洞可能导致的安全隐患：①事故案例警示是否及时展开。②不规范的操作是否及时纠正。③飞行员的工作状态是否良好。④设备的故障是否及时发现和维修。这些不良因素将使安全防护漏洞百出。

最后是不安全行为，即第四层防御体系，安全隐患可能随时转化为安全事件，如错误的操作、设备故障、未考虑恶劣天气的影响，都将导致飞机失控。

对于四层防御体系中出现的漏洞，可以这样理解：第一层是事故基础原因，第二层和第三层是间接原因，第四层是直接原因。大环境的变化可能导致

---

[1] WU S, HRUDEY S, FRENCH S, et al. A Role for Human Reliability Analysis（HRA）in Preventing Drinking Water Incidents and Securing Safe Drinking Water [J]. Water Resource, 2009, 43（13）: 3227-3238.

管理漏洞，管理漏洞可能导致安全隐患没有被及时消除，而这些隐患又导致不安全行为的发生，最终导致此次坠机事故。

通过瑞士奶酪模型，本章从环境层面、管理层面、安全隐患到不安全行为分析了事故发生的诱因，为未来预防类似事件提供了有力的思路支持。

> § 知识链接
>
> 瑞士奶酪模型经过近几十年的发展，在工程安全、水污染治理和环境信息披露等多个领域已广泛应用。学者们已根据不同的研究目的将原始的瑞士奶酪模型不断发展。以下展示两种不同类别的瑞士奶酪模型变型模型。图 9-5 是在研究中发展的瑞士奶酪模型。在其研究中，瑞士奶酪模型被用于分析环境污染事故的整个发展过程。与经典的瑞士奶酪模型不同，他们的研究中将经典的瑞士奶酪模型中四层屏障发展成了五层屏障，使对事故发展成因的分析更加确切。
>
>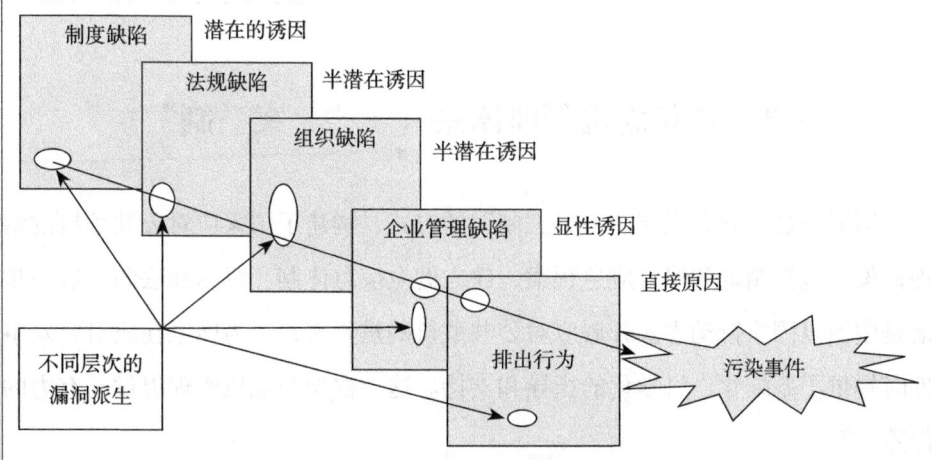
>
> 图 9-5　瑞士奶酪模型变型模型 1❶
>
> 图 9-6 是在研究中发展的瑞士奶酪模型。在其研究中，瑞士奶酪模型被用于分析政府漂绿事件的整个发展过程。与经典的瑞士奶酪模型不同，他们的研究中将经典的瑞士奶酪模型中递进的四层屏障发展成了平行的四层屏障，使瑞士奶酪模型的应用范围更加广泛。

---

❶ MIAO X, TANG Y H, WONG C W Y, et al. The Latent Causal Chain of Industrial Water Pollution in China [J]. Environmental Pollution, 2015（196）: 473-477.

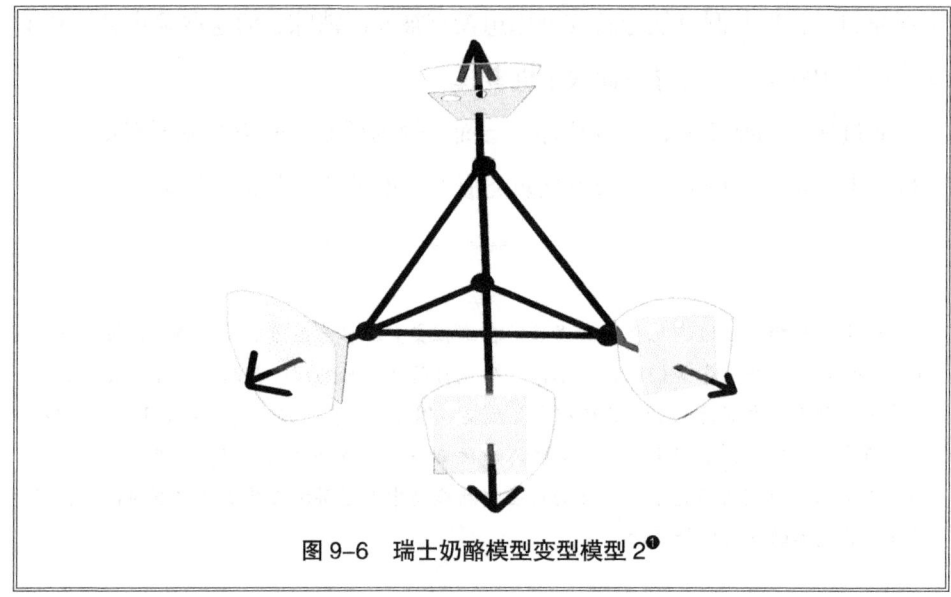

图 9-6 瑞士奶酪模型变型模型 2[1]

9.3 公共危机管理体系——"一案三制"

国家通过建立和发展"一案三制"的方式，构建了国家应对公共危机的治理框架，包括制定和修订应急预案、建立健全应急体制、机制和法制。这一举措是中国以国家行动方式开展应对公共危机的重要实践，为国家在应对突发事件时提供了系统化、科学化的指导和支持。这一框架为危机管理提供了有力的保障。[2]

9.3.1 应急预案

应急预案是指面对突发事件如自然灾害、重特大事故、环境公害及人为破

---

[1] TANG Y, YANG R, CHEN Y. Greenwashing of Local Government: The Human-Caused Risks in the Process of Environmental Information Disclosure in China [J]. Sustainability, 2020: 3-14.

[2] 卓立筑. 危机管理: 新形势下公共危机预防与处理对策 [M]. 北京: 中共中央党校出版社, 2013: 6.

坏的应急管理、指挥和救援计划等。它一般应建立在综合防灾规划的基础上。生产经营单位应急预案分为综合应急预案、专项应急预案和现场处置方案。

预案体系设计建设应遵循多项原则，一是以动态性观点来把握预案设计。这意味着预案应该全面考虑突发性公共事件的预防、应对和善后措施，包括对物资、人员和战略规划方面的充分准备。二是将危机的重点放在应急响应的指挥协调上。因为危机的应急响应涉及多个方面，指挥和协调工作成为使系统有效运转的关键。此外，预案的结构和内容也需合理规划。例如，预案应该涵盖综合预案、专项预案、现场预案和单项预案等分类设置，并从结构上确保基本预案、应急功能设置、特殊风险管理、标准操作程序及支持附件等必备内容。遵循这些原则有助于建立完善的预案体系，从而提高应对突发公共事件的能力和效率。

9.3.2　公共危机管理体制

9.3.2.1　应急管理体制的含义

应急管理体制是指国家党政机关、企事业单位、社会组织和公众等各类主体在从事应急管理时在机构设置、领导隶属关系、管理权限划分和运行程序等方面的职责划分、制度、方法和形式等的总称。

9.3.2.2　应急管理体制的确立和调整的原则

（1）统一领导。突发事件应对处置工作，必须成立应急指挥机构统一领导。从纵向看，突发事件应急管理体制，包括组织自上而下的组织管理体制，实行垂直领导，下级服从上级的关系；从横向看，同级组织有关部门形成互相配合、协同应对、共同服务指挥中枢的关系。

（2）综合协调。在应急管理过程中，参与主体是多样的，要实现运转高效的应急机制，必须加强在统一领导下的综合协调能力建设。

（3）分类管理。由于突发事件有不同的类型，所以在集中统一的指挥体制下还应该实行分类管理。每一大类的突发事件，应由相应的部门实行管理建立一定形式的统一指挥体制。

（4）分级负责。在处理突发事件时，不同级别的事件需要调动不同程度的人力和物力资源。无论事件级别如何，各级政府及其相关部门都承担着应对突发事件的义务和责任。他们应该做好准备，协调行动，以确保有效地进行应急响应和处置工作。

（5）属地管理为主。强调属地管理并不意味着排斥上级政府及相关部门对地方的指导作用，也不能免除发生地其他部门和单位的协同责任。在突发事件中，地方政府担负着最直接的责任，需要迅速、果断地采取行动，同时需要得到上级政府和相关部门的支持和指导。此外，各部门和单位也应当积极协同合作，共同应对突发事件，形成合力，以最大限度减少突发事件可能带来的损失和影响。

9.3.3 公共危机管理机制

公共危机管理机制是一个系统性的路径和程序，涵盖突发事件的监测预警、应急决策、资源配置、救援处置、善后处理与评估等一系列职能。该机制是对应急管理全过程进行系统化、制度化、程序化、规范化和理论化处理的方法与措施，包括事前、事发、事中和事后四个阶段。

我国公共危机管理机制建设的目标，是形成具有统一指挥、反应灵敏、功能齐全、协调有序和高效运转的应急管理机制。其主要构成部分包括监测预警机制、应急管理决策机制、应急资源配置与保障机制、网络舆情信息披露与监控机制、应急响应机制及应急管理善后处理机制等。这些机制共同协作，以应对突发事件带来的挑战，保障公共安全。

9.3.3.1 监测预警机制

最初源自军事领域的"预警"一词专指提前发现、分析和评估敌方进攻迹象，及时向指挥部汇报威胁级别，以便采取及早的防御举措。随着时间的推移，预警的概念逐渐演变并扩展至政治、经济、社会和自然领域。在这些领域中，预警不仅仅是简单的信号报告，更意味着提前识别问题、风险或机遇，并采取相应的行动以避免损失。因此，预警机制在各个领域中都扮演着重要的角色，能够帮助组织和决策者及时做出有效应对和决策。

监测预警是指应急管理主体根据过去和现在的相关数据、情报和资料，运用逻辑推理和科学预测的技术和方法，对特定风险现象的约束条件、未来发展趋势和演变规律进行评估和推断，进而发布明确的警示信号或信息。这样一来，公共部门和公众就能提前了解风险发展的状态，及时采取应对策略，以预防或消除不利后果。监测预警的目的在于保障社会的安全和稳定，确保公众的生命财产得到有效保护。国内学者以不同类型的公共危机识别作为基础，构建了有效的预警指标体系，见表 9-3。

表 9-3　国内学者对公共危机预警指标体系的构建

一级指标	二级指标	三级指标
公共危机预警指标体系	意识形态安全	意识形态理论的创新周期、35 岁以下青年在党员中所占比例、高中以上学历在党员中所占比例、党报党刊市场份额、村民自主选举产生的村委会领导班子中党员比例、农村直选中选民投票率
	政治安全	透明国际的清廉指数、世界银行的腐败控制指标、国家公务员职务犯罪率、重大贪污腐败案件破案率、重大刑事案件增长率、重大群体性突发事件发生人次率、民众满意度、民众容忍度
	经济安全	联合国开发计划署人类发展指数、全社会零售物价总指数、居民消费品价格指数、恩格尔系数、人均国内生产总值（GDP）增长率、人均财政收入增长率、绿色 GDP 所占比重、农业增加值增长率
	收入分配	城乡收入差距、地区收入差距、部门（行业）收入差距、阶层收入差距、基尼系数
	社会保障	社会保障总支出占 GDP 比重、社会保障综合给付率、失业保障覆盖率、医疗保险覆盖率、城镇实际失业率、拖欠工资数额所占比例、最低生活保障线下人口比重、人均可支配纯收入增长率
	国际影响	外国武装干涉、国际恐怖主义袭击、对立意识形态颠覆渗透、世界经济衰退影响度

建立和完善应急管理的监测预警机制，旨在将风险监测预警作为应急管理的一项重要职能。监测预警是指在应急管理中，相关主体通过分析过去和现有的数据、情报及资料，运用逻辑推理和科学预测的方法与技术，对特定风险现象可能出现的约束条件、未来发展趋势和演变规律进行评估和推断，从而发布明确的警示信号或信息。这种做法使公共部门和民众能够提前了解风险发展的状态，以便制定有效的应对策略，避免或减轻潜在不利后果。监测预警的实施有助于及时应对潜在风险，并加强社会各方对风险管理的意识和能力。通过预警系统的建立和完善，可以提高社会整体的安全性和应急响应能力，从而保障公众的生命财产安全。

9.3.3.2　管理决策机制

管理决策机制是指在组织面临紧急事件或危机的情况下，为了限制可能造成的危害，在时间、信息和人力资源等方面存在限制的情况下，打破常规，迅速做出应对措施。这种机制要求在紧迫条件下高效运作，以确保组织能够及时做出决策并采取行动应对危机。在应对紧急情况时，管理决策机制需要灵活应变，快速反应，以最大限度减少不利影响，并保障组织的持续运转和利益。通过有效的管理决策机制，组织可以更好地面对挑战、降低风险，保障整体运营的稳定性和安全性。

应急管理面临事态严峻、时间的紧迫、信息不足和有限可用资源的挑战，这使应急管理决策本质上是非程序性的。与正常状态下的决策相比，应急管理决策具有以下特点。

（1）紧急性和优先性。应急管理决策需要在有限的时间内找到"满意的"处理方案。一旦危机被察觉和认定，它就迫切地被纳入公共政策议程，并且排在最优先的位置。事态的严重性不允许决策者拖延不决。

（2）有限的参与和专家咨询。在紧急状态下，与常态决策过程相比，利益群体和公众的参与通常会受到一定限制，而媒体则主要扮演着协助政府进行社会动员的角色。此外,在应急决策中,提供咨询的专家数量虽少,但其作用却显得更为显著突出。在应对紧急情况时,决策者需要依靠专家的意见和建议来制定有效应对措施,以应对紧急状况并最大限度减少损失。

(3)合法化依赖先前法律授权。在紧急情况下,政策的合法性主要依赖于事先制定的法律对危机时决策机构及其领导人权力的明确授权。只要危机决策符合相关基本法律且在授权范围内,即使不经过烦琐的审议程序,也会被视为合法。这种事先授权的制度安排在危机发生时提供了一种行为指导框架,使决策者能够迅速做出必要的行动,而不必担心合法性问题。然而,在没有建立相关法律制度的国家或地区,必须在危机发生后通过紧急授权来确保决策的合法性和有效性。这种紧急授权机制的建立有助于应对突发事件,保障社会秩序和维护公共利益。

公共危机决策机制主要由危机决策主体和危机决策制度两个方面构成。公共危机决策主体指的是特定个人(如总统、总理)和组织机构,他们负责履行决策职责并参与危机决策过程。除了行政首脑,提供咨询意见的专家顾问和相关组织机构,也是公共危机决策主体的一部分。公共危机决策制度则是一系列指导和规范这些主体决策行为的法律制度。在法治建设较为完善的国家,这些制度通常以法律法规的形式出现,以确保决策过程的合法性和透明度。同时,公共危机决策制度还包括相关的规章制度、操作指南等,以确保决策的科学性和高效性。

9.3.3.3 资源配置与保障机制

1. 应急管理资源及其配置问题

应急管理过程中的资源配置问题涉及狭义资源(如人力、财力、物力等有形资源)和广义资源(如各种社会文化与政治资源)。公共管理应对公共危机的能力不仅取决于所拥有资源的数量与质量,更关键的是还取决于如何高效配置这些资源。在应急管理中,资源的配置与管理的主要挑战在于通过权威机制进行，与市场机制不同。这意味着在资源配置中不存在一个相对客观的信号引导体系。

为解决应急管理中资源配置效率的问题，需要引入一个相对客观的评估机制。这包括建立健全一整套资源获取与管理的组织、制度体系，并发展和完善综合性的资源协调机制。在权威机制的框架下，确保资源的合理调配，建立透明、科学的评估标准，以确保资源配置的公正性和高效性。

2. 应急管理的资源配置与管理机制

强化应急管理能力是政府公共部门的基本职责。为实现这一目标，必须建立起具有统一领导、分工协作的组织结构和资源整合机制，以有效整合国内和国际、政府和社会的各类资源。

在构建有效的应急管理资源配置与管理机制方面，可以从广义和狭义两个层面进行理解。从广义上看，应急管理并不是某一特定公共部门的独立任务，而是整个公共管理的基本职能。因此，应当将应急管理融入公共管理的各个层级和部门，并将其视为日常事务管理的一部分。这需要通过广泛的公共管理体制改革，建立及时、高效、具有学习能力、能够不断自我革新和进步的资源调动与配置机制。在狭义上看，要对现有的应急管理机构和组织进行优化重组，以适应新的应急管理形势。这包括组建新机构和队伍，优化人力资源结构，并建立相关的制度，如现代应急管理的财政预算和支付制度、监督与审计制度等。通过这些措施，可以形成规范、法治、制度化的应急管理资源动员、分配、使用、监督、审计和评估机制，以应对各种突发事件和危机情况。

9.3.3.4 网络舆情信息披露与监控机制

应急管理的新闻发布是应急处置和管理工作的重要组成部分。为了提高新闻发布工作的规范性和制度化水平，及时而准确地传达信息，对于妥善处理危机事件、减少损害及维护公共部门的良好形象具有至关重要的意义。

1. 新闻发布应急响应机制

在应急响应机制中,新闻发布起着至关重要的作用。公共危机发生后,必须立即启动新闻发布工作,同时与紧急处置机制相互配合。为此,在负责危机处置的指挥部下,应设立专门的新闻发布机构,并指派专人负责新闻发布工作。这样的安排能够确保及时、准确地向公众传递重要信息和指导,并提供透明度和可靠性的信息来源。针对不同的应急响应级别,在制定处置公共危机方案时,应相应设立适当的新闻发布机构,并明确其职责和内容。这些机构应拥有完善的新闻发布方案,包括信息筛选、编写、审核和发布等环节。同时,应组织相关人员接受专业培训,以提高其危机沟通能力和应对能力。通过建立健全的新闻发布应急响应机制,能更好地支持危机处置工作。及时、准确、透明的新闻发布有助于消除公众恐慌情绪,增加社会信任度,并引导公众正确理解和应对危机事件。这种有效的沟通机制有助于维护社会稳定,最大限度减少潜在风险,并为解决危机事件提供支持和合作。

2. 新闻发布机制

在公共危机新闻发布中,及时、准确、适度和符合利益的原则至关重要。为了争取主动发声并引导舆论,在保证及时性的前提下,必须确保信息的真实性和准确性,以避免猜测和误解,维护信息的主动权。

除了保持快速和准确,新闻发布还需注重适度、精心策划、循序渐进,考虑公众接受信息的能力和心理状态。重点是消除公众的恐慌情绪,促进社会稳定。发布的信息应有利于妥善处理危机事件,保障人民生命财产安全,树立公共部门形象。为此,需要相关人员具备高水平的政策素养和专业的新闻发布知识,不断学习并总结经验。新闻发布必须经过授权,按程序报批。未经授权的部门和个人不得接受采访或发表谈话,以避免信息混乱。负责新闻发布的部门应及时通报其他相关部门发布内容和答问方针。新闻发布可以通过多种方式进行,如新闻发布会、吹风会、新闻稿发布、采访或书面回答问题等。在安排采访时,应优先考虑权威媒体,并根据媒体特点有针对性地发布消息。

3. 中外记者采访管理机制

新闻机构在处理中外记者的采访申请时，应当积极、及时地受理，并采用符合国际惯例的科学有效的管理方式。为了提供便利，新闻机构可以设立专门的新闻中心，通过电话、传真、互联网和电视信号传输等方式为记者提供服务。同时，新闻机构也应主动向记者提供有关危机事件的权威信息，避免记者基于猜测和传闻做报道。在组织和管理记者采访现场时，可以根据抢救工作和其他因素的需要划定特定区域，并向记者解释限制进入现场的原因。在确保抢险工作顺利进行和记者安全的前提下，可以适当安排部分记者进入现场，并提供必要的便利。管理记者时，应避免采取简单粗暴的方式，而是应该将管理工作与正面信息的提供和采访安排有机结合，以确保信息的准确性和透明度。为了让记者更容易获取情况并有所联系，新闻机构应提供清晰的信息来源和联系方式，使记者知道在哪里获取信息，找谁进行了解，避免他们四处打听消息。这样的管理机制有助于维护公共信息的透明度和准确性，促进良好的采访环境和合作关系。

4. 境内外舆情跟踪和通报机制

新闻发布机构应当紧密关注国内外媒体的报道，及时整理舆情简报，并快速向上级领导和相关部门做出汇报。同时，需要有针对性地引导舆论，以清晰地阐明事实真相、消除公众疑虑，有力驳斥不实传言。通过有序而有效的舆论引导工作，可以提升信息透明度，加强舆论引导，维护社会秩序，确保信息传播的准确性和可靠性。这一机制有助于建立起稳定的信息沟通渠道，增强组织对外界舆情的感知和掌控能力，从而更好地维护公共利益和社会稳定。

5. 互联网信息安全管理机制

互联网作为一种新兴而独特的媒体，具有传播速度快、影响力大、互动性强和管理难度大的特点。应该充分发挥互联网的优势，及时传递政策、措施和正面信息，积极引导舆论；同时，也应该充分利用互联网信息聚集的特性，将其视为了解和搜集舆情的重要来源。然而，必须警惕并及时清除各类歪曲事实、煽动矛盾、影响公共危机处理的有害信息。在这个过程中，为了有效管理互联网信息，需要加强监管和审查机制，确保信息的真实性和可信度。同时，也应增强公众的网络素养，提高他们对信息的辨别能力，以避免被误导和影响。

6. 突发事件分类处理新闻发布机制

针对自然灾害、事故灾难及公共卫生事件等可能威胁公共安全并对整体产生重要影响的突发公共事件，及时组织新闻发布至关重要。在这些情况下，迅速有效地传达信息可以帮助公众采取必要措施，减少潜在风险和损失。然而，对于涉及重大政治性、群体性、危及国家安全或可能损害国家形象的社会安全事件，发布新闻时必须极度谨慎，并须获得统一的授权。这种审慎的态度有助于避免信息传播引发不良影响，维护社会秩序和国家利益。在处理这类事件时，确保信息发布的准确性、透明度和稳定性至关重要，以维护社会稳定和公共安全。

9.3.3.5 应急响应机制

应急管理的控制是指通过监督、监察等手段，应急管理者确保突发事件应对处置活动按照应对计划有序进行，达到应急管理目标，并及时纠正各种偏差。从管理学的角度来看，控制可以分为前馈控制、同期控制和反馈控制三种类型。前馈控制是在实际行动开始之前对可能出现的问题进行预防，而不是在问题发生后采取补救措施。同期控制是指在活动进行中对管理活动进行检查监督，及时采取纠偏措施以保持控制。在这一过程中，越早发现问题，越早纠偏，便越能在问题扩大之前加以控制，避免产生重大损失。反馈控制是在应急管理过程结束后，按照危机应对计划的要求对危机应对的结果进行检查总结和评价。反馈控制的主要作用在于通过总结过去的经验和教训，为未来危机应对计划的制订和活动的安排提供借鉴。

9.3.3.6 善后处理机制

一旦紧急状况得到控制，人们就会从焦虑和失衡中恢复过来，但这并不代表应急管理的过程已经戛然而止。此时，应急管理步入善后处理的全新阶段。在这个新阶段，应急管理面临两项重要任务：首先，是通过解决危机情况来展开后续的恢复重建工作，并对危机责任人员进行追责，及时安抚公众的惊恐心理，帮助他们重新建立生活信心，巩固应急管理所取得的成果，以有效预防危机再次发生。其次，要深入总结危机事件中的经验教训，识别应急管理中存在的体制、机构和政策缺陷，制定长期的反危机战略。这样做有助于确保从危机中吸取真正的教训，全面提升危机管理水平，增强社会应对危机事件的能力，并最大限度减少危机带来的负面影响。

公共危机的善后处理机制涉及多个重要方面，其中包括灾后生产和生活基础设施的重建、秩序的恢复，以及按程序清算损失并进行相应的赔偿工作。此外，还需要抢救受伤人员、救济群众，妥善安排住房、食品、用水、医疗和生产资料等，以尽快恢复正常社会秩序和生产生活秩序。

在这一过程中，对于受灾群众的心理创伤也需要给予关注和安抚，提供必要的心理援助和支持。同时，事故调查机构应客观分析事故发生的原因，并明确责任，提出对相关责任人的处理建议，以及改善事故处理和防范类似事件再次发生的政策建议。处理结果应及时公之于众，既给受害者一个明确的交代，也有助于维护法律尊严和政府责任的良好形象。

在处理公共危机的善后工作中，除了关注具体的灾后重建和赔偿工作，还需注重对相关责任人的追责和处理，以保障公众的权益和维护社会的稳定。这些措施不仅有助于恢复社会秩序，也有助于为未来类似事件的预防和处理提供有益的经验和借鉴。

对公共危机应对主体——以政府为主的公共机构而言，每次公共危机都是一次学习总结的机会。公共危机善后管理中的学习机制，是通过总结危机处理过程中的经验教训，对现有制度缺陷加以完善，发现政策失误及时改进，建立危机预案，或修订、完善原有危机预案，甚至可把事件作为组织变革的重要契机。

因此，应急管理需采取各种策略和措施，通过对直接责任者的追究、社会保险和社会保障资金的援助、心理咨询机构的心理慰藉，来平复受灾和受害公众的心理创伤，使他们早日恢复对生产和生活的信心。

9.3.3.7 评估机制

公共危机管理评估是一项关键的活动，它通过科学和综合的评估指标体系，采用严格的程序和方法，对公共危机处理的成效进行全面测量和分析。这种评估不仅有助于了解当前公共危机管理的有效性，还能为未来的改进提供重要依据。

公共危机管理评估遵循三个基本原则：客观性、准确性和时效性。客观性原则要求评估过程应排除主观偏见，确保评估结果公正无私。准确性原则强调评估数据和结论的精确度，确保评估活动基于可靠和有效的信息。时效性原则意味着评估应及时进行，以便迅速采取措施解决存在的问题。

公共危机管理评估是一项全面的分析活动，它深入探讨了公共危机管理的多个关键领域，确保组织在应对危机时的效率和有效性。这种评估着眼于公共危机管理架构，包括领导层次、职责分配和资源配置，以验证其是否具备有效应对危机的能力。同时，它还审视了公共危机预警系统的有效性，特别是预警机制是否能够及时识别潜在威胁并发出警报。此外，评估还涵盖危机管理计划的完备性，检查是否包含风险评估、预防措施、应急响应和恢复计划等所有必要组成部分。在沟通方面，评估关注危机期间内外部沟通的有效性，包括信息传递的准确性、及时性和透明度。公共危机的媒体管理也是评估的重点，分析危机期间与媒体的互动情况，以及信息发布策略和公众形象维护的效果。进一步地，评估还着重于采取的具体管理措施，考察这些措施是否恰当、有效，以及是否能够最小化危机的影响。最后，评估将总结公共危机管理的整体效果，包括其对人员安全、财产损失和社会稳定的影响。通过这一系列细致的评估内容，可以全面了解公共危机管理的优势和不足之处，为制定更加有效的危机管理策略和提升未来危机应对能力提供支持。

9.3.4 公共危机管理法治

第一，公共危机管理法制在内容和对象上具有综合性和边缘性。它不仅包含自然灾害、事故灾难、公共卫生事件和社会安全事件等多种类型的突发事件，还涉及预防、响应、救援和恢复等多个阶段。这要求公共危机管理法制能够跨越传统法律领域的界限，与环境保护、公共卫生和城市管理等多个法律体系相衔接，形成一个综合性的法律网络。

第二，公共危机管理法制在适用上具有临时性和预备性。这意味着，一方面，许多应急管理法律规定在特定的危机和灾难发生时才会启动，具有明显的临时性特征；另一方面，为了确保在危机发生时能迅速有效地响应，应急管理法制还需要在平时就做好充分的预备，包括制定详细的预案、建立应急指挥体系等。

第三，实施过程具有很强的行政紧急性。在突发公共事件发生时，为了迅速控制局势、减少损失，应急管理往往需要采取紧急行政措施，如实施紧急状态、进行强制疏散等。这些措施通常由行政机关负责执行，要求行政机关在应对危机时具有高效的决策能力和执行能力。

第四，立法目的上更强调对权利的保护。尽管公共危机管理法制可能会暂时限制某些基本权利，如人身自由、财产权等，但其根本目的是保护更多人的生命安全和公共利益。因此，应急管理法制在设计时需要平衡紧急措施与基本人权的保护，确保在有效应对危机的同时，最大限度减少对公民权利的侵害。

第五，法律制裁具有更大的严苛性。鉴于突发事件可能对社会造成重大影响，应急管理法制通常规定了较为严格的法律责任和制裁措施，以确保相关法律和规定得到严格执行。这些制裁措施旨在提高法律的威慑力，促使个人和组织在危机发生时能够遵守法律规定，配合应急管理工作。

我国公共危机管理法制遵循的一系列基本与具体原则共同构成了其核心价值和指导思想，确保在有效应对各种突发公共事件和灾难的同时，也兼顾法律的权威性、公民基本权利的保护及社会公共利益的最大化。这套法制强调所有应急管理活动必须在法治的框架内进行，以保障其合法性和正当性。同时，它特别强调了应急性原则，即在突发事件发生时要迅速、有效地响应。此外，即便在紧急状态下，也强调要尽可能保护公民的基本权利。在具体操作层面，公共利益原则确保了在处理突发事件时人民群众的生命财产安全和国家的公共利益得到优先保护。比例原则要求对公民基本权利的限制与达到的目的之间保持一定的比例，既不能过度也不能不足，通过适当性、必要性及均衡性原则达到限制与保护之间的平衡。主动性和防范性原则强调了危机未发生前的积极风险评估和预防。积极责任原则要求政府及相关部门承担起在应急管理中的积极角色，不仅事后救援，更应重视事前的防范和准备。权利救济原则确保公民在基本权利受到侵害时能通过法律途径获得有效救济。这些原则体现了我国应急管理法制在法治化、人性化和科学化方面的深入思考，为我国应对各种突发公共事件提供了坚实的法律保障与支撑。

9.4　我国公共危机治理的演进脉络

国内学者将我国公共危机治理的演进脉络从制度变迁角度划分为四个阶段。

9.4.1　单项应对，部门负责为主的灾害应对阶段（1949—1978年）

在1949年中华人民共和国刚成立时，国家面临重建的巨大任务和复杂的外部环境，对于自然灾害的应对尤为重视。通过制定《中华人民共和国中央人民政府组织法》，建立了包括水利、农业和卫生等在内的专门机构。这些机构负责各自领域内的灾害防治工作，为我国的危机管理体系打下了基础。这个阶段的管理模式主要是以政府为核心，通过自上而下的方式进行动员和指挥，建立了以单一部门为主导的灾害应对框架。这种做法在处理较为简单的自然灾害时展现了其效率，有效改善了过去灾害频发的局面。但是，这种管理体系也存在明显的局限性，尤其是在涉及多区域或需要跨部门合作的灾害事件中，由于缺乏有效的协调机制和统一的管理标准，常常导致响应迟缓。为了解决这一问题，国家设立了包括中央防疫委员会和中央地震工作小组在内的特设机构，旨在加强不同部门间的沟通和协作。虽然这些措施在一定程度上改进了协调能力，但整体上还是基于部门分工的应对机制，未能实现资源和信息的有效整合。面对历次重大灾害事件，如1963年的海河洪灾、1975年的河南洪灾和1976年的唐山大地震，中央政府迅速采取行动，实施全国范围的救援，体现了我国在灾害应对和灾后重建方面的高效执行力。随着公共危机的日益增多，社会各界对参与灾害应对的需求日渐强烈，政府开始意识到除了政府机构，社会组织、企业和国际机构等多元力量在补充政府能力和资源方面的重要性。过去以单一政府部门为主的灾害应对模式逐渐被打破，取而代之的是一个多部门协作、多元主体参与的新阶段。这一转变标志着我国从传统的灾害应对模式向更为广泛的危机管理体系转型的重要里程碑。在新的危机管理体系下，政府部门、社会组织、企业和国际机构之间的合作与协调变得更加密切和紧迫。各方共同参与，形成了一张密不透风的网络，有效整合了各方资源和力量，提高了危机应对的效率和水平。

9.4.2　加强联动、制度嵌入为主的危机管理阶段（1979—2003年）

改革开放以来，中国社会从计划经济向市场经济转型，社会活动的多样化和开放性显著增加,这也带来了更频繁和多样的公共危机事件,对国家和公众安全构成挑战。1980年的"南涝北旱"灾害是一个典型例子,在这次危机中,中国首次接受了联合国救灾署的援助,标志着政府开始倡导多方参与的危机管理模式。到了1987年,国务院明确提出要积极吸引和利用国际救援资源,这一方针进一步强调了开放和多元化协作的重要性。1998年,全国社会服务联合行动工作会议的召开,以及建立城市社会应急联动系统的倡议,都是向着更加社会化和协同化的公共危机管理体系迈进的关键步骤。壮大非政府组织的力量,培育民间组织,并加强国际间的合作,构建我国公共危机的协同治理体系,广西南宁市的实践则为这一改革方向提供了具体范例。2003年的"非典"疫情成为中国危机管理体系的一次重大考验。这场危机不仅影响广泛,还暴露出了地方政府在主动应对方面的不足。通过这次事件,我国认识到了建立健全应急预案和应急管理体制、机制及法制的紧迫性。国务院迅速出台《突发公共卫生事件应急条例》,为应对类似疫情提供了制度保障,同时也促进了地方政府在防疫工作中的积极性转变。党的十六届三中全会通过的决定,进一步强调了提高政府应对突发事件能力的重要性,标志着中国从传统的危机处理向更为先进的应急管理模式转变,确立了以提升应急能力为核心的改革方向。这些变革不仅增强了我国应对公共危机的整体能力,而且为未来的危机管理体系改革奠定了坚实的基础。

9.4.3 治理前置、完善体系为主的应急管理阶段(2004—2012年)

进入21世纪后,随着全球化的深入发展,中国积极拓展与国际社会的合作,并借鉴外部经验,致力于提升应急管理体系。自2004年起,通过制定《国务院有关部门和单位制定和修订突发公共事件应急预案框架指南》等一系列政策文件,推动了预防先行、前置治理的应急目标实现,以及应急体系顶层设计的完善。特别是党的十六届四中全会和《国家突发公共事件总体应急预案》的发布，标志着我国应急管理体系从被动响应向主动防范转变，强调了提升政府应对能力的重要性。"十一五"规划首次将"安全发展"纳入国家战略，进一步明确了应急管理体系建设的方向。随后，国务院成立应急管理办公室，加强了危机治理的组织协调。2006年，《国务院关于全面加强应急管理工作的意见》进一步明确了应急管理的体制框架，强调了预防和准备工作的重要性。党的十六届六中全会提出"一案三制"应急管理体系建设，为制度化、法治化、规范化奠定了基础。然而，2008年的一些公共危机暴露出地方执行力不足等问题，引起了对基层应急管理能力的深入反思。胡锦涛同志提出全面提升应急管理能力的要求，促进了应急管理能力的整体提升。随着2009年和2010年重大危机的有效处置，"一案三制"体系得到了有效验证。"十二五"规划再次强调了持续改进应急管理的必要性，国家安全生产监督管理总局发布的《安全生产应急管理"十二五"规划》进一步细化了预防和应对措施。到党的十八大，提出建立更加完善的社会管理机制，强调源头治理与动态管理的结合，展现了我国在应急管理领域不断成熟和完善的努力方向。

9.4.4　源头防范、综合应急为主的危机治理阶段（2013年至今）

自党的十八大以来，我国高度重视国家治理体系和治理能力的现代化建设，特别是在公共危机管理方面，不断推进其现代化进程，以更好地应对人口城市化和非传统安全挑战所带来的复杂治理需求。面对新时代公共危机管理的新难题和任务，我国从制度层面出发，积极探索如何在源头上规避潜在风险，实现在问题发生前的有效预防。2013年11月，党的十八届三中全会强调了国家安全的重要性，并指出了防灾减灾体系存在的不足之处，提出了转变为源头预防的改革方向。随后，2014年4月，习近平总书记在中央国家安全委员会首次会议上提出了总体国家安全观，将公共危机的源头防范提升至国家战略层面。2016年12月，《中共中央 国务院关于推进防灾减灾救灾体制机制改革的意见》的发布,再次强调了源头预防的重要性并明确了工作的重心。2018年4月,中华人民共和国应急管理部成立,标志着我国应急管理体系的整合与优化,打破了以往分散的治理模式,建立了更为统一和高效的危机治理体系。2019年党的十九届四中全会和2020年党的十九届五中全会,进一步明确了公共危机治理的重要性,并将其纳入国家治理体系和治理能力现代化的核心内容之中。2021年12月发布的《"十四五"国家应急体系规划》,进一步完善了我国的公共危机治理框架,强调了统一指挥、专业化常态化、反应迅速和上下协同的应急管理机制。这一规划展现了我国在构建科学、现代、综合的应急管理体系方面取得的成熟进展,为提高国家整体安全防范和危机应对能力奠定了坚实的基础。该规划突出了应急管理体系的整体性和系统性,强调了以预防为主、防控结合的原则,旨在加强各级政府和相关部门在面对各类突发事件时的组织协调能力和应对能力。同时,该规划还强调了信息化技术在应急管理中的重要作用,倡导利用大数据、人工智能等先进技术手段提升应急响应效率和精准度,以应对日益复杂多变的安全挑战。通过这一系列的改革和规划,我国在公共危机治理的整体现代化方面取得了显著进展,不仅在制度和机制上进行了有效的完善,同时也提升了防灾减灾救灾的整体能力,为国家安全和公共安全提供了坚实的保障。

9.5　公共危机管理存在的问题与改进

9.5.1　体制现状及问题

推进公共危机管理体制的完善工作对于构建一个和谐稳定的社会具有重大的现实意义。认识现阶段我国公共危机管理体制存在的问题,可以帮助提升我国公共危机管理的整体水平。

9.5.1.1 个别政府部门危机意识需提升

良好的危机意识在一定程度上能够减少危机事件发生的概率，是预防危机的基础和前提。长期以来，各级政府习惯性地把发展经济当成头等大事来抓，而忽视了对危机意识的关注，造成了个别政府部门、社会组织乃至个人危机意识的缺失。

9.5.1.2 危机应对的法律体系需进一步健全

健全的法律体系是公共危机管理的重要基础和支撑。考虑到我国地域广阔、情况多样化的特点，现有的公共危机管理法律在实际运用中存在操作性不足和执行不到位的问题。此外，许多法律针对特定危机事件做出了规定，但对于一些较为复杂的危机情况，现行法律往往显得力不从心。为了提高公共危机管理法律的适用性和灵活性，需要进行法律体系的完善和优化，以确保法律规定能够覆盖各类可能发生的危机事件，并具有较强的适应性和可操作性。此外，应当加强不同部门之间的协调配合，建立跨部门、跨地区的信息共享机制和协同工作机制，以应对复杂多变的公共危机情况。

9.5.1.3 公共危机的信息管理制度需完善

一般来说，公共危机的信息管理主要包括对公共危机事件的及时上报和相关危机情况的新闻发布，这是普通民众获取公共危机信息的重要途径。然而，在危机应对方面，目前政府在信息管理方面还存在一些不足，如危机信息传递的渠道过于单一。传统的垂直结构行政体制要求下级政府在危机发生时向上级政府逐级汇报，可能导致下级政府漏报消极应对危机信息的情况。此外，政府内部缺乏一个信息共享平台，导致信息过于分散，影响上级对危机事件的全面了解。危机信息公开制度并未得到有效实施，政府对新闻媒体的重视不够，缺乏有效的沟通和交流机制。这些问题使公众对于危机信息的获取和了解受到一定的限制，可能导致信息不准确或滞后，进而影响公众对危机的判断和应对能力。

9.5.1.4 非政府主体的参与能力不足

目前，我国政府在危机应对中仍然将自身视为独立的治理主体，并且在实际管理中常常侧重采用行政手段，倾向于自上而下地命令和控制。与此同时，非政府主体，包括社会组织、企业和个人等，通常处于被动参与和被管理的地位。然而，在实际危机应对中，非政府主体也存在一些问题。例如，社会组织所掌握的资源相对有限，甚至可能匮乏，其自身筹资能力也较弱。此外，社会组织在危机管理方面缺乏经验，内部管理不规范、员工专业知识短缺等问题，都导致其整体在公共危机管理中表现出能力不足的现象。为了提高非政府主体在危机应对中的能力和效率，有必要加强对社会组织等参与主体的支持和培训，促进其专业知识和管理能力的提升。同时，政府可以通过建立多元化的合作机制，激发社会组织和企业等力量参与危机管理，共同应对各类突发事件和挑战。这样的合作模式有助于整合资源、优化决策，提升危机管理的整体响应能力，有效应对各类复杂情况下的挑战。

9.5.2 改进

9.5.2.1 建立和完善政府危机管理的组织体系和机构

建立和完善政府危机管理的组织体系和机构，对于保障国家和人民生命财产安全、维护社会稳定具有重要意义。在我国，中央应建立作为统一危机管理中枢的高层次危机管理领导、指挥和协调机构。这一机构既需要制定危机管理的战略、政策和规划，又需要承担重要的危机信息管理职能，还需要对危机风险进行评估。在非危机时期，预防和预警危机的工作应该由这个机构主动地进行。这一高层次危机管理机构应具有权威性和决策能力,能够有效地指导和协调各级政府部门、行业机构和社会组织在危机管理方面的工作。同时,该机构应积极推动危机管理体系的建设和完善,不断提高危机管理的科学性、系统性和针对性,提高全社会对潜在危机的警惕性。

当危机发生时,这一机构需要迅速行动,领导与协调各级政府部门、社会组织和相关单位开展救援、恢复和重建工作。此外,危机管理机构还应承担对危机管理工作的监督管理责任,以确保工作的有序进行和效果的实现。同时,为了对政府管理者和公众进行危机管理的教育和培训,也是其重要职责之一。

9.5.2.2 制定并完善国家危机管理的法律、法规和规章体系

为了有效处理各类突发事件和危机,制定并完善国家危机管理的法律、法规和规章体系至关重要。

首先,应在宪法中明确规定紧急状态的概念、确认程序、实施条件,以及政府在紧急状态下的管理权等相关内容。这些规定将为危机管理提供宪法依据,确保危机时政府有权力和手段采取必要措施。

其次,应制定统一的紧急状态管理法,明确定义紧急状态的确认和宣布程序,规定政府在紧急状态下的管理权限、应对措施及相关法律责任等内容。这样的法律将有助于规范紧急状态的宣布和管理,在保障公民权利的同时,有效地维护社会秩序和安全。

最后,在建立完善的法律体系方面,应制定专门针对各类危机和紧急事件的法律和法规,以规范管理和应对程序。这些专门法律可以涵盖自然灾害、公共卫生事件、恐怖袭击等多种情形,明确各部门的职责和权限,以确保危机事件得到及时、科学、有序地处理。

通过以上措施,国家将建立起完备的法律框架和规章体系,为危机管理提供法律依据和操作指南,增强国家在危机应对和管理方面的能力和效率。这

将有助于保障人民生命财产安全，维护社会稳定，促进国家长治久安和可持续发展。

9.5.2.3　为政府的危机管理提供充分的物质和财政资源支持

为了支持政府的危机管理工作，确保其具备充分的物质和财政资源，可以采取以下措施：第一，各级人民政府应将危机管理预算纳入政府的预算体系。这意味着在预算编制过程中，要给予危机管理工作充分的重视，确保其获得必要的财政支持。政府可以根据实际情况，合理安排预算资金，用于危机管理的预防、应对和恢复工作。第二，政府可以设立专项基金，用于应对各种突发事件和危机。这些基金可以来源于政府预算拨款、社会捐赠等渠道，用于紧急救援、灾后重建、危机信息管理等方面。同时，还需要确保基金的使用符合法律规定，避免出现滥用和浪费的情况。监督制度和程序的建立是至关重要的，可以有效监督和审查基金的运用情况，保障公共资金的合法、合理和高效利用。第三，政府还应该建立健全的战略性资源储备制度，以确保在面临突发情况时能够及时调动必要的资源进行救援和支援。这样的储备制度可以提高政府应对紧急事件的能力，保障社会稳定和人民生命安全。它包括物资、设备和人力资源等方面的储备，以应对突发事件和危机的需要。储备制度应考虑不同类型的危机和需求，以确保资源及时供应和有效利用。第四，建立资源目录是重要的一步。这样可以清晰地记录各类资源的类型、数量和位置等信息，便于在关键时期快速调动和利用资源。目录管理还应与相关部门和机构进行密切合作，以确保资源的统一管理和协同应对能力。第五，对危机状态下资源的征用问题进行立法，明确法律规定和程序，合理、公正地征用必要的资源，以应对危机情况。同时，要确保征用程序的透明度和监督机制的存在，保障公民和利益相关方的合法权益。通过以上措施，政府可以获得充足的物质和财政资源支持，提高危机管理的能力和效果，确保在突发事件和危机中能够及时、有效地应对和恢复。这将有助于保障人民生命安全和社会稳定，推动国家的可持续发展。

9.5.2.4 建立政府危机管理的信息系统和决策支持系统

政府的危机管理，必须建立在准确、全面、实时的信息基础上。政府危机管理的政策制定、危机决策离不开决策支持系统的支持。危机管理信息和决策支持系统包括资料库、知识系统、规范模型、危机的预警系统、电子信息技术的应用平台等。要把现代信息技术运用于政府的危机管理之中，通过科技的力量，提高政府危机管理的能力。

9.5.2.5 建立有效的危机管理沟通机制

对于危机管理来说，建立有效的沟通机制是必不可少的。如果信息沟通好了，就能加强协调反危机的工作，保证各部门之间相互协作，协同作战。同时，通过有效的沟通，可以防止误传消息、造谣传谣，维护治安秩序，获得安定局面。政府与民众的及时沟通，在危难时刻显得格外重要。政府通过与老百姓的交流，能够起到稳定人心，以及警示、教育和监督的作用。在沟通过程中，政府需要保障信息及时、准确和客观，避免造成恐慌或误导。同时，为了确保重要通信基础设施的安全和信息沟通渠道的畅通，必须建立健全的制度化信息公开和发布机制。这样的机制可以提高信息的透明度和及时性，使民众能够更好地了解突发事件的情况，并采取相应的措施应对。

有效的危机管理沟通机制需要综合运用多种沟通方式和渠道，如新闻发布会、社交媒体和官方网站等，以覆盖不同人群和传递信息。政府应该建立专门的危机管理沟通团队，具备专业的沟通能力和应急响应能力，以应对各种危机情况。

9.6 本章小结

本章主要对公共危机及其管理进行了概述，首先介绍了公共危机的含义及特点，其次阐述了公共危机的特征与分类。在此基础上，本章对公共危机管理过程进行了分析,包括危机爆发前、爆发时、爆发后及事态控制后的管理流程。此外,本章还讨论了公共危机管理领域的主要模型,并重点介绍了瑞士奶酪模型的应用。最后,本章详细阐明了公共危机管理机制的各项机制和功能,为读者提供了对公共危机管理体系的全面了解。

思考题

1. 如何全面理解公共危机管理的作用和意义?
2. 公共危机管理各个阶段的主要活动包括哪些?
3. 瑞士奶酪模型具有哪些特点?
4. 列举出公共危机管理的各项机制和功能。

参考文献

[1] 伏绍宏,张义饺.我国近年来的公共危机管理研究[J].探索,2009(4).

[2] 黄金兰.浅析"四棱锥"型公共危机管理机制的构建[J].中共乐山市委党校学报,2008(2).

[3] 万远英,钟兴民.党员领导干部十五堂公共管理学课[M].北京:华文出版社,2010.

[4] 王惠岩.行政管理学[M].北京:高等教育出版社,2011.

[5] 吴兴军:公共危机管理的基本特征与机制构建[J].华东经济管理,2004,18(3).

[6] 杨冠琼.危机性事件的特征、类别与政府危机管理[J].新视野,2003(6).

[7] 张成福.公共危机管理:全面整合的模式和中国的战略选择[J].中国行政管理,2003(7).

[8] 张立荣,冷向明.协同治理与我国公共危机管理模式创新——基于协同理论的视角[J].华中师范大学学报(人文社会科学版),2008(2).

[9] 张小明.从SARS事件看公共部门危机管理机制设计[J].北京科技大学学报(社会科学版),2003,(3).

[10] 张小明.公共危机预警机制设计与指标体系构建[J].中国行政管理,2006(7).

[11] 卓立筑.危机管理:新形势下公共危机预防与处理对策[M].北京:中共中央党校出版社,2013.

第 10 章 公共部门绩效管理

新公共管理改革本质上是一场绩效运动。

——胡德

引 子

2020年11月,中共中央组织部印发《关于改进推动高质量发展的政绩考核的通知》(简称《通知》),要求充分发挥政绩考核指挥棒作用,把贯彻落实习近平总书记重要指示批示精神和党中央决策部署、贯彻新发展理念、推动高质量发展的实际表现和工作实绩,作为评价领导班子和领导干部政绩的基本依据,作为检验是否增强"四个意识"、坚定"四个自信"、做到"两个维护"的重要尺度。

政绩考核关系到对各级党政领导班子和领导干部的工作评价,关系到干部选拔的价值导向。根据客观实际科学制定考核标准并有效实施,对于选贤任能,推动形成能者上、优者奖、庸者下、劣者汰的正确导向,引导各级领导干部牢固树立正确的政绩观,不断提高贯彻新发展理念的能力和水平,提高制度执行力和治理能力,具有十分重要的现实意义。

改进政绩考核,"重"在优化考核内容指标。考核指标是政绩考核的重要依据和核心内容，政绩考核指挥棒朝哪儿指，决定了干部工作的方向，影响着干部干事和创业的心思与精力。若要改进推动高质量发展的政绩考核，就要对应创新、协调、绿色、开放和共享的发展要求，精准设置关键性、引领性指标，引导领导班子和领导干部抓重点破难题、补短板。要坚持定性与定量相结合，考人与考事相结合，综合运用多种方式，考核领导干部，推动高质量发展政绩，以奖惩分明、奖优罚劣激励领导干部担当作为、推动发展。在改进政绩考核的过程中，"要"要充分听取群众意见。推动高质量发展的根本目的是增进人民福祉，其效果，最终也要由人民群众来评判。对此，《通知》强调，要把人民群众的获得感、幸福感、安全感作为评判领导干部推动高质量发展政绩的重要标准。改进政绩考核，"贵"在强化考核结果运用。考评干部政绩本身不是目的，只有充分运用考评结果，才能激发广大干部的工作热情。因此，改进政绩考核，用好考核结果是关键。要坚持考用结合，将考核结果与选拔任用、培养教育、管理监督、激励约束和问责追责等紧密结合起来，鼓励先进、鞭策落后，推动能上能下，促进担当作为，严厉治庸治懒。只有正确运用结果，考核才能让人口服心服，起到激励你追我赶、干事创业的作用。

资料来源：罗振轩.改进政绩考核指挥棒，打造高质量发展强引擎[N].北京青年报，2020-11-06.

重点问题

» 公共部门为什么可以应用工商管理工具

» 绩效管理工具箱的主要内容

» 公共部门绩效评估的程序

10.1 公共部门工商管理工具的兴起

10.1.1 公共部门应用工商管理工具的理论逻辑

10.1.1.1 什么是工商管理工具

工商管理（Business Administration）又称为企业管理，主要指向私营部门的企业管理实践与研究活动。作为公共管理相对应的一个领域，工商管理和公共管理具有理论和实践的紧密联系。企业是随着人类工业化生产形成的一种新型组织模式，它与现代国家同步产生，因而现代公共管理与工商管理的实践具有同步性。在学术层面上，现代的企业管理科学和政府行政科学基本上同时产生，而且诞生初期的传统公共行政学与古典管理学交相辉映，秉承了相似的研究假设、诉求和核心观点，互为促进。在风靡全球的新公共管理改革运动中，公共部门的实践者和研究者为了破解公共领域长期面临的效率不高、效能低下、质量不高、公民不满意等困境，再次将解决问题的视角转向私营部门，希望通过借鉴私营部门的管理理念、方式和运作机制来重塑公共管理的合法性，公共管理中的工商管理工具也由此而来。

所谓"工商管理工具"是指，由企业管理实践者和研究者创造且被检验行之有效的提高组织运作效率和效果的方法系统。企业作为以营利为第一目的组织实体，非常重视提高组织运作效率、降低企业运营成本。因此，在一个充分竞争的市场环境中，企业为了赢得生存和发展，也必须通过管理创新、提高管理效率效果来增强企业竞争力。正是在这些动机的驱使下，全球企业管理的实践者和研究者都非常重视管理方法的变革与创新，尤其是在"二战"之后涌现诸多新颖管理理念和方法，推动管理理论和工具的持续创新迭代。例如，目标管理、项目管理、战略管理、绩效管理、质量管理、流程再造、标杆管理、顾客关系管理、标准化管理和六西格玛管理等中观层面的管理方法系统，也包括绩效评估、平衡积分卡和战略规划等具体操作性的工具。

公共管理中的工商管理工具是指，公共部门为了更好地实现组织目标所借鉴并应用的私营部门管理理念与方法。在新公共管理改革中，一系列来自工商管理的理念和方法迁移至公共部门，实质就是公共管理学习和引入私人管理理念与方法，公共管理学的管理属性进一步彰显。新公共管理运动秉持管理是管理的假定，看重公共部门和私人部门的相似性，将一批成熟的工商管理工具用于公共部门的全面再造，以解决公共组织在效率、质量和满意度等方面存在的根深蒂固问题。公共部门主动应用工商管理工具，体现了管理主义哲学思想在公共管理中的再度复兴，以及公共部门勇于创新、学习和变革的组织文化。

10.1.1.2 为什么公共部门可以应用工商管理工具

将工商管理工具迁移至公共部门管理中的基本逻辑在于，公共管理和私人管理两者都具有共同的管理属性，两者具有一定程度的共通性，主要体现在以下方面。

1. 管理职能上的共通性

无论是公共管理还是私人管理，在本质属性上都属于管理范畴。两者在一般意义上的管理职能上具有相似性，都具有计划、组织、领导和控制等管理活动，都需要用到管理知识和规律来指导上述管理活动。对于公共部门管理而言，相似的职能活动决定了公共组织可以导入私人部门的管理职能创新方式。

2. 组织结构上的相似性

除去独立个体的管理活动，绝大多数的管理活动都以结构化的组织为行动载体。无论是政府、非营利组织还是企业等管理主体，都会采纳以法理型权威为基础的官僚制组织结构形态。因此，无论是公共部门管理，还是私人部门管理，都会具有纵向分层、横向分工、统一指挥、部门协作等相似组织形态及其科层制的运行逻辑。相同的组织结构形式意味着公共部门和私人部门会面临相同的组织运行问题，这也决定了私人部门探寻的组织运作新方法具有嵌入公共组织的可能性。

3. 管理价值目标上的相似性

无论是公共管理还是私人管理，都是有效利用组织内外部资源实现既定目标的活动，目标导向构成两者共同的追求。虽然公共组织和企业组织在具体的产出产品形式上各不相同，但是在效率、效果、有效性和质量等管理价值追求上是相通的。而诸多工商管理工具的最终目的就是提高组织的运作效率等价值，因而公共组织在追求上述相似的管理价值时，可以借鉴和应用私营部门的管理做法。

10.1.1.3 工商管理工具应用于公共部门的注意事项

虽然政府和企业组织具有相同性，但这两者毕竟是不同性质的组织，其在管理环境、运作过程和目标追求方面仍有较大差异性。这也决定了公共管理不能机械地照搬照抄私人部门发明和使用的这些工商管理工具，要注意对工商管理工具进行公共性重构。总体来看，公共部门应用工商管理工具应该注意的方面包括以下几点。

第一，重构公共部门工商管理工具的利益相关主体。公共部门和企业不仅有完全不同的组织环境，还有不同的利益相关者及权责关系。这要求公共部门在应用工商管理工具时，必须针对性地考量特定公共场域、公共组织、公共事务的利益主体，根据场域和主体的特殊性重构工商管理工具的作用主体、作用对象及其权责关系。

第二，重构公共部门工商管理工具的目标价值。公共部门除了效率、效果等管理价值追求，还有追求公平、民主和透明等公共价值。公共部门的价值追求是多元且复杂的，价值优先顺序的排序也和企业管理完全不同。因此，公共部门在应用工商管理工具时要避免追求单一的工具理性价值,要统筹兼顾公共部门面临的复杂利益相关主体的多元化需求和多元公共价值标准。

第三,注重工商管理工具选择和应用的匹配性。任何一种工商管理工具都有其工具特性,在工具内容、应用程序、作用功能和优点缺点上有独特的规定性。因此,公共管理者在应用工商管理工具之前,应该全面学习和了解这些工商管理工具的原理,增强对工商管理工具应用的可行性、风险性的评估,加强对工商管理工具的适应性和创造性改造,提高工商管理工具应用的实效性。

10.1.2 公共部门工商管理工具箱举例

政府工具研究认为,公共管理者可以在工具箱中,对应不同的问题、对象进行相应的工具选择。在种类繁多的工商管理工具中,下列工具经常被国内外政府与公共组织采纳。

10.1.2.1 目标管理

目标管理是由管理学大师彼得·德鲁克于1954年在《管理的实践》一书中提出的。目标管理是一种鼓励组织成员积极参与工作目标的制定,并在工作中实行自我控制、自觉完成工作任务的管理方法。目标管理的主要的工具内容如下。

(1)建立系统的目标体系。通过自下而上、自上而下相结合的途径,制定整体组织、各个部门和各个岗位的目标,形成层层嵌套、各司其职的目标系统,将整体目标与局部目标、组织目标和个人目标关联起来。

(2)目标管理注重基于目标制定的责任监督和激励惩罚,通过目标责任书、目标考核等手段强化组织、部门和员工对各自职责范围目标实现的责任。

(3)实施参与式的管理。目标管理在目标制定、分解和评估过程中主张各级组织、成员及其下属的广泛参与,通过广泛的参与加深组织员工对组织目标的认识和认同,协调组织目标与个体的关系。

从工具应用程序来看,目标管理的过程一般包括目标制定阶段、目标实施阶段和成果评价阶段,构成一个循环过程。

目前,目标管理已被广泛用于私人部门和公共部门当中。从20世纪90年代开始,我国各级政府纷纷制定了目标管理、目标责任制等方面的制度,目标责任书、目标责任状和目标考核等工具,在公共部门得到广泛应用,目标管理已经成为各级公共部门推动工作落实的一个重要工具。

10.1.2.2 全面质量管理

无论是私营部门还是公共部门,追求产品与服务的质量与品质都是一项重要目标。著名的质量管理大师爱德华兹·戴明认为,质量是一种以最经济的手段,制造出市场上最有用的产品。❶约瑟夫·朱兰博士认为,质量就是适用性。❷无论是有用性还是适用性,都要求从顾客的角度出发来研发设计、生产制造和销售服务,追求满足或超越顾客期望,从而最终达到顾客满意的目的。

作为一种管理工具,全面质量管理是一种通过全员参与的科学方法来改进组织管理与服务,通过不断改进的产品和服务获得顾客满意的管理理念、制度和方法。❸为了实现上述目标,全面质量管理提出了以下一系列质量观点:①组织成员的广泛参与,通过广泛的授权和参与式管理模式调动组织成员的质量贡献。②以顾客为关注焦点,通过高质量的产品和服务回应顾客的需求。③持续改进,不断改进组织管理和服务,持续降低差错水平。

在新公共管理运动中,美国、英国和日本等发达国家,纷纷把全面质量

---

❶ DEMING W E. Quality, Productivity, and Competitive Position Massachusetts [M]. Cambridge: Massachusetts Institute of Technology, 1982: 16.

❷ JURAN M, GRYNA F M. Juran's Quality Control Handbook (4th ed.) [M]. New York: MeGraw-Hill, 1988: 6.

❸ 党秀云. 公共部门的全面质量管理 [J]. 中国行政管理, 2003 (8): 31-33.

管理的理念和方法应用于公共部门管理当中。例如，英国的公民宪章运动、竞争求质量运动，美国克林顿总统时期提出的"顾客至上"原则、顾客服务标准，都体现了公共部门对公共产品、公共服务的质量的追求。21 世纪以来，我国一些地方政府开展了质量管理体系认证工作，国家层面也颁布了《政府部门建立和实施质量管理体系指南》等国家标准，质量意识在公共部门管理中日益增强。

10.1.2.3 流程再造

流程再造是美国著名管理学家和咨询专家哈默博士与钱皮合著出版的《企业流程再造——经营革命宣言》一书中率先提出的。所谓的"流程再造"是指对组织的流程、组织结构和文化进行彻底的重构，以达到组织绩效明显进步的目的。❶流程再造一方面以作业流程为核心，主张重新设计组织内部的组织结构、运作方式和行为准则以提高运作效率；另一方面强调对组织过程进行根本性的重构。流程再造是一种过程控制方法，其主要观点如下：①抛弃以分工论为基础的组织运作，转向以关键作业流程为核心，重组组织结构，提倡组织内灵活变通。②合理分权、授权，使每个职工均享有一定程度的决策权，从而提高工作效率。③以顾客满意度为唯一考核基准，改变只对上级负责，不对顾客负责的理念。流程再造可以提高产品和公共服务的效率和质量，鼓励组织和个人的创新性。

为了提升公众的服务满意度，流程再造工具在公共部门改革中也经常应用。在我国，流程再造的思想主要体现在政务服务创新方面。针对各级政府行政审批的流程烦琐、各自为政的问题，近年来我国开启了行政审批制度改革，通过创建政务服务中心整合各个部门业务服务，打造"一站式"的政务超市，把串联的审批流程改为并联，通过行政审批流程的重构大大提升了公

---

❶ HAMMER M, CHAMPY J. Reengineering the Corporation: Manifesto for Business Revolution [M]. New York: Harper Collins, 1994: 31.

众的政务服务满意度。尤其是随着数字时代和数字政府建设推进,互联网、云计算等技术为政务服务流程再造提供了技术助力,很多地方推出"马上办""不见面审批""一窗受理"等政务服务创新,这背后都是技术赋能流程再造的生动体现。

10.1.2.4 标准化管理

标准化管理可以追溯到泰勒的科学管理理论中关于工作方式和工作程序的标准化观点,并随着工业化的推进而受到重视。1947年,国际标准化组织(International Organization for Standardization,ISO)成立。随后,各个国家、区域分别成立国别、区域和地方标准化机构,大大推动产品和服务的标准化进程。所谓"标准",是指为了在一定的范围内获得最佳秩序,经协商一致制定,并由公认机构批准,共同使用和重复使用的一种规范性文件。标准的本质特征是统一的制度规定,而标准化就是围绕标准所开展的一系列管理活动,以便达到标准化的状态。具体来说,标准化的管理活动和过程主要包括标准的制定、发布、实施及标准制定前的研究和标准实施后的修订。❶ 作为一种科学管理的有效手段,统一性、精简性、规范性和重复性是标准化的基本特征。❷ 从本质来看,标准化是标准化对象从非标准到标准的变迁过程。标准化降低了管理中的复杂性和不确定性,有利于提高管理和服务程序化、规范化,提高管理效率和服务质量。

标准化理念和管理方式逐渐受到公共部门的重视,尤其是公共服务标准化方面改革创新在国内外不断涌现。以英国为例,英国围绕医疗服务、教育领域颁布大量的国家标准,通过基于标准的服务评估、监督促进公共服务质量改进。在我国,2012年8月,国家标准化管理委员会会同国家发展和改革委员会

---

❶ 王登华,卓越.公共服务标准化导论:以南京市江宁区财政局实践探索为个案[M].北京:中国财政经济出版社,2011:3.

❷ 卓越.公共服务标准化的创新机制[M].北京:社会科学文献出版社,2016:36.

等27个部门，制定了《社会管理和公共服务标准化工作"十二五"行动纲要》，推动社会管理和公共服务的标准化工作。近年来，我国制定了一批国家和地方层面的公共服务标准，并且选择了一批行业或地方展开公共服务的标准化管理创新试点，围绕基本公共服务标准化建设、行政服务标准化建设、公共文化标准化建设、教育标准化建设取得显著成效。总体而言，标准化管理一方面有利于公共管理与服务的规范化和统一化，另一方面有利于促进公共资源配置、公共服务供给的均等化。

10.1.2.5 战略管理

战略管理是"二战"后兴起于私人部门的一项管理工具，其最先形成战略规划工具，最后转向形成了综合性的战略管理工具。战略是组织在竞争性环境中制订关于长期发展目标的计划。而战略管理就是组织制定长期发展目标并实现目标的过程。公共部门战略就是公共部门在分析内外环境变化的基础上，通过确定和调整长期战略目标，进行适当的政策选择、整合资源，来实现公共管理战略目标的政策决策与实施过程。❶ 从管理过程来看，战略管理主要包括战略规划、战略实施、战略评估等不同管理结果。从管理方法和技术来看，战略管理关于战略环境分析、竞争优势分析等形成了一些经典方法，如 SWOT 分析、利益相关者分析等。

通过战略治理国家是我国公共管理的显著优势和特色。改革开放以来，战略管理工具更加经常性地应用于公共治理。例如，我国总共颁布了十四个五年规划（计划），对国民经济和社会发展方向进行战略规划。在 20 世纪 80 年代，党中央制定了国家治理的"三步走"战略，表明了我国公共部门管理对战略管理工具的应用和重视。公共部门战略主要是由国家、政府和公共组织制定关乎公共组织、公共事务长远发展方向的规划。在实践中，按照公共

---

❶ 蔡立辉，王乐夫.公共管理学（第3版）[M].北京：中国人民大学出版社，2022：373.

战略的层次可以分为国家战略、区域发展战略、公共组织战略和行业战略等；按照公共战略的领域可以分为政治战略、经济战略、文化战略和安全战略等。这些战略形式广泛分布在国家治理的方方面面，通过战略制定、执行和控制形成了完善的公共部门战略管理体系。为此，学术研究提炼了"规划治国"这一术语指代这一现象。复旦大学唐亚林教授认为，规划治国是通过科学地制定规划和贯彻落实为主线，形成的党政分工、纵横分解、行动落实和评估考核为运作机制的新型国家治理模式。❶这一模式是我国公共部门战略管理的特色。

10.2 公共部门绩效管理

10.2.1 绩效管理工具概述

10.2.1.1 什么是绩效

绩效是绩效管理、绩效评估术语中核心词，界定绩效的含义有利于理解绩效管理和公共部门绩效管理的内涵。在现代汉语词典中，"绩"指功业、成果，"效"指效果、功用，"绩效"表示成绩、成效。因此，语义学上的绩效具有结果和效果的含义。在学术上，不同学者对绩效有着不同的理解，一个共识性的观点认为绩效是指行为的产出和结果。❷绩效的产出和结果离不开人类主体及其行为活动，同时人类的任何行为活动都会形成结果。当这些产出和结果按照一定的标准来评价时，就形成了绩效。因此，绩效概念的本质表现在以下两方面。一方面，绩效的精髓是结果。结果导向这一管理理念的提出是管理学的重大理论进步，这是因为结果的实现及其质量对于组织及其成员的生存和发展具

---

❶ 钱坤，唐亚林. 规划治国：一种中国特色的国家治理范式 [J]. 学术界，2023（4）：5-19.

❷ VAN DOOREN W, BOUCKAERT G, HALLIGAN J. Performance Management in the Public Sector [M]. Abingdon：Routledge, 2010：2-3.

有决定性的意义；另一方面，绩效结果的形成离不开主体的行为活动。生成任何绩效都必须有特定的组织行为与活动。换言之，行为产生结果，行为是绩效的关键影响因素，因而通过行为也能反映绩效。

绩效有着多样性的分析对象，按照主体的规模层次可以分为微观绩效、中观绩效和宏观绩效。①微观绩效主要指向单个组织的绩效。组织是典型的科层结构，部门、岗位和人员都是组织的构成要素，组织中的这些行动主体的管理活动都会形成绩效产出。因此，组织绩效的范畴包括组织整体绩效、团队绩效、项目绩效、岗位绩效和员工绩效等，以及这些主体所开展的特定职能职责活动的绩效。②中观绩效主要指向跨组织、跨部门集体行动的网络绩效。例如，一项政策的绩效、一个跨组织项目的绩效等，这些绩效产出由多元组织共同生成。③宏观绩效指向范围更广、主体多元、活动多样的系统绩效。例如，国家治理绩效、区域治理绩效乃至政府治理绩效都属于此类范畴，它是跨界主体集体行动的结果。

按照组织及其活动的公私属性，绩效可以分为私人绩效和公共绩效。公共组织和私人组织之间的区别，以及公共事务和私人事务的区别是区分公共绩效和私人绩效的基础。以政府、执政党、事业单位和非营利组织为代表的公共机构，其职责是对公共事务管理和供给公共产品与服务，其活动产出和结果具有鲜明的公共性、非排他性等特征，其产出和结果属于公共绩效。公共绩效不仅注重内部的结果，而且注重外部的行政与社会、行政与公民的关系。公共部门在积极履行公共责任的过程中获得公共产出最大化。❶

从价值层面上来看，绩效有着多样性的价值内涵。在新公共管理阶段，以经济（Economy）、效率（Efficiency）和效能（Effectiveness）"3E"为代表的管理主义价值被作为公共部门绩效的主要绩效标准。❷ 随着公共管理理论和实践的持续发展，诸多理论研究揭示了公共部门价值追求和私人部门的不同。尤

---

❶ 卓越.公共部门绩效管理[M].福州：福建人民出版社，2004：1-5.
❷ 欧文·休斯.公共管理导论（第3版）[M].张成福，等，译.北京：中国人民大学出版社，2007：5.

其是治理理论、新公共服务、后现代公共行政、公共价值管理理论等，提出了一系列公共部门独特的公共价值标准，把责任、公平、回应、民主、透明及公民满意等价值标准，纳入公共绩效的价值内涵中，绩效由此成为一个具有包容性的概念，泛指公共治理的一切"善"的价值标准。

10.2.1.2　什么是绩效管理

绩效的本质是结果，因而绩效管理本质上是一种结果管理工具。关于绩效管理的定义存在系统观和过程观两种视角。周志忍教授认为，绩效管理是关注组织绩效的一个系统，是组织为实现所期望的结果而实施的一系列管理机制和技术构成的有机系统。❶波伊斯特认为，绩效管理是关于指导和控制组织中的员工和工作团队，并激励他们达到更高的绩效水平的过程。❷综合起来，我们认为绩效管理是组织通过采纳绩效管理的方法和技术系统，实现并持续改进组织绩效的过程。关于绩效管理的方法和技术系统，不同学者有着不同建构。例如，周志忍教授认为，从管理过程来看，绩效管理系统包括战略规划、年度计划、持续性绩效管理、绩效报告和信息利用等环节构成的动态过程。❸卓越教授认为绩效管理包括政府绩效目标、绩效信息、绩效预算、绩效合同、绩效程序、绩效规制、绩效审计、绩效评估和绩效申诉等管理环节。❹还有研究将绩效管理视为一个实现和改进组织绩效的管理工具箱，凡是可以提升绩效的工具都属于绩效管理，如绩效评估、标杆管理、流程再造、绩效预算、平衡积分卡、绩效合同和绩效报告等一系列与绩效相关的管理工具集合。❺不难看出，绩效管理工具自身的内涵和外延也是极为丰富的。

---

❶ 周志忍. 我国政府绩效管理研究的回顾与反思[J]. 公共行政评论, 2009, 1(1): 34-57, 202-203.
❷ 西奥多·H. 波伊斯特. 公共与非营利组织绩效考评：方法与应用[M]. 北京：中国人民大学出版社, 2005：13.
❸ 周志忍. 我国政府绩效管理研究的回顾与反思[J]. 公共行政评论, 2009, 1(1): 34-57, 202-203.
❹ 卓越. 政府绩效管理概论[M]. 北京：清华大学出版社, 2007：1.
❺ VAN DOOREN W, BOUCKAERT G, HALLIGAN J. Performance Management in the Public Sector [M]. Abingdon：Routledge, 2010：30-32.

相对其他管理工具，绩效管理的工具特点如下：①以结果为导向。不同于目标管理的事前目标导向，以及流程再造的过程导向，绩效管理将管理的焦点转向了结果，突出了结果对于组织生存和发展的重要性。②绩效信息驱动。绩效管理的所有管理活动和程序的最大特色，在于基于结果导向绩效信息的管理和决策。任何管理都需要信息，而绩效管理要求所有管理程序和决策都要基于绩效信息。③系统性。绩效管理是一个复杂管理系统，它包含诸多管理主体、职能和活动，形成以绩效引领绩效管理体系的结构与功能。

绩效考核作为绩效管理工具的内核，无论是在公共部门还是在私人部门，都具有悠久的实践历程。"二战"后，更系统的绩效管理理念和工具最先起源于私营部门，并形成了平衡计分卡、关键绩效指标（KPI）、360度评估方法和成本会计等一系列绩效管理方法。20世纪80年代，开始于西方国家的新公共管理改革，将诸多私人部门的管理方法和经验用于再造政府等公共部门管理，绩效管理工具就是在这样的背景下被引入公共部门中的，并在全球范围的公共部门中不断创新和扩散。

10.2.2 公共部门绩效管理工具的主要内容

10.2.2.1 绩效战略规划

绩效管理和战略管理工具有契合性，两者应当紧密结合。绩效管理的结果追求在根本上应该回应组织在战略上的诉求，因而绩效管理系统设计与组织战略设计应具有协同性和匹配性。绩效管理系统构建和实施必须关照组织战略，并将组织战略嵌入绩效管理框架。绩效战略规划就是组织在绩效目标设置中从战略层面进行的长远规划。

公共部门管理历来注重长远战略目标和规划的设计，力图给社会提供清晰的发展蓝图、方向和路径。同样，作为一种促进目标实现而引入公共部门的管理工具，公共部门绩效管理应有长远思维和战略眼光，要将绩效管理工具作为导向公共组织和公共事务长远战略目标实现的工具,而不是权宜之计的短期采纳。

绩效战略规划是指对公共组织和其治理的公共事务中长期绩效目标追求方向及其实现路径的设计。根据战略管理的思想,使命是组织的终极目标追求,愿景是组织特定时期内可以实现的长远目标。因此,公共部门的绩效战略规划要求在绩效管理过程,明确组织战略目标,确立公共组织、公共事务在终极结果、长远结果方面的追求,并且通过明确的战略陈述加以明确。除此之外,为了实现长远的绩效使命、愿景和价值,公共组织还要规划绩效战略实现的策略路径,这就需要立足组织的优势劣势及内外部环境,对组织的绩效战略进程、资源配置和管理方式等进行系统重构,制定出完备的战略性绩效管理规划。

10.2.2.2 绩效目标

绩效管理不仅要明确长远战略方向,还要确立组织在近期就要实现的短期绩效目标。目标是组织奋力争取达到所希望的未来状况,是一定时间预期取得的结果。绩效目标就是指公共组织在一定时间内在绩效方面期待实现的可考核的结果。❶不同于绩效战略目标的长远性、长期性和理想性,绩效目标主要指向公共组织及其公共事务在近期和短期要实现的目标,更具有现实性和可操作性。一般而言,可以把组织的年度目标、季度目标甚至月度目标称为短期目标。

从表现形式来看,绩效目标主要表现为两个方面:①内隐的价值目标。价值是哲学上的目标,集中体现着绩效管理的偏好。经济性、效率性、效益性、公平性、质量、回应性和责任性等一系列价值,都是公共部门绩效管理的潜在精神追求。②外显的评估指标。评估指标体系是由评价维度、具体指标、评价标准和权重等构成的测量体系,评估指标是具体化和外显化的绩效目标。通过评估指标表现的绩效目标,具有层析性、多样性和时间限制等特征。

---

❶ 魏四新,郭立宏.我国地方政府绩效目标设置的研究——基于目标设置理论视角[J].中国软科学,2011(2):8-15.

对于公共部门绩效管理而言,最高层面的目标是公共价值目标。从本质上来讲,价值是人们的需求与偏好的表达,而公共领域所追求的公共价值是共同体或者集体偏好的凝练。绩效管理在本质上要体现基本的公共价值追求,并在此基础上对公共行政过程进行管理和治理。❶ 显然,价值是哲学层面的绩效目标,是绩效管理高层次的精神追求,应该在绩效战略规划环节予以确立,进而为绩效管理的利益相关主体及其活动提供基础的价值标准与指导。公共部门、公共事务的公共价值分析,要分析利益相关者的需求,进行科学的价值偏好调查、价值协调、价值排序与价值整合。

10.2.2.3 绩效合同

绩效合同是伴随新公共管理改革而兴起的一种绩效委托代理新形势。合同,又称契约、合约或协定,法学视角将合同视作一种双务法律行为。绩效合同又称绩效契约,是绩效目标任务的委托人与代理人签订关于绩效目标任务配置和落实的合同。在公共部门使用的绩效合同是指,政府与内部组织、下属员工、社会公众及社会组织,在平等协商一致的基础上签订的,为实现绩效目标对相关绩效做出的协定,并在签订之后根据该协定评估对方履行职责的效果效益,以实现提供公共物品和服务的目的。❷ 在公共部门绩效管理当中,组织系统的上下级之间,围绕绩效目标任务分解和落实构成了委托代理关系。为了增进下级的绩效责任感,可以通过签订绩效合同明确下级的绩效目标任务,明确绩效管理过程中双方的权利、责任、任务及其激励措施,并通过合同的方式强化绩效责任。

一般而言,绩效合同主要约定的内容包括以下几方面:①绩效委托人,即绩效目标任务的配置与监督主体,一般由行政上级单位或领导担任这一角色。

---

❶ 包国宪,王学军.以公共价值为基础的政府绩效治理——源起、架构与研究问题[J].公共管理学报,2012,9(2):89-97.

❷ 卓越.政府绩效管理概论[M].北京:清华大学出版社,2007:103.

②绩效代理人，指承担具体绩效目标任务的下级单位或下属。③绩效任务标的，是绩效合同中为绩效代理人"量身定做"的目标任务，包括对职能、职责和行为的一揽子目标计划。④绩效目标与指标，指绩效代理人要实现预期绩效产出和结果目标，通过可测量评估指标和评估标准予以约定。⑤绩效激励与问责，对绩效代理人完成、部分完成和未完成合同约定绩效目标任务的奖励和惩罚规定，以调动绩效代理人的绩效积极性。

绩效合同工具有以下几个特点：①平等协商。绩效合同注重通过平等协商而相互达成协议的形式确保目标的实现，这意味着绩效委托人和绩效代理人在绩效合同管理中应进行充分沟通，通过协商达成关于绩效权责配置的一致意见。②诚信原则。绩效合同有利于增强绩效委托人和代理人的契约精神和诚信精神，增强绩效目标任务的自主实现能力。③权责明确。绩效合同需要将绩效任务的标的、数量、质量、价款及履行条款等进行细化规定，明确合同双方的权利与义务。

在公共部门绩效管理实践中，绩效合同有着不同的表现形式与类型：一是纵向政府之间的绩效合同。纵向政府之间的绩效合同是一级政府或政府部门将公共物品供给、公共服务的生产任务通过绩效合同形式委托给下一级政府或部门。二是决策领导机构与执行机构之间的绩效合同，领导机构将决策内容通过绩效合同转化为下属执行机构的目标任务。三是公共机构与组织成员签订的人事岗位绩效合同，主要指向公职人员与其所隶属机构领导签订的绩效协定，约定公职人员在特定时期内必须达到的绩效目标。四是政府与公共事业单位之间的绩效合同。它是政府和公共事业单位之间签订的，要求事业单位完成某项公共产品和服务的供给。政府向公共事业单位提供政策或资金资助，并通过在绩效合同中明确公共服务内容、质量标准和评价方式等对公共事业单位进行绩效管理。五是政府与企业的绩效合同。随着政府购买服务、特许经营、合同外包、政府采购和PPP等市场化工具的普及应用，越来越多的私营部门通过与政府签署合同进入公共产品与服务的供给中。此时，政府可以通过与私营部门签订绩效合约的形式来实现公共服务的供给和公共资源配置，也可以通过绩效合同约定企业的服务质量标准、价格控制、基准管理、绩效预算和绩效审计等措施，来规范企业的行为、产出和结果。

绩效合同的管理功能主要包括以下三个方面：①绩效合同有利于对公共部门的目标和任务进行分解和落实。②绩效合同有利于增强合同双方的绩效责任感，让组织系统的每个构成主体要素承担相应的绩效责任。③绩效合同有利于绩效管理授权，绩效合同侧重结果控制而非过程控制，有利于赋予绩效代理人如何实现绩效目标的自由裁量权。

10.2.2.4 绩效预算与审计

任何绩效任务的实施及其目标实现都离不开资金资源配置，绩效预算和绩效审计就是将组织资金管理和绩效管理相融合形成的绩效管理工具。绩效预算起源于成本会计，核心思想是基于投入产出分析的财力资源配置。在20世纪70年代，西方国家普遍面临经济危机和财政危机，绩效预算的理念和方法逐步被引入公共部门促成了公共部门高效配置财力资源的工具。因此，绩效预算又被称为"企业化的政府预算""企业化政府的预算"。

绩效预算中的预算是指完成绩效任务、达到绩效目标所需的财政拨款额，即公共产品或服务的成本。绩效预算本质上就是建立在绩效、预算和效益三要素基础上的财务收支计划。绩效预算本质上就是要建立资金配置和绩效产出和结果之间的紧密联系，要求以公共组织、公共产品和服务的绩效评估结果为依据来拨款经费。绩效预算模式的核心就是建立起一套能够反映政府公共支出绩效的评估系统，并基于绩效评估的结果来决定部门、项目及具体服务的资金分配。在绩效预算制度下，一个部门的预算是根据它所要完成的职能的效益效果来进行计算的，一项财政支出项目的财政预算也要由项目所产生的绩效来决定。❶

---

❶ 卓越.政府绩效管理概论[M].北京：清华大学出版社，2007：82.

绩效预算的实施程序：①确定预算绩效管理总体框架，包括确立预算总额，以及预算绩效管理的总体框架体系，结合政府与部门战略制定发展规划。②各预算单位根据总体框架做出本财年的详细支出计划及其预期目标。③制定预算的绩效指标及其相应的评价标准，建立预算绩效评价体系。④对预算单位的预算支出项目及其绩效指标的合理性、科学性进行评估分析，同步参考上一年度的预算绩效评估结果，确定预算和绩效标准，上报立法机关批准。⑤本财年结束时，通过专业评估机构对预算单位的财政支出及其绩效进行系统评价，衡量预算的实际效果。⑥对预算绩效评估结果的反馈运用。根据支出单位的预算完成情况，按绩效合同规定对预算单位进行相应的预算激励或惩罚，尤其是将预算绩效评估结果作为下一财年政府预算计划的调整及审批依据。

绩效审计是国家审计发展到高级阶段的表现形式。公共部门绩效审计是具有审计权力的审计机关及其人员，利用专门的审计方法、依据一定的审计标准和程式，对公共部门资金活动经济性、效率性和效果性进行审查。审查的目的在于通过有效的审计过程，促进政府活动的透明性，提高公共服务质量。[1] 绩效审计不仅可以检查公共部门资金使用的合规性、合法性，而且可以审查公共部门财政支出活动的效益效果，对于促进公共部门财政资金的高效使用具有重要意义。在实施程序上，绩效审计是一项有计划、有步骤的管理程序，主要包括审计计划阶段、审计实施阶段、审计报告阶段和审计结果应用阶段。绩效审计和传统财务审计的主要不同点：①在审计目的上，传统审计主要是为了查错防弊，保证财务收支的真实合法性；绩效审计则是为了评价各项投入资源的经济和有效程度，以寻找进一步提高绩效的途径，实现由查处转向控制、提高的建设性目的。②在审计对象上，传统审计的对象主要是被审计单位的财务收支及其经济活动；绩效审计则还包括被审计单位的各项业务活动，以及其他非经济范畴的管理和服务活动。③在审计标准上，传统财务审计标准主要参考会计

---

[1] 卓越. 政府绩效管理概论 [M]. 北京：清华大学出版社，2007：208.

准则和国家的法律法规；绩效审计除了这些合规性标准，还看重公共部门公共价值的创造效果。

绩效预算和审计的主要功能：①提高资金使用效率。绩效预算和审计能够强化资金使用单位的资金责任和服务供给责任，提高财政资金配置和使用有效性。②提高资金使用效果。绩效预算和审计能够避免资金拨款与效果脱节、资金审计与效果脱节的困境，有利于增进公共部门高效利用有限财政资源，避免发生财政支出低效率甚至无效率的情况。③增强资金责任。绩效预算和审计可以与绩效评估指标体系结合进行精准匹配，建立每个部门、科室和员工绩效与财政资金的使用责任之间的明确联系。④资金约束。传统预算模式难以约束持续增长的部门资金需求，难以控制不断增长的政府支出需求。绩效预算从制度上可以强化政府的预算内控机制，使公共产品的产出和成本消耗相匹配。⑤改变政府行为。绩效预算和审计能够保证有效益的部门和项目获得公共财政支持，从而有效地避免政府盲目追求预算规模增长的帕累托现象，改变不计成本盲目追求政绩和形象工程的形式主义做法。

10.2.2.5 绩效控制

绩效控制是绩效管理系统中的反馈和纠偏工具。绩效控制是指绩效管理过程中在政府绩效战略、计划和目标的指导下，通过督查、评估等方式对评估对象的绩效行为和结果加以调控，以促进实现绩效目标。绩效控制可以回答承担绩效目标和任务的主体采取了什么绩效行动，是否达成了预设绩效目标，以及如何更好地实现目标等关键问题。

绩效控制系统的主要构成要素：①绩效控制的主体。绩效控制主体一般是具有绩效监督、检查及调控职责的组织部门。②绩效控制内容。绩效控制是对公共组织运行中符合绩效目标的行为、产出和结果予以促进，对不符合绩效战略和目标的行为加以纠正和改进。③绩效控制过程。从过程来看，绩效控制囊括控制标准制定、绩效结果衡量、偏差分析及绩效改进等内容,各环节之间层层递进,循环往复。

绩效控制的主要方式和手段:①绩效督查。绩效督查是具有绩效监督权力的机构在绩效评估对象的绩效目标实施过程中的绩效状况监测。绩效监督可以通过线上和线下的方式进行,以便及时纠正绩效目标实施过程中的偏误。②绩效评估。绩效评估主要通过阶段性或者终期性的系统性评价,来诊断绩效评估对象的绩效目标实现情况。③绩效激励。绩效激励是绩效管理组织者为了激发评估对象完成绩效目标并改进绩效,运用相关激励因素和手段,将绩效评估结果用于奖惩评估对象的管理行为。绩效激励是绩效管理有效运行的必要条件,是调动评估对象参与绩效管理活动并实现绩效目标和绩效改进的动力之源。④绩效沟通。绩效沟通就是绩效评价的最终结果在政府绩效评价管理者、组织者、评价者和被评价对象之间交流和传递,它属于绩效评价的反馈环节。❶绩效沟通有利于评估对象认知绩效评估结果和成因,帮助评估对象改进绩效状况。

10.2.3 公共部门绩效管理的实践

10.2.3.1 国外公共部门绩效管理实践概述

国外公共部门绩效管理工具的兴起和应用有着较长的历史。20世纪初至"二战"之前,是国外公共部门绩效管理的萌芽时期。这一时期兴起的科学管理理论和行政科学就确立了效率、科学等绩效价值。同时,针对工业化、贫困和社会动荡及政府腐败等问题,这一时期兴起了社会调查运动,旨在通过量化分析与评估来探究社会问题的解决方案和效果,是公共部门绩效评估的早期探索。"二战"之后至20世纪70年代,是国外公共部门绩效管理的试点时期。

---

❶ 包国宪,曹西安. 论政府绩效管理中的绩效沟通 [J]. 经济体制改革, 2007 (1):118-121.

这一时期,目标管理和零基础预算等绩效管理方法诞生并导入公共部门。20世纪60年计划规划预算系统引入公共部门,要求公共部门支出必须进行边际收益的评估分析,标志着绩效预算工具开始在政府部门中得到应用。同时,"二战"后开启的社会,指标运动也对社会治理状况进行量化评估,促进了公共部门绩效评估的发展。

自新公共管理改革以来,以结果为导向的绩效管理和评估工具,在国外公共部门管理的实践中得到了蓬勃发展,受到了国外实践界和学术界对绩效管理工具及其相关主题的持续探究。进入21世纪,西方国家较为普遍地建立起整体性公共部门绩效管理框架,拓展了绩效管理的发展空间。下面对代表性国家的公共部门绩效管理或者政府绩效管理实践概况进行介绍。

英国是新公共管理改革的策源地,也是应用绩效评估工具的先驱国家。1979年,英国首相撒切尔一上台执政就任命雷纳爵士为首相的效率顾问,并在内阁设立了一个"效率工作组",对中央政府各部门的运作情况进行全面的调查和评价,通过效率评审来促进部门行政效率的提高,这就是英国著名的"雷纳评审"。此后,英国又推进了"部长管理信息系统""下一步行动方案""公民宪章运动""竞争求质量""服务第一"等绩效导向的改革,效率、公民满意、质量等绩效理念深入人心,为后续整体性公共部门绩效管理和评估奠定了基础。2002年,英国开展综合绩效评估(Comprehensive Performance Assessment,CPA)的绩效改革,通过系统的绩效评估来测量英国地方政府的绩效水平。2009年,审计委员会在CPA的基础上开发了全面区域评估体系(Comprehensive Area Assessment,CAA)。CAA体系以地方和区域为基础,关注地方政府单独或者合作提供公共服务的绩效水平。CAA体系整合了CPA体系下的组织评估、资源使用评估、服务评估及其他一些检查形式的评估,建立了由区域评估和组织评估两个要素构成的成绩效评估新框架。区域评估以可持续社区战略为出发点,着眼于卫生、消防和救援服务等区域优先事项,力图反映整个区域公共服务提供绩效水平。组织评估包括资源使用和管理绩效两个方面。英国通过公共部门绩效评估工具的使用,为地方政府及其公共服务提供了一个系统的绩效评估工具。

在新公共管理改革的背景下,美国也积极探索公共部门绩效管理和评估改革。1992年,美国学者戴维·奥斯本和特德·盖布勒在《改革政府——企业精神如何改革着公营部门》一书中提出了政府再造的十大原则,深刻阐述了绩效、效率和以顾客为导向等绩效理念价值。它也是克林顿政府时期绩效改革运动的思想源泉和理论先导。1993年,克林顿政府上台伊始,就掀起了声势浩大的政府再造运动,吹响了绩效改革运动的号角。同年,克林顿政府颁布《政府绩效和结果法案》,它是美国历史上首部关于政府绩效改革的立法,是美国政府绩效管理发展史上的里程碑。法案规定美国公共部门绩效管理由战略规划和绩效评估组成,每个部门要形成战略规划、年度绩效计划、年度绩效报告三份报告,并向社会公开。1993年,克林顿宣布成立国家绩效审查委员会,并任命副总统戈尔主持该委员会的工作,负责统筹联邦政府绩效改革计划的实施。在联邦政府的改革示范下,美国联邦政府、州政府和地方政府分别建立了比较完善的绩效管理制度。

除了英国和美国,澳大利亚、新西兰乃至一些发展中国家,也在政府现代化的浪潮下纷纷建立了公共部门绩效管理与评估制度。在新西兰,2008年,新西兰国家服务委员会和财政部联合发布了《绩效评估:关于如何建立有效框架的建议和实例指南》;2009年,新西兰国家服务部长办公室发起了促进公共部门绩效不断提升的《绩效促进框架》;2013年年初,新西兰又发布了跨部门综合性公共服务绩效评估标准等。在澳大利亚,一些地方政府发布整体性绩效管理框架,如昆士兰州发布《政府绩效管理框架指南》,建立了政府目标、机构目标、绩效指标、绩效改进、政策制定、绩效控制和绩效报告等体系。2004年,加拿大颁布《管理问责制框架》,建立公共支出管理系统与管理、资源和结果框架,以增强公共部门的绩效责任。2004年,爱尔兰的环境、遗产和地方政府部门采取绩效评估指标对地方政府绩效进行评价,并基于该指标体系每年定期发布《地方政府服务绩效指标报告》。2010年，南非成立绩效监督与评估管理部，作为一个部委级部门专门负责监督和执行各级各地的政府绩效评估工作，使绩效评估这项工作专门化、专业化。

总体来看，绩效管理和评估工具在国外政府和公共部门已经得到广泛的应用，主要特点：一是注重公共部门管理和评估的法治建设和制度建设；二是注重绩效管理和评估的整体性框架的构建；三是注重将绩效管理和评估工具与目标管理、顾客关系管理和预算管理等管理工具综合应用。

10.2.3.2 我国公共部门绩效管理实践概述

我国公共部门具有悠久的绩效考核历史。例如，古代的政绩考核是对官吏的官德、政绩和功过的考核，它始于战国，完善和发展于秦汉、唐宋、明清。自中华人民共和国成立到改革开放前的计划经济时代，我国公共部门非常重视目标计划的制订、检查和评估，这是对公共部门目标管理、绩效管理的早期尝试。自改革开放以来，现代意义上的公共部门绩效管理和评估在我国逐渐兴起和发展，不断推陈出新并完善发展至今。总体来看，我国公共部门绩效管理的实践主要包括目标管理和绩效管理两个阶段。

20世纪80年代中期以来，在中国地方政府中逐渐建立起一种叫作"目标责任制""目标管理责任制"的制度，它后来被广泛应用于我国党政管理的实践之中。目标管理和目标责任制是我国公共部门应用最早、最广泛的绩效管理方法，是绩效管理的雏形，具有中国特色。目标管理主张将组织的整体目标逐级分解和转化为下属单位和个人的子目标，以形成完整的目标考核体系，并以此来提高组织绩效。在我国，目标责任制是指将上级党政组织所确立的行政总目标，逐次在下级党政组织或岗位上进行分解和细化，形成一套目标和指标体系，以此作为各级组织监督、考评和奖惩等的依据，并以书面形式在上下级党政部门之间进行层层签订责任状或责任书。在实践中，目标责任制被广泛应用于我国公共部门当中，形成了整体政府和整体政府间、整体政府和政府组成部门间、整体政府和事业单位之间、政府部门和部门成员之间等不同层次形态的目标责任。目标责任制的内容涉及党风廉政、安全生产、耕地保护等公共组织职能职责的方方面面。目标责任制增强了下级和下属的工作责任感，通过目标实现程度的考核促进评估对象对目标任务的重视。

进入21世纪，我国公共部门绩效管理的一个典型趋势就是从目标管理向绩效管理转型。自21世纪以来，中央政府在不同时期都强调要建立政府绩效管理和绩效评估制度。2011年6月，监察部印发了《关于开展政府绩效管理试点工作的意见》，选择北京市、吉林省、福建省、广西壮族自治区、四川省、新疆维吾尔自治区、杭州市、深圳市8个地区开展政府绩效评估与绩效管理试点，以及在6个相关中央部委开展部门、项目的绩效评估与绩效管理试点工作。2018年，中共中央、国务院颁布《关于全面实施预算绩效管理的意见》，全面建设预算绩效管理系统，财政支出绩效评估和预算绩效评价目前已常态化开展。自21世纪以来，地方政府始终是我国公共部门绩效管理的采纳主体。地方政府绩效管理试点形成诸多各具特色的并以省、市、区（县）等区域政府命名的绩效管理和评估实践模式，如"思明模式""福建模式""甘肃模式""杭州模式""长沙模式""青岛模式""珠海模式""南京模式""深圳模式"等。

总体来看，新时期的公共部门绩效管理实践的特点如下：第一，绩效管理的系统性和整体性增强。从狭义的绩效考核、绩效评估转向了全过程的绩效管理。第二，绩效管理的制度建设得以加强。无论是中央还是地方，都注重加强公共部门绩效管理的制度建设。第三，绩效管理中的公众参与显著增强。中央和地方政府绩效管理和评估都注重引入公民、专家和媒体等群体参与绩效评价工作。第四，绩效管理的透明度提高。相对于目标管理和目标考核的组织性和内部导向性，新时期的公共部门绩效管理的制度公开、指标体系公开、评估结果公开、绩效整改公开等取得了显著的进步，绩效管理和评估成为增进公共部门绩效责任的新工具。

10.3 公共部门绩效评估

10.3.1 公共部门绩效评估概述

10.3.1.1 公共部门绩效评估的定义

绩效评估又称为绩效测量，是对绩效进行量化评价的活动总称。关于公共部门绩效评估定义的主要观点：乌特尔·万·德瑞（Wouter Van Dooren）等人认为，公共部门绩效评估是一系列量化公共部门产出、效率、效果与效能的缜密行为与活动。❶波伊斯特指出，公共部门绩效评估致力于提供关于公共项目和组织绩效各种客观的相关信息。这些信息可以用来强化管理和为决策提供依据，达成工作目标和改进整体绩效及增加责任感。❷范柏乃教授认为，政府绩效评估就是依据统一的评估指标和标准，按照一定的程序，通过定量定性分析，对某评估对象一定时期内的业绩作出客观、公正和准确的综合评判过程。❸卓越教授认为，公共部门绩效评估就是对广义的政府组织、非营利组织及公共企业等特定公共组织，在积极履行公共责任的过程获得的公共产出进行的评审界定。❹这些概念都从不同视角对公共部门绩效评估内涵的对象、标准和内容等要素进行了界定。综合来看，公共部门绩效评估就是对公共组织在提供公共产品和服务过程中的产出和结果进行正式评价的活动。

作为绩效管理的关键环节，绩效评估在绩效管理系统中发挥承上启下的作

---

❶ VAN DOOREN W，BOUCKAERT G，HALLIGAN J. Performance Management in the Public Sector [M]. Abingdon：Routledge，2010：18-21.
❷ 西奥多·H.波伊斯特.公共与非营利组织绩效考评：方法与运用 [M].北京：中国人民大学出版社，2005：4.
❸ 范柏乃.政府绩效评估与管理 [M].上海：复旦大学出版社，2007：12.
❹ 卓越.公共部门绩效评估 [M].北京：中国人民大学出版社，2011：7.

用。在承上方面，绩效评估的标准和内容完整地承接了绩效战略、绩效目标、绩效合同等对绩效产出与结果的制度规定；在启下方面，绩效评估的信息产出是绩效控制、绩效激励、绩效沟通与改进的重要依据。

作为评价公共部门绩效的专门活动，公共部门绩效评估具有如下特点：一是正式性。不同于非正式的评价行为，绩效评估是基于绩效评估制度发起的正式绩效评价活动，其评价过程和结果具有权威性。二是公共价值导向。绩效评估不是价值无涉的活动，相反，它时刻关照价值和回应价值。对于公共部门绩效评估而言，绩效评估系统及其全过程要体现对公共组织及其事务活动对公共价值的创造和对公共利益的追求。三是科学性。绩效的形成及其表现异常复杂，要对其进行精准测量颇为不易，因此公共部门绩效评估需要把科学性作为一项标准，对评估对象的绩效行为、产出和结果进行系统观察和记录，通过科学分析绩效数据得出绩效评估结论。

10.3.1.2 公共部门绩效评估的类型

根据公共部门绩效评估对象的组织层级和事件活动类型，公共部门绩效评估主要包括以下类型。

（1）政府绩效评估。政府绩效评估是对一级整体政府在履行政府职能过程中的综合治理绩效的评价。政府绩效生成涉及的绩效生产主体多元，绩效产出和结果的影响范围广。因此，政府绩效评估的指标设计，总体以宏观层面和中观层面的汇总性指标和数据为基础。

（2）部门绩效评估。部门绩效部门是指对一级政府的组成部门，以及一个政府部门的内设机构在履行职能职责过程中的产出和结果进行的评定。部门绩效评估具有承上启下的功能，是对政府绩效评估的分解和落实，也是对岗位和人员层面绩效的汇总和统领。

（3）公职人员绩效评估。主要是对公共组织的成员在履行组织赋予的岗位职责和任务过程中产出和效果进行评价。在我国，公职人员绩效评估主要包括公务员（岗位）绩效评估、事业单位人员（岗位）绩效评估及聘用人员（岗位）绩效评估。

（4）政策绩效评估。政策绩效评估是依据一定的标准和程序，对一项政策制定与实施活动的效率性、效益性和有效性等政策产出与效果的综合评价。政策绩效评估以政策活动为评估对象，是一种事件型而非主体型的绩效评估对象。因此，政策绩效评估往往是对跨政府层级、跨政府部门等多元主体的政策行为的检验。

（5）公共项目绩效评估。项目管理的理念和方法在公共部门得到广泛的应用，项目制成为公共部门资源管理、任务管理的新模式。针对公共部门设立的各种任务导向、团队导向的临时组织的产出和结果进行评价，就是公共项目绩效评估。在实践中，公共项目绩效评估主要包括财政支出项目绩效评估，PPP项目绩效评估等不同表现形式。

10.3.1.3 公共部门绩效评估的主体系统

公共部门绩效评估是一个多主体、多角色共同完成的管理活动。关于绩效评估中的主体和权力划分，包国宪等学者认为，我国地方政府绩效评价活动中存在管理权、组织权和评价权的"三权"划分。❶这一权力及其主体划分具有启发意义，但是这一划分中的管理权和组织权存在紧密联系，而且并没有完整地囊括绩效评估活动中的所有主体角色，如评估对象。基于"三权"划分的启发，本书认为公共部门绩效评估中的活动主体可以划分为三类，即组织主体和组织权、评估主体和评价权、评估对象和执行权，分别对应谁来组织实施绩效评估，谁来评价评估对象，以及谁来负责生产绩效并接受评估的三大关键评估问题。

1. 组织主体与组织权

公共部门绩效评估是有目的、有组织、有制度和需要资源投入的管理活

---

❶ 包国宪，曹西安.地方政府绩效评价中的"三权"问题探析[J].中州学刊，2006（6）：44-45.

动。绩效评估活动组织的科学性、有效性直接关系能否实现绩效管理和绩效评估的目的。因此，需要对绩效评估活动本身进行有效的组织和管理，也由此产生了组织权。组织主体在公共部门绩效评估和管理活动中的主要权力包括绩效评估活动的领导和决策权，评估制度、评价规则和评价办法的制定权，评估活动的管理决策权，评价权的配置权，以及评估结果的使用权等。组织主体也需要承担对评估活动进行科学领导、决策和管理的责任，以确保评价权合理配置的责任，以及确保评估活动和评估结果的科学性和合理性的责任。按照组织权的层级和功能分工，绩效评估的组织主体又可以分为绩效评估领导机构和绩效实施机构。它们分别具有绩效评估领导权和评估组织实施权。

评估领导机构是指，对公共部门绩效评估活动进行领导和决策的组织。评估领导权是指，公共部门绩效评估领导机构依据相应的政策制度，对其公共部门绩效评价活动进行宏观领导和决策的职权。绩效评估的领导机构一般由各级党政部门具有领导权力的机构和人员组成绩效评估领导小组实施集体领导。例如，我国各级政府绩效评估的领导机构，一般是一级政府设立的绩效管理（绩效评估/绩效考核）委员会或领导小组，领导小组成员由一级政府核心的党政领导及核心部门领导组成。

评估组织实施机构是指，政府职能部门依据公共部门绩效评估领导机构的决策和相关制度，具体组织实施评估活动的机构。为确保客观、公正和科学地开展绩效评估工作，树立评估的权威性和严肃性，评估工作需要建立一个评估实施机构。作为公共部门绩效评估领导机构的执行机构，评估组织实施机构主要执行绩效评估的制度、制订绩效评估活动的计划和实施方案、组织开展绩效评估活动，以确保绩效评估活动的顺利完成。在实践当中，不同类型的公共部门绩效评估都会采取设置绩效办公室（简称"绩效办""考核办"等）来组织实施绩效评估活动，并将绩效办公室挂靠在既有党政部门、科室来推动绩效评估活动的开展。在评估过程中，评估机构的主要职责是制定年度绩效评估计划，制定绩效评估指标体系，指导和推进绩效评估工作。

2. 评估主体与评价权

评价主体是基于评估制度规则和评估指标，对评估对象的具体指标进行评价的利益相关者。评价权是评价主体对被评价对象绩效作出评价的权力，表现评估主体收集数据信息并做出绩效判断的过程。绩效评估主体一般是评估对象的利益相关者，是受到评估对象行为、产出与结果影响的主体，或者影响评估对象行为、产出与结果的主体。根据评估主体在政府系统内外的分布情况，可以将公共部门绩效评估主体分为内部评估主体和外部评估主体。内部评估主体是指，由广义公共部门系统内部的组织、部门、人员担任的评价主体；而外部评估主体是指，由政府系统外部的社会主体担任公共组织绩效评估的评价主体。

按照360度评价原则，公共部门绩效评估内部评估主体分类如下：①上级评估。主要指向评估对象的上级领导机构、部门、科室和人员对下级的绩效评价。上级评价是我国公共部门绩效评估的主流模式，这是因为在科层制的公共部门结构体系中，行政下级需要对上级负责，同时行政上级对下级的绩效完成标准和实际情况比较熟悉。②同级评价。主要指处在同一行政级别的组织和同事的绩效评价。同级评价能够测评评估对象的工作协同情况，可以进行评估主体和对象的绩效比较。③自评。评估对象自身充当评估主体对自己的绩效状况进行评价。自评有利于发挥评估对象在绩效行为、产出和结果上的数据信息优势，促进绩效自我诊断改进，但也存在绩效评估结果高估、缺乏比较等问题。④下级评估。主要由评估对象领导的下属机构、部门、科室和人员对上级评估对象的评价。下级组织和人员评价可以考察处于领导角色的上级组织的领导行为和效能，也是观察绩效的一个重要窗口。

公共部门绩效评估的外部评价主体分类如下：①公民代表评估。公民评估是指由公民个体及其代表和组织担任公共部门绩效评估的评价主体，实践中主要包括服务对象评议、公民满意度评价、媒体评议、人大代表评议、政协委员评议和企业代表评议等不同表现形式。②专家评估是指聘请学术和实践专家参与公共部门绩效评价工作。专家评价具有专业性、权威性和独立性等优点。③第三方评估。第三方评估是指由政府外部独立的行业性评估机构、民间专业性评估机构、科研机构等专门性机构对公共部门绩效进行的评价。第三方评估具有专业性强，奉行价值中立，因而具有客观、公平、科学等特点。

关于公共部门绩效评估评价主体的配置和选择，要遵循以下原则：第一，注重评估主体与评估对象的利益相关性，通过选取具有利益关联的主体参与绩效评估能够对评估对象形成多元责任监督机制。第二，注重评价主体多元化。对于公共部门而言，任何公共组织及其成员的绩效都有着多元利益相关者，评估主体选择多元化有利于增强评估的全面性。第三，注重评估主体的能力。评价主体围绕具体评估指标的评分过程需要开展大量的调查调研、数据收集和分析。因此公共部门绩效评估选取的评估主体应该具有调查能力、信息分析能力，以确保评估主体能够高效完成指标评价工作。第四，注重评估主体的伦理建设。由于评估主体的评价行为和结果对评估对象有着切身利益影响，所以评估主体要遵循客观、公正、诚实和正直等评估伦理，以确保评估结果的科学性和公正性。

3. 评估对象与执行权

评估对象是公共部门绩效评估活动中的绩效认知、分析和评判的对象。根据评估对象主体责任的明确程度，可以分为组织型评估对象和事件型评估对象。组织型评估对象是指，依据公共组织的职能和职责设置，对公共组织及其构成要素等不同层次主体的在履职履责过程中的行为、产出和效果进行综合评价。组织型评估对象主要包括对整体组织、组织中的部门及组织中的岗位人员的绩效进行评价。事件型绩效评估对象主要是对公共组织开展的专门性决策、管理、服务活动的产出和效益进行评价，如政策活动的政策绩效评估、财政支出活动的财政支出绩效评价等。

在公共部门绩效评估系统中，评估对象对绩效产出和结果的好坏负有直接的责任。其中，组织型评估对象依据组织的职责分工，由相应的评估对象承担绩效责任。对于事件型绩效评估对象,参与这些事件活动的相关主体对其承担绩效责任。总体来看,评估对象是公共部门绩效的生产者和绩效任务的执行者,其承担绩效任务执行的责任,也应被赋予绩效任务执行的权力。具体来说,评估对象承担绩效生产责任,需要履行公共职责设定的职能职责,采取特定行动,提供具体的公共产品和服务。在权力方面,为了实现绩效目标和任务,评估对象需要具有与之相匹配的资源配置权利及对资源的调配和处理权力。当评估对象具有完善的职能、权力、资源和组织利益时,实现其绩效目标就更有组织保障。

10.3.2 公共部门的绩效评估程序

10.3.2.1 确定评估目的与对象

为什么要开展评估是任何绩效评估活动首先要考虑的问题,明确公共部门绩效评估的目的是实施绩效评估的基础。原因如下:第一,绩效评估的目的决定评估活动的对象选择,不同的评估目的会形成不同的被评估对象、不同的评估重点。第二,绩效评估的目的决定评估指标设计,针对不同目的评估指标及其评价标准的设计也有所不同。第三,绩效评估目的决定绩效评估结果应用的方式和应用程度,进而影响绩效管理系统的功能导向。因此,公共部门绩效评估活动的发起者、组织者和领导者,首先要明确绩效评估的目的,并确定通过该评估所要达到的效果。

公共部门绩效评估活动的主要评估目的如下:①学习发展型绩效评估。其绩效评估的主要目的是帮助绩效评估对象诊断绩效水平,发现评估对象在行为、产出、结果方面的优点和不足,并分析绩效成因,帮助评估对象持续改进绩效。②目标控制型绩效评估。绩效评估的主要目的是检验评估对象承担上级配置的绩效目标、绩效任务的完成情况,通过绩效评估控制和引导评估对象的行为和结果方向。③激励型绩效评估。绩效评估的目的是调动评估对象的工作积极性，通过基于绩效评估结果的物质激励、精神激励和晋升激励等手段，通过对评估对象进行正强化奖励和负强化的问责，来激发评估对象对于绩效目标任务的实现动机。在现实中，公共部门绩效评估的评估目的具有复合性，可以同时包括以上一个或者多个评估目的。

10.3.2.2 制订绩效评估计划

在确定开展绩效评估活动后，需要制订科学合理的绩效评估计划对评估活动的程序步骤、开展方式等进行设计。绩效评估计划主要由绩效评估活动的组织主体进行统筹制订。其中，绩效评估组织实施机构负责评估计划方案的起草和意见征集，而绩效评估领导机构负责评估计划方案的批准决策。

从内容上来看，绩效评估计划要包含以下内容：①评估目的。介绍绩效评估活动的背景，开展绩效评估的目的与意义。②评估原则。它是绩效评估活动全过程所体现的价值，集中体现了评估活动与过程倡导什么、反对什么，回应评估目的。③评估对象。绩效评估对象范围与类型。④评估主体。谁来参与对评估对象的考核与评价。⑤评估框架。评估的主要内容或者评估指标体系的宏观框架。⑥评价方式。评估主体主要以何种方式对评估对象进行评价。⑦评价结果及其应用。说明评价结果如何形成，以及评估结果如何应用等问题。

制订公共部门绩效评估计划应体现以下原则：①民主性。公共部门绩效评估计划是一种操作性的绩效管理制度，它关切多元主体的利益。因此，制订绩效评估计划要广泛征求政府内部和外部利益相关者的意见，凝聚评估共识。②科学性。绩效评估目的设置、评估对象选择、评估主体配置及评估指标设计都应遵循科学合理原则。③公开性。不同于私人绩效评估，公共部门绩效评估计划应在一定范围公开，一方面要保证评估对象的知情权，另一方面要保证社会大众对公共部门绩效评估的知情权和监督权。

10.3.2.3 评估指标体系设计

构建绩效评估指标体系是公共部门绩效评估组织实施的关键组成部分。指标是一种量的资料,是一套统计资料系统,用它来描述社会状况的指数,制定社会规划和进行社会分析,对现状和未来做出估价。❶ 绩效评估的指标是一种以简洁、凝练和集中的方式反映评估对象业绩状况的手段。所谓的"评估指标体系",就是按照一定的理论与方法建立的关于评估对象的绩效测量与分析系统。

评估指标体系是由相互联系、相互作用的要素构成的具有一定结构和功能的有机统一体,内容上主要包括评估维度、评估指标和评估标准等。按照评估指标的性质和测量方式的不同,可以把绩效评估指标体系分为定量指标和定性指标。其中,定量指标是指通过对评估对象关于行为、产出和结果客观事实的记录、调查获得的数据并进行量化测评的指标;定性指标是指通过对评估对象某方面绩效状况进行调研访谈获得定性资料,并基于此进行定性主观评价的测评指标。根据评估指标所体现的绩效价值,又可以把评估指标分为经济性指标、效率性指标、效果性指标和公平性指标等。根据评估指标在不同评估对象中的适用范围,还可以分为共性指标和个性指标。其中,共性指标是指适用所有评估对象的通用指标,而个性指标是指仅仅适用特定评估对象的个性化指标。

一般来说,绩效评估指标体系的设计程序包括以下方面:①评估维度设计。评估维度也称评估指标体系中的一级指标,位居指标体系的最高层次。它主要回答从哪些关键方面来横向评估对象的绩效水平的问题,体现的是评估背后的逻辑思路。②具体指标设计。具体评估指标是将抽象的评估维度按照其本质属性和内容分解成具有行为化、可操作化的观测指标。③评估指标权重设计。指标权重是指不同评估指标在绩效评估指标体系的重要性。④评

---

❶ 邓国胜. 非营利组织评估 [M]. 北京:社会科学文献出版社,2001:13.

估标准设计。它是指评估对象在各个指标上所应达到的绩效水平或绩效要求，评估者正是通过绩效标准来区分和明确各种不同的绩效等级或者分数。❶⑤评估指标的信度和效度检验。由于良好的信度和效度是指标体系的科学性标尺，所以绩效评价指标体系应在一定范围之内开展试评试测，并基于测试数据检验评估指标。

公共部门绩效评估指标体系设计，既要遵循一般性的指标体系设计原则，又要回应公共部门在公共性追求的特殊性，主要原则如下：①相关性。公共部门绩效评估指标设计要与评估对象的战略使命、组织目标和职能职责紧密关联。②关键性。任何评估对象的目标、行为、产出和结果都具有多样性和复杂性，绩效评估指标体系构建不应事无巨细地力图反映评估对象的方方面面，相反应该抓住评估对象的关键绩效方面和要素，构建简洁、重点突出绩效评估指标。③公共性。公共部门绩效评估指标体系要回应公共组织、项目和政策在回应社会公共需求、公共价值创造方面的贡献，因此公共部门绩效评估指标设计要体现效率、效益、效果、公平、公民满意、质量、回应性、合法性和民主性等多元公共价值。④SMART原则。"S"代表"Specific"，要求绩效指标应该是"具体的""明确的""切中目标的"；"M"代表"Measurable"，要求绩效指标最终是"可衡量的""可评估的"，能够形成数量指标；"A"代表"Achievable"，要求绩效指标是"能够实现的"，而不是"过高或过低"或者不切实际；"R"代表"Realistic"，要求绩效指标是"现实的"，而不是"凭空想象的"或"假设的"；"T"代表"Time-bound"，要求绩效指标具有"时限性"。

10.3.2.4 评估数据收集与分析

数据是一种广泛的社会存在，无论是在传统社会还是信息社会，获取和分析数据都是人类认知事物的基本途径。它"被视为人们获得新的认知、创造新

---

❶ 蔡立辉.政府绩效评估[M].北京：中国人民大学出版社，2012：98.

的价值的源泉"。信息管理领域建立了"数据（Data）—信息（Information）—知识（Knowledge）—智慧（Wisdom）"的认知金字塔，数据则处于认知的最前端和最底层。因为数据与环境、事实有着直接的联系，它是对观察到的世界属性的符号再现。❶ 简言之，数据是人们对观察到的事实经过获取、存储和表达后得到的记录，而这样的记录通常表现为文本、数字、图形、图像、声音和视频等。可见，数据的本质功能在于记录和描述客观事实，数据具有明显的原始性、事实性与客观性特征。

在公共部门绩效评估中，存在并使用的数据可以称为绩效数据，它具有数据的一般属性和绩效领域的特殊性。可以将评估数据定义为反映公共组织行为与结果等绩效事实的符号记录。绩效数据的本质功能也在于记录公共组织为了履行职能职责而开展的行政行为事实，记录行政活动对政府内外部利益相关主体及其环境造成的后果与影响事实。绩效事实依据公共组织的行为和活动而产生，但绩效数据却不会自动产生。绩效数据必须经由人们能动地观察、感知和捕捉而得到，须将绩效事实通过特定的数据形式、媒介予以固化。这些详细的记录与符号为政府绩效管理和评估中利益相关主体回溯与再现评估对象绩效生成的过程与后果提供了依据。❷

在公共部门绩效评估的实践中，主要的绩效数据收集类型和渠道如下：①统计数据。统计数据是由专门的统计机构基于统计调查制度所收集的反映国民经济和社会现象的数据。统计数据具有汇总性和宏观性的特点，尤其适合反映政府、政策等复杂性绩效评估对象的绩效产出和结果。②组织档案记录数据。它主要是指组织及其成员在工作中留下的反应工作方式、效果的纸质或者数字记录，包括工作台账、业务系统和文书档案等形式。组织档案记录数据能够反映组织、组织内设机构及其成员的行为和结果，是组织、岗位

---

❶ ROWLEY J. The Wisdom Hierarchy: Representations of the DIKW Hierarchy [J]. Journal of Information Science, 2007（2）: 163-80.
❷ 张红春. 从小数据到大数据：政府绩效信息失真的治理路径转轨 [J]. 甘肃行政学院学报，2019（5）: 24-34，125-126.

和人员绩效评估数据的重要来源。随着公共部门的数字化转型,数字平台生成的数字记录越来越普遍,为绩效评估提供了丰富的数据基础。③主观评价调查数据。绩效评估中的主观指标,主要对政府内部和外部的利益相关主体进行绩效感知调查获取数据。主观评价意见的范围既包括来自政府内部的评估主体,如上级领导评价、部门互评等,又包括居民代表、村民代表、媒体代表和企业代表等社会公众的评价。主观评价数据通过纸质或电子化的问卷调查来获取,依托结构化测量指标和题目来收集数值型的评价数据。为了控制调查成本,主观评价数据都必须以一定的抽样规则选择一定的样本来收集数据。④评估对象的工作总结报告。绩效考核中一些难以精确量化指标,常通过现场或非现场的实践专家评分获取数据。而考评的依据必须让评估对象提供工作总结报告或汇报,考评主体通过听取评估对象的报告、查阅资料档案来进行指标评分。

绩效评估数据分析的本质是收集绩效数据并将其转化为绩效信息。绩效数据虽然为绩效评估提供了事实基础,但它并不能告知政府组织绩效水平高低与好坏的差异。相反,信息则具有这样的功能,信息是与认知目的相关的、具有价值和意义的信号,是基于数据的推断。而将评估中的数据转化为信息需要一个解释的过程,并赋予数据以意义。❶从客观向主观转化、从价值无涉到价值关联,是绩效数据走向绩效信息建构的本质逻辑。在评估数据分析的过程中,一方面要对评估数据做价值分析,另一方面也要利用数理方法对评估数据进行合成、汇总,形成评价结果。在价值分析方面,要将评价指标、评价标准蕴含的价值标准与评估数据耦合,形成评价结果。政府绩效要实现的绩效价值标准是多元的,包括效率、效能、公平、经济、回应、质量和透明等公共价值、政治价值与行政价值。❷而生成价值和意义取向的绩效信息,又离不开绩效数据

---

❶ RUSS-EFT D, PRESKILL H. Evaluation in Organizations a Systematic Approach:A Systematic Approach to Enhancing learning, Performance and Change [M]. New York:Basic Books, 2009:4.

❷ 吴建南, 章磊, 李贵宁. 地方政府绩效指标设计框架及其核心指标体系构建[J]. 管理评论, 2009, 21(11):121-128.

所提供的事实基础，否则绩效价值正确但绩效事实缺损会造成绩效信息价值判断的歪曲。绩效价值嵌入绩效数据的耦合过程，必然需要评估主体对绩效数据的深入分析和洞察才能生成可靠的绩效评判。在评估数据的数理分析方面，要采用科学性、综合性的多指标数据合成汇总方法，形成量化评价结果。近年来，系统工程、运筹学、管理科学与工程等学科领域创造了诸多数据分析新方法，数据包络分析、层次分析法、因子分析法、模糊综合评价法、可拓评价、粗糙集、熵权法、灰色关联分析和结构方程模型等多元指标综合评价的数据分析和合成方法，并在理论研究和实践中得到了广泛应用。

评估数据收集和分析的最终成果是评估报告。评估报告是评估工作完成绩效评估后向评估组织机构提交的，用来说明评估目的、评估方式、评估指标、评估标准、评估依据、评估结论及评估结果分析等基本情况的文字档案，也是政府部门绩效评估工作最终成果的体现。❶ 评估报告是向利益相关者描述评估过程、评估方法和评估结果的系统文档，一般由评估的组织者负责撰写。

10.3.2.5　评估结果应用

评估结果应用是绩效评估活动的最后一个环节，是由绩效评估活动上升为绩效管理活动的关键环节。从形式上来看，绩效评估结果表现为评估报告中的评估结论。从信息实质来讲，绩效评估结果的本质是绩效信息。波利特认为，绩效信息是由制度与相应的评估过程所产生的，被系统收集用来描述公共组织与项目产出与效果的信息。❷ 这反映了绩效信息是正式绩效管理和评估制度与制度运行的产物，绩效评估结果应用本质上是对绩效评估活动所产生的绩效信息的使用。

---

❶ 卓越. 公共部门绩效评估 [M]. 北京：中国人民大学出版社，2004：80.
❷ POLLITT C. Performance Information for Democracy The Missing Link? [J]. Evaluation, 2006, 12 (1)：38-55.

绩效信息使用被称为公共部门绩效管理和评估的大问题（Big Question）。[1]从概念来看，绩效信息使用是指绩效评估的利益相关主体基于绩效信息进行管理决策的组织行为。绩效信息使用在政府绩效管理中的重要性取决于利用绩效信息所带来的管理效用。公共部门导入绩效管理和评估的核心理念，也在于制定各项决策的过程中使用绩效信息以改进绩效。把绩效信息融入管理决策，将增强管理者对组织绩效的调控、达成和改进能力，使组织管理过程中的目标计划、资源分配、人事配置和薪酬激励等决策建立在追求绩效与绩效改进的基础之上。可见，绩效信息和绩效信息使用贯穿整个管理过程，对改善绩效管理有着至关重要的作用。有研究指出，一个成功的绩效管理与绩效评估系统要求使用绩效信息支持管理决策，并增强组织的责任感。[2]绩效管理和绩效评估不是以绩效数据和信息本身为目的，而是用以提高组织和组织成员的绩效，这就要求高效的绩效信息利用行为。

关于如何利用绩效评估结果或者绩效信息，绩效信息使用用途和领域具有多样性。朱国玮认为，政府绩效信息可被用于包括战略计划、预算、标杆、公众调查、绩效监督和绩效审计等多个方面。[3]伯恩（Behn）也较早提出了8种绩效信息的管理用途：评价、控制、预算、激励、晋升、庆祝、学习与改进。[4]乌特尔·万·德瑞（Van Dooren）等也列举了44种绩效信息的具体使用方式，并将其按使用功能分为学习、激励与控制、责任三个大类。[5]可见，公共部门绩效信息有着多元的使用价值，可以实现不同的管理目的。为了统筹这些分散的绩效信息使用方式，哈默查德（Hammerschmid）、张红春等在研

---

[1] MOYNIHAN D P. The Big Question for Performance Management: Why Do Managers Use Performance Information? [J]. Journal of Public Administration Research & Theory, 2010, 20（4）：849-866.

[2] 凯思·麦基. 建设更好的政府 [M]. 北京：中国人民大学出版社，2009：32.

[3] 朱国玮，黄珺，汪浩. 政府绩效信息的获取、使用与公开制度研究 [J]. 情报科学，2005,23（4）：621-625.

[4] BEHN R D. Why Measure Performance? Different Purposes Require Different Measures [J]. Public Administration Review, 2003, 63（5）：586-606.

[5] VAN DOOREN W, BOUCKAERT G, HALLIGAN J. Performance Management in the Public Sector [M]. Abingdon：Routledge, 2010：96.

究中以绩效信息的内部使用和外部使用两个维度来考察政府绩效信息使用方式,并认为内部使用主要是指将绩效信息用于管理控制和组织运作改进,外部使用主要是指政府对外展示部门业绩、承担外部责任。❶❷ 这一划分方式区别了政府组织系统内部管理和外部责任的绩效信息使用场域和使用功能,具有较合理清晰的边界,为系统观察政府部门的绩效信息利用方式,提供了一个较好的分析与测评框架。具体来说,内部管理使用主要是指在公共部门的人事管理,预算、财政和资源配置,计划与目标制订,以及领导激励、绩效改进、绩效沟通等方面基于绩效信息做出管理和决策。公共部门绩效评估所生成的绩效信息还应该用于履行外部公共责任,即公共部门应向社会公众报告其绩效状况,公开政府、事业单位及其组成部门的绩效信息,以提高公共部门绩效信息透明度。

应当指出的是,无论是在国内还是在国外,绩效信息使用的程度并不充分。有研究指出,绩效信息存在不使用、象征性使用、机会主义使用、假装使用等诸多问题。因此,如何提高绩效信息的利用效率,成为公共部门绩效管理与评估应持续解决的重大问题。

思考题

1. 为什么工商管理工具可以应用于公共部门?
2. 列举公共部门绩效管理和私人部门绩效管理的异同。
3. 为什么绩效信息使用是绩效管理的关键问题?
4. 如何提高公共部门绩效评估的绩效信息质量?
5. 如何提高公共部门绩效信息使用效率?

---

❶ HAMMERSCHMID G,VAN DE WALLE S,STIMAC V. Internal and External Use of Performance Information in Public Organizations:Results from an International Survey [J]. Public Money & Management,2013,33(4):261-268.

❷ 张红春. 政府绩效信息使用:理论与实证 [M] 北京:社会科学文献出版社:2017:106.

参考文献

[1] 凯思.麦基.建设更好的政府：建立监控与评估系统[M].北京：中国人民大学出版社，2009.

[2] 蔡立辉.政府绩效评估[M].北京：中国人民大学出版社，2012.

[3] 卓越.公共部门绩效评估[M].北京：中国人民大学出版社，2004.

[4] 卓越.政府绩效管理概论[M].北京：清华大学出版社，2007.

[5] 张红春：政府绩效信息使用：理论与实证[M]北京：社会科学文献出版社.

[6] 周志忍.政府绩效评估中的公民参与：我国的实践历程与前景[J].中国行政管理，2008（1）：111-118.

[7] 包国宪，王学军.以公共价值为基础的政府绩效治理——源起、架构与研究问题[J].公共管理学报，2012（2）：89-97.

第 11 章 公共管理伦理

政府的唯一正当目的，就是保护人民的生命、自由和财产。

——洛克

引 子

"政府的唯一正当目的，就是保护人民的生命、自由和财产。"这句话不仅概括了公共管理伦理的核心，更体现了公共行政工作的底线和原则。在每一个决策和行动中，公共管理者都必须以公众利益为先，承担起个人的责任。政府的首要责任是保护人民的基本权利，包括生命权、自由权和财产权。在公共管理伦理中，政府应当以人民的利益为重，确保他们的生命得到保障、自由不受侵犯、财产得到合法保护。因此，本章旨在探讨公共管理伦理的基本内容、理论基础和体系构建，推动公共事务的健康发展和社会的持续进步。

11.1 公共管理伦理的概述

11.1.1 公共伦理的概念与内涵

伦理是与特定社会或组织的意识形态相对应的适当道德行为的全部规则。公共伦理是政治伦理的一个分支。在公共部门，伦理规范涉及公共行政人员作为代理人职责的基本前提。公共伦理是在为政府和非营利组织提供服务时，在完成日常职责期间做出的决定和行动背后的道德理由。公共伦理是一个广泛的话题，因为价值观和伦理因文化而异。尽管伦理价值观存在差异，但对于什么是良好行为和正确的行为与道德，人们越来越有共同点。伦理操守是一种问责标准，公众将据此审查这些组织成员所从事的工作。

11.1.1.1 伦理

伦理包括两个方面。首先，伦理是指有根据的是非标准，它规定了人类应该做什么，通常是在权利、义务、社会利益、公平或特定美德方面。例如，伦理是指那些规定合理义务避免强奸、偷窃、谋杀、殴打、诽谤和欺诈的标准。伦理标准还包括那些要求诚实、同情和忠诚的美德。而且，伦理标准包括与权利有关的标准，如生命权、免受伤害权和隐私权。其次，伦理是指一个人的道德标准的研究和发展。如上所述，感情、法律和社会规范可能会偏离道德规范，因此，有必要不断检查自己的标准，以确保它们是合理的、有根据的。伦理领域是一个规范性领域，它支配着人们应该做什么，而不是他们实际做什么，他们想做什么，或者社会习俗要求做什么。作为一个理性和系统的研究领域，伦理学研究人们应该以一种方式而不是另一种方式行事的实际原因。大多数伦理理论都寻求普遍原则，以表达客观上对与错的一般立场。

11.1.1.2 公共管理伦理

公共管理伦理就是作为公共管理领域的伦理，它是一套旨在解决利益冲突以提高社会福祉的规范性准则。这种对伦理学的基本理解是公共管理伦理学的框架。公职和行政管理中的伦理对于基于特定城镇、县、市或省需要的良好行为非常重要。遵守伦理准则可能具有挑战性，但它对于社会的信任和政府的运行非常重要。伦理规范在公众和行政部门之间提供问责制。遵守伦理准则可确保公众以公平的方式获得诉求的东西，而且还为公共管理部门提供了建立诚信的指导方针。反过来，这种诚信有助于培养社区的信任。通过营造这种信任氛围，政府帮助公众了解他们正在以自己的最大利益为出发点。此外，伦理准则还制定了公共部门同事可以相互期望的专业标准。有了规范的公共伦理准则，领导者就有了执行任务所需的指导方针，并激励他们的工作人员以专业和公平的方式执行法律。公共管理中良好伦理的另一个积极结果是与社区进行及时的沟通。这种透明度可以建立信任，并防止从外部来源泄露信息时可能出现的潜在问题。如果公众需要了解一些后果，最好直接来自公共管理领导和行政部门。沟通还可以让所有各方都参与进来，以便他们都能朝着共同的目标努力。虽然都是伦理的具体应用，但公共管理伦理与个人伦理原则存在不同。

1. 主体不同

个人伦理关注的是个人，更多的是私德等个人动机问题。与此不同，公共管理伦理由公共管理系统和公共管理者组成。公共管理者虽然是有血有肉的人类，但其组成的管理系统是非人格化的。公共管理系统是由人构建而成的，管理者也是人，但整个体系超越了个体的特定意志和动机。与个人伦理不同，在公共管理伦理中，动机所代表的是社会整体的利益和政府的使命。这些管理体系和管理者的行为所追求的目标超越了个人的利益，是为了服务社会、维护公共利益。

2. 影响不同

个人伦理关注的是个体在私人生活和关系中的道德行为和价值观。它主要涉及个人在家庭、朋友、工作和日常生活中的道德选择和行为准则。个人伦理与个体的内心信念、道德原则和个人情感息息相关，反映了个人对于善恶、正义和道德行为的理解和选择。个人伦理强调个体在私人领域内的自律、自我约束和道德责任，以维护个人与他人之间的良好关系和社会和谐。相比之下，公共伦理涉及更加广泛和复杂的社会关系和问题。它关注的是，政府、组织、公共机构和公共管理者在处理公共事务和公共资源分配时，应遵循的道德原则和行为准则。公共伦理涉及的领域包括政府决策的公正性和透明度、公共资源的合理分配、公共服务的质量和效率、政府官员的廉洁和诚信等。

3. 约束方式不同

个人伦理的约束方式更多地依赖个人内在的良知、道德观念、情怀。个人伦理是对个体行为的道德约束，主要体现在个人对自己行为的道德选择和自律上，强调个人在面对道德困境时的自我审查和道德选择；而公共管理伦理除了内心信念，外部制度的约束作用也是必不可少的。公共管理伦理通常受到法律法规、规章制度和组织规范等多重约束，这些制度的约束力度更明确和强大。

4. 评价标准不同

在个人伦理中，行为的道德性质通常以个人的良知、内心信念和个人情感的判断为基础。评价一个人的行为是否符合伦理标准，更多地取决于其行为是否符合个人的道德观念和价值观。而公共管理伦理主要是看这一公共管理系统的实际功能和作用，看它实际指向什么基本价值，遵循什么正义原则。公共管理伦理的评价更加注重公共利益的最大化、公平正义的实现及公共服务的效能和效率。

11.1.2 公共伦理与道德

道德和伦理都与区分"好与坏"或"对与错"之间的区别有关。许多人认为，道德是个人和规范层面的东西，而伦理是按特定社区或社会环境区分的"好与坏"的标准。换句话说，道德被认为是影响个人的准则，而伦理被认为是整个更大群体或社区的路标。伦理也比道德更侧重文化。道德更多是相对的，因为它是因人而异的。此外，道德会受到家庭甚至宗教信仰及过去经历的巨大影响。公共道德和公共伦理存在以下不同。

11.1.2.1 指向不同

道德通常涉及个体内在的品质、信念和价值观，是一种主观评价，更多关注个体的内在特征和行为。它指的是一个人内心深处的良知、品德和操守等。公共伦理更侧重社会共同的价值观、规范和行为准则，是一种客观秩序，更多关注个体与社会、他人之间的关系和行为。它指的是整个社会或社会团体所认同的、公认的道德准则和行为规范。

11.1.2.2 适用范围不同

在学术上，伦理和道德这两个词语的使用上没有非常严格的区分，有时可以互换。但在某些情况下，公共伦理可能更广泛，包含更多社会政治和制度方面的内容，而道德更多指个人的行为和内心世界。

11.1.2.3 评估标准不同

公共伦理主要是对社会行为进行评价和规范的原则和标准，是一种对错标准。它旨在规定人们在社会生活中应该做什么，以确保社会的正常运行和公共利益的最大化。道德更多是关于个体内心世界和行为的评价，通常涉及良心、道德品质、行为操守等方面。它强调个体应该如何行为才符合道德准则和价值观。

11.1.3 公共伦理与公共责任

公共伦理和公共责任是两个密切相关但又有区别的概念。

11.1.3.1 公共伦理与公共责任的联系

（1）目的相同。公共伦理和公共责任都涉及社会共同利益和公民行为规范。它们都关注于社会中的个体、组织如何行动，以增进公共福祉和公共利益。

（2）社会影响相同。公共伦理和公共责任的实践都具有对社会产生积极影响的目标。公共伦理强调的是在社会中遵循的道德准则和原则，而公共责任强调的是个体或组织对社会的责任和义务。

（3）互为支撑。公共伦理可以被看作公共责任的基础，因为它为公共管理者提供了道德指导，确保他们在处理公共事务时遵循伦理原则。通过遵循公共伦理，管理者能够确保其行为符合社会价值观和道德标准，从而在公共事务管理中做出更明智、更公正的决策。而公共责任则是对公共伦理的具体应用。公共伦理为管理者提供了一个框架，帮助他们权衡各种利益，并致力于促进社会的整体利益。因此，公共伦理的实践是确保公共管理者履行其公共责任的关键，它确保了管理者在公共事务管理中以负责任的方式行事。

11.1.3.2 公共伦理与公共责任的区别

公共伦理和公共责任都是推动社会发展的重要概念，它们共同构成建设性社会行为的基础。但是它们依然有着一定的差异，主要体现在以下方面。

（1）焦点不同。公共伦理侧重价值观和道德原则，强调在社会互动中的正确行为。而公共责任更注重于行为人的特定行动和对社会的影响，即个体或组织如何履行其在社会中的义务和责任。

（2）范围不同。公共伦理涵盖了更广泛的道德和价值观念，更侧重伦理原则和准则。而公共责任更强调实际的职责和义务，通常更具体，关注个体或组织如何实际行动来履行其在社会中的责任。公共伦理是公共责任的基础，而公共责任是伦理原则在实践中的体现。

（3）约束方式不同。公共伦理和公共责任在约束方式上存在一些差异。公共伦理受到伦理理论的约束，即在社会互动中，个体或组织的行为受到共同的伦理理论的影响。而公共责任则主要通过法律、纪律和职业道德来实施，个体或组织在特定职业或社会角色中有义务遵守相关法律规定、纪律规范和职业道德准则，违反则可能面临法律制裁、纪律处分或行业惩罚。这两者共同构成社会行为的规范和约束框架，促进社会的稳定和发展。

11.2 公共管理伦理的理论基础

11.2.1 功利主义

11.2.1.1 功利主义的背景和发展脉络

功利主义是一种伦理哲学传统，古典功利主义者的早期先驱包括英国道德家坎伯兰、沙夫茨伯里、哈奇森、盖伊和休谟。而杰里米·边沁（Jeremy Bentham）和约翰·斯图尔特·密尔（John Stuart Mill）这两位18世纪末和19世纪的英国哲学家，较早地系统提出功利主义理论。功利主义认为，如果一个行为倾向能促进幸福，那么它就是对的，道德上正确的行为是产生最大善的行为。该理论是结果主义的一种形式：正确的行动完全根据产生的后果来理解。功利主义与利己主义的区别在于相关后果的范围。在功利主义的观点下，一个人应该最大化整体利益。也就是说，考虑他人的利益及自己的利益。功利主义还以公正和代理人中立为特征。每个人的幸福都是一样的。当一个人将善最大化时，它就会被公正地对待。"我"的利益并不比任何人的利益更重要。此外，"我"必须促进整体利益的原因与其他人必须促进利益的原因相同。

功利主义一般有两种主要类型，即行为功利主义和规则功利主义。

1. 行为功利主义

人人都应该使自己的行为为其影响所及的每一个人都带来最大量的好处，且带来的好处应多于坏处。每个人都必须估量自己所处的境遇，努力认清什么行为将不仅为自己（如同利己主义那样），而且帮助与此境遇相关的每一个人实现利益最大化。对于行为功利主义而言，因为所有的人遇到的每一种境遇都是不同的，绝对规则是不存在的。因此，所有那些可能一般被认为不道德的行为，在行为功利主义者看来，只有依其在特定境遇下能否为每一个人带来大于坏处的最大好处，才能断定其道德与否。功利主义伦理理论兴起时期的代表人物是英国哲学家杰瑞米·边沁。他在其著作《道德与立法原理》中提出了功利主义的基本原则，并强调行为的道德性取决于其产生的后果。在后来的发展脉络中，功利主义受到了许多哲学家和思想家的影响，包括约翰·斯图亚特·密尔和亚当·斯密等人。他们对功利主义进行了进一步的探讨和发展，使其成为伦理学中重要的一支流派。功利主义强调以最大化幸福或利益为行为准则，对伦理学和社会政策产生了重要影响。行为功利主义的一个例子：制药公司发布已获得政府批准的药物，但已知副作用轻微。因为该药物能够帮助更多的人，所以被副作用所困扰的人相对较少。行为功利主义经常表明"目的证明手段是正当的"的概念，或者说它是值得的。

2. 规则功利主义

规则功利主义关注的是道德规则的后果。如果每个人都永远遵守同一套道德规范，就能产生最大快乐。这一理论常见于交通规则等领域。规则功利主义不是根据哪种方法能取得最大快乐值来决定行为，而是根据既定的规范。例如，如果大家都能遵守交通规则，那么交通就能安全便利，从而实现最大的快乐值。需要注意的是，规则制定时的合理性也很重要，否则规则可能最终走向不合理。根据规则功利主义，一个行为的道德性取决于它是否符合能够最大化整体幸福的道德规则。人们不应该在每个具体情境下重新评估每个行为的后果，而是应该遵循能够在大多数情况下产生最大利益的一般规则或准则。例如，规则功利主义可能会制定类似"不要撒谎""不要偷窃"等一般性道德规则，认为在大多数情况下遵循这些规则可以最大化整体幸福。

11.2.1.2 功利主义的核心内容

1. 快乐是人类正义的评判标准

功利主义认为，快乐是人类行动的主宰和最终目标。一切的行为都应该以最大化人类的幸福和快乐为目标。快乐不仅是一种感官上的愉悦，而且涵盖了所有形式的满足感和幸福感。人们的行为和道德规范应该根据它们所带来的后果来评判。如果一个行为能够带来更多的快乐和幸福，那么这个行为就是道德的；相反，如果一个行为导致痛苦和不幸，那么这个行为就是不道德的。功利主义强调，快乐是一种客观存在，而不是主观感受。社会的幸福不仅是个体的累积，而且是整个社会的总体快乐。因此，为了实现最大的幸福，我们应该追求整个社会的最大利益，而不是仅仅关注个人的利益。功利主义主张通过合理的社会制度和规则来最大化整个社会的幸福水平。道德行为应该基于对社会利益和整体快乐的考量，而不是个人的私利。因此，快乐的追求应该是行为的主要动机，也是我们建设社会制度和规范的根本原则。不过，上述观点和康德的义务论有着本质区别，即前者是经验感性的，后者是超验理性的。

2. 快乐的质和量

积极的或理想的功利目的，功利主义最早是由杰里米·边沁提出的。边沁强调的是"最大多数人的最大幸福"原则，将道德行为的好坏与其对社会整体幸福的影响联系起来，认为幸福可以通过"快乐的计算"得以量化。他强调社会整体利益，主张行为应符合最大多数人的利益，以最大化整个社会

---

❶ 边沁.道德与立法原理导论[M].时殷弘，译.北京：商务印书馆，2000：70-81.

的幸福感。他设计了一种衡量一个行为可以引起更多快乐的方式。他设计了一个标准,测试了快乐的七个不同方面。例如,"强度"衡量的是快感的强烈程度,而"程度"衡量的是有多少人会受到该行为的影响。但边沁的功利主义遇到了问题,因为在他看来,如果它给折磨他的人带来了更大的幸福,那么折磨无辜者这样的行为在道德上就是合理的。因此,密尔以边沁的功利主义为基础,采取了一种略有不同的策略。密尔没有提出享乐主义的演算,而是认为高级快乐和低级快乐是有区别的。较高的快乐是指学术追求或利他主义,如阅读哲学或捐赠给慈善机构,而较低的快乐则涉及基本的快乐,如性或美食。密尔不仅认为高级快乐比低级快乐更有价值,而且认为"做一个不满意的人比做一头满足的猪要好"。这意味着密尔对功利主义的描述不仅关注带来像边沁那样最愉快的结果,而且关注一个人带来的快乐类型。密尔提出的"最大幸福"原则强调,社会应该追求所有个体的最大幸福,而不仅仅是数量上的最大化。在他看来,个体的幸福和自由是社会整体幸福的基础,应该得到充分尊重和保障。因此,边沁的功利主义强调社会整体利益和最大多数人的幸福,而密尔则更关注个体的幸福和自由。他们的观点在幸福的含义、个体权利和社会利益的权衡上有所不同,但都试图通过功利主义的原则来指导道德行为。

3. 消极的功利目的

消极功利主义是指根据最小痛苦原则来规范行为的一种伦理理论。根据这一理论,我们应该追求尽可能减少可避免的苦难,而不是追求最大化幸福或最大幸福原则。消极功利主义强调的是避免或减少痛苦、苦难的重要性,而不是积极追求快乐和幸福。波普尔提出的消极功利主义观点反映了对现实的理性思考和实践的关注。根据这种观点,追求至善的理想化目标往往是不切实际的,因为人类的痛苦和苦难是不可避免的。因此,我们应该关注当前最迫切、最现实的社会问题,努力减少可避免的痛苦,而不是为了一个相对遥远、实现难度大的目标而不断牺牲。从道德的角度来看,消极功利主义强调痛苦与快乐不可互相抵消。因此,处于痛苦或灾难中的个体应该得到救助,不应该以一些人的痛苦为代价来换取其他人的幸福。❶根据最小痛苦原则可知,我们应该尽可能地减少可避免的苦难,同时尽可能地平等地分担不可避免的痛苦。这意味着在决策和行为中,我们应该考虑如何最大限度减少对他人的伤害和痛苦,而不是只追求个体或某些群体的幸福。总的来说,消极功利主义强调的是避免痛苦和苦难的重要性,提倡通过尽量减少痛苦和平等分担痛苦来规范行为和社会制度。这种理论观点在道德决策和公共政策制定中具有指导意义,可以帮助我们更加理性地平衡利益和伦理考量,努力创造一个更加公正、平等和人道的社会环境。

4. 功利主义与集体主义的联系

功利主义和集体主义都是伦理学上的理论,它们之间存在一定的联系。一是关注社会整体利益。功利主义强调的是追求最大化整体幸福或利益,而集体主义也关注社会整体利益而非个人利益。两者都认为,个人的利益不能优先于社会整体利益。二是强调社会责任。功利主义和集体主义都强调个人对社会的责任。在功利主义中,个人行为的道德性取决于其对整体社会幸福的影响。而在集体主义中,个人的行为应该符合社会的需要和期望,促进社会的稳定和发展。三是追求社会正义。功利主义和集体主义都追求社会正义和公平。在功利主义中,社会正义被定义为最大化整体幸福或最小化痛苦。而在集体主义中,社会正义被认为是所有成员平等分享社会资源和机会。四是权衡个人和集体利益。功利主义可能更注重个人权利和自由,认为个人利益在不损害整体利益的前提下应得到保护;而集体主义可能更强调集体利益的优先地位,认为个人利益应该服从集体利益。不过,两者都认为,当集体利益和个人利益发生冲突时,个人利益要让位集体利益。

---

❶ POPPER. The Open Society and Its Enemies [M]. New Jersey: Princeton University Press, 1977: 542-551.

11.2.1.3 功利主义的局限性

功利主义提供了一种简单明确的道德准则，即追求最大化整体幸福或最小化整体痛苦。这种直接的原则易于被理解和应用，因此成为一种实用的道德指导。功利主义强调的是行为的后果，而不是行为本身的特性或者人的动机。这种关注后果的方法使功利主义能够增进社会的福祉和幸福，从而达到最大化整体利益的目标。不过功利主义也有一定的局限性。

1. 功利主义的演绎论证存在问题

功利主义认为，一个行为的道德性取决于它的后果是否最大化了整体的幸福或最小化了整体的痛苦。这意味着功利主义试图将道德价值建立在描述性的实际情况上，通过分析行为的后果来判断行为的道德性。然而，休谟指出，描述性事实只能告诉我们事物是什么样子，而不能告诉我们应该如何行动。❶ 具体来说，描述性事实只能描述事物的状态、性质和关系，但不能告诉我们这些事物是否具有道德价值，或者我们应该如何对待它们。例如，描述性事实可以描述某个人做了某种行为，但无法告诉我们这个行为是好是坏，或者是否应该采取其他行动。因此，功利主义试图从描述性事实中直接推导出道德要求可能是不可行的，因为描述性事实本身并不包含道德性质。

2. 难以确定一项行为给别人带来的结果

一方面，人类社会是一个复杂的系统，任何一个行为都可能产生广泛而深远的影响。因此，要准确地衡量一个行为对整体幸福的影响是非常困难的。一个行为可能对某些人产生积极影响，但对其他人可能产生负面影响，而且这些影响可能是间接的、远期的或者难以预测的。另一方面，每个人对于什么是"好"的定义可能是不同的。同样的行为对于不同的人可能具有不同的意义和影响。因此，要确定一个行为对整体幸福的影响，就需要考虑不同个体的偏好和价值观，这增加了衡量功利的复杂性。对于一个人打算采取的任

---

❶ 休谟. 人性论（下册）[M]. 北京：商务印书馆，1980：517-524.

何行为，要确定其结果很困难，因为涉及确定对他人的善和正义的问题。对一个人而言可能是好结果的事物，对别人可能不是同样好的，甚至可能是完全不好的。

3. 功利主义不尊重个人权利

功利主义要求个人行为最大化整体幸福或最小化痛苦。它强调在任何情况下都要选择产生最大效用的行动。因此，对于功利主义者来说，个人的行为应该始终追求最大化整体幸福。这种要求可能不考虑个人的情感、需求和利益，侵犯个体利益。例如，一些行为可能需要个人做出极大的牺牲，甚至危及自己的生命。对于大多数人来说，这种行为是非常困难的，甚至不切实际的。可见，功利主义对个人牺牲的要求可能会忽视个人的情感和利益，而只关注整体幸福的最大化。此外，行为功利主义可能不会充分考虑行为的动机和情境。有些行为可能是出于自愿和善意的，而不是为了追求最大化整体幸福。但是，行为功利主义可能会认为只有结果才是重要的，而忽视行为背后的动机和意图。

4. 功利主义的计算往往面临着困难，甚至有时几乎是不可能的

要求我们为行为的好处和伤害分配价值，并将其与其他可能带来的好处和伤害进行比较。然而，对于某些收益和成本的价值进行衡量和比较，常常是非常困难的，甚至是难以计算的。我们如何赋予生活或艺术以价值？如何比较金钱与生命、时间或人的尊严的价值？此外，我们是否真的能够确定行为的所有后果？我们评估和预测行动方案或道德规则所带来的利弊的能力是值得怀疑的。

11.2.2 康德的义务伦理学

11.2.2.1 义务论背景和发展脉络

义务论在哲学中是一种伦理学观点，主张个体在道德上有责任履行特定

的义务或职责。其产生的社会背景可以追溯到17世纪至18世纪的欧洲启蒙时代。在这个时期，欧洲社会经历了一系列政治、社会和文化变革，这些变革对于义务论的兴起产生了深远的影响。一是社会契约理论在启蒙时代得到了广泛关注，特别是由洛克、卢梭和卡尔·亨利·布隆斯进行的讨论。他们探讨了政府权力的合法性来源，主张政府权力应该建立在人们自愿达成的契约的基础上。这一理论促使人们思考个体在社会中的责任和义务，认为人们必须履行他们在社会契约中承诺的义务。二是人们对人性和理性的重视日益增加。理性被视为指导人类行为的主要原则，而人性被认为具有普遍性的道德价值。在这种背景下，人们开始思考个体应该如何根据理性和道德原则来行使他们的自由意志，并承担他们在社会中的责任和义务。三是启蒙时代的社会变革导致许多人对传统道德观念的质疑和反思。工业革命和城市化进程带来了社会结构的剧变，而宗教和传统权威的影响力逐渐减弱。在这种社会背景下，人们开始对道德义务的本质和意义进行深入思考，试图找到新的道德基础。四是随着工商业的发展和社会经济关系的复杂化，人们开始意识到个体行为对整个社会的影响。在这种情况下，对社会责任和公共利益的强调成为一种必要。义务论强调个体应该根据他们的道德责任和义务来行事，而不仅仅是基于个人的私利或欲望。

伊曼努尔·康德是一位德国哲学家和作家。他被认为是德国古典哲学创始人，是义务论的重要代表人物。作为启蒙运动时期最后一位主要哲学家，康德被认为是继苏格拉底、柏拉图和亚里士多德后，西方最有影响力的思想家之一。康德在《道德的形而上学》中明确反对功利主义，并为人的自由给予了迄今为止哲学史上最强有力的论证。康德试图用理性来建立一个坚实的道德基础，以抵御道德的相对主义和怀疑主义。康德受到了古典哲学和近代哲学的影响，特别是斯多亚学派和休谟的思想。康德认为，人们应该根据道义原则来判断他们的行为是否正确，而不是基于后果或利益。康德的哲学对于现代伦理学和政治哲学产生了深远影响。他的思想对于推动个体自由、尊重和平等的价值观在社会和政治领域的发展起到了重要的作用。康德的道德理论也对现代伦理学的发展产生了重要影响，尤其是对于道德普遍性和必然性的探讨。

11.2.2.2 义务论的核心内容

康德的义务论内容大致可以从以下四个方面来展开。

1. 感性王国和理性王国

康德的"感性王国"（Sensible Kingdom）和"理性王国"（Kingdom of Ends）是他伦理学中重要的概念，用以说明人类行为的两种不同动机和道德行为的基础。

感性王国指的是人类的感性本性和欲望所构成的领域。在这个王国中，人们受到感官的刺激和欲望的驱使，追求个人的欢乐和满足。这种欲望和感官刺激来自个体对感官刺激的追求，如对感官享乐的追求、对物质财富和权力的追求等。在感性王国中，人们的行为往往是基于自私的动机和对个人利益的追求。康德认为，这种基于感性和欲望的行为是不符合道德标准的，因为他们不考虑其他人的利益和道德规范，而只顾自己的私利。理性王国指的是人类的理性本性和道德意识所构成的领域。在这个王国中，人们通过理性思考和道德意识来决定自己的行为，追求普遍适用的道德原则和普遍的人类价值。这种行为是基于对道德律法的理解和遵循，而不是基于个人欲望或感官刺激。在理性王国中，人们的行为是基于理性和道德的动机，考虑到其他人的利益和社会的整体福祉。康德强调，只有在理性王国中的行为才是真正道德的，因为它们基于普遍适用的道德原则和对人类尊严的尊重。

康德将这两个王国区分开来，旨在说明人类行为的动机和基础。他认为，只有在理性王国中的行为才是真正道德的，因为它们基于普遍适用的道德原则和对人类尊严的尊重。感性王国中的行为虽然可能符合个人的欲望和利益，但不是真正的道德行为，因为它们缺乏普遍性和对他人的尊重。因此，康德强调理性和道德意识的重要性，认为只有通过理性思考和道德意识，人类才能实现真正的道德行为。责任来源于人的理性天性，出于责任而行动是人对自己理性天性的尊重。因为人的理性天性，好的行为背后的动机是责任，而不是倾向（感情和欲望）。理性天性可以推导出道德法则，出自责任的动机意味着出于对道德法则的尊重而行使的某种行为。因为经验、偏好、意向和利益等倾向都是非理性的、不可靠的，且每个人的倾向都不相同。如果将这些东西渗入道德真理的构建过程，道德真理就同样不可靠了，因此必须将其统统排除。

2. 责任与倾向

义务论认为，一个行为的道德价值不是取决于它的结果，而是取决于该行为背后的动机和理由。行为本身并无善恶可言，只有一个人按照某种特定理性动机去行使某种行为，这个行为才有善恶之分。实际上，一个行为背后可能有很多种存在较大差异的动机，也可能只有一种动机是善良的。根据康德的观点，行为的道德价值取决于它的动机。例如，不说谎这个行为可能有很多种动机，如害怕信誉丧失、外在的压力和利益丧失等。显然，上述所有动机都不是有道德意义的，因为这些动机都是倾向。义务论将道德责任建立在人的理性上，他认为人类的理性使人们能够理解并自觉地遵循普遍适用的道德法则，而不受情感和欲望左右。因此，道德行为应该是根据理性和普遍适用的道德法则，而不是基于个人的倾向或情感。

倾向是指个体基于情感、欲望或感官刺激而采取的行为。倾向是个人的自然动机，它们通常受到个体的情感和欲望的影响，而不是基于理性或普遍的道德原则。在义务论中，倾向通常被视为与道德责任相对立的概念。因为倾向可能导致个人行为的不确定性和不可预测性，而且通常是自私的，不受普遍道德法则的约束。责任是基于理性和普遍适用的道德法则，它强调个体应该根据道德原则行事，而不受个人情感或欲望的左右。责任是对普遍道德法则的尊重和遵守，是对道德理想的实现。倾向是个人情感、欲望或感官刺激所导致的行为动机。

当个体出于责任的动机，拒绝爱好、利益和倾向，甚至同情和利他主义等动机时，个体才是自主且自由地行动。只有这时，个体的意志才不被外部因素所决定或控制，这就是康德认为的自由与道德之间的联系。按照康德的观点，人类是理性的存在，也是感性的存在。也就是说，边沁只对了一半，因为他正确认识到人类喜欢快乐而讨厌痛苦，错误地推演出快乐是人类至高无上的主人。相反，理性才应该是我们行动的最高统治者。是理性让我们成为区别开且高于其他动物的存在，使我们不仅仅只有欲望的肉身。

3.定言命令与假言命令

按照义务论的观点❶，有两种相互对应的命令。

一是定言命令（Categorical Imperatives），又称绝对命令，是道德法则从理性推演而来的，是绝对的命令，任何情况下都不会有例外。

定言命令不因个人而不同，它排除了一切爱好欲望因素，对所有理性存在均是一样的。一个定言命令是不能反驳的，即不存在"假如"子句。定言命令本身是行为的目的，既不考虑任何其他意图也不考虑任何其他目的，它不依据具体情况而改变，可以被称为道德命令、道德规律。绝对命令有多种表述方式，但它基本上断言，如果认可某一行为的规则不能为一切人所奉行，那么该行为就是不道德的。

普遍法准则是定言命令的一种表达方式，它是根据康德的道德理论推导出来的具体规则。普遍法准则要求我们将我们的行为准则普遍化，即把我们的行为规则作为一种普遍适用的法则，适用所有人。普遍法准则的核心理念：一个人的行为是否道德，取决于这个行为是否能够被普遍化为一种普遍适用的道德法则。换句话说，一个人的行为是否正确，应该通过思考如果所有人都采取这种行为是否能够成为一种普遍的规范来判断。康德提出了道德行为的普遍化测试，即"行为的普遍化测试"。该测试的核心问题："如果每个人都采取我现在准备采取的行动，这是否符合普遍适用的道德原则？"如果某种行为无法被

---

❶ 康德.道德形而上学基础[M].北京：九州出版社，2007：89-100.

普遍化，即如果这种行为成为一种普遍的规范时会产生矛盾的后果，那么这种行为就被认为是不道德的。普遍法准则强调道德行为的普遍性和一致性，使道德规范不再依赖个人主观意愿或特定情景，而是具有普遍适用性和客观性。通过普遍化测试，康德试图建立一种普遍适用的道德标准，以指导人们的道德行为，并确保这种行为不会产生矛盾或不可接受的后果。总之，普遍法准则是康德伦理学中的重要原则，通过普遍化测试来判断行为的道德性，强调道德行为必须能够成为一种普遍适用的规范，以确保道德行为的普遍性、一致性和客观性。

二是假言命令（Hypothetical Imperatives）。假言命令是基于某种情况下的命令，其受到欲望和环境的制约。假言命令通常表述为假设的形式：假如你想要X，你就应该做Y。例如，假如你想在生活中获得成功，就应该努力工作。在这一类假设中，"应该"子句构成命令句，可以通过反驳"假如"子句来推翻。假言命令本身是达成另一目的的手段，它是或然的。康德称上述为"技术命令"，比如，"如果你想学好英语，你就应该每天背单词"。

假言命令并不是真正的道德命令，因为它们不是普遍的、必然的、无条件的，而是取决于个人的主观选择和偶然情况。真正的道德命令是定言命令，它是基于理性的、绝对的、不受任何限制的。假言命令的一般局限性在其手段可能是含混不清的，容易被滥用于消极目的。如果一个人没有发现个人利益或动机而采取某种行动，那么他们就没有义务这样做。换句话说，假言命令通过"应该做"来调用命令，更多地强调个人的欲望。在康德的伦理学中，义务是一种基于理性和普遍性的要求，而不是基于个人喜好或欲望的驱使。因此，康德认为，责任的内容应该是由定言命令来决定，而不是由假言命令来决定。

4.人性本身即目的

这一原则表明，人类不应该被视为一种手段或工具，而应该被视为具有内在价值和尊严的目的。"人性本身即目的"是指每个人都是自主的、理性的个体，具有价值和尊严，他们不仅仅是社会或个人目标的实现手段，还是独立的、自由的存在。人类理性的能力使其能够区分善恶和道德义务，这种理性使人类不只是被动受制于欲望和欢愉的动物，而是能够通过道德法则来自主地规定自己的行为。因此，人类的理性使其成为道德行为的主体，而不是道德行为的客体或工具。作为理性存在的个体，每个人都有自己的目的和价值，而这种价值不应该受到任何外部因素的侵犯或损害。因此，人类不应该被用作任何目的的手段，而应该被视为目的本身。"人性本身即目的"的原则是道德理论中普遍化的基础，它指导着人们在道德行为中应该如何对待他人，并强调个体的尊严和自主性。这一原则也对社会和政治实践产生了深远的影响，促使人们重视个体的权利和尊严，推动人权和社会正义的发展。因此，康德的"人性本身即目的"原则被视为现代伦理学中的重要价值观之一。

11.2.2.3 义务论的局限性

义务论提供了明确的道德指导，指出了个体应该如何行事以及他们应该承担的责任。通过强调个体的道德义务，义务论为人们提供了一个清晰的道德框架，帮助他们做出正确的道德选择。而且义务论的原则通常是具有普适性的，即它们适用所有人，而不受其个人喜好或情感的影响。这使义务论在不同文化和社会背景中都具有普遍适用性，为人们提供了一种共同的道德基础。而且由于义务论强调的是个体的义务和责任，而不是个人的主观情感或偏好，因此它可以避免个人情感对道德判断的影响。这有助于确保道德判断的客观性和公正性。不过义务论也有一定的局限性。

1. 不同义务之间的冲突

康德确实证明了有些规则被普遍化之后就会不合逻辑，因而可能由于其不一贯性而被说成是不道德的。然而，这并未告诉我们哪些规则在道德上是正确的。康德在其道德体系的基础上，提出了若干个道德禁令，诸如"决不杀人""决不说谎"等。然而，假定不说谎会导致某人被严重伤害甚至被杀死，按照康德的说法，即便如此，我们必须遵守诺言。由于结果无关紧要，无辜者就只有受伤害或被杀死了。但实际上，遵守诺言与防止无辜者受害或被杀，哪个义务更为重要呢？义务论没有给出明确的标准，而是让我们能够在相互冲突或矛盾的义务规范之间进行选择和判断。

2. 缺乏对具体人的关怀

康德关于道德义务的观点非常有力和具有解放性。义务论具有普遍愿景，即不带偏见、不带歧视，平等地对待每个人。这种理性、不带情感的普遍化做法将引导我们进入一个世界。在这世界中，一个真正有道德的人会像对待朋友一样帮助最疏远的陌生人。如果人们全都高尚，他们就不会有朋友。然而，社群主义对此进行批判，很难想象这样一个世界：一个世界中的人们如此高尚，以至于他们没有朋友，只剩下对所有人都友好的倾向。更深层次的问题是，这样一个世界很难被看作一个有温度和情怀的人类世界。人的博爱是一种高尚情操，但我们大多数时候是通过小范围的团结来生活的。

3. 忽视情感和后果

康德的义务论强调行为的义务性和道德法则的普遍适用性，但有时可能忽视个人情感和行为的后果。一是康德的义务论可能忽视了个人情感对道德判断的影响。例如，康德认为人们应该根据普遍适用的道德法则来行事，而不考虑个人情感（如同情、善意和同理心等）对于行为的影响。然而，在某些情况下，个人的情感可能是道德行为的重要组成部分，因为它们可以激励人们做出善良、仁慈和同情的行为。二是康德的义务论也可能忽视行为的后果对道德判断的重要性。康德认为一个行为的道德性取决于其是否符合普遍适用的道德法则，而不考虑该行为的后果是否会带来积极的或负面的影响。然而，在现实生活中，人们通常会考虑一个行为的后果，尤其是它对他人的影响，以此来评价该行为的道德性。

11.2.3 社群主义

11.2.3.1 社群主义兴起的背景和发展脉络

社群主义的主要代表有桑德尔、麦金太尔和沃尔策等。社群主义的兴起，主要是为了回应以罗尔斯为代表的当代西方自由主义价值理念所引发的道德困境。社群主义的兴起有其独特的历史背景。

1. 个人主义泛滥

个人主义泛滥是指个人主义观念在社会中过度强调、普遍传播，并在一定程度上对社会价值体系和社会整体利益造成不利影响的现象。这种现象可能导致社会关系的疏远、道德水平的下降、社会责任感的减弱等问题。自由主义理论尤其强调个人主义，取代了在传统社会中扮演重要角色的古典德性观念，共同体作为一种价值的概念已经被削弱到几乎消失，过度独立的个体不再愿意或被鼓励承担公民义务。

2. 道德的沦丧

共同体的解体和德性的失落意味着共同善的消失与情感纽带的断裂，从而使个体间的联系越来越弱。也正是因为如此，现代社会中的原子化的个体日益孤独，最终导致他们在政治、伦理等方面只能成为在道德上孤立无援、自私自利的"道德唯我论者"。然而，自由主义者对这种道德危机却不以为意。当代自由至上主义主张政府对各种价值判断采取中立态度。在他们看来，伦理纯粹是个人主观情感的判断，没有客观、绝对的依据。因此，政府提倡社会公德不仅毫无意义，而且会侵犯到个人权利和自由。当然，这种理念受到了社群主义的批判。

3. 国家中立的危机

自由主义原则是很多西方国家的政治制度的基础。在这种政治制度下，政府在价值问题上保持中立。政府制定的法律和政策不能有利于特定的私人目的，其主要目标是保护公民个人的选择自由和机会平等。因此，政府的重点是扩大公民个体的行动范围并保护他们的自由，通过签订合同和建立中立社区来帮助个人实现个人物品，并最大限度减少可能发生的冲突。此外，政府的职能和活动受到严格限制。因此，与其他政治制度相比，自由主义政治制度下的政府职能显得十分薄弱，国家对社会经济文化生活的干预越来越少，福利水平也会下降。然而，中立的政府难以解决贫富两极分化的问题，也不能有效地促进良好的公民价值观的形成。

在这一背景下，社群主义应运而生，试图弥补自由主义的不足。社群主义强调共同体的重要性，主张个人与社区之间的互助和合作。它提倡恢复共同善的概念，以及重建人与人之间的情感纽带和共同目标的分享。此外，社群主义也倡导政府更积极地介入社会事务，以保障社会公平和福利。因此，社群主义被视为一种对自由主义困境的理论回应，试图解决当代西方社会所面临的道德和政治挑战。

11.2.3.2　社群主义的核心思想

社群主义者将自由主义和个人主义视为邪恶和谬误，坚定地选择了历史的维度，在"正当与好"的价值判断中将整个人类的幸福纳入他们的信仰体系中。社群主义强调"叙事性自我"，因为人类本质上是一个讲故事的生物。这意味着，在回答"我应该做什么"之前，必须先回答"我是哪个故事的一部分"。我们不会仅作为绝对独立和绝对自由的个体追求美好或有道德的事情，还承担着特定社会身份进入我们的生活环境。我们从家族、城市、民族的过去继承了各种债务、遗产、期望和责任，这构成了我们生活的基础。我们所属的社群赋予了我们新的义务。社群主义的核心内容主要有以下内容。

1. 社群优于个人

社群主义对自由主义的批判在于将个人视为与社群孤立的原子，并反对将个人作为分析和认识社会的基本单位。相反，个体及其自我是共同体的产物。在社群主义者看来，社群具有优先地位的意义有两个层面：一是人的社会性决定了他们对社群的依赖性;二是社群对个体身份的建构具有强大的影响力。没有人是孤立存在的岛屿,个人的社会属性决定了他们必须生活在群体中,并在群体中找到自己的定位和认同。同时,个体只有通过社群才能发现自我,社群决定了个体的身份,而非个体选择了"我是谁"。

2. 强调公共利益优于个人权利

社群主义强调个人所属的社群对于个人自由选择和个人权利的重要性。换句话说,在不否定个人权利的前提下,社群主义将社会的共同利益与个人的自由权利放在同等重要的位置上,将个人权利的考量围绕着社会的公共利益展开。因此,与自由主义认为的权利优于善不同,社群主义所说的普遍的善在现实社会中的具体表现就是公共利益。在社群主义者看来,原子化的个体通过共同的善联系在一起,过着紧密和谐的生活。在这个共同体中,个人的善与社群中其他成员的善是一致的。个人生活在社群中,社群赋予个人共同的目标和价值。个人的善应该与共同的善相统一,真正的善是个人的善与社群的善有机地结合在一起。

3. 反对自由主义的国家中立原则,倡导国家的积极有为

在自由主义国家的中立原则下,政府不设定社会价值标准,对个体的各种生活方式保持价值无涉的立场。政府在涉及影响人们追求不同善的观念时,必须保持中立立场。然而,过度放纵个人在私人领域的行为必然会危及公共领域,导致整个社会道德水平下降。社群主义者认为,国家必须在价值领域适当干涉,因为放任自流往往会导致价值虚无和伦理混乱的道路。

4. 爱国主义的道德正当性

社群主义指出,国家作为一个大社群,公民之间有着特殊的道德义务,这些义务的重要性超过了我们对其他国家的道德义务。社群主义通常认为,个人与社会之间存在紧密联系,个人的利益应与社会的利益相一致。爱国主义被视为一种对社会关注和责任感的体现,鼓励人们对国家和社会作出贡献。从社群主义的角度来看,爱国主义是增进社会和谐和共同福祉的途径。社群主义强调社会的共同目标和利益,认为个人应为这些目标和利益作出贡献。因此,爱国

主义被看作社会责任的一部分，鼓励人们积极为国家和社会发展作出贡献。社群主义也关注不平等问题，认为国家应促进财富和机会的平等分配，以确保每个人都能享受公平的机会和福利。爱国主义可以促进国家和社会的团结和稳定，有助于实现这些目标。

11.2.3.3 社群主义的局限性

社群主义强调社会团结和社会责任感，促进了社会成员之间的凝聚力。通过强调共同体的重要性，社群主义可以帮助减少社会分裂和对立，促进社会和谐。而且社群主义倡导集体权利优先的原则，强调资源和机会的公平分配。它致力于减少社会不平等，通过社会福利制度和公共服务来提高社会弱势群体的生活水平，实现社会的公平和平等。不过社群主义也有一定的局限性。

1. 个人自由权利受限

社群主义者常常强调社会整体的利益和共同体的发展，这可能会导致对个体自由权利的牺牲。在追求社会的共同利益时，个人的权利和自由可能被置于次要位置，甚至被认为是可以牺牲的。这种情况下，社群主义可能会通过限制个人的行动自由或选择权来促进社会整体的发展，从而影响个体的自主性和独立性。社群主义的强调社群优先地位可能会导致对个人异议和不同意见的打压或排斥。在社群主义的框架下，个体可能会面临来自社会压力和集体期望的强大影响，这可能限制个体发表独立观点和追求个人目标的自由。个体可能会感受到社会规范和群体期望的束缚，进而失去在社会中独立思考和行动的能力。另外，社群主义的强调社会责任和共同体意识，也可能导致对个体行为的规范和约束。社群主义倡导个体为社会整体利益做出牺牲和奉献，这可能会导致对个人自由选择的限制，个体可能需要根据社会规范和期望来调整自己的行为，而不是基于个人的意愿和选择。

2. 公共利益权衡难题

社群主义倡导公共利益优于个人权利，但在实际操作中，如何权衡不同个体之间的公共利益成为难题。社群主义并未提供明确的解决方案来应对社会中的多样性和差异性。当社会包含多样化的群体、文化和利益时,权衡公共利益就变得更加复杂。不同群体之间可能存在利益冲突和竞争,如何在这种情况下确保公共利益的最大化成为一个难题。在权衡公共利益时,需要对资源和权力进行合理的分配。然而,由于社会中存在不平等和权力集中的现象,可能导致公共利益的实现受到一些群体的影响,这会引发公平性和正义性的质疑。社会中存在着不同的价值观和道德标准,这使确定公共利益变得更加复杂。不同的群体可能对公共利益的定义和实现方式持有不同的看法,这会增加协调和达成共识的难度。

3. 对国家积极有为的过度依赖

过度依赖国家干预可能会导致社会的过度集中化。如果国家过于干预社会事务,将会使权力集中在中央政府或官僚机构手中,而社群和地方组织的自治和自主权将被削弱。这可能导致决策的集中化和权力的滥用,削弱社会的多样性和灵活性。过度依赖国家可能削弱社群的独立性和创造性。社群主义强调社群的自治和自主性,但如果国家过度介入社会事务,可能会使社群丧失自主权和创造性,变成被动的接受者而非积极的参与者。这将限制社群的创新和发展能力,影响社会的活力和可持续性。过度依赖国家干预可能抑制创新和竞争。如果国家在经济和社会领域过于干预,则可能会扼杀私人企业家精神和市场竞争,限制创新和发展的空间。这将导致经济效率的下降和资源的浪费,进而影响社会的发展和进步。

11.3 公共管理伦理的实践

11.3.1 公共管理伦理体系的构成元素

11.3.1.1 以人民为中心的职业道德

我国是人民当家作主的社会主义国家,决定了为人民服务是公共管理主体的重要任务。首先,职业道德和职业责任是公共管理者和从业人员必须具备的基本素质。它包括忠诚、诚实、廉洁、谦虚和勤勉等品质,以确保人们在工作中能够遵守职业准则、诚信待人,维护职业的声誉和形象。其次,服务公众利益的义务是公共管理的核心使命。公共管理者应该始终把公众利益置于首位,积极为社会提供优质、高效、透明的服务,从而推动社会的公平与正义。最后,尊重和保护人权也是公共管理伦理中的重要一环。在公共管理活动中,保障公民的人权和个人隐私是公共管理者的基本义务,必须确保在政策执行和决策过程中不损害公民的合法权益。综上所述,基于义务论的伦理元素在公共管理中扮演着,确保公共管理者及从业人员遵守规范、服务社会大众、尊重公民权益的重要角色。这些准则不仅是公共管理行为的指导原则,也是公共管理体系稳定发展和社会和谐进步的重要保障。

11.3.1.2 注重效率

首先,公共管理者应当将最大化社会福祉作为首要目标。这意味着在政策制定和实施过程中,必须考虑到对整个社会的利益影响,并采取能够带来最大社会效益的措施。这种方法不仅要求公共资源的有效分配和利用,而且要求政策的普惠性和可持续性。其次,效率和效益是功利主义在公共管理中的重要体现。在资源有限的情况下,公共管理者需要寻求最有效的解决方案,以确保资源的最大化利用和社会效益的最大化。这可能涉及优化成本、提高服务质量、简化程序等方面的努力。此外,成本效益分析也是功利主义的核心概念之一。在政策制定过程中,公共管理者需要对各项政策和项目进行严格的成本效益评估,以确定其所带来的收益是否能够超过投入成本,从而为社会创造更大的价值。最后,公共管理中的功利主义元素,还体现在对社会风险和不确定性的处理上。公共管理者需要审慎评估各种政策措施可能带来的风险和不确定性,并采取相应的风险管理和控制策略,以确保社会利益和公共安全。综上所述,基于功利主义的元素在公共管理伦理体系中发挥着重要作用,引导着公共管理者在面对各种挑战和问题时，始终以社会福祉最大化和效益最优化为目标，为社会的持续发展和人民的幸福生活做出积极贡献。

11.3.1.3 追求团结和公平

社会责任和义务是公共管理者和机构的基本要求。公共管理者应当承担起对社会的责任，积极参与和推动社会公益事业的发展。它包括支持社会救助和福利项目、促进社会公正与平等、关注环境保护和可持续发展等方面的工作。公共管理应该鼓励公众的参与和民主决策。民主是社会进步和谐发展的重要保障，公共管理者应该倾听民意、尊重民意，在政策制定和执行中广泛征求民众意见，让公众参与决策过程，增强公共决策的合法性和民主性。此外，公共管理伦理体系还应关注弱势群体的权益和利益保护。社会中存在着许多弱势群体，如贫困家庭、残障人士和流浪者等，他们常常面临着生活困难和社会歧视。公共管理者应该通过政策制定和资源配置，积极帮助和支持这些群体，以提高他们的生活质量和社会地位。同时，公共管理伦理还强调了公平和正义的原则。在资源分配和政策制定中，应当坚持公平正义，避免出现任何形式的特权和歧视，确保每个公民都能享有平等的机会和权利。综合来看，基于社群主义的公共管理伦理体系是一个综合性的框架，旨在引导公共管理者和机构以社会责任为核心，促进公共参与和民主决策，关注弱势群体的权益，维护公平正义，实现社会的和谐稳定和共同发展。

11.3.2 公共管理伦理失范的现象

公共管理伦理失范是指在公共部门或组织中，工作人员或管理者违反了伦理准则、职业操守或道德规范的行为。这些失范行为涉及滥用权力、贪污腐败、违法等。以下是一些常见的公共管理伦理失范类型。

11.3.2.1 腐败行为

腐败指的是政府官员为谋取私利而出售政府财产。[1] 腐败行为包括贪污、受贿和行贿等。这些行为可能导致公共资源的不当分配，损害公共利益，破坏公信力。腐败行为的泛滥可能造成投资者对该国或地区的信心下降，导致资金外流和经济发展受阻。除了直接损害公共利益，腐败还会在长期内破坏社会道德风气，降低对政府和公共机构的信任度。综上所述，从功利主义的角度来看，腐败行为会造成巨大的负面后果，损害社会的整体利益和个人的幸福感。因此，腐败行为被认为是一种道德败坏和社会恶行，需要采取措施加以遏制和惩治。

11.3.2.2 玩忽职守

玩忽职守指对职责或义务的敷衍、轻视或不重视。当一个人没有认真对待自己的工作或职责，以致导致其工作质量下降或者未能履行职责时，可以说他们玩忽职守。玩忽职守可能更侧重对工作或职责的态度问题，即对责任的不重视或漠视。例如，公务员在处理公共事务时敷衍了事，没有认真对待工作，就可以说是玩忽职守。管理者或公共服务人员可能因怠工、疏忽或缺乏效率而影响公共服务质量和效果。失职和玩忽职守可能导致公共服务质量下降，影响人民的生活质量和满意度，增加社会不稳定因素。这种行为还可能会造成资源浪费和效率低下，加剧财政负担，影响政府的治理能力和信誉度。

11.3.2.3 信息滥用

信息滥用通常指的是在处理、管理或利用信息时的不当行为。涉及滥用个人信息、公共资源的信息，或故意误导公众、隐瞒真相的行为，可能破坏

---

[1] SHLEIFER A, VISHNY R W. Corruption [J]. The Quarterly Journal of Economics, 1993, 108 (3): 599-617.

公众对政府和组织的信任。信息滥用可能损害公众对政府和组织的信任，导致舆论对政府的负面舆论和不满情绪，影响政府的合法性和稳定性。对个人信息的滥用可能导致个人隐私权受到侵犯，造成个人和社会的财产和安全风险。

11.3.2.4 人事不当

人事不当通常指的是在组织或机构中，对人员的任命、分配和管理等方面存在的问题或错误。涉及不当的招聘、晋升和奖惩等决策，可能基于个人关系而非公正标准。人事不当可能导致政府机构内部的不公正和不稳定，影响公务员队伍的稳定性和专业性，降低工作效率和治理能力。不当的人事决策也可能引发内部腐败和利益集团的形成，进一步加剧机构内部的不公平和不透明度。

11.3.2.5 利益冲突

利益冲突指的是一个人或组织在某种情况下有两种或更多种不同利益的情况，这些利益可能彼此相互矛盾或相互竞争。当公共管理者或公务员面临个人利益与公共利益之间的冲突时，若选择追求个人利益，则可能导致伦理失范。利益冲突可能导致决策失误和偏向，损害公共利益，增加社会的不公平和不稳定。当公共管理者或公务员选择追求个人利益而不是公共利益时，可能导致政策执行的不力和政府形象的受损。

11.3.3 完善我国公共管理伦理体系建设

11.3.3.1 建立公共管理者的职业道德准则和行为规范

在建设中国的公共管理伦理体系中，首要任务是建立公共管理者的职业道德准则和行为规范。一方面，需要从伦理理论的角度出发，以义务论为基础，强调公共管理者应当承担起为公众利益服务的义务。在这个框架下，公共管理者应当时刻牢记自己的职责，服务于公众，遵守诚信、廉洁和敬业的基本原则。另一方面，可以从功利主义的角度考虑，即公共管理者的行为应当追求最大化社会利益的原则。在实际工作中，公共管理者的决策和行为应当注重对社会效益的考量，而不是个人或特定群体的私利。这就要求建立起一套能够量化和评估社会效益的标准和方法，引导公共管理者在权衡利弊时做出更加符合社会整体利益的选择。此外，从社群主义的角度看，公共管理者应当认识到自己是社会群体的一员，其行为和决策可能会对整个社会产生深远影响。因此，公共管理者在职业道德准则中应当体现出对社会稳定、公平正义的关注，努力为社会发展和民生改善做出积极贡献。

在具体实施中，可以建立公共管理者职业道德宣誓制度，要求公共管理者在就职时对职业道德和行为规范进行宣誓和承诺。同时，加强对公共管理者的日常监督和评估，建立起严格的问责制度，对违反职业道德准则的行为进行严肃处理，以起到警示和震慑作用。总的来说，建立公共管理者的职业道德准则和行为规范，是构建中国公共管理伦理体系的基础和前提。只有公共管理者身心内化良好的伦理观念和行为准则，才能确保政府的权力行使符合法律、合乎道德、符合公共利益，从而推动公共管理伦理体系的健康发展和实现社会的长期稳定和繁荣。

11.3.3.2 推进政府决策和执行的透明化和公开化

公共管理伦理体系的建设需要推进政府决策和执行的透明化和公开化，这是增强政府公信力和提升治理效能的重要途径。首先，建立健全的政府信息公开制度是推进透明化的关键举措。政府部门应当制定明确的信息公开标准和规范，将政府决策、政策执行、财政预算等相关信息及时公开，让公众了解政府工作的全貌和决策过程。同时，要建立便捷的信息公开渠道和机制，让公众能够方便地获取和查询相关信息。其次，加强公众参与是推动透明化的重要手段。政府应当积极开展各类公众参与活动，包括听证会、座谈会和问卷调查等形式，让公众有机会参与到政策制定、项目规划和评估等过程中。这不仅可以提高政策的针对性和可行性，还能增强公众对政府决策的认可和支持。同时，建立权力运行监督机制。对政府决策和行为进行有效监督和制约。这包括加强审计监督、建立独立的监察机构，设立政府投诉举报渠道等措施。通过多种监督手段的结合，可以及时发现和纠正政府行为中的问题和不当行为，确保权力不被滥用和腐败现象的发生。此外，政府应当建立起科学的绩效评估体系，对政府工作进行定量和定性评价。这样可以促进政府部门的自我检讨和改进，以提高工作效率和效能。同时，要将评估结果及时公开，接受社会和公众的评价和监督，促进政府行为的公开透明和责任担当。最后，推进政府决策和执行的透明化，还需要加强政府与社会各界的沟通和互动。政府部门要建立起多层次、多渠道的沟通机制，与社会团体、专家学者、媒体等建立起良好的合作关系。通过及时回应社会关切、接受各方建议和意见，政府可以更好地理解民意和社会需求，从而提高政策的科学性和实效性。

11.3.3.3 强化公共服务意识和服务能力

在构建中国的公共管理伦理体系中，强化公共服务意识和提升服务能力是至关重要的一环。这一方面涉及政府部门的服务理念和态度，另一方面也包括提升公共服务的质量和效率。府部门需要树立"以人民为中心"的公共服务理念。这意味着将人民群众的利益放在首位，全心全意为人民服务。公共管理者要始终牢记为民服务的宗旨，将公共利益置于个人利益之上，真正做到"公务员为公，不为私"。其次，政府部门需要不断提升公共服务的质量和效率。这包括优化服务流程、简化办事程序，提高办事效率，减少群众办事的时间成本和经济成本。同时，还应当加强对公共服务的监督和评估，建立起有效的绩效考核机制，激励公务员提高服务水平。另外，构建智慧政府是提升公共服务能力的重要途径之一。利用信息技术手段，建设便民利民的智慧政府平台，为民众提供更加便捷、高效的在线服务。例如，推动政务大数据的应用，实现数据共享和信息互联，让群众可以通过手机 App 或网站办理各类事务，节约时间和精力。综上所述，强化公共服务意识和提升服务能力是构建中国公共管理伦理体系的重要内容。只有通过倾听民意、优化服务流程、提高办事效率等措施，才能真正实现政府为民、便民和利民的宗旨，提升公共服务水平，增强人民群众的获得感和幸福感。

11.3.3.4　加强对权力运行的监督和制约机制

加强对政府权力运行的监督和制约机制，是构建公共管理伦理体系的重要一环。这包括以下几个方面的内容：首先，应该建立独立、有效的监督机构和监督平台，以监督政府部门的行为和权力运行。这些监督机构可以包括审计机关、纪检监察机构、行政监察机构等，负责监督政府部门的预算执行、行政行为、公共资源分配等方面的行为。同时，还可以建立在线监督平台和举报制度，让公众可以随时随地举报不正之风、腐败问题等，从而实现对权力的有效监督。其次，需要健全相关的法律法规和制度机制，明确政府权力的行使范围和程序。这包括制定和完善相关法律，规范政府部门的权责、职权和行政程序，以确保政府行为的合法性和公正性。同时，要建立健全政府行为评估和责任追究制度，对政府部门和公共管理者的不当行为进行惩处和追责。进一步加强信息公开和政府数据透明度，也是重要举措。政府部门应当主动公开相关信息和数据，让公众了解政府的工作进展、政策措施和资源分配情况。这不仅可以增加政府的透明度和公信力，还可以让公众更好地监督政府的权力运行，促进政府与民众之间的互动和沟通。最后，建立社会参与和民主监督机制，是构建公共管理伦理体系的重要环节。这包括设立公共政策咨询机构、开展公民议事和听证会等形式，让公众能够参与到政府决策和管理的过程中。同时，建立有效的民间监督组织和社会监督网络,让社会各界对政府的权力运行进行监督和评价,促进政府的责任感和效能提升。综上所述,加强对政府权力运行的监督和制约机制,是构建中国公共管理伦理体系的重要内容。只有建立起独立有效的监督机构和平台、健全法律法规和制度机制、提升信息公开和政府数据透明度、建立社会参与和民主监督机制等多方面措施,才能有效防止权力滥用、腐败问题的发生,推动公共管理的规范化、透明化和廉洁化发展。这将有助于提升政府的公信力和服务水平,促进社会的和谐稳定和长期发展。

思考题

1. 公共管理伦理和个人伦理的区别有哪些?
2. 公共伦理和道德的区别有哪些?
3. 义务论的局限性有哪些?
4. 功利主义的局限性有哪些?
5. 社群主义的局限性有哪些?
6. 如何构建中国的公共管理伦理体系?